全注全译史记

全注全译

史记

学习历史的优秀读本

（西汉）司马迁◎著
诗涛◎编

中国华侨出版社
北京

图书在版编目（CIP）数据

全注全译史记 /（西汉）司马迁著；诗涛编. —北京：中国华侨出版社，2018.1（2020.10重印）

ISBN 978-7-5113-6646-7

Ⅰ. ①全… Ⅱ. ①司… ②诗… Ⅲ. ①中国历史—古代史—纪传体②《史记》—译文③《史记》—注释 Ⅳ. ①K204.2

中国版本图书馆CIP数据核字（2017）第021704号

全注全译史记

著　　者：（西汉）司马迁
编　　者：诗　涛
责任编辑：子　慕
封面设计：阳春白雪
文字编辑：单团结
美术编辑：宇　枫
经　　销：新华书店
开　　本：720毫米×1020毫米　1/16　印张：24　字数：396千字
印　　刷：北京德富泰印务有限公司
版　　次：2018年6月第1版　2020年10月第2次印刷
书　　号：ISBN 978-7-5113-6646-7
定　　价：45.00 元

中国华侨出版社　北京市朝阳区西坝河东里77号楼底商5号　邮编：100028
法律顾问：陈鹰律师事务所
发 行 部：（010）88866079　　传　　真：（010）88877396
网　　址：www.oveaschin.com　　E-mail：oveaschin@sina.com

前言

《史记》是我国古代伟大的思想家、史学家和文学家司马迁（公元前145年至公元前90年）所著，保存、整理了自史前传说的五帝时代到西汉中叶三千年间丰富的历史资料，为中国历史学奠定了坚实而宏伟的基础。

《史记》不仅是一部伟大的史学巨著，还是一部伟大的文学巨著，包括政治、经济、军事、少数民族和外国历史等丰富的内容。司马迁运用高瞻远瞩的卓越思想、准确而又敏锐深刻的观察力和独具匠心的艺术手法，于书中记述、描写了一个个栩栩如生、风采各异的历史人物，开创了我国传记文学的伟大传统。这些生动的文学形象永恒地给人以思想的启迪和美的享受，他们中有政治家、军事家、经济家、哲学家、文学家，有贵族、官僚、策士、隐士、商人、医士，也有刺客、游侠、占卜者、伶优，可以说遍及社会的各个阶层，甚至还有一些外国人。他们当中那些英雄和杰出人物的优秀品质，如张良的超人智慧、项羽的英雄气概、李广的勇气与机智等，早已融入了中华民族的血液，对后人的精神世界产生了深远影响。所以，鲁迅先生称赞《史记》为“史家之绝唱，无韵之离骚”。

《史记》倾注了司马迁的毕生精力，全书共130篇，526500余字，包括十二本纪、十表、八书、三十世家和七十列传。“本纪”实质上是各朝代的编年大事记，是《史记》的总纲；“表”以谱列的体例简要记载了历史大事；“书”则概述了政治、经济、文化等方面的成就；“世家”记述了各封国的王侯、开国功臣和有重要地位、巨大影响的人物；“列传”是各种杰出人物的传记，并有关于少数民族和国外的记载。

《史记》在世界史学史上也占有重要地位，因为它保存了许多丰富的史料。司马迁十分重视生产活动、学术思想以及普通人的生活，这种对历史活动记述的全面性，与同时期的希腊史学名著只重视政治军事相比，显然更加具有合理性和进步性。全世界都瞩目《史记》的成就，它的主要篇章被译成了俄、法、英、德等文字，产生了极其广泛而深远的影响。

以史为鉴，可以知千秋盛衰兴替。我们如果懂得了历史，自然就会尊重历史，并懂得如何选择前进的合理途径，以创造更加美好的明天。《史记》翔实、严谨而生动地记述了中华文明的起源、发展，和我们祖先在创造文明过程中那些感人至深的故事。读《史记》，会帮助我们了解中国历史的过程与特点，让我们充满自信，学到许多历史的智慧。

无论是过去、现在，还是将来，我们若要从原典上学习和研究中国历史，就不能不读《史记》。因此，我们今天学习语言和写作，了解中国历史发展，选读《史记》的重要篇章依然十分必要。然而，随着时光流逝，《史记》原本精彩的语言给当代人造成了一定的阅读障碍。有鉴于此，我们秉承大众阅读的原则，推出了这本优秀历史图书，精心整理选编了《史记》中最为人称道的篇章，对其进行精准的译白，用通俗而不失文采的现代语言诠释历史，精彩扼要地勾勒出历史演进的基本脉络和发展历程，为读者阅读《史记》提供一个轻松的环境。

本书在精译《史记》的基础上还设置有“导读”和“译文”“文史知识”，根据现代阅读需要的设计方式，全方位、新视觉、多层次地诠释《史记》，不仅可以让广大读者直观领略历史名著的风采，获得愉快的阅读体验，汲取名著的丰厚精髓，还适合珍藏，可以装饰书架，可以提高书房藏书的文化品位。另外，本书特意在书末编选了《史记》经典故事，相信定能给读者带来独特的阅读体验！

目录

本纪

世家

列传

本纪

五帝本纪

【导读】

人们所说的"三皇"是史前传说时代创世神话中的创世伟人；而"五帝"，实际上就是原始社会的大氏族部落的杰出首领。关于"三皇"，有人说是天皇、地皇、人皇，也有人说是燧人、伏羲、神农，还有人说是伏羲、女娲、神农。关于"五帝"，有人说是太昊、炎帝、黄帝、少昊、颛顼；司马迁则认为是黄帝、颛顼、帝喾、尧帝、虞舜。

《五帝本纪》的文字采自文献，与民间传说大体一致，也与人类文明进步的规律相吻合，具有很高的历史价值。

◎黄 帝◎

【原文】

黄帝者①，少典之子②，姓公孙，名曰轩辕。生而神灵，弱而能言③，幼而徇齐④，长而敦敏⑤，成而聪明⑥。

轩辕之时，神农氏世衰⑦。诸侯相侵伐，暴虐百姓，而神农氏弗能征。于是轩辕乃习用干戈，以征不享⑧。诸侯咸来宾从⑨。而蚩尤最为暴⑩，莫能伐。炎帝欲侵陵诸侯⑪，诸侯咸归轩辕。轩辕乃修德振兵⑫，治五气⑬，艺五种⑭，抚万民，度四方⑮，教熊罴貔貅貙虎⑯，以与炎帝战于阪泉之野⑰。三战，然后得其志。蚩尤作乱，不用帝命。于是黄帝乃征师诸侯，与蚩尤战于涿鹿之野⑱，遂禽杀蚩尤。而诸侯咸尊轩辕为天子，代神农氏，是为黄帝。天下有不顺者，黄帝从而征之，平者去之。

【注释】

①黄帝：《五帝本纪》以黄帝、颛顼、帝喾、尧、舜为五帝。黄帝传说为中原各民族的共同祖先。他是有熊部族（住在今河南省新郑市一带）的首领，故号有熊氏；后来，他成为中原各部族联盟的共同领袖，号称黄帝。②少典：国名。当时的所谓“国”，实际上只是一个部族集团。③弱：年幼。④徇齐：通“迅疾”，机灵的意思。⑤敦：诚实。敏：勤劳敏捷。⑥聪明：见闻广博，明辨是非。⑦神农氏：传说中的古代帝王之一，因他教民耕种，故称神农氏。一说神农氏即炎帝。世衰：指神农氏的后代衰败了。⑧不享：不朝贡的诸侯。⑨咸：都。宾从：归顺。⑩蚩尤：传说中上古时代九黎族部落酋长。⑪炎帝：传说中的古代帝王之一。⑫振兵：训练军队。⑬五气：五行之气。古代以五行配四时，春为木，夏为火，季夏为土，秋为金，冬为水。⑭艺：种植。五种：指黍（黄米）、稷（小米）、稻、麦、菽（豆）等谷物。⑮度（duó）四方：规划丈量四方的土地。⑯罴（pí）：熊的一种。貔（pí）貅（xiū）：虎一类的猛兽。貙（chū）：比狸猫大而凶猛的野兽。⑰阪泉：地名。在今河北省涿鹿东。⑱涿（zhuō）鹿之野：涿鹿山前的原野。涿鹿山在今河北省涿鹿东南。

【译文】

黄帝是少典氏的后代，姓公孙，名轩辕。他生来特别神异，在襁褓中便会说话，幼小时就很伶俐懂礼，长大了诚实勤敏，成年后睿智通达，明辨是非。

轩辕的时候，神农氏后代已经衰弱。诸侯间互相侵伐，侵犯和欺凌百姓，而神农氏无力征讨他们。于是，黄帝便操练士兵，征讨不来朝贡的诸侯。诸侯都归附服从。蚩尤最为残暴，没有谁能征服他。炎帝想欺凌诸侯，诸侯全都归附轩辕。轩辕于是实行德政，整顿军队；研究季节气候，教民种植五谷；安抚百姓，丈量规划四方的土地。他训练了一批如熊、罴、貔貅、貙、虎等猛兽一般凶猛的士兵，跟炎帝在阪泉的原野上展开战斗，经过多次交战，取得最后胜利。蚩尤又发动战乱，不顺从黄帝的命令。这时黄帝便向诸侯征调军队，跟蚩尤在涿鹿山前决战，活捉蚩尤，并把他杀死。各地诸侯都尊奉轩辕为天子，取代了神农氏，这就是黄帝。天下有不归顺的，黄帝便去征讨；平服了的地方，黄帝便带兵离开。

【原文】

披山通道[①]，未尝宁居。东至于海，登丸山[②]，及岱宗[③]。西至于空桐[④]，登鸡头[⑤]。南至于江，登熊、湘[⑥]。北逐荤粥[⑦]，合符釜山[⑧]，而邑于涿鹿之阿[⑨]。迁徙往来无常处，以师兵为营卫[⑩]。官名皆以云命，为云师[⑪]。置左右大监[⑫]，监于万国。万国和，而鬼神山川封禅与为多焉[⑬]。获宝鼎、迎日推策[⑭]。举风后、力牧、常先、大鸿以治民[⑮]。顺天地之纪[⑯]，幽明之占[⑰]，死生之说[⑱]，存亡之难[⑲]。时播百谷草木[⑳]，淳化鸟兽虫蛾[㉑]，旁罗日月星辰水波土石金玉[㉒]，劳勤心力耳目，节用水火材物。有土德之瑞，故号黄帝。

【注释】

①披山：开山。②丸山：山名。在今山东省昌乐县西南、临朐县东北一带。③岱宗：泰山。④空桐：山名，即“崆峒”。在今甘肃省平凉市西北。⑤鸡头：山名。有人说就是崆峒山。⑥熊：熊耳山。在今河南省卢氏县南。湘：湘山。即今湖南省岳阳洞庭湖中的君山。⑦荤（xūn）粥（yù）：部族名，即秦、汉时的匈奴。⑧合符：验证符契。釜山：在今河北省怀来北。⑨邑：都市。此处用作动词，指建立都邑。阿：山脚。⑩以师兵为营卫：叫军队在驻地周围筑营守卫。⑪官名皆以云命：黄帝以云来任命官职。⑫大监：官名。负责监察各地诸侯。⑬封禅：古代帝王登名山，封土为坛曰封，扫地而祭曰禅。⑭迎日：预先推算日、月、朔、望等未来的时辰。策：指蓍（shì）草，古人用它的茎占卜吉凶。⑮风后、力牧、常先、大鸿：都是黄帝的大臣名。⑯天地之纪：天地四季运行的程序或规律。⑰幽

明之占：对于阴阳变化的占卜。幽，指阴；明，指阳。⑱死生之说：养生送死的仪制。⑲存亡之难：国家存亡的道理。⑳时播：按季节播种。㉑淳化：驯养。虫蛾：指蚕。传说黄帝的正妃嫘祖教民养蚕缫丝。㉒旁罗：广泛观察。

【译文】

黄帝开辟高山，凿通道路，从没有安逸地生活过。他向东到达大海，登上丸山和泰山；向西到达崆峒，登上了鸡头山；向南到达长江，登上了熊耳山和湘山；往北驱逐了荤粥，在釜山与诸侯核验符契；在涿鹿山下的平原上，建立了都邑。黄帝率领部下迁徙往来没有固定的居处，驻地让士兵筑起营垒来自卫。百官都用云来命名，军队也称云师。他设立左右大监，监督各地诸侯。各方诸侯和顺，在祭祀鬼神山川的大典中，参加黄帝主持盛典的非常多。黄帝又获得了宝鼎和能预先推算节气日辰的蓍草。他拔举风后、力牧、常先、大鸿来治理民众。他顺应天地四季运行的规律，预测阴阳的变化，研究养生送死的制度，考究国家存亡的道理。他按季节种植百谷草木，驯养鸟兽蚕蛾，广泛地研究日月星辰的变化以及水流、土石、金玉的性能。他勤思考，勤实践，多观察，多倾听，有节度地使用山林川泽的物产。他即位时有象征土德的瑞兆，所以称为黄帝。

【原文】

黄帝二十五子，其得姓者十四人。

黄帝居轩辕之丘，而娶于西陵之女①，是为嫘祖。嫘祖为黄帝正妃，生二子，其后皆有天下。其一曰玄嚣②，是为青阳，青阳降居江水③；其二曰昌意，降居若水④。昌意娶蜀山氏女⑤，曰昌仆，生高阳，高阳有圣德焉。黄帝崩，葬桥山⑥。其孙昌意之子高阳立，是为帝颛顼也。

【注释】

①西陵：部族名。②玄嚣（xiāo）：黄帝长子，号青阳。③降居：下封为诸侯。江水：江国。在今河南省安阳市。④若水：地名。在今四川省。⑤蜀山氏：部族名。⑥桥山：山名。在今陕西省黄陵县西北。

【译文】

黄帝有二十五个儿子，单独建立姓氏的有十四个。

黄帝居住在轩辕丘，娶了西陵氏的女儿，她就是嫘祖。嫘祖是黄帝的正妃，生了两个儿子，他们的后代都据有天下。第一个儿子叫玄嚣，就是青阳，青阳下封为江国诸侯；第二个儿子叫昌意，下封为若水诸侯。昌意娶了蜀山氏名叫昌仆的女儿，生了高阳，高阳有高尚的德行。黄帝死后，葬在桥山。他的孙子，也就是昌意的儿子高阳继承帝位，这就是帝颛顼。

⊙名句精解

劳勤心力耳目，节用水火材物

人的心力耳目是用进废退，勤劳才能有功。曾国藩曾说："精神愈用而愈出，不可因身体素弱过于保惜；智慧愈苦而愈明，不可因境遇偶拂逆而摧沮。"又说："心常用则活，不用则窒；常用则细，不用则粗。"人的精神智慧并不是靠保养留存才能充沛灵活，越是勤奋的人精神状态越好，他的休息质量也越高。美国约克郡大主教加伯评价罗斯福时说他内心好像有一股巨大的复苏的力量。1940年，柯克看见罗斯福疲劳万分、神色憔悴地走进他的游艇。可是一个钟头以后他再出现时，已是一个完全不同的人；看起来好像年轻了二十岁。罗斯福的女儿说："这就是爸爸。自从他患上小儿麻痹症以后，他已养成了一种能够积极休息的本领，让他能一生工作不辍。"自然界的天然资源许多不可再生，必须节用。这两点都有现实意义。

◎颛顼与帝喾◎

【原文】

帝颛顼高阳者[①]，黄帝之孙而昌意之子也。静渊以有谋[②]，疏通而知事[③]；养材以任地[④]，载时以象天[⑤]，依鬼神以制义[⑥]，治气以教化，絜诚以祭祀[⑦]。北至于幽陵[⑧]，南至于交阯[⑨]，西至于流沙[⑩]，东至于蟠木[⑪]。动静之物[⑫]，大小之神，日月所照，莫不砥属[⑬]。

帝颛顼生子曰穷蝉。颛顼崩，而玄嚣之孙高辛立，是为帝喾。

【注释】

①颛（zhuān）顼（xū）：传说中的古代部族首领名，号高阳氏。②静渊：镇定深沉。③疏通：通达，有远见。④养材：养育材物，如栽培五谷、树木。任地：发挥土地的作用。⑤载时以象天：按季节行事来顺应自然。⑥制义：制定礼义。⑦絜：同“洁”。⑧幽陵：幽州。今河北省北部与辽宁省南部一带。⑨交阯：古地区名。泛指今五岭以南和越南北部地区。⑩流沙：古流沙泽。⑪蟠（pán）木：生长之地不详。⑫动静之物：指动物与植物。⑬砥（dǐ）：平定。

【译文】

帝颛顼高阳，是黄帝的孙子，昌意的儿子。他镇静深沉而有智谋，明白通达而知事理；种植各种作物以尽地力，按时行事，顺应自然，调理五行之气，教化民众，斋戒沐浴，虔诚地祭祀天地神灵。他向北达到幽陵，向南达到交阯，向西达到流沙，向东达到蟠木。各种动物植物，各处山岳河流的神，凡是太阳所照临的地方，没有谁不服，没有谁不归附他的。

帝颛顼生的儿子叫穷蝉。颛顼逝世，玄嚣的孙子高辛登位，他就是帝喾。

【原文】

帝喾高辛者[①]，黄帝之曾孙也。高辛父曰蟜极[②]，蟜极父曰玄嚣，玄嚣父曰黄帝。自玄嚣与极皆不得在位，至高辛即帝位。高辛于颛顼为族子[③]。

高辛生而神灵，自言其名[④]。普施利物，不于其身。聪以知远，明以察微。顺天之义，知民之急。仁而威，惠而信，修身而天下服。取地之材而节用之，抚教万民而利诲之[⑤]，历日月而迎送之，明鬼神而敬事之。其色郁郁[⑥]，其德嶷嶷[⑦]，其动也时，其服也士[⑧]。帝喾溉执中而遍天下[⑨]。日月所照，风雨所至，莫不从服。

帝喾娶陈锋氏女[⑩]，生放勋；娶娵訾氏女[⑪]，生挚。帝喾崩，而挚代立。帝挚立，不善，而弟放勋立，是为帝尧。

【注释】

①帝喾（kù）高辛：喾是名，高辛是他兴起的地方（部族所在地），得天下后用作号。②蟜（jiǎo）：一本作“桥”。③族子：侄子。④自言其名：生下来便叫出自己的名字。《帝王世纪》：“帝喾高辛，姬姓也。其母生见其神异，自言其名曰岌。”⑤诲：引导。⑥郁郁：通“穆穆”。端庄和悦的样子。⑦嶷嶷（yí）：高峻的样子。这里指品德高尚。⑧其服也士：衣着俭朴，像一般士人一样。⑨溉：灌溉。一说同“概”，本义指量粮食时用来刮平升斗的工具，引申为公平。⑩陈锋氏：部族名。⑪娵（jū）訾（zī）：部族名。

【译文】

帝喾高辛是黄帝的曾孙。高辛的父亲叫蟜极，蟜极的父亲叫玄嚣，玄嚣的父亲便是黄帝。从玄嚣到蟜极都没有登上帝位，到了高辛氏才登上帝位。高辛氏是颛顼的堂侄。

高辛氏生下来就神奇灵异，自己说出了自己的名字。他广施恩德，惠及万物，却一点也不为自己打算。他明辨是非，能洞察远方的情况；审事细微，能烛照隐幽。顺从上天的旨意，了解民众的疾苦。仁爱而有威严，慈惠而有信义，修养德行而天下归服。他获取土地的物产而节制使用，安抚教育民众而因势利导。制定历法以掌握日月运行、季节变化的规律，了解鬼神而恭敬地侍奉他们。他神态庄重，德行高尚，举止合乎时宜，衣着如同普通士人。这位帝喾，真像水灌溉大地一样，恩德不偏不倚而遍及天下。因此，凡日月照耀、风雨所及的地方，没有不归附他的。

帝喾娶了陈锋氏的女儿，生了放勋；又娶了娵訾氏的女儿，生了挚。帝喾逝世后，由挚继位。帝挚登位后，治理得不好，他弟弟放勋继位，放勋就是帝尧。

⊙名句精解

聪以知远，明以察微

“聪”表示耳朵听，“聪以知远”的意思是耳朵灵敏可以听清楚远处的声音；“明”表示眼睛看，“明以察微”的意思是眼睛很好可以察觉很细微的东西。“聪以知远，明以察微”，这是互文见义的手法，表示人的感觉器官十分发达，对周围事物的感知和观察细致入微。“聪以知远，明以察微”，实际上强调的是人对事物的认知能力和体察能力。“聪以知远”可以引申为人学习、接受已有的知识和了解远处发生情况的能力；“明以察微”可以引申为人观察、体会身边事物和发现新的知识的能力。这两种能力都是很重要的。

◎尧 帝◎

【原文】

帝尧者[1]，放勋。其仁如天，其知如神[2]。就之如日，望之如云。富而不骄，贵而不舒[3]。黄收纯衣[4]，彤车乘白马[5]。能明驯德[6]，以亲九族。九族既睦，便章百姓[7]。百姓昭明，合和万国。

乃命羲、和[8]，敬顺昊天[9]，数法日月星辰[10]，敬授民时[11]。分命羲仲，居郁夷[12]，曰旸谷[13]。敬道日出[14]，便程东作。日中，星鸟，以殷中春[15]。其民析[16]，鸟兽字微[17]。申命羲叔，居南交[18]。便程南为[19]，敬致。日永，星火，以正中夏[20]。其民因[21]，鸟兽希革[22]。申命和仲，居西土，曰昧谷[23]。敬道日入，便程西成。夜中[24]，星虚，以正中秋。其民夷易[25]，鸟兽毛毨[26]。申命和叔，居北方，曰幽都[27]。便在伏物[28]。日短，星昴，以正中冬[29]。其民燠[30]，鸟兽氄毛[31]。岁三百六十六日，以闰月正四时。信饬百官[32]，众功皆兴。

【注释】

①尧：古代传说中的帝王。名放勋，号陶唐氏。②知：同“智”。③舒：松懈；傲慢。④黄收：黄色的帽子。收，古代帽子名。纯衣：深黄色衣服。⑤彤（tóng）：红色。⑥驯德：恭顺高尚的品德。⑦便（pián）章：辨别彰明。百姓：百官。⑧羲、和：羲氏、和氏。羲、和是世代掌管季节时令的两个部族。⑨昊（hào）：深远广大。⑩数法日月星辰：观察日月星辰的运行来制定历数。⑪敬授民时：慎重地教给民众农事季节。⑫郁夷：极东的地方（指山东东部滨海地区）。⑬旸（yáng）谷：传说是太阳升起之处。⑭敬道日出：恭敬地迎接朝阳升起。⑮日中，星鸟，以殷中春：指确定中（仲）春的节候（春分）。日中，春分时昼夜一般长。中指昼夜平分。星鸟，观察鸟星。鸟指春分黄昏时刻见于中天的朱鸟七宿中的第四星——星宿。古人在初昏时刻观察中天星座以确定节候。殷，正，推定。⑯析：分

散，分工。⑰字：产子。微：通“尾”，鸟兽虫鱼交配。⑱南交：南方最远的边境。⑲便程：分别次第，使做事有步骤。“便”，通“辨”，别。⑳日永，星火，以正中夏：指确定中（仲）夏的节候（夏至）。日永：夏至白昼最长。火，夏至黄昏时刻，见于中天的苍龙七宿中的“心宿”，特指其中的主星“大火”，又名商星。㉑因：沿袭，指继续在田野里干农活。㉒希革：指夏季炎热，鸟兽换毛，皮上羽毛稀少。希，同“稀”。㉓昧谷：西方日落的地方。㉔夜中：秋分时昼夜一般长。㉕夷易：安适怡悦。㉖毨（xiǎn）：鸟兽更生新毛。㉗幽都：北方地名。《山海经》：“北海之内有山名幽都。”㉘便在伏物：注意安排好冬天积蓄储藏的事。㉙日短，星昴（mǎo），以正中冬：指确定中（仲）冬的节候（冬至）。日短，冬至白昼最短。昴，冬至黄昏时刻见于中天的有白虎七宿，星昴指其中第四星——昴宿。㉚燠（yù）：暖和。指人们穿上冬装，在屋子里避寒。㉛氄（yǒng）：细软的毛。指寒冬鸟兽都密密地生长出细软的毛。㉜信饬（chì）百官：按时命令主管各种事务的官员。

【译文】

帝尧就是放勋。他的仁德像天一样浩大无边，他的智慧像神一样深广莫测；接近他能感受到太阳般的温暖，仰望他就好像望着高洁云朵。他富有而不骄纵，尊贵而不傲慢。他戴着黄帽子，穿着深黄色的衣服，乘坐红色的车子，驾着白色的马。他能修明自己恭顺的德行，把各个部族团结得亲密无间；各个部族已经亲密无间了，再明确百官的职责；百官各司其职，各地诸侯无不融洽和睦。

尧于是命令羲氏、和氏，恭敬地顺应上天的意志，依据日月星辰的行迹来制定历法，慎重地教导民众耕种的时间。他对羲氏、和氏分别做了任命：羲仲住在叫作旸谷的郁夷之地，恭敬地迎接朝阳的升起，审慎地预报春季耕种的时日。根据春分黄昏时中天鸟星的出现，来确定仲春的季节。这时人们分散到田野破土耕种，鸟兽交尾生育。又命令羲叔住在南交，审慎地预报夏季耕耘的时日。根据夏至黄昏时中天大火星的出现来确定仲夏的季节。这时，民众继续干活，鸟兽也换上稀疏的羽毛。再命令和仲住在名叫昧谷的西方，恭敬地礼送太阳落土，审慎地预报收获的时日。根据秋分黄昏时中天虚星的出现，来确定仲秋的季节。这时，民众生活安适怡悦，鸟兽更换了新毛。再命令和叔住在名叫幽都的北方，审慎地预报储存谷物准备过冬的时日。根据冬至黄昏时中天昴星的出现，来确定仲冬的季节。这时，民众穿上冬装，进入屋内避寒，鸟兽也长出了又密又软的细毛。一年有三百六十六天，用闰月的办法来校正四季的节候。帝尧还按时诫饬百官，各项事业无不兴旺发达。

⊙名句精解

富而不骄，贵而不舒

富，是财产多；贵，是地位高，富有而不骄傲，保持纯朴的作风，以诚恳之心待人；地位高了而不放纵自己，保持平常心，以平等之心做事，这是不容易的。帝尧做到了。

帝尧生活俭朴，只食用陶簋盛的粗饭淡汤，只求能饱，绝不浪费百姓的一分一毫。他谦虚谨慎，时刻警醒自己。他设置“谏鼓”，让普通人都能对国事发表意见。他树立“谤木”，鼓励百姓批评自己的过失。

帝尧说：“如果有一个人挨饿，就是我饿了他；如果有一个人受冻，就是我冻了他；如果有一个人获罪，就是我害了他。”

帝尧贵为天子，却能恭行节俭、谦虚谨慎、心胸宽阔，又能不贪图虚荣、不惧怕批评，帝尧身上的这种高尚节操，可为万世学习效仿，难怪百姓都十分拥戴他。

孔子对于贫富也有精彩的论述。他的学生子贡曾问他：“贫穷而不去巴结人，富有而不骄傲奢侈，这种人怎么样？”孔子回答说：“可以算不错了，只是还不如贫穷仍能乐道，富贵仍然好礼的人啊！”

【原文】

尧曰："谁可顺此事①？"放齐曰："嗣子丹朱开明②。"尧曰："吁！顽凶，不用③。"尧又曰："谁可者？"欢兜曰："共工旁聚布功，可用④。"尧曰："共工善言，其用僻，似恭漫天，不可⑤。"尧又曰："嗟，四岳⑥！汤汤洪水滔天⑦，浩浩怀山襄陵⑧。下民甚忧。有能使治者？"皆曰："鲧可⑨。"尧曰："鲧负命毁族，不可。"岳曰："异哉⑩！试不可用而已。"尧于是听岳用鲧。九岁，功用不成。

尧曰："嗟！四岳！朕在位七十载，汝能庸命，践朕位⑪？"岳应曰："鄙德，忝帝位⑫。"尧曰："悉举贵戚及疏远隐匿者。"众皆言于尧曰："有矜在民间⑬，曰虞舜。"尧曰："然，朕闻之。其何如？"岳曰："盲者子。父顽，母嚚⑭，弟傲，能和以孝，烝烝治⑮，不至奸。"尧曰："吾其试哉！"于是尧妻之二女⑯，观其德于二女。舜饬下二女于妫汭⑰，如妇礼⑱。尧善之，乃使舜慎和五典⑲，五典能从；乃遍入百官⑳，百官时序；宾于四门㉑，四门穆穆㉒，诸侯远方宾客皆敬。尧使舜入山林川泽，暴风雷雨，舜行不迷㉓。尧以为圣，召舜曰："女谋事至而言可绩，三年矣。女登帝位。"舜让于德不怿。正月上日㉔，舜受终于文祖㉕。文祖者，尧大祖也㉖。

【注释】

①顺：继承。此事：治理天下的大事。②放齐：尧的大臣。嗣子：继承人。丹朱：尧的嫡长子。③顽凶：顽，指不讲道德。凶，通"讻"。指好争辩。④欢（huān）兜（dōu）：尧的大臣。⑤共工：人名。担任工师。⑥四岳：分掌四方的诸侯首领。⑦汤汤（shāng）：即"荡荡"，水波奔腾的样子。⑧浩浩：水势盛大的样子。襄陵：淹没高地。⑨鲧（gǔn）：人名。夏禹的父亲。⑩异：奇异出众。⑪庸命：用命；执行命令，忠于职守。⑫忝：辱没。⑬矜（guān）：同"鳏"。无妻的男子。

⑭嚚（yīn）：内心险恶，爱说坏话。⑮烝烝：上进，做好事。⑯妻（qì）：作动词用，以女嫁人。⑰妫（guī）：水名。黄河支流，源出于山西省历山，西流至蒲州入黄河。汭（ruì）：河道弯曲处或河流的北岸。⑱如妇礼：用媳妇的礼节来要求二女。⑲五典：五教。指父义、母慈、兄友、弟恭、子孝等伦理道德。⑳遍入百官：总领百官职事。㉑四门：明堂（天子朝会诸侯的地方）的四方之门。㉒穆穆：庄敬和穆的样子。㉓不迷：不误事。㉔上日：朔日，初一。㉕文祖：帝尧的祖庙。㉖大祖：即太祖，开国始祖。

【译文】

尧说："谁可以继承我的事业？"放齐说："继承人丹朱聪明通达。"尧说："唉！他不讲道德又好争讼，不能用。"尧又问："哪一个可以当此重任呢？"欢兜说："共工广泛地聚集民众，做了不少事情，可以用。"尧说："共工言辞巧辩，实际行动却违背正道；外表好似恭敬，内心却对上天轻漫不恭，不可用。"尧又问："唉！四岳，洪水滔天，浩浩荡荡，包围山岭，淹没高地，百姓忧心忡忡，谁有能力去治理？"都说鲧可以。尧说："鲧违反命令，危害同族，不可任用。"四岳说："他才能突出啊！试一下吧！果真不行再停止。"尧于是听从四岳的意见，任用了鲧。鲧治水九年，毫无成效。

尧说："唉！四岳，我在位已经七十年，你们都能执行命令，接替我的位置吧！"四岳回答说："我们德行浅薄，恐怕玷辱了帝王的职位。"尧说："那就请你们推举所有有名望的贵族以及在遥远处隐居的人。"大家都对尧说："民间有个尚未娶妻的人，名叫虞舜。"尧说："对，我听说过。他究竟怎样？"四岳说："他是个盲人的儿子。父亲不讲道德，后母爱说他坏话，弟弟骄纵凶狠，但是他能够用孝行与他们和睦相处，使他们人心向善，免于邪恶。"尧说："让我考验一下他吧。"在这种情况下，尧把两个女儿嫁给舜，通过她们来观察舜的德行。舜将她们安置在沩水北岸，遵守做媳妇的礼节。尧很赞赏他这样做，于是让舜担任司徒慎重地推行五教，人民都遵从五教；尧又让他总领百官的职事，各种职事都处理得井井有条；让他到四门主持接待各方宾客，四门充满了庄重和睦的气氛，来朝贡的诸侯和远方客人都敬重他。尧又让舜进入密林大泽办事，遇上暴风雷雨，舜仍能前行，不迷失方向。尧认为舜德行伟大，召见他说："你考虑事情周到，说过的事能办得有成效，已经过了三年了。你登上帝位吧。"舜一再推让，认为自己的德行不足以胜任帝位，心中十分不安。正月初一，舜在文祖庙接受尧的禅让。文祖是尧的始祖。

【原文】

于是，帝尧老，命舜摄行天子之政①，以观天命。舜乃在璇玑玉衡②，以齐七政③。遂类于上帝④，禋于六宗⑤，望于山川⑥，辩于群神⑦。揖五瑞⑧，择吉月日，见四岳诸牧，班瑞⑨。岁二月，东巡狩⑩，至于岱宗，祡⑪，望秩于山川⑫。遂见东方君长，合时月⑬，正日，同律度量衡⑭，修五礼⑮，五玉、三帛、二生、一死为挚⑯，如五器⑰，卒乃复⑱。五月，南巡狩；八月，西巡狩；十一月，北巡狩；皆如初。归，至于祖祢庙⑲，用特牛礼。五岁一巡狩，群后四朝。遍告以言，明试以功，车服以庸⑳。肇十有二州㉑，决川㉒。象以典刑㉓，流宥五刑㉔，鞭作官刑㉕，扑作教刑㉖，金作赎刑。眚灾过㉗，赦；怙终贼㉘，刑。钦哉㉙，钦哉，唯刑之静哉㉚。欢兜进言共工㉛，尧曰"不可"，而试之工师㉜，共工果淫辟。四岳举鲧治鸿水，尧以为不可，岳强请试之，试之而无功，故百姓不便。三苗在江淮、荆州数为乱㉝。于是舜归而言于帝，请流共工于幽陵，以变北狄㉞；放欢兜于崇山㉟，以变南蛮；迁三苗于三危㊱，以变西戎殛鲧于羽山㊲，以变东夷。四罪而天下咸服。

【注释】

①摄：代理。②在：专注地观察。璇（xuán）玑玉衡：用玉装饰的观察天文的仪器。一说"璇玑玉衡"即北斗七星。③齐七政：即观察日月星辰来校正历法。或认为"七政"指下面讲的祭祀、班瑞、东巡、南巡、西巡、

北巡、归祖七件政事。齐，整齐，校正。七政，指日月五星（金、木、水、火、土）。④类于上帝：举行特殊祭礼，把事类报告上天。类，祭祀名。⑤禋（yīn）：祭祀名。升烟祭天以求福。⑥望：祭祀名，遥望名山大川举行祭祀。⑦辩：同“遍”。普遍地祭祀。⑧揖：同“辑”。收集。五瑞：公、侯、伯、子、男五等爵位的诸侯所执的瑞信（即形状上圆下方的玉圭，是表示诸侯等级的符信）。⑨见：召见。诸牧：各地诸侯。⑩巡狩（shòu）：帝王巡察各地，检查诸侯政绩。⑪祡（chái）：一作“柴”，祭祀名，焚柴以祭祀天神。⑫望秩：按次序遥祭。⑬合时月：统一协调季节、月份。⑭同律：统一音律。⑮五礼：指吉礼（用于祭祀）、凶礼（用于丧葬）、宾礼（用于礼宾）、军礼（用于军事）和嘉礼（用于冠婚）。修明五礼是为了统一全国的风俗习惯。⑯五玉：即“五瑞”。三帛：荐玉的丝织品，有三种不同颜色。二生：指活的羔羊与雁。卿与大夫用作进见的礼物。一死：指死雉（野鸡），士进见的礼物。挚：通“贽”。拜见时的礼物。⑰五器：即五玉。⑱复：交还。⑲祢（nī）：奉祀死父的宗庙。⑳车服以庸：对于政绩卓著的诸侯，则用车服作赏赐。庸，功劳。㉑肇（zhào）：开始，此指建立。㉒川：疏通河道。㉓象：刻画。典：常。㉔宥（yòu）：宽恕，从宽发落。五刑：墨（刺字）、劓（割鼻）、剕（fèi，断足）、宫（阉割）、大辟（杀头）。㉕鞭：皮鞭。㉖扑：戒尺。㉗眚（shěng）：灾过。㉘怙（hù）：倚仗。㉙钦：慎重。㉚唯刑之静：静刑，希望减少用刑。㉛进言：推荐。㉜工师：管理工程建筑的官。㉝三苗：南方的一个部族，散居于今湘、鄂、赣、皖毗邻地区，可能是苗族的祖先。㉞以变北狄：叫他改变北狄的风俗。㉟崇山：在今湖南大庸西南。㊱三危：山名。在今甘肃省敦煌东。㊲殛（jí）：这里是流放的意思。羽山：在今山东省蓬莱市东南。一说在今江苏省连云港一带。

【译文】

这时，帝尧已经年迈，让舜代行天子之政，以观察天意。舜便使用璇玑玉衡来观测天象，定准日月五星的位置。他祭祀上帝，祭祀六类神祇，举行望礼遥祭名山大川，遍祭群神。他收集五种玉制瑞信，选择吉月吉日，召见四岳诸侯，再给他们颁发瑞信。二月，他到东方巡察，到达泰山，烧柴祭天，又举行望礼遥祭名山大川。这时他召见了东方的诸侯，校正历法，同他们核对季节、月份，定准了一天的时刻，统一了音律和度量衡。制定了五类礼仪。规定诸侯用五玉三帛，卿大夫用二牲，士用野鸡为相见所执的礼物；对于五玉，会见结束后便退还给诸侯。五月，他到南方视察；八月，到西方视察；十一月，到北方视察。都像开始视察东方一样。回来后，到祖庙和父庙里祭祀，举行隆重的特牲之礼。舜每五年到各方视察一次，各地诸侯每四年来京师朝见一次。对于每个诸侯，舜都告诉他们治理国家的方法，公开地考察他们的政绩，对政绩突出的赏赐车骑、衣服。舜开始在全国设立十二个州，疏通河道。他把正常的刑律刻在器物上，用流放的办法来减免五刑；用鞭子作为官府的刑罚，学校中用戒尺处罚学生，不是故意犯罪的人可以用金钱赎罪。无心或灾害造成的过失予以赦免；只有作恶不改的人才及时惩处。“慎重啊，慎重啊，努力做到不用刑罚啊！”欢兜向尧推荐共工，尧说：“不可以。”但还是试用他做工师；共工果然放纵邪僻。四岳推荐鲧治洪水，尧认为不行，四岳坚决请求试用；结果毫无成绩，百官都认为鲧不恰当。三苗在江淮流域荆州一带屡次作乱。这时，舜正视察回来，便向尧报告，请求把共工流放到幽陵，让他治理北方的狄族；把欢兜流放到崇山，让他治理南方的蛮族；把三苗驱逐到三危，让他治理西方的戎族；把鲧远远地贬到羽山，让他治理东方的夷族。惩处这四个罪人，天下的人都心悦诚服。

【原文】

尧立七十年得舜；二十年而老，令舜摄行天子之政，荐之于天。尧辟位凡二十八年而崩[①]。百姓悲哀，如丧父母。三年，四方莫举乐，以思尧。尧知子丹朱之不肖，不足授天下，于是乃权授舜。授舜，则天下得其利而丹朱病；授丹朱，则天下病而丹朱得其利。尧曰：“终不以天下之病而利一人。”而卒授舜以天下。尧崩，三年之丧毕，舜让辟丹朱于南河之南[2]。诸侯朝觐者不之丹朱而之舜[3]，狱讼者不之丹朱而之舜，讴歌者不讴歌丹朱而讴歌舜。舜曰：“天也！”夫而后之中国践天子位焉[4]，是为帝舜。

【注释】

①辟位：退位。辟，通“避”。②南河：指黄河自潼关以下西东流向的一段。③朝觐（jìn）：诸侯在春秋两季拜见天子。春曰朝，秋曰觐。④中国：这里指国都之中。

【译文】

尧在位七十年得到舜，又过了二十年告老，让舜代理天子的政务，并向上天荐举舜。尧让位二十八年后就去世了。百姓很悲痛，好像失去了亲生父母一样。尧死后的三年中，天下都停止奏乐以表示对帝尧的悼念。当初，尧知道儿子丹朱不成器，不能授天下给他，于是尧采取权变措施禅位给舜。禅位给舜，天下人得到好处，只有丹朱不称意；传给丹朱，便使天下人受害，只有丹朱得利。尧说：“绝对不能使天下人受害而让一人得利。”他最后把天下传给了舜。帝尧去世，三年的丧期结束后，舜把帝位让给丹朱，自己退避到南河的南岸。但朝见天子的诸侯不到丹朱那里去，却来朝见舜；争讼告状的人不到丹朱那里去，却来找舜；歌功颂德的人不歌颂丹朱，却歌颂舜。舜说：“这是天意啊！”这以后，他才去了都城，登上天子之位。这就是帝舜。

⊙名句精解

授舜，则天下得其利而丹朱病；授丹朱，则天下病而丹朱得其利

自古以来，帝位继承一直都是关系重大的问题。帝尧年事已高，由谁继

位的问题开始提到议事日程。任亲还是任贤，关乎国家安危和人民福祉。所谓知子莫若父，儿子丹朱的能力和德行都不配执掌天下，而舜德才兼备，天下信服。因此，帝王让给舜，利在天下而不利于丹朱一人；传位给丹朱，利在丹朱一人而不利于天下。帝尧圣明，“终不以天下之病而利一人”，开启了传贤不传后的禅让制度。

“终不以天下之病而利一人”的伟大之处，正在于提出了一个光辉的政治文明理念：国家是天下人的国家，不是一家人或者一个人的国家，大公无私、德才兼备者才有资格代表人民行使公权。执政者应该具备高度的责任感，以全社会民众的福祉为己任。

◎虞　舜◎

【原文】

虞舜者，名曰重华①。重华父曰瞽叟②，瞽叟父曰桥牛，桥牛父曰句望，句望父曰敬康，敬康父曰穷蝉，穷蝉父曰帝颛顼，颛顼父曰昌意，以至舜七世矣。自从穷蝉以至帝舜，皆微为庶人。

舜父瞽叟盲，而舜母死。瞽叟更娶妻而生象，象傲。瞽叟爱后妻子，常欲杀舜，舜避逃；及有小过，则受罪。顺事父及后母与弟，日以笃谨，匪有解。

舜，冀州之人也③。舜耕历山，渔雷泽④，陶河滨，作什器于寿丘⑤，就时于负夏⑥。舜父瞽叟顽，母嚚，弟象傲，皆欲杀舜。舜顺适不失子道，兄弟孝慈。欲杀，不可得；即求，尝在侧。

舜年二十以孝闻。三十而帝尧问可用者，四岳咸荐虞舜，曰可。于是尧乃以二女妻舜以观其内，使九男与处以观其外。舜居妫汭，内行弥谨⑦，尧二女不敢以贵骄事舜亲戚，甚有妇道。尧九男皆益笃⑧。舜耕历山，历山之人皆让畔⑨；渔雷泽，雷泽上人皆让居；陶河滨，河滨器皆不苦窳⑩。一年而所居成聚，二年成邑，三年成都。尧乃赐舜衣絺与琴[11]，为筑仓廪，予牛羊。瞽叟尚复欲杀之，使舜上涂廪，瞽叟从下纵火焚廪。舜乃以两笠自扞而下，去，得不死。后瞽叟又使舜穿井，舜穿井为匿空[12]，旁出[13]；舜既入深，瞽叟与象共下土实井，舜从匿空出，去。瞽叟、象喜，以舜为已死。象曰："本谋者象。"象与其父母分，于是曰："舜妻尧二女与琴，象取之。牛羊、仓廪予父母。"象乃止舜宫居，鼓其琴。舜往见之。象鄂不怿[14]，曰："我思舜正郁陶[15]。"舜曰："然，尔其庶矣！"舜复事瞽叟爱弟弥谨。于是尧乃试舜五典、百官，皆治。

【注释】

①虞：重华，舜名。据说舜目为重瞳子，故名重华。②瞽（gǔ）叟：舜父名。瞽，瞎眼。③冀州：古九州之一。相当于今山西省、河南省北部、河北省大部及辽宁西部一带。④雷泽：一名雷水。古泽名。在今山西省永济南。或说即雷夏泽，在今山东省菏泽市东北。《括地志》："雷夏泽在濮州雷泽县郭外西北。"⑤什器：饮食器皿。寿丘：在今山东省曲阜市东北。⑥就时：乘时。负夏：邑名。在今山东省兖州北。⑦内行：家内的行为。⑧笃：真诚，纯朴。⑨畔：田地的边界。⑩苦窳（yǔ）：粗劣。⑪絺（chī）：用葛纤维制成的细布。⑫匿空：在井壁上打的洞。⑬旁出：从井壁旁通向外面。⑭鄂：同"愕"。吃惊。⑮郁陶：愁闷痛苦。

【译文】

虞舜名叫重华。重华的父亲叫瞽叟，瞽叟的父亲叫桥牛，桥牛的父亲叫句望，句望的父亲叫敬康，敬康的父亲叫穷蝉，穷蝉的父亲叫颛顼，颛顼的父亲叫昌意。到舜已是七代。从穷蝉到帝舜，都是地位低微的普通百姓。

舜的父亲瞽叟眼瞎了，舜的母亲死后，瞽叟又娶了继室，生了个儿子名叫象，象骄纵凶狠。瞽叟溺爱后妻的儿子，常常想杀掉舜，舜都躲过了；

遇到自己有小过失，舜便接受惩罚。他恭顺地侍奉父亲、后母和弟弟，对待他们诚恳谨慎，日日如一，没有懈怠过。

舜是冀州人，他曾在历山种过田，在雷泽捕过鱼，在黄河边上烧制过陶器，在寿丘做过各种生产工具和生活用具，在负夏做过生意。舜的父亲瞽叟不讲道德，后母爱说坏话，弟弟象骄纵凶狠，都要杀掉舜。舜总是很恭顺，不放弃作为儿子的职责，对弟弟尽兄道，对父母尽孝道。父母想要杀他，总是办不到；如果有事找他，却常在身边。

舜二十岁时，因为孝顺而闻名。三十岁时，帝尧询问可以重用的人，四岳都推荐舜，说他可以。于是，尧便把两个女儿嫁给舜，来观察他怎样治家，又派了九个男儿与舜相处，来观察他于家庭之外怎样待人接物。舜住到沩水北岸，在家里行为越发谨严。尧的两个女儿不敢因为出身高贵而以傲慢的态度对待舜的亲属，严格遵守做媳妇的礼节。尧派去的九个男儿更加淳朴厚道了。舜在历山种田，历山的人都互让田地边界；在雷泽捕鱼，雷泽四周的人都互让居住的地方；在黄河边制作陶器，生产的陶器没有粗制滥造的。他住过一年的地方，便形成了村落：住过两年的地方，便形成了集镇；住过三年的地方，便形成了都市。尧于是赐给舜细葛布做的衣服，又赠给他琴，还给他修筑仓库，送他牛羊。瞽叟还是想杀掉舜，他叫舜上屋顶用泥涂抹谷仓，自己却在屋下纵火烧仓，舜就拿着两顶斗笠护住自己向下跳，脱了险，没被烧死。后来，瞽叟又让舜凿井，舜在井壁上另凿了一个可以藏身和外出的空洞。舜凿到深处，瞽叟和象一同倾土填井，舜从藏身的空洞中走出，又脱了险。瞽叟和象很高兴，认为舜已经死了。象说："原来出主意的是我。"象与父母分舜的财物，这时他说："舜的妻子——尧的两个女儿，还有那张琴，我收取了；牛羊、仓廪留给父母。"于是象留在舜的居室中住下，弹着舜的琴。舜前去见他。象愕然失色，装作伤心的样子说："我想念你，正想得伤心难过！"舜说："是这样，对于兄弟情义，你还差不多！"舜以后侍奉瞽叟，友爱弟弟，越发恭谨了。于是尧便试用舜，让他推行五教，到各个官府去工作，舜都处理得很妥善。

【原文】

昔高阳氏有才子八人①，世得其利，谓之“八恺”。高辛氏有才子八人②，世谓之“八元”。此十六族者③，世济其美，不陨其名④。至于尧，尧未能举。舜举八恺，使主后土⑤，以揆百事⑥，莫不时序。举八元，使布五教于四方⑦，父义，母慈，兄友，弟恭，子孝；内平外成⑧。

昔帝鸿氏有不才子⑨，掩义隐贼，好行凶慝⑩，天下谓之“浑沌”⑪。少暤氏有不才子⑫，毁信恶忠，崇饰恶言⑬，天下谓之“穷奇”。颛顼氏有不才子，不可教训，不知话言，天下谓之“梼杌”⑭。此三族世忧之。至于尧，尧未能去。缙云氏有不才子⑮，贪于饮食，冒于货贿⑯，天下谓之“饕餮”⑰。天下恶之，比之三凶。舜宾于四门，乃流四凶族，迁于四裔⑱，以御螭魅⑲，于是四门辟，言毋凶人也。

【注释】

①高阳氏：指颛顼的后代。②高辛氏：指帝喾的后代。③十六族：指上述十六人的后代繁衍，形成十六个民族。④不陨（yǔn）其名：没有损伤过他们祖先的美好名声。⑤后土：掌管水土的官。⑥揆（kuí）：管理，计划安排。⑦布五教：传布五伦之教。⑧内平：指诸侯各族（国内）团结安定。外成：指边境外族向往教化，亲善华夏。⑨帝鸿氏：即黄帝。⑩凶慝（tè）：凶暴、邪恶。⑪浑沌：不开化，野蛮无知。⑫少暤（háo）氏：黄帝以后的一位帝王，又称金天氏。⑬崇饰恶言：宣扬和粉饰各种恶言恶语。饰，粉饰。⑭梼（táo）杌（wù）：顽凶无比的样子。⑮缙云氏：炎帝的后代。⑯冒于货贿：贪爱财物。冒，贪。⑰饕（tāo）餮（tiè）：贪婪无厌的样子。⑱裔：指边远的地方。⑲螭（chī）魅（mèi）：传说中山林里害人的怪物。

【译文】

以前，高阳氏出了八个有才能的子孙，世人得其利，都称他们为“八恺”；高辛氏出了八个有才能的子孙，世人称他们作“八元”。这十六个家族，世世代代都能增益他们的美德，没有毁损他们祖先的名声。在尧的时代，尧没有起用他们。舜任用八恺，让他们掌管水土，他们安排各种事务，没有不处理得井井有条的。舜任用八元，指派他们到四方传布教化，他们使得父亲威严，母亲慈爱，哥哥友善，弟弟恭敬，儿子孝顺；国内太平，外族向往。

从前，帝鸿氏有一个不成器的后代，不行仁义，阴毒残忍，专好行凶作恶，天下人称他为“浑沌”。少皞氏有个不成器的后代，毁弃诚信，憎恶忠直，爱讲邪恶的话，天下人称他为“穷奇”。颛顼氏有个不成器的后代，不可教训，不懂得好话坏话，天下的人称他为“梼杌”。对于这三个家族，世人都感到忧虑。在尧的时代，尧没能除掉他们。缙云氏有个不成器的后代，沉溺酒食，贪图财物，天下人称他为“饕餮”。天下人都讨厌他，把他同上面的三凶并列。舜在四门主持接待宾客时，放逐了这四个凶恶的家族，让他们迁徙到四方最偏远的地方，用以警戒恶人。于是四门畅通，都说再也没有恶人了。

【原文】

舜入于大麓①，烈风雷雨不迷，尧乃知舜之足授天下。尧老，使舜摄行天子政，巡狩。舜得举用事二十年，而尧使摄政。摄政八年而尧崩。三年丧毕，让丹朱，天下归舜。而禹、皋陶、契、后稷、伯夷、夔、龙、倕、益、彭祖，自尧时而皆举用，未有分职。于是舜乃至于文祖，谋于四岳，辟四门，明通四方耳目，命十二牧论帝德②：行厚德，远佞人，则蛮夷率服。舜谓四岳曰：“有能奋庸美尧之事者③，使居官相事。”皆曰：“伯禹为司空④，可美帝功。”舜曰：“嗟，然！禹，汝平水土，维是勉哉！”

禹拜稽首[5]，让于稷、契与皋陶。舜曰："然，往矣！"舜曰："弃，黎民始饥，汝后稷播时百谷[6]。"舜曰："契，百姓不亲，五品不驯[7]，汝为司徒，而敬敷五教[8]，在宽。"舜曰："皋陶，蛮夷猾夏[9]，寇贼奸轨[10]，汝作士。五刑有服，五服三就[11]；五流有度[12]，五度三居[13]。维明能信[14]。"舜曰："谁能驯予工[15]？"皆曰垂可。于是以垂为共工[16]。舜曰："谁能驯予上下草木鸟兽[17]？"皆曰益可。于是以益为朕虞[18]。益拜稽首，让于诸臣朱虎、熊罴[19]。舜曰："往矣，汝谐[20]。"遂以朱虎、熊罴为佐。舜曰："嗟！四岳，有能典朕三礼[21]？"皆曰伯夷可。舜曰："嗟！伯夷，以汝为秩宗[22]。夙夜维敬[23]，直哉维静絜[24]。"伯夷让夔、龙。舜曰："然。以夔为典乐[25]，教稚子，直而温，宽而栗，刚而毋虐，简而毋傲[26]；诗言意，歌长言[27]，声依永，律和声，八音能谐[28]，毋相夺伦，神人以和。"夔曰："於！予击石拊石，百兽率舞。"舜曰："龙，朕畏忌谗说殄伪，振惊朕众。命汝为纳言，夙夜出入朕命，惟信。"舜曰："嗟！女二十有二人敬哉[29]，惟时相天事。"三岁一考功，三考绌陟[30]，远近众功咸兴。分北三苗[31]。

此二十二人咸成厥功[32]：皋陶为大理[33]，平，民各伏得其实[34]；伯夷主礼，上下咸让；垂主工师[35]，百工致功；益主虞，山泽辟；弃主稷[36]，百谷时茂；契主司徒，百姓亲和；龙主宾客，远人至，十二牧行而九州莫敢辟违；唯禹之功为大，披九山，通九泽，决九河，定九州，各以其职来贡，不失厥宜。方五千里，至于荒服[37]。南抚交阯、北发[38]，西戎、析枝、渠廋、氐、羌[39]，北山戎、发、息慎[40]，东长夷、鸟夷[41]，四海之内咸戴帝舜之功。于是禹乃兴《九招》之乐[42]，致异物[43]，凤皇来翔。天下明德皆自虞帝始。

【注释】

①大麓：管理山林的官。②十二牧：十二州的长官。③庸：用，用命。④司空：主管水利土木工程的官员。⑤稽首：叩头致敬。⑥时：通"莳（shì）"，种植。⑦五品：即五伦，指君臣、父子、夫妇、兄弟、朋友五种

伦常关系。驯：和顺。⑧五教：即君臣有义、父子有亲、夫妇有别、长幼有序、朋友有信五种伦理道德。⑨猾：扰乱，侵略。⑩轨：通“宄（guǐ）”，在外作恶。⑪三就：往三处地方执行。⑫五流：五刑改为流放，仍分五等。⑬度：指流放处所。三居：三等流放区。⑭维明能信：明白宣布罪行，便能使人信服。⑮工：百工，如金工、木工、石工、陶工等。⑯共工：管理百工的官名。⑰上：指高原山林。下：指低地川泽。⑱虞：管理山林川泽的官。⑲朱虎、熊罴：人名。⑳谐：合适。㉑典：主管。三礼：祭天神、祭地祇（qí）、祭鬼的三种礼仪。㉒秩宗：主管祭祀的礼官。㉓夙夜：朝夕，日夜。㉔静絜：肃静而清洁。㉕典乐：掌管音乐的官。㉖简而毋傲：简略而不放纵。㉗长言：拖长节拍。㉘八音：指金、石、丝、竹、匏、土、革、木八类乐器。㉙二十有二人：指此次任命的禹、后稷、契、皋陶、垂、益、朱虎、熊、伯夷、夔、龙、彭祖等十人与十二牧。㉚三考绌陟：根据三次考察的优劣而贬降或提升。绌，通“黜”，贬退与撤换。陟，提升。㉛北：同“背”。㉜厥：其。㉝大理：主管刑法的官。㉞伏：拜伏，信服。得其实：断狱符合实际情况。㉟工师：官名。㊱稷：这里以稷借代农业生产。㊲荒服：指距王畿最荒远的地方。㊳北发：地名。㊴戎、析枝、渠廋（sōu）、氐（dī）、羌（qiāng）：皆西方部族名。㊵山戎、发、息慎：皆北方部族名。㊶长夷、鸟夷：东方部族名，一说鸟夷指今日本。“鸟”一作“岛”。㊷《九招》：乐曲名。招，或作“韶”。㊸致异物：招致珍奇的动植物。

【译文】

舜担任管理山林的官，遇到暴风雷雨，也从不误事。尧于是知道舜是足以传授天下的。尧老了，叫舜代替他处理天子的政务，到四方视察。舜被推荐担任职务二十年，尧便让他代行天子职事。又过了八年，尧去世了。服丧三年以后，舜让位给丹朱，天下的人都归服于舜。大禹、皋陶、契、后稷、伯夷、夔、龙、倕、益、彭祖这班人，从尧在的时候起便被推举任事了，但没有分配给专门的职务。这时，舜来到文祖庙，征询四岳的意见，并大开四门，畅通言路。他命令十二州的长官讨论帝王应有的德行，他认为只要广施恩德，疏远谄佞的小人，那么，即使外族也会相率归服的。舜对四岳说："有谁能奋发用命，光大帝尧的事业，我将任命他官职，辅佐我治理天下。"他们都说："伯禹担任司空，可以光大帝尧的事业。"舜说："嗯！禹，你负责平治水土吧，你可要努力办好这件事啊！"禹跪地拜谢，要推让给稷、契和皋陶。舜说："虽说如此，还是你去吧！"舜又对后稷说："弃！百姓开始闹饥荒了，你这位农官，应教他们播种各种粮食作物。"对契说："契！百官不相亲睦，君臣、父子、夫妇、长幼、朋友五者相处尚未达到和顺的程度，你担任司徒，认真施行五教，慢慢去感化他们。"舜对皋陶说："皋陶！外族侵扰中国，内外贼寇作恶闹事，你去做主管刑罚的长官，执行五刑要轻重适中，判刑后要在三个不同的场所执行；五刑改用流放，须有流放的地点，五种流放处所按远近分为三等。只有刑罚公正严明，才能取信于民。"舜说："谁能为我管教各种工匠？"大家都说垂可以。于是任命垂作共工。舜说："谁管理山泽中的草木鸟兽？"大家都说益可以。于是任用益作虞官。益拜谢，要让给朱虎、熊罴等大臣。舜说："还是你去吧！你合适。"便任用朱虎、熊罴作益的助手。舜说："唉，四岳！有谁能为我主持三种祭祀？"大家都说伯夷可以。舜说："喂，伯夷！命你担任秩宗，每天从早到晚都要恭谨，内心要纯净、安静、公正无私。"伯夷让给夔和龙。舜说："好，我任命夔主管音乐，教导贵族子弟。你要正直而温和，宽厚而严格，刚强而不暴虐、简约而不傲慢。用诗表达思想，用歌咏来延长诗的音节，依照歌来制定乐曲，用音律使乐曲和谐。八种乐器的声音都能和谐，互不干扰，这样，神灵与世人听了才会安宁和睦啊。"夔说："啊！我敲打起各种石制乐器来，大家随着我的节拍跳狩猎舞吧。"舜说："龙，我痛恨诬害别人的坏话和伤天害理的行为，它蛊惑惊扰我的人民。我任命你为纳言，你每天传达我的旨意，收集民众的意见，可一定要坚守信用。"舜说："啊！你们这二十二个人，认真办事吧，希望及时辅佐我处理好天下的大事。”舜每三年考察一次大家的工作成绩，根据三次考察的成绩分别给予贬降或提升。于是，无论远近，各种事都兴办起来。又把三苗部族分别隔离开来。

这二十二位大臣，都取得了各自的成就。皋陶担任法官，判断公平，实事求是，百姓信服；伯夷主持礼仪，上上下下的人都谦恭礼让；垂管理工匠，各种工匠都有所成就；益管理山泽，山泽都开发了；弃管理农事，各种谷物都长得茂盛；契主管教化，百官都团结和睦；龙主管迎宾送客的礼仪，远方的诸侯和外族都来朝贡；十二个地区的地方长官出巡，全国各地的百姓没有一个敢逃避和违抗的。尤其是禹的功劳最大，他开辟了九条山脉，治理了九个湖泽，疏通了九条大河，划定了九州地界，各地都把自己的特产拿来进贡，没有不符合规定的。疆域方圆五千里，延伸到辽远的不毛之地。向南安抚了交阯、北发；向西安抚了戎族、析枝、渠廋、氐族、羌族；向北安抚了山戎、发族、息慎；向东安抚了长夷、鸟夷。四海之内，都感念帝舜的功德。于是，禹创作《九招》乐曲，招来了珍奇异物，凤凰飞到国都上空盘旋。天下的文明德政都始自虞帝时代。

⊙名句精解

披九山，通九泽，决九河，定九州

这四个三字句，极度浓缩了大禹治水的主要功绩。“九”极言多，不可拘泥于实数。大禹在治理洪水过程中，开辟了众多的荒山，治理了众多的湖沼，疏通了众多的河流，划分了管理区域，使人民得以正常进行生产劳动，过上安居乐业的生活。

【原文】

舜年二十以孝闻，年三十尧举之，年五十摄行天子事，年五十八尧崩，年六十一代尧践帝位；践帝位三十九年，南巡狩，崩于苍梧之野①。葬于江南九疑，是为零陵[②]。

舜之践帝位，载天子旗，往朝父瞽叟，夔夔唯谨[③]，如子道。封弟象为诸侯。舜子商均亦不肖，舜乃豫荐禹于天[④]。十七年而崩。三年丧毕，禹亦乃让舜子，如舜让尧子。诸侯归之，然后禹践天子位。尧子丹朱，舜子商均，皆有疆土，以奉先祀[⑤]。服其服，礼乐如之。以客见天子；天子弗臣[⑥]，示不敢专也。

自黄帝至舜、禹，皆同姓而异其国号，以章明德[⑦]。故黄帝为有熊，帝颛顼为高阳，帝喾为高辛，帝尧为陶唐，帝舜为有虞。帝禹为夏后而别氏[⑧]，姓姒氏。契为商[⑨]，姓子氏。弃为周[⑩]，姓姬氏。

【注释】

①苍梧：地区名。指今湖南省南部、广西省东北部和广东省西北部一带。②零陵：古地名。在今湖南省宁远县南。③夔夔：和顺恭敬的样子。④豫：通“预”，事先。⑤奉先祀：奉行祖先的祭祀。⑥弗臣：不把他们当臣下看待。⑦章：彰明。明德：光明的德行。⑧夏后：禹的国号。⑨契为商：契的国号是商。其后代子孙灭夏后建立商朝。⑩弃为周：弃（后稷）的国号是周。其后代子孙灭商而建立周朝。

【译文】

舜二十岁的时候以孝顺而闻名于世，三十岁的时候尧推举他，五十岁的时候代天子行政事，五十八岁的时候尧帝驾崩，六十一岁的时候舜继承尧帝登上天子之位。舜做帝王做了三十九年，去南方巡游狩猎，在苍梧的郊野去世。人们把他安葬在江南的九疑，安葬之地即零陵。

舜登上帝位时，车上插着天子的旗帜去拜见父亲瞽叟，舜态度和悦恭敬，很合乎做儿子的礼节。封弟弟象为诸侯。舜的儿子商均也不成才，舜预先向上天推荐禹。以后十七年，舜去世了。服丧三年后，禹把帝位让给舜的儿子，像舜让位给尧的儿子一样。但诸侯都归附禹，然后禹才登上天子之位。尧的儿子丹朱、舜的儿子商均都有封地，用来祭祀他们的祖先；他们的服饰都保持着本部族的传统，礼乐制度也照旧。他们以宾客的身份拜见天子，天子也不把他们当臣下看待，以表示自己不敢独占天子的威严。

从黄帝到舜、禹，都同出一姓，但国号不同，以显示各自光明的德行。所以黄帝号有熊，帝颛顼号高阳，帝喾号高辛，帝尧号陶唐，帝舜号有虞。帝禹号夏后而另有姓氏，姓姒。契是商代祖先，姓子；弃是周代祖先，姓姬。

【原文】

太史公曰①：学者多称五帝，尚矣②。然《尚书》独载尧以来；而百家言黄帝，其文不雅驯③，荐绅先生难言之。孔子所传《宰予问五帝德》及《帝系姓》，儒者或不传。余尝西至空桐，北过涿鹿④，东渐于海，南浮江淮矣；至，长老皆各往往称黄帝、尧、舜之处，风教固殊焉。总之，不离古文者近是⑤。予观《春秋》《国语》，其发明《五帝德》《帝系姓》章矣，顾弟弗深考，其所表见皆不虚。《书》缺有间矣，其轶乃时时见于他说。非好学深思，心知其意，固难为浅见寡闻道也。余并论次，择其言尤雅者，故著为本纪书首。

【注释】

①太史公：司马迁自称。②尚：通“上”，久远之意。③雅驯：正确可信。④涿鹿：山名。在今河北省涿鹿县东南。⑤古文：汉代称以先秦文字写成的经书为古文经。近是：比较正确。

【译文】

太史公说：读书的人常常称道五帝，这由来已久了。但是，《尚书》只记载了尧以后的事情，诸子百家虽然都提到了黄帝，但他们的记述往往并不准确，文辞也不优美，所以士大夫们也很难说清楚。孔子传下来的《宰予问五帝德》和《帝系姓》，儒生中有人认为并非出自圣人之手而不加传习。我曾经西到空桐山，北过涿鹿山，东至大海，南渡长江和淮河。每到一个地方，年长的人往往都各自称说那里是黄帝、尧、舜曾经居住过的地方，但这些地方的风俗教化原本彼此不同。总体来说，那些不背离古代文字记录的说法比较接近史实。我看《春秋》《国语》，它们对《五帝德》和《帝系姓》的阐发是很明白的，只不过是儒生们没有深入研究罢了，那《五帝德》和《帝系姓》中反映的情况其实都是真实的。《尚书》早就残缺不全了，可是它散失的内容却常常能在其他著作中见到。除非好学深思，从内心领悟书中的意思，这实在是难以对见识浅薄、孤陋寡闻的人说清楚。我把五帝的资料综合起来，加以论定编排，选择其中记载正确的内容，写成《五帝本纪》，作为全书的开头。

⊙文史知识

禅　让

尧帝为部落联盟的首领时，四岳推举舜为继承人，尧对舜进行三年考核后，让他代行天子之政。尧死后，舜继位，后来他用同样方式，经过治水考验，推举禹为继承人。禹继位后，又举皋陶为继承人，皋陶早死，又以伯益为继承人。这种古代部落联盟推选领袖的制度，史称“禅让”。禹死后，他的儿子启以父传子的方式继承了王位，以后历代相沿。禅让制遂废。

司马迁根据《尚书·尧典》而写成的尧舜禅让，反映了原始社会末期的民主制度，更为重要的，则是揭示了上古帝王天下为公的伟大精神。道德完美的尧禅让给道德同样完美的舜，通过政德建设，舜把尧开创的政治文明推向了新的高峰。帝王天下为公的高尚品德和伟大精神，决定了国家的命运和人民的福祉。

秦本纪

【导读】

秦最初是处在西部地区的部落，它的远祖擅长驯兽驾车，从虞舜时期一直到周代，屡立战功：五帝时代，其先祖柏翳辅佐大禹治水，舜帝赐他嬴姓；夏末商初，费昌为汤驾车，在鸣条击败桀；中潏在西戎保护殷商的西部边境；造父为周缪王驾车，日驱千里解救周朝的内乱。周宣王时，秦襄公救周难，又率兵护送周平王东迁洛邑，被封为诸侯，建立了秦国。秦国初始只是一个西方小国，后来逐步发展成为强国，这主要得益于几代励精图治、开明能干的君王，如缪（穆）公、孝公、惠文王、昭襄王等，他们招贤纳士，知人善任，使秦国最终笑傲群雄，并最终促成秦始皇的一统天下。

《秦本纪》主要取材于《左传》《国语》和《战国策》。本篇节录了秦国历史上三位重要君王（即缪公、孝公、惠文王）的事迹。

◎秦缪公争霸◎

【原文】

缪公任好元年①，自将伐茅津②，胜之。四年，迎妇于晋③，晋太子申生姊也。其岁，齐桓公伐楚，至邵陵④。

五年，晋献公灭虞、虢，虏虞君与其大夫百里傒，以璧马赂于虞故也⑤。既虏百里傒，以为秦缪公夫人媵于秦⑥。百里傒亡秦走宛⑦，楚鄙人执之⑧。缪公闻百里傒贤，欲重赎之，恐楚人不与，乃使人谓楚曰：“吾媵臣百里傒在焉，请以五羖羊皮赎之⑨。”楚人遂许，与之。当是时，百里傒年已七十余。缪公释其囚，与语国事。谢曰："臣亡国之臣，何足问！"缪公曰："虞君不用子，故亡，非子罪也。"固问，语三日，缪公大说，授之国政，号曰五羖大夫。百里傒让曰："臣不及臣友蹇叔，蹇叔贤而世莫知。臣常游⑩，困于齐，而乞食铚人⑪，蹇叔收臣。臣因而欲事齐君无知，蹇叔止臣，臣得脱齐难⑫，遂之周，周王子颓好牛，臣以养牛干之⑬。及颓欲用臣，蹇叔止臣，臣去，得不诛；事虞君，蹇叔止臣。臣知虞君不用臣，臣诚私利禄爵，且留。再用其言⑭，得脱；一不用，及虞君难。是以知其贤。"于是缪公使人厚币迎蹇叔⑮，以为上大夫。

【注释】

①任好：缪公的名字。②自将：亲自带兵。茅津：地名，今名茅津渡。在今山西省平陆县西南。③迎：迎亲。④邵陵：地名。在今河南省郾城区东。⑤赂：赠送（财物）。⑥媵：古代指随嫁或陪嫁的人。⑦亡：逃亡。宛：地名。在今河南省南阳市境内。⑧鄙：边境。⑨羖羊：黑色的公羊。⑩常：通"尝"，曾经。游：外出求学，求官。⑪铚：铚，一作"铚"，地名。在今安徽省宿县西南。⑫齐难：指雍廪等杀无知而立齐桓公事。⑬干：求见。⑭再：两次。⑮厚币：重币，厚礼。币，用作礼物的玉、马、皮、帛等。

【译文】

秦缪公任好元年，缪公率军攻打茅津，取得胜利。四年，迎娶晋国的女子，她是晋太子申生的姐姐。在同一年，齐桓公讨伐楚国，一直打到了邵陵。

五年，晋献公灭掉虞国和虢国，俘虏了虞国君主和大夫百里傒，这是晋献公先用璧玉和良驹贿赂虞君（使其麻痹）的缘故。晋献公俘虏百里傒之后，把他作为秦缪公夫人的陪嫁奴隶送到秦国。百里傒逃出秦国去往宛国，在楚国边境被人抓住。秦缪公听说百里傒有圣贤之才，想用重金赎买他，但是又怕楚人不放他，就派人与楚国交涉说："我国的陪嫁奴隶百里傒在你们楚国，我们想用五张黑羊皮赎回他。"楚人答应了，将百里傒交给秦国。当时，百里傒已经七十多岁。秦缪公释放他，还和他一起讨论国家大事。百里傒推辞说："我是亡国之臣，有什么值得询问的呢？"缪公说："虞君不重用你，所以导致国家灭亡。这并非你的过错。"缪公坚持向他请教。两人谈了三天，缪公十分高兴，将国家的政事托付给百里傒，还称他为"五羖大夫"。百里傒辞让说："我比不上我的好朋友蹇叔，蹇叔贤明但世人却不知道。我曾经在外游历，在齐国陷入困境，向铚地的人讨饭，蹇叔收留了我。我想侍奉齐王无知，蹇叔阻止我，我离开了，这才在齐国的灾祸中幸免。我到了周朝，周王子颓喜欢牛，我就凭借自己高明的养牛术求见他。子颓打算用我的时候，蹇叔劝阻我，我又离开了，这样才免于被诛杀的命运。我侍奉虞君，蹇叔劝阻我。我了解到虞君不能重用我，但私心贪恋薪俸和官职，就留了下来。我两次听了蹇叔的劝阻，得以逃脱灾难；一次没有采纳他的意见，就赶上了虞君的灾祸。所以我知道蹇叔是很有才能的。"于是秦缪公派人以重礼聘请蹇叔，任命他为上大夫。

【原文】

秋，缪公自将伐晋，战于河曲①。晋骊姬作乱②，太子申生死新城③，重耳、夷吾出奔。

九年，齐桓公会诸侯于葵丘④。

晋献公卒。立骊姬子傒齐，其臣里克杀傒齐。荀息立卓子，克又杀卓子及荀息。夷吾使人请秦，求入晋⑤。于是缪公许之，使百里傒将兵送夷吾。夷吾谓曰："诚得立，请割晋之河西八城与秦⑥。"及至，已立，而使丕郑谢秦⑦，背约不与河西城，而杀里克。丕郑闻之，恐，因与缪公谋曰："晋人不欲夷吾，实欲重耳。今背秦约而杀里克，皆吕甥、郄芮之计也。愿君以利急召吕、郄，吕、郄至，则更入重耳便。"缪公许之，使人与丕郑归，召吕、郄。吕、郄等疑丕郑有间⑧，乃言夷吾杀丕郑。丕郑子丕豹奔秦，说缪公曰："晋君无道，百姓不亲，可伐也。"缪公曰："百姓苟不便⑨，何故能诛其大臣？能诛其大臣，此其调也⑩。"不听，而阴用豹。

【注释】

①河曲：地名。在今山西省永济市。②骊姬作乱：指骊姬害死太子申生，迫使公子重耳、夷吾出走。③新城：晋国为太子筑的新城。④葵丘：宋国地名。在今河南省兰考县东北。⑤求入晋：请求秦派兵送他回晋国即位。⑥河西八城：指同州、华州等地。⑦谢：道歉。⑧间：离间，这里指诈谋。⑨不便：认为不合适。⑩调：协调。

【译文】

这年秋天，缪公亲自率兵讨伐晋国，双方在河曲交战。晋国正赶上骊姬作乱，太子申生在新城自杀，公子重耳和夷吾逃离晋国。

九年，齐桓公在葵丘与诸侯会盟。

晋献公去世。立骊姬的儿子傒齐为王，晋国的大臣里克杀死傒齐。荀息拥立卓子为晋王，里克又杀死卓子和荀息。夷吾派人请求秦国助他回到晋国。秦缪公答应了夷吾的请求，派百里傒率兵护送夷吾。夷吾许诺缪公说："如果我真能回到晋国登上王位，我就割让晋国河西地区的八座城池给秦国。"等他回到晋国，当了晋君之后，派丕郑去秦国拜谢，但是却违背诺言不把河西的城池割给秦国，还杀了大臣里克。丕郑听说之后，十分害怕，就与秦缪公商量道："晋人不想让夷吾为王，而是想立重耳为君主。现在夷吾违背与秦国的约定，还杀了里克，这些都是吕甥、郄芮的主意。希望大王您能用重利将吕甥、郄芮招揽到秦国，吕、郄两人投靠秦国，再让重耳回到晋国争夺王位便容易多了。"缪公表示赞成，派人跟随丕郑回到晋国，召唤吕甥、郄芮到秦国。吕、郄二人怀疑丕郑有什么阴谋，就进言夷吾杀掉丕郑。丕郑的儿子丕豹逃往秦国，游说缪公道："晋君昏庸暴虐，百姓都不亲附，您可以讨伐他。"缪公说："百姓如果真不拥护夷吾，又怎么能够随便诛杀大臣呢！能够诛杀自己的大臣，这正表示晋国还是可以协调的。”没有听从丕豹的话，但是却暗地里重用丕豹。

【原文】

十二年，齐管仲、隰朋死。

晋旱，来请粟。丕豹说缪公勿与，因其饥而伐之①。缪公问公孙支，支曰：“饥穰更事耳②，不可不与。”问百里傒，傒曰：“夷吾得罪于君，其百姓何罪？”于是用百里傒、公孙支言，卒与之粟。以船漕车转③，自雍相望至绛④。

十四年，秦饥，请粟于晋。晋君谋之群臣。虢射曰：“因其饥伐之，可有大功。”晋君从之。十五年，兴兵将攻秦。缪公发兵，使丕豹将，自往击之。九月壬戌，与晋惠公夷吾合战于韩地。晋君弃其军⑤，与秦争利，还而马鸷⑥。缪公与麾下驰追之⑦，不能得晋君，反为晋军所围。晋击缪公，缪公伤。于是岐下食善马者三百人驰冒晋军⑧，晋军解围，遂脱缪公而反生得晋君。初，缪公亡善马⑨，岐下野人共得而食之者三百余人⑩，吏逐得，欲法之⑪。缪公曰：“君子不以畜产害人⑫。吾闻食善马肉不饮酒，伤人。”乃皆赐酒而赦之。三百人者闻秦击晋，皆求从。从而见缪公窘，亦皆推锋争死⑬，以报食马之德。于是缪公虏晋君以归，令于国：“齐宿⑭，吾将以晋君祠上帝。”周天子闻之，曰“晋我同姓⑮”，为请晋君⑯。夷吾姊亦为缪公夫人，夫人闻之，乃衰绖跣⑰，曰：“妾兄弟不能相救，以辱君命⑱。”缪公曰：“我得晋君以为功，今天子为请，夫人是忧⑲。”乃与晋君盟，许归之，更舍上舍⑳，而馈之七牢㉑。十一月，归晋君夷吾，夷吾献其河西地，使太子圉为质于秦㉒。秦妻子圉以宗女㉓。是时，秦地东至河。

【注释】

①因：趁。饥：饥荒，年成不好。②穰：丰收。更事：交替出现的事。③漕：水运。④雍：秦国国都。绛：晋国国都。相望：相互望见。这里指车船阵势

浩大。⑤弃其军：指甩下部队独自向前冲。⑥还：通“旋”。鸷：车马陷于泥中。⑦麾下：部下。⑧冒：不顾险恶。⑨亡：丢失。⑩野人：乡下人。⑪法之：法办他们。⑫畜产：牲畜。⑬推：举。锋：指兵刃。争死：争着为缪公而献身。⑭齐宿：斋戒独宿。齐，通“斋”。⑮同姓：周与晋同为姬姓。⑯为请晋君：因此为晋君请，替晋君求情。⑰衰绖：泛指丧服。衰，古代用粗麻布制成的毛边的丧服。绖，古代服丧期间结在头上或腰间的葛麻布带。跣：赤脚。⑱辱君命：委屈您下命令。⑲是忧：“忧是”，为这事忧虑。⑳更舍：改住。上舍：上等房舍。㉑七牢：牛、羊、猪各一头叫作一牢。七牢是指规格很高的饮食。㉒为质：做人质。㉓妻：以女嫁人。宗女：同宗族的女儿。

【译文】

十二年，齐国管仲、隰朋去世。

晋国遇上大旱，于是向秦国借粮食。丕豹劝说秦缪公不要借给晋国粮食，应当趁晋国闹饥荒而去攻打他们。秦缪公向公孙支征求意见，公孙支说：“饥荒和丰收是交替出现的，不能不救济它。”又去询问百里傒，百里傒说：“夷吾确实得罪了大王，但是晋国的百姓又有什么过错呢？”缪公就采纳了百里傒和公孙支的意见，将粮粟送到晋国。用船漕运，用车转运，从秦国的雍城直到晋国的绛城，一路络绎不绝。

十四年，秦国遭遇饥荒，请求晋国接济粮粟。晋君与大臣们商量此事，虢射说：“趁这个机会攻打秦国，可以取得很大的成功。”晋君听从了他的意见。十五年，晋国兴兵攻打秦国。缪公立即派兵迎击，以丕豹为大将，亲自前去迎战。九月壬戌，与晋惠公夷吾在韩地交战。晋君脱离他的军队，与秦军争战，结果车马深陷泥沼。缪公和部下奔驰追来，未能捉到晋君，反被晋军包围。晋军攻击缪公，缪公受了伤。就在这时，曾在岐下偷吃良马的那三百个人赶来迎战晋军，冲破了晋军的包围，缪公得以解围，而晋惠公被抓住了。当初，秦缪公曾丢失了良马，马被岐山下的三百个乡野之人捉来吃掉了，秦国官吏抓捕他们，打算依法处置。缪公说：“君子是不会因为牲畜而伤害人的。我听说，吃了良马的肉而不喝酒，对身体会有害的。”于是赐酒给他们喝，还赦免了他们。这三百个人听说缪公迎击晋军，都请求随军参战。后来看到缪公被围困，就争相冲锋陷阵，不畏生死，以此报答吃马肉被赦免的恩德。秦缪公虏获晋惠公还朝，向全国宣布说：“大家都斋戒独宿，我打算用晋国的君主为上天祭祀。”周天子听说此事，说“晋君和我同姓”，为晋君求情。夷吾的姐姐是秦缪公的夫人，夫人听说此事，披着麻衣黑巾赤着脚对缪公说：“我不能救我的兄弟，救了他就辱没了你的命令。”缪公说：“我以俘获晋君作为大功一件，现在周天子为他求情，夫人也为此事忧虑。”于是与晋君订立盟约，同意放他回去，还把他安置在上好的宾馆住宿，供给他牛羊猪各七头。十一月，把夷吾送回晋国，夷吾将河西之地献出，派太子圉去秦国当人质。缪公把宗族里的女子嫁给太子圉为妻。这时，秦国的领土东边已经到达黄河了。

【原文】

十八年，齐桓公卒。二十年，秦灭梁、芮。

二十二年，晋公子圉闻晋君病，曰：“梁，我母家也①，而秦灭之。我兄弟多，即君百岁后②，秦必留我，而晋轻，亦更立他子。”子圉乃亡归晋。二十三年，晋惠公卒，子圉立为君。秦怨圉亡去，乃迎晋公子重耳于楚，而妻以故子圉妻。重耳初谢，后乃受。缪公益礼，厚遇之③。二十四年春，秦使人告晋大臣，欲入重耳。晋许之，于是使人送重耳。二月，重耳立为晋君，是为文公。文公使人杀子圉，子圉是为怀公。

【注释】

①母家：子圉的母亲是梁伯的女儿。②即：如果。百岁后：死的委婉说法。③遇：待。

【译文】

十八年，齐桓公去世。二十一年，秦国灭了梁国、芮国。

二十二年，晋公子圉听说晋惠公患病，心里想："梁国，那是我母亲的家，而秦国却灭了它。我的兄弟很多，倘若国君去世了，秦国一定会让我留下不让我走，这样晋国就会轻视我，也一定会改立其他人为太子的。"于是太子圉逃回晋国。二十三年，晋惠公去世，太子圉即位。秦国怨恨太子圉逃离秦国，便把晋公子重耳从楚国迎接过来，又把太子圉原先的妻子嫁给重耳为妻。重耳最初推辞，后来便接受了。缪公对重耳更加以礼相待。二十四年春天，秦国派人告诉晋国的大臣，想让重耳回晋国。晋人答应了，缪公派人送重耳回晋国。二月，重耳被立为晋君，他就是晋文公。晋文公派人杀了太子圉，太子圉也就是晋怀公。

【原文】

其秋，周襄王弟带以翟伐王①，王出居郑。二十五年，周王使人告难于晋、秦。秦缪公将兵助晋文公入襄王，杀王弟带。二十八年，晋文公败楚于城濮。三十年，缪公助晋文公围郑。郑使人言缪公曰："亡郑厚晋②，于晋而得矣，而秦未有利。晋之强，秦之忧也。"缪公乃罢兵归。晋亦罢。三十二年冬，晋文公卒。

【注释】

①翟：指狄人。②厚晋：使晋厚，意思是加强了晋国的实力。

【译文】

这年秋天，周襄王的弟弟姬带率领翟国攻打周朝，周襄王逃出周朝，居住在郑国。二十五年，周王派人到晋国和秦国通报祸乱。秦缪公派兵帮助晋文公护送周襄王回周朝，杀死周襄王的弟弟姬带。二十八年，晋文公在城濮击败楚国。三十年，秦缪公帮助晋文公围攻郑国。郑国派人对缪公说：“灭亡郑国而使晋国的实力加强，晋国是得利的，而秦国却没有一点好处，晋国的强大，这是秦国的忧患啊。”缪公罢兵而回。晋国也撤了军。三十二年冬，晋文公去世。

【原文】

郑人有卖郑于秦曰：“我主其城门，郑可袭也。”缪公问蹇叔、百里傒，对曰：“径数国千里而袭人①，希有得利者②。且人卖郑，庸知我国人不有以我情告郑者乎？不可。”缪公曰：“子不知也，吾已决矣。”遂发兵，使百里傒子孟明视，蹇叔子西乞术及白乙丙将兵。行日，百里傒、蹇叔二人哭之。缪公闻，怒曰：“孤发兵，而子沮哭吾军③，何也？”二老曰：“臣非敢沮君军。军行，臣子与往；臣老，迟还恐不相见，故哭耳。”二老退，谓其子曰：“汝军即败，必于殽厄矣④。”三十三年春，秦兵遂东，更晋地⑤，过周北门。周王孙满曰⑥：“秦师无礼，不败何待！”兵至滑，郑贩卖贾人弦高，持十二牛将卖之周，见秦兵，恐死虏，因献其牛，曰：“闻大国将诛郑，郑君谨修守御备，使臣以牛十二劳军士。”秦三将军相谓曰：“将袭郑，郑今已觉之，往无及已⑦。”灭滑。滑，晋之边邑也。

当是时，晋文公丧尚未葬。太子襄公怒曰：“秦侮我孤⑧，因丧破我滑。”遂墨衰绖⑨，发兵遮秦兵于殽，击之，大破秦军，无一人得脱者。虏秦三将以归。文公夫人⑩，秦女也，为秦三囚将请曰：“缪公之怨此三人入于骨髓，愿令此三人归，令我君得自快烹之。”晋君许之，归秦三将。三将至，缪公素服郊迎，向三人哭曰：“孤以不用百里傒、蹇叔言，以辱三子，三子何罪乎？子其悉心雪耻，毋怠。”遂复三人官秩如故⑪，愈益厚之。

三十四年，楚太子商臣弑其父成王代立。

缪公于是复使孟明视等将兵伐晋，战于彭衙⑫。秦不利，引兵归。

【注释】

①径：经过，穿行。②希：通“稀”，少。③沮：败坏、阻止。④殽厄：崤山险要的地方。⑤更：经过。⑥王孙满：周大夫。过天子门不卷甲束兵，是为无礼。⑦及：赶不上。⑧孤：丧父。⑨墨衰绖：染黑丧服。丧服是白色的，不利行军作战，所以染成黑色。⑩文公夫人：文嬴，晋文公在秦时所娶的之秦国宗女，晋襄公的嫡母。⑪官秩：官爵与俸禄。⑫彭衙：古邑名。

【译文】

郑国有人向秦国出卖郑国说：“我守着郑国的城门，秦国可以前来偷袭。”缪公向蹇叔和百里傒征询意见，他们回答说：“经过几个国家、几千里的路程去袭击他国，很少有得到益处的。况且有人出卖郑国，又怎么能知道秦国没有人把我们的情况告诉郑国呢？不可以这么做。”缪公说：“你们不知道，这事我已经决定了。”于是发兵攻打郑国，派百里傒的儿子孟明视、蹇叔的儿子西乞术以及白乙丙统领大军。出发那天，百里傒和蹇叔二人大哭起来。缪公听见了，生气地说：“我马上就要出兵，然而你们却号啕大哭影响军队士气，这是为什么呢？”二人说：“我们并不敢破坏军队士气。大军出发时，我们的儿子也一同出征；我们已经老了，恐怕他们回来得太晚，没法再见到他们，所以才哭泣的。”二人告退之后回来对儿子说：“你们的军队如果战败，一定是败在崤山的险要之处。”三十三年春，秦军向东面进发，经过晋国的疆域，路过周朝的北门，周朝的大臣王孙满说：“秦国军队太无礼了，不失败还等什么呢！”秦军到达滑邑时，郑国的商贩弦高正赶着十二头牛到周朝的市集上去卖，他看到秦国的大军，担心自己被捉去或被杀掉，于是把牛献给秦军，说：“听说秦国讨伐郑国，郑君很恭谨地准备防务，还派我送来十二头牛犒劳贵军将士。”秦国的三位将军相互说：“我们偷袭郑国，而郑国已经觉察到了，再往前也不会有什么好结果了。”于是灭掉滑邑。滑邑是晋国的边邑。

这个时候，晋文公刚刚去世，还没有安葬。太子襄公生气地说：“秦国欺负我父王刚去世，趁大丧之际攻占了我国的滑邑。”于是染黑丧服，发兵在崤山阻击秦军，晋军发动攻势，大败秦军，秦军没有一个能够逃脱的。晋军俘虏秦国的三位将军而还。晋文公的夫人是秦国的宗室之女，她为秦国的三位将军求情道：“缪公对这三个人恨之入骨，希望让这三个人回去，使秦王亲自烹杀他们。”晋襄公同意了，将秦军三将送回秦国。三位将军回到秦国，缪公穿着丧服到郊外去迎接他们，向三人哭泣说：“我由于没听百里傒、蹇叔的话，以致三位将军受辱，你们三位又有什么过错呢？你们应当尽心准备一雪前耻，千万不要松劲泄气。”于是恢复三人的官职，更加优待他们。

三十四年，楚国太子商臣杀其父楚成王而自立为王。

这时缪公再派孟明视等将领率兵讨伐晋国，双方交战于彭衙。秦军形势不利，孟明视等人引兵回国。

【原文】

戎王使由余于秦。由余，其先晋人也，亡入戎，能晋言。闻缪公贤，故使由余观秦。秦缪公示以宫室、积聚。由余曰：“使鬼为之，则劳神矣①；使人为之，亦苦民矣。”缪公怪之，问曰：“中国以诗书礼乐法度为政，然尚时乱②，今戎夷无此，何以为治？不亦难乎！”由余笑曰：“此乃中国所以乱也。夫自上圣黄帝作为礼乐法度，身以先之③，仅以小治。及其后世，日以骄淫。阻法度之威④，以责督于下⑤，下罢极则以仁义怨望于上⑥，上下交争怨而相篡弑，至于灭宗，皆以此类也。夫戎夷不然。上含淳德以遇其下，下怀忠信以事其上，一国之政犹一身之治，不知所以治⑦，此真圣人之治也。”于是缪公退而问内史廖曰：“孤闻：邻国有圣人，敌国之忧也。今由余贤，寡人之害，将奈之何？”内史廖曰：“戎王处辟匿⑧，未闻中国之声⑨。君试遗其女乐⑩，以夺其志⑪；为由余请，以疏其间；留而莫遣，以失其期。戎王怪之，必疑由余。君臣有间，乃可虏也。且戎王好乐，必怠于政。”缪公曰：“善。”因与由余曲席而坐，传器而食，问其地形与其兵势，尽察。而后令内史廖以女乐二八遗戎王。戎王受而说之，终年不还⑫。于是秦乃归由余。由余数谏不听，缪公又数使人间要由余⑬，由余遂去，降秦。缪公以客礼礼之，问伐戎之形。

【注释】

①“使鬼”二句：这些宫室积蓄，如果是叫鬼神建造，就会使鬼神感到劳累。②时：时常，常常。③身以先之：等于说“以身先之”，意思是亲自带头去实行。④阻：恃，凭仗。⑤责督：责备和监督。⑥罢极：罢，通“疲”。以仁义怨望其上：怨恨上面不行仁义。⑦所以治：治理得好的原因。⑧辟匿：指偏僻之地。⑨声：指音乐。⑩遗：赠送。女乐：歌舞伎女。⑪夺其志：意思是丧失他的心志。⑫不还：乐而不返。⑬间：暗中，秘密。要：通“邀”，邀请。

【译文】

戎王派由余出使秦国。由余，祖先为晋国人，后来逃到戎地，但是依旧会说晋语。戎王听说缪公贤明，所以派由余到秦国朝见。秦缪公向由余炫耀宫室和积聚的财物。由余说：“（这些东西）若是让鬼创造出来，那就太劳烦鬼神了；若是让人创造出来，那就太劳苦百姓了。”缪公听了他的话，觉得很奇怪，便问：“中原各国以诗书礼乐法度来施行政事，即便这样还时常发生祸乱。现在戎夷之地没有这些东西，你们的国君依靠什么治理国家呢？这不是很困难吗？”由余笑着回答说：“这正是中原各国发生祸乱的原因。上古的圣人黄帝制作了礼乐制度，他亲身实践，也仅仅是使天下达到小治的地步。到了后世，天下的君主日益骄奢淫逸。他们倚仗着法度的威严责罚监督下面的臣民，下面的臣民处在极度疲困之中，便会责骂主上不行仁义，上下相互埋怨相互屠杀，甚至到了诛灭全族的地步，都是这个的缘故啊。戎夷不是这样的。居上位的人心怀淳朴之德对待他的臣民，居下位的人心怀忠信之德侍奉主上，一个国家的政事好比治理一个人的事情，却不知道治理得好的原因，这才是圣人的治国之道啊。”于是缪公回去对内史廖说：“我听说邻国有圣人，这是与它敌对的国家的忧患。现在由余贤明，他是我的心腹大患啊，我该怎么对付他呢？”内史廖说：“戎王处在偏僻之所，不曾听到中原的音乐，您不妨送他一些歌伎，以改变他的心志；然后我们再为由余请功，以离间疏远他们君臣之间的关系；我们留下由余不让他回国，使由余延误归期，戎王感到奇怪，一定会怀疑由余。他们君臣有了间隙，那样他们就会成为我们的俘虏。况且戎王喜好音乐，一定会对政事有所懈怠。”缪公悦：“很好。”于是缪公和由余挨着坐，彼此传递菜肴而进餐，缪公询问戎国的地势与兵力分布，一切都问得清清楚楚。然后命令内史廖将十六名歌姬送给戎王。戎王接受，并且非常喜欢，整整一年乐而不返。这时候，秦国才让由余回国。由余多次向戎王进谏，戎王都不听，缪公又多次派人私密邀请由余，由余于是离开戎王，投靠了秦国。缪公以宾客之礼相待，对他非常尊敬，向他询问在什么样的形势下应该讨伐戎族。

⊙文史知识

生活在河洛地区的少数民族

春秋时期分布于河洛地区的少数民族，主要是以戎、狄为主的一些部落。他们虽然与中原华夏族交错杂居，但其生活水平远远无法与华夏族相比，生活方式以游牧为主。《太平御览》中有这样的记载：西方曰戎，被发，衣皮，不粒食者矣。北方曰狄，衣羽毛，穴居，有不粒食者。说的是戎人披散头发，穿动物皮革，不食谷物。狄人则穿羽毛，穴居，不食谷物。在诸侯们的眼里，戎狄人野蛮落后，贪得无厌。晋悼公曾言：“贪戾好利无信，不识礼仪德行。”之所以产生这样的看法，是因为作为偏远地方的少数民族对中原文明有所向往，多次以武力抢劫的缘故。但也有少数民族依附于强大诸侯国以求安庇。随着社会以及生产力的不断发展，河洛地区的蛮荒之地不断得到开发，而戎狄部落本身的生活方式显得越加不合时宜，各诸侯国常常感到有掣肘之患，所以纷纷着手消灭，戎狄部落从此转向衰亡。

【原文】

三十六年，缪公复益厚孟明等，使将兵伐晋，渡河焚船[①]，大败晋人，取王官及鄗[②]，以报殽之役。晋人皆城守不敢出[③]。于是缪公乃自茅津渡河，封殽中尸[④]，为发丧，哭之三日。乃誓于军曰："嗟，士卒！听无哗，余誓告汝。古之人谋黄发番番[⑤]，则无所过。"以申思不用蹇叔、百里傒之谋[⑥]，故作此誓，令后世以记余过。君子闻之，皆为垂涕[⑦]，曰："嗟乎！秦缪公之与人周也[⑧]，卒得孟明之庆。"

【注释】

①焚船：表示死战的决心。②王官：在今山西省闻喜县东南。鄗：在今山西省永济市。③城守：在城墙上守卫。④封：筑坟，给坟添土。⑤黄发番番：指老年人。黄发，老年人的头发白了以后还会变黄。番番，白发苍苍的样子。⑥申思：反复思考。申，重复。⑦涕：眼泪。⑧与人：成全人。

【译文】

三十六年，缪公更加厚待孟明视等人，派他们去讨伐晋国，渡过黄河后就焚烧了船只，大败晋军，夺取了王官和鄗地，报了崤山之役的仇。国人都守着城池不敢出来。于是缪公从茅津渡过黄河，埋葬了崤山之役中殉国的将士，并为他们发丧，全国百姓为他们哀悼三天。缪公向将士们发誓说："唉！将士们，你们仔细听我说，不要喧哗，我告诉你们，古代的人向老年人虚心请教，便不会做错事情。"缪公再次检讨自己当初不听蹇叔、百里傒的建议（致使兵败的往事），故而写下这篇誓词，让后世记住自己的过错。君子听到这件事，都感动地流下眼泪，说："唉！秦缪公待人真是优厚周到啊，终于能够得到孟明视等人的报答。"

【原文】

三十七年，秦用由余谋伐戎王，益国十二，开地千里，遂霸西戎。天子使召公过贺缪公以金鼓①。三十九年，缪公卒，葬雍。从死者百七十七人，秦之良臣子舆氏三人，名曰奄息、仲行、针虎，亦在从死之中。秦人哀之，为作歌《黄鸟》之诗。君子曰："秦缪公广地益国，东服强晋，西霸戎夷，然不为诸侯盟主，亦宜哉！死而弃民，收其良臣而从死。且先王崩尚犹遗德垂法②，况夺之善人良臣百姓所哀者乎③？是以知秦不能复东征也。"

【注释】

①金鼓：古代军队中用以指挥发信号的用具。金，指金属制成的钲，鸣金表示止兵；鼓是战鼓，擂鼓表示进击。②先王：指远古有德之王。遗德垂法：留下来好的道德和法度。垂，流传，留下。③哀：同情。

【译文】

三十七年，秦缪公用由余的计谋攻打戎国，兼并了十二个国家，拓展了千里的土地，于是秦国成为西戎地区的霸主。周天子派召公拿着金鼓向秦缪公表示祝贺。三十九年，缪公去世，埋葬在雍邑。跟随缪公一起死的有一百七十七人，秦国的良臣子舆氏三人，即奄息、仲行、针虎，也在陪葬者的行列之中。秦国人哀悼他们，为他们作了一首《黄鸟》诗。君子说："秦缪公使秦国地域广阔、国家强大，东边征服了强大的晋国，在西边成为戎夷的霸主，但他终究没能成为中原诸侯的盟主，这也是应该的啊！他死了之后就抛弃百姓，还让良臣为他殉葬。况且先王驾崩还要留给后世道德和法度，何况是夺去了百姓同情的善良之人和贤良之臣呢？从这里就能够知道秦国不能向东继续发展了。”

◎孝、惠强国◎

【原文】

孝公元年，河山以东强国六[①]，与齐威、楚宣、魏惠、燕悼、韩哀、赵成侯并[②]。淮泗之间小国十余[③]。楚、魏与秦接界。魏筑长城，自郑滨洛以北有上郡[④]。楚自汉中，南有巴、黔中。周室微，诸侯力政[⑤]，争相并。秦僻在雍州，不与中国诸侯之会盟，夷翟遇之[⑥]。孝公于是布惠，振孤寡[⑦]，招战士，明功赏。下令国中曰：“昔我缪公自岐雍之间，修德行武。东平晋乱，以河为界；西霸戎翟，广地千里，天子致伯，诸侯毕贺，为后世开业，甚光美。会往者厉、躁、简公、出子之不宁，国家内忧，未遑外事[⑧]，三晋攻夺我先君河西地，诸侯卑秦[⑨]，丑莫大焉[⑩]。献公即位，镇抚边境，徙治栎阳，且欲东伐，复缪公之故地，修缪公之政令。寡人思念先君之意，常痛于心。宾客群臣有能出奇计强秦者，吾且尊官[⑪]，与之分土[⑫]。”于是乃出兵东围陕城[⑬]，西斩戎之獂王[⑭]。

【注释】

①河山：黄河与殽山。②与……并：此处疑有脱衍。③小国十余：指鲁、宋、卫、邾、薛等国。④自郑滨洛以北有上郡：从郑县开始，西北过渭河，沿洛河东岸，向北直抵上郡。⑤力政：以武力相征伐。政，通“征”。⑥夷翟遇之：夷翟，即夷狄。像对待夷狄一样对待秦国。⑦振：通“赈”，救济。⑧未遑：无暇顾及。遑，闲暇。⑨卑秦：轻视秦国。⑩丑：耻。⑪尊官：提高他的官职。⑫分土：指赐给封地。分，通“颁”。⑬陕城：在今河南省陕县。⑭獂：地名。当时是戎族聚居的地方。

【译文】

孝公元年，黄河和崤山以东的强国有六个，秦孝公与齐威王、楚宣王、魏惠王、燕悼侯、韩哀侯、赵成侯并称于当世。淮河与泗水之间的小国有十多个。楚国、魏国与秦国接壤。魏国修筑长城，从郑县起，顺着洛河向北，直到上郡。楚国从汉中开始，往南有巴郡、黔中。周室衰微，诸侯相互以武力征伐，争相兼并。秦国处在偏僻的雍地，不参与中原诸侯的会盟，诸侯都视秦国为夷狄。孝公于是广布恩惠，救助孤寡，招募兵士，明确立战功受奖赏的法令。并对全国百姓下令说："当初先王缪公在岐山、雍邑一带，广布德惠，推行武功。在东面平定晋国的内乱，以黄河为疆界；在西面称霸戎翟之地，拓展疆土千里。周天子封他为伯，各国诸侯都来向他祝贺，为后世开创了基业，十分光辉美好。恰好之前的厉公、躁公、简公、出子接连几代不安宁，国家内有忧患，无暇顾及对外的事务，晋国攻取了先君留下来的河西之地，各国诸侯都轻视秦国，再没有比这更大的耻辱了。献公即位之后，镇抚边境之地，迁都栎阳，且有心东征，想恢复缪公时拥有的土地，重修缪公时施行的政令。我思念先君的心志，内心感到十分悲痛。宾客群臣之中有能献奇策使秦国强大的，我就封他做高官，并分封土地给他。"于是发兵向东围困陕城，向西斩杀戎国的獂王。

【原文】

卫鞅闻是令下，西入秦，因景监求见孝公①。

二年，天子致胙②。

三年，卫鞅说孝公变法修刑，内务耕稼，外劝战死之赏罚③，孝公善之④。甘龙、杜挚等弗然，相与争之。卒用鞅法，百姓苦之；居三年，百姓便之⑤。乃拜鞅为左庶长⑥。其事在《商君》语中⑦。

七年，与魏惠王会杜平⑧。八年，与魏战元里⑨，有功。十年，卫鞅为大良造⑩，将兵围魏安邑，降之。十二年，作为咸阳⑪，筑冀阙⑫，秦徙都之。并诸小乡聚[13]，集为大县，县一令，四十一县。为田开阡陌[14]。东地渡洛[15]。十四年，初为赋[16]。十九年，天子致伯。二十年，诸侯毕贺。秦使公子少官率师会诸侯逢泽[17]，朝天子。

二十一年，齐败魏马陵[18]。

二十二年，卫鞅击魏，虏魏公子卬。封鞅为列侯，号商君。

二十四年，与晋战雁门[19]，虏其将魏错。

【注释】

①因：通过。景监：名叫景的宦官。监，宦官。②致胙：送来祭肉。胙，祭肉。③劝：鼓励。④善：以为善，认为好。⑤便之：以之为便，认为它合适。⑥左庶长：秦爵第十级。⑦“其事”句：是说这件事记载于《商君列传》中。⑧杜平：邑名。在今陕西省澄城县东。⑨元里：邑名。在今陕西省澄城县南。⑩大良造：秦爵第十六级。⑪作为：建造。⑫冀阙：也叫象魏、象阙，古代廷外公布法令的门阙。⑬乡聚：乡邑和村落。乡，一万二千户为乡。⑭为田：意思是说开辟农田，废除纵横交错的路。⑮东地渡洛：东部地界过了洛水。⑯初为赋：开始制定新的赋税制度。⑰逢泽：地名。在今河南省开封市南。⑱马陵：地名。在今河南省范县西南。⑲晋：指魏。雁门：据《索隐》考证，雁门应为岸门。

【译文】

卫鞅听到孝公下的诏令，便向西进入秦国，借助景监的引荐来求见孝公。

孝公二年，周天子送给孝公祭肉。

三年，卫鞅劝说孝公变更法制，整饬刑罚，对内提倡农耕为本，对外鼓励力战效死的各种奖罚，孝公觉得很好。甘龙、杜挚等人则不以为然，与卫鞅相互争论。最终孝公采纳了卫鞅的新法，百姓感到很困苦；又过了三年，百姓感到新法很好。孝公就任命卫鞅为左庶长。这些事迹都记录在

《商君列传》之中。

七年，孝公在杜平会见魏惠王。八年，与魏国大战于元里，取得很大的成功。十年，卫鞅做了大良造，率兵围攻魏国的安邑，使安邑投降了秦国。十二年，建造咸阳城，修筑高大的冀阙，秦国迁都咸阳。合并许多小乡村，把它们聚合为大县，每个县设一名县令，总共有四十一个县。开辟农田，废除纵横交错的道路。此时秦国的土地在东边已经过了洛水。十四年，开始征收赋税。十九年，天子封孝公为伯。二十年，诸侯都向孝公朝贺。秦国派公子少官率领军队在逢泽之地与诸侯会盟，朝见周天子。

二十一年，齐国在马陵击败魏国。

二十二年，卫鞅率兵进攻魏国，俘虏了魏公子卬。孝公封卫鞅为列侯，号商君。

二十四年，秦国与魏国战于雁门，俘虏了魏将魏错。

【原文】

孝公卒，子惠文君立。是岁，诛卫鞅。鞅之初为秦施法，法不行，太子犯禁。鞅曰：“法之不行，自于贵戚①。君必欲行法，先于太子。太子不可黥②，黥其傅师。”于是法大用，秦人治。及孝公卒，太子立，宗室多怨鞅，鞅亡，因以为反，而卒车裂以徇秦国③。

【注释】

①贵戚：与国君同姓的亲属。②黥：墨刑，以刀刻面涂墨。③车裂：古代酷刑之一，把犯人绑在五辆车上，拖裂肢体。徇：示众。

【译文】

孝公去世，他的儿子惠文君即位。在同一年，惠王诛杀了卫鞅。卫鞅最初在秦国施行新法的时候，法令还不能顺利推行，太子违犯法令，卫鞅说：“新法之所以不能施行，根源在于居上位的贵戚。倘若大王您真想施行新法，应当先实施用在太子身上。太子不能施刑，可以用墨刑来处罚太子的师傅。”于是新法大行，秦国大治。等孝公去世、太子即位以后，秦国的宗室中有很多怨恨卫鞅的，卫鞅逃走，秦王就判他反叛之罪，最终在都城以车裂之刑将他五马分尸示众。

【原文】

惠文君元年，楚、韩、赵、蜀人来朝。二年，天子贺。三年，王冠①。四年，天子致文武胙。齐、魏为王②。

五年，阴晋人犀首为大良造。六年，魏纳阴晋，阴晋更名宁秦。七年，公子卬与魏战，虏其将龙贾，斩首八万。八年，魏纳河西地。九年，渡河，取汾阴、皮氏③。与魏王会应④。围焦⑤，降之。十年，张仪相秦。魏纳上郡十五县。十一年，县义渠。归魏焦、曲沃⑥。义渠君为臣。更名少梁曰夏阳。十二年，初腊⑦。十三年四月戊午，魏君为王⑧，韩亦为王⑨。使张仪伐取陕⑩，出其人与魏。

【注释】

①冠：古代男子二十岁行加冠仪式，表示成年。②齐、魏为王：指齐威王、魏惠王。③汾阴：邑名。在今山西省万荣县西。皮氏：邑名。在今山西省河津市西。④会：会晤。应：邑名。在今河南省鲁山县东。⑤焦：邑名。在今河南省三门峡市西。⑥归：归还。曲沃：邑名。在今河南省陕县西南。⑦初腊：初次举行腊祭。腊，古代阴历十二月举行的一种祭祀。⑧魏君：魏襄王。⑨韩亦为王：指韩宣惠王。⑩陕：地名，属魏国。

【译文】

惠文君元年，楚国、韩国、赵国、蜀国派使节朝见秦王。二年，天子朝贺秦王。三年，惠文君行冠礼。四年，天子赐给秦王祭祀文王、武王的祭肉。齐国、魏国称王。

五年，任命阴晋人犀首做大良造。六年，魏国将阴晋献给秦国，秦国把阴晋改名为宁秦。七年，公子卬和魏国交战，俘虏魏将龙贾，斩杀魏军将士八万。八年，魏国将河西地区献给秦国。九年，秦军横渡黄河，夺取汾阴、皮氏之地，与魏王会晤于应城。围攻焦城，焦城投降。十年，张仪做了秦相。魏国将上郡十五县献给秦国。十一年，将义渠划为县。归还焦城、曲沃给魏国。义渠君向秦国称臣。少梁改名为夏阳。十二年，开始行腊祭。十三年四月戊午，魏君称王，韩君也称王。秦王令张仪攻取陕县，把陕县的百姓驱逐到魏国。

【原文】

十四年，更为元年①。二年，张仪与齐、楚大臣会啮桑②。三年，韩、魏太子来朝。张仪相魏。五年，王游至北河③。七年，乐池相秦。韩、赵、魏、燕、齐帅匈奴共攻秦。秦使庶长疾与战修鱼④，虏其将申差，败赵公子渴、韩太子奂，斩首八万二千。八年，张仪复相秦。九年，司马错伐蜀，灭之。伐取赵中都、西阳⑤。十年，韩太子苍来质。伐取韩石章。伐败赵将泥。伐取义渠二十五城。十一年，樗里疾攻魏焦⑥，降之；败韩岸门，斩首万，其将犀首走。公子通封于蜀。燕君让其臣子之⑦。十二年，王与梁王会临晋⑧。庶长疾攻赵，虏赵将庄。张仪相楚。十三年，庶长章击楚于丹阳，虏其将屈匄，斩首八万；又攻楚汉中，取地六百里，置汉中郡。楚围雍氏⑨，秦使庶长疾助韩而东攻齐，到满助魏攻燕⑩。十四年，伐楚，取召陵⑪。丹、犁臣⑫，蜀相壮杀蜀侯来降。

惠王卒，子武王立⑬。韩、魏、齐、楚、越皆宾从⑭。

【注释】

①元年：指后元元年。②啮桑：魏地。③北河：指黄河以北的支流乌加河。④修鱼：地名，属韩国。⑤中都：在今山西省平遥县西南。西阳：在今山西省中阳县。⑥樗里疾：秦将名。⑦让：禅让。子之：人名。⑧临晋：地

名。在今陕西省大荔县。⑨雍氏：韩地。⑩到满：秦将名。⑪召陵：在今河南省郾城县东。⑫丹、犂：戎族中的两支。臣：称臣。⑬武王：名荡。⑭宾从：归服。

【译文】

十四年，又更改为后元元年。二年，张仪和齐国、楚国的大臣会盟于啮桑。三年，韩国、魏国的太子到秦国朝见秦王。张仪做了魏相。五年，惠王巡游至北河地区。七年，乐池出任秦相。韩国、赵国、魏国、燕国、齐国率领匈奴一起攻伐秦国。秦国派庶长疾与联军交战于修鱼之地，俘获了将军申差，击败了赵公子渴、韩太子奂，斩杀联军将士八万二千人。八年，张仪再次担任秦相。九年，司马错讨伐蜀国，并将蜀国灭掉。又夺取赵国的中都、西阳。十年，韩国派太子苍到秦国当人质。夺取韩国的石章。打败了赵国将军泥。攻取了义渠的二十五座城池。十一年，樗里疾进攻魏国的焦城，使焦城投降。于岸门大败韩军，斩杀敌军一万，韩将犀首逃走。公子通被分封在蜀国。燕王把自己的王位让给大臣子之。十二年，秦王与梁王相会于临晋。庶长疾攻打赵国，俘虏赵国将军庄。张仪做了楚相。十三年，庶长章在丹阳进攻楚军，俘虏楚将屈匄，斩杀楚军将士八万人。又进攻楚国的汉中之地，攻占土地六百里，在那里设置了汉中郡。楚国围攻雍氏之地，秦国派庶长疾协助韩国向东进攻齐国，又派到满地协助魏国进攻燕国。十四年，讨伐楚国，攻取召陵之地。丹、犂两国向秦国称臣。蜀相陈壮将蜀侯杀死，并投降了秦国。

惠王去世，他的儿子武王即位。韩国、魏国、齐国、楚国、越国都归服秦国。

秦始皇本纪

【导读】

秦国在几代人的苦心经营下，逐渐形成了对山东六国的绝对优势。秦王嬴政顺应时事，奋发图强，终于兼并六国。统一天下后，嬴政在政治、经济、军事、文化诸方面实施了一系列措施，包括议帝号，改历法，定服色，分天下为三十六郡，统一法律、度量衡、文字，巡游刻石，南取陆梁地，北击匈奴，修筑长城，咸阳宫关于学古与师今的辩论等。这些记载，表现了秦始皇的卓越才能。同时，秦始皇滥用民力，横征暴敛，对百姓施严刑峻法，这也体现了他的暴虐凶残。秦二世继位后，延续了始皇帝的暴政，并且变本加厉。不久，天下诸侯纷纷起兵反秦，秦朝最终历三世而亡。

◎嬴政掌权◎

【原文】

秦始皇帝者，秦庄襄王子也[①]。庄襄王为秦质子于赵[②]，见吕不韦姬[③]，悦而取之[④]，生始皇。以秦昭王四十八年正月生于邯郸[⑤]。及生，名为政，姓赵氏。年十三岁，庄襄王死，政代立为秦王。当是之时，秦地已并巴、蜀、汉中[⑥]，越宛有郢[⑦]，置南郡矣；北收上郡以东[⑧]，有河东、太原、上党郡[⑨]；东至荥阳[⑩]，灭二周[⑪]，置三川郡[⑫]。吕不韦为相，封十万户，号曰文信侯。招致宾客游士，欲以并天下。李斯为舍人[⑬]。蒙骜、王齮、麃公等为将军。王年少，初即位，委国事大臣。

晋阳反[⑭]，元年，将军蒙骜击定之。二年，麃公将卒攻卷[⑮]，斩首三万。三年，蒙骜攻韩，取十三城。王龁死。十月，将军蒙骜攻魏氏旸、有诡[16]。岁大饥[17]。四年，拔旸、有诡[18]。三月，军罢。秦质子归自赵，赵太子出归国。十月庚寅，蝗虫从东方来，蔽天。天下疫。百姓内粟千石[19]，拜爵一级。五年，将军骜攻魏，定酸枣、燕、虚、长平、雍丘、山阳城[20]，皆拔之，取二十城。初置东郡[21]。冬雷。六年，韩、魏、赵、卫、楚共击秦，取寿陵[22]。秦出兵，五国兵罢。拔卫，迫东郡[23]，其君角率其支属徙居野王[24]，阳其山以保魏之河内[25]。七年，彗星先出东方，见北方，五月见西方。将军骜死。以攻龙、孤、庆都[26]，还兵攻汲。彗星复见西方十六日。夏太后死。八年，王弟长安君成蟜将军击赵，反，死屯留[27]，军吏皆斩死。迁其民于临洮[28]。将军壁死[29]，卒屯留、蒲鹝反，戮其尸。河鱼大上[30]，轻车重马东就食。

【注释】

①庄襄王：名子楚。公元前249年至公元前247年在位。②质子：被派到订约国做人质的国王的儿子或要人。③吕不韦：卫国人，后为秦相国。④取：通“娶”。⑤邯郸：今河北省邯郸市。⑥巴、蜀：国名。巴在今四川省东部，湖北省西北部。蜀在四川省中部偏西。汉中：郡名。在今陕西省汉中市东。⑦越：越过。宛：县名。有：占有。郢：春秋战国时，楚国国都。⑧上郡：在今陕西省榆林东南。⑨河东：郡名，在今山西省夏县西北。太原：郡名，在今太原市西南。上党郡：在今山西省长治市北。⑩荥阳：县名，在今河南省荥阳市东北。⑪二周：指西周、东周两个小国。⑫三川郡：在今洛阳市东北。⑬舍人：古代豪门贵族家里的门客。⑭晋阳：邑名，公元前247年被秦攻取，在今山西省太原市。⑮将卒：率领兵士。卷：魏国邑名，在今河南省原阳县县西。⑯旸、有诡：都是魏国邑名。⑰岁：一年的收成。饥：庄稼收成不好。⑱拔：攻取。⑲内：通“纳”。⑳酸枣：邑名，在今河南省延津县西南。燕：邑名，在今河南省延津县北。长平：在今河南省西华县东北。雍丘：在今河南省杞县境内。山阳城：邑名，在今河

南省焦作市东南。㉑东郡：在今河南省濮阳西南。㉒寿陵：邑名，原属赵国。㉓迫：逼近。㉔野王：邑名。在今河南省沁阳市。㉕阻：依恃。河内：地区名，指黄河以北地区。㉖龙、孤、庆都：地名，三地相距较近。在今河北省行唐县、望都县一带。㉗屯留：在今山西省屯留县。㉘临洮：在今甘肃省岷县。㉙壁：军营。㉚河鱼大上：黄河的鱼大量涌上岸。

【译文】

秦始皇，秦庄襄王的儿子。庄襄王在赵国做人质的时候，见到吕不韦的一个姬妾，很喜欢便娶了她，还生下了始皇。秦始皇于秦昭王四十八年正月出生在邯郸。出生之后，取名为政，姓赵氏。他十三岁的时候，庄襄王去世，嬴政继位做了秦王。在这个时候，秦国已经兼并了巴、蜀和汉中，越过宛城占据郢都，设置了南郡；向北夺取上郡以东的地区，占据河东、太原、上党郡；向东到达荥阳，灭掉二周，设置三川郡。任命吕不韦为相国，封十万户，赐给他文信侯的封号。招揽天下的宾客游士，想凭借这些人兼并天下。李斯担任舍人，蒙骜、王齮、麃公等人担任将军之职。秦王年少，刚刚登位，将国家的政事交给大臣处理。

晋阳反叛，始皇元年，将军蒙骜出兵平定了晋阳的叛乱。二年，麃公率领兵卒进攻卷邑，斩杀敌军三万人。三年，蒙骜进攻韩国，夺得十三座城池。王齮战死。十月，将军蒙骜进攻魏国的畼邑、有诡。这年发生了大饥荒。四年，攻下畼邑和有诡。三月，罢兵。秦国的质子从赵国回归秦国，赵国太子从秦国回归赵国。十月庚寅，蝗虫从东面飞来，把天都遮蔽了。天下发生了大瘟疫。老百姓只要向朝廷纳粟一千石，就能封爵一级。五年，将军蒙骜攻打魏国，攻下酸枣、燕、虚、长平、雍丘、山阳这些城邑，秦国夺取了二十座城池。开始设置东郡。这年冬天打雷。六年，韩、魏、赵、卫、楚等国一起讨伐秦国，攻下了寿陵。秦国出兵，五国这才罢兵。秦军攻占卫国，逼近东郡，卫国的君主角率领他的部属迁居到野王之地，凭借山险才保住了魏国的河内之地。七年，彗星出现，先是出现在东方，后来又出现在北方，五月又出现在西方。将军蒙骜死了。秦军进攻龙、孤、庆都等地，之后调回军队攻打汲县。彗星又出现在西方十六天。夏太后去世。八年，秦王弟长安君成蟜率军袭击赵国，图谋造反，死于屯留，手下的将军都被杀死，把那一带的百姓迁徙到临洮。将军壁死了之后，屯留的蒲鹝率领士兵谋反，鞭戮了将军壁的尸首。黄河中的鱼大量被冲到河岸的平地上来，秦国的百姓便轻车重马到东方寻觅食物。

【原文】

嫪毐封为长信侯①。予之山阳地，令毐居之。宫室车马衣服苑囿驰猎恣毐。事无大小皆决于毐。又以河西太原郡更为毐国。

九年，彗星见，或竟天②。攻魏垣、蒲阳③。四月，上宿雍。己酉，王冠④，带剑⑤。长信侯毐作乱而觉，矫王御玺及太后玺以发县卒及卫卒、官骑、戎翟君公、舍人⑥，将欲攻蕲年宫为乱⑦。王知之，令相国昌平君、昌文君发卒攻毐。战咸阳，斩首数百，皆拜爵，及宦者皆在战中，亦拜爵一级。毐等败走⑧。即令国中：有生得毐，赐钱百万；杀之，五十万，尽得毐等。卫尉竭、内史肆，佐弋竭、中大夫令齐等二十人皆枭首⑨。车裂以徇⑩，灭其宗⑪。及其舍人，轻者为鬼薪⑫。及夺爵迁蜀四千余家，家房陵⑬。是月寒冻，有死者。杨端和攻衍氏⑭。彗星见西方，又见北方，从斗以南八十日⑮。

十年，相国吕不韦坐嫪毐免⑯。桓齮为将军。齐、赵来置酒。齐人茅焦说秦王曰："秦方以天下为事，而大王有迁母太后之名，恐诸侯闻之，由此倍秦也⑰。"秦王乃迎太后于雍而入咸阳，复居甘泉宫⑱。

【注释】

①嫪毐：吕不韦送进后宫的假宦官。②或竟天：有时划过整个天空。竟，从头至尾。③垣、蒲阳：邑名。垣在今山西省垣曲县东南。蒲阳在今河南省长垣县。④冠：古代贵族子弟到二十岁时举行加冠仪式，表示成年。

⑤带剑：带剑以显威仪。⑥矫：假托，盗用。县：古代天子所管辖之地，在京都千里以内，即王畿。戎翟：少数民族部落。君公：首领。⑦蕲年宫：当时为始皇住处。⑧走：逃跑。⑨卫尉：宫廷卫队长官。内史：管理京城政事的长官。佐弋：掌管皇帝射猎的副长官。枭首：古代酷刑之一，割下犯人的头，悬挂在木杆上。⑩车裂：古代酷刑之一，把犯人绑在五辆车上，拖裂肢体。徇：示众。⑪宗：同祖，同族。⑫鬼薪：拾柴以供王家宗庙之用，秦代的徒刑之一，刑期三年。⑬家：安家。房陵：县名。在今湖北省房县。⑭衍氏：魏邑名。在今河南省郑州市北。⑮斗：北斗星。⑯坐：因。免：免官。⑰倍：同“背”。违背，背叛。⑱甘泉宫：咸阳南宫。

【译文】

嫪毐被封为长信侯，秦王还赐予他山阳之地，让嫪毐居住在那里，所有的宫室、车马、衣服、花园、畜圈、围猎等都顺着嫪毐自己的意思置办。事情不论大小都由嫪毐自己决定。又以河西太原郡作为嫪毐的封国。

九年，彗星出现，有的时候光芒照遍整个天空。进攻魏国的垣和蒲阳。四月，秦王斋戒于雍城。己酉，秦王行冠礼，佩剑。长信侯嫪毐造反而被察觉，他假造皇帝和太后的印信，调集县里的士卒及卫队、官骑、戎狄族首领、家臣，等等，打算进攻蕲年宫。秦王知道了，命令相国昌平君、昌文君率军进攻嫪毐。与嫪毐大战于咸阳城，斩杀敌人数百人，参战功臣都授予爵位，参加这次战斗的宦官，也都获封爵位一级。嫪毐失败逃走。秦王立即通令全国：有活捉嫪毐的，赏赐钱财百万；有杀死嫪毐的，赏赐钱财五十万，结果嫪毐等人都被活捉。卫尉竭、内史肆、佐弋竭、中大夫令齐等二十人被斩首处死，还以车裂之刑示众，诛灭他们的宗族。嫪毐的门下宾客，罪行轻的为宗庙打柴三年，以至于被剥夺官爵、迁徙到蜀地的有四千余家，他们都住在房陵。这个月天气寒冷，有不少人被冻死。杨端和进攻衍氏。彗星在西方出现，又在北方出现，从北斗附近向南移动八十天。

十年，相国吕不韦因受嫪毐一案的牵连而被免职。封桓齮为将军。齐国和赵国的使节备酒向秦王祝贺。齐人茅焦对秦王说：“秦国正要以天下为事业，而大王却有流放太后的罪名，恐怕诸侯听说之后，会因此而背叛秦国的。”秦王于是从雍地将太后接回咸阳，让她仍旧居住在甘泉宫。

◎焚天下之书◎

【原文】

始皇置酒咸阳宫，博士七十人前为寿[①]。仆射周青臣进颂曰[②]：“他时秦地不过千里，赖陛下神灵明圣，平定海内，放逐蛮夷，日月所照，莫不宾服。以诸侯为郡县，人人自安乐，无战争之患，传之万世。自上古不及陛下威德。”始皇悦。博士齐人淳于越进曰：“臣闻殷周之王千余岁，封子弟功臣，自为枝辅[③]。今陛下有海内，而子弟为匹夫，卒有田常、六卿之臣[④]，无辅拂[⑤]，何以相救哉？事不师古而能长久者，非所闻也。今青臣又面谀以重陛下之过，非忠臣。”始皇下其议。丞相李斯曰：“五帝不相复，三代不相袭[⑥]，各以治，非其相反，时变异也。今陛下创大业，建万世之功，固非愚儒所知。且越言乃三代之事，何足法也？异时诸侯并争[⑦]，厚招游学。今天下已定，法令出一，百姓当家则力农工[⑧]，士则学习法令辟禁[⑨]。今诸生不师今而学古，以非当世，惑乱黔首。丞相臣斯昧死言：古者天下散乱，莫之能一，是以诸侯并作，语皆道古以害今，饰虚言以乱实，人善其所私学，以非上之所建立。今皇帝并有天下，别黑白而定一尊。私学而相与非法教，人闻令下，则各以其学议之，入则心非，出则巷议，夸主以为名[⑩]，异取以为高[⑪]，率群下以造谤。如此弗禁，则主势降乎上，党与成乎下[⑫]。禁之便。臣请史官非秦记皆烧之[⑬]。非博士官所职[⑭]，天下敢有藏《诗》《书》、百家语者[⑮]，悉诣守、尉杂烧之[⑯]。有敢偶语《诗》《书》者弃市[⑰]。以古非今者族[⑱]。吏见知不举者与同罪。令下三十日不烧，黥为城旦[19]。所不去者，医药卜筮种树之书[20]。若欲有学法令，以吏为师。”制曰：“可。”

【注释】

①为寿：饮酒时献祝寿词。②仆射：某一类官员的首长。③枝辅：辅助。④卒：突然。田常：春秋时齐国大臣，杀简公，拥立平公，自任相国，从此齐国之政尽归田氏。六卿：指春秋后期晋国的范氏、中行氏、知氏、韩氏、赵氏、魏氏六家。六卿互相争斗，晋君不能控制，最终韩、赵、魏三家瓜分了晋国。⑤辅拂：辅佐，帮助，拂，通“弼”。⑥袭：因袭。⑦异时：从前。⑧力：努力，致力于。⑨辟禁：刑法，禁令。⑩夸主：在君主面前夸耀自己。⑪异取：追求奇异。取，通“趣”，趋向。⑫党与：即朋党。⑬记：典籍。⑭职：主宰，掌管。⑮百家语：诸子百家著作。⑯杂：共，全都。⑰偶语：相对私语。弃市：古代在闹市执行死刑，表示与众共弃，叫弃市。⑱族：灭族，满门抄斩。⑲黥：古代刑罚之一，脸上刺字、涂墨。城旦：秦汉时刑罚名。白天守边防寇，晚上筑长城，刑期四年。⑳卜筮：占卜。用龟甲称卜，用蓍草为筮。

【译文】

秦始皇在咸阳宫置备酒宴，有七十位博士前来向他祝寿，仆射周青臣颂扬说：“以前秦国土地不超过千里，仰赖陛下您的神灵和圣明，才能平定天下，驱逐蛮夷，日月所能光照的地方，没有不臣服的。把诸侯国变为郡县，百姓人人安居乐业，没有战争的祸患，这伟大的功业可以流传后世。上古以来的君主没有人比得上陛下的威德。”秦始皇非常高兴。博士齐人淳于越进言说：“我听说殷商和周朝的帝王统治天下一千多年，分封子弟和功臣，作为自己的枝辅。现在陛下您拥有整个天下，而子弟却是一群匹夫，万一突然出现像田常、六卿之类的大臣，没有人辅佐，怎么能挽救危局呢？处理事情不取法古制而能使国家长治久安的，我还没有听说过呢。

现在青臣又当面奉承您，加重陛下您的罪过，这不是忠臣所为啊。”秦始皇把他们的议论说给群臣听，让群臣一起讨论。丞相李斯说：“五帝不相重复，三代也不相承袭，他们各自凭借自己的方法治理国家，这不是有意和前代相反，而是天下的形势变化了。现在陛下开创大的事业，建立万世不拔之基，这本来就不是愚蠢的儒生所能理解的。况且淳于越说的是三代的事，怎么能再取法呢？以前诸侯们互相争斗，用优厚的俸禄招徕天下的贤士。如今天下已经安定了，政令都出自陛下您一人之手，老百姓治家就得致力于农耕，士人则要学习法律政令。现在这些儒生不学习法律政令，而是学习古法，非议当世，蛊惑百姓。所以臣李斯冒死进言：古代天下离散混乱，没有人能统一天下，所以诸侯并起，说的都是道法古代、批评当世、粉饰虚诞的言语。扰乱名实，每个人都赞赏自己所学的学问，非议朝廷颁布的政令。如今皇上您统一了天下，辨别是非黑白，建立至高无上的威势。但是读书人依旧私人讲学，结群成党非议朝廷的法令，一听到朝廷的举措，就依靠自己所学的东西对朝政批评一番，入朝的时候心里觉得反感，退朝的时候就在巷里议论纷纷，他们以浮夸的言语欺骗陛下赚取美誉，做出奇怪的行为以骗取高名，率领下面的大臣和百姓妄造谤言，如果对此不能禁止，那么陛下的权威就会下降，而在朝堂之下就会形成朋党，因此应当禁止他们。我请求皇上您下令史官，把那些并非秦朝编著的典籍统统放火烧掉。除非是博士官掌握，天下有私自收藏《诗经》《书经》及诸子百家著作的，一律交给地方官焚毁。有敢相聚在一起谈论《诗》《书》的，就在市集上处死；推崇古代、诽谤当世的，诛灭全族。官吏有知道罪行而不检举的，以同罪论处。命令下达三十天后，依旧没有焚书的，就在脸上刺字，发配到边境充军，修筑长城。不必销毁的书籍，只有医药、卜筮、种植等类别。如果有谁想要学习文字法令，必须到官府里向官吏学习。”始皇下诏说：“可以按照这个去做。”

◎坑杀方士◎

【原文】

卢生说始皇曰："臣等求芝、奇药、仙者常弗遇，类物有害之者[①]。方中[②]，人主时为微行以辟恶鬼[③]，恶鬼辟，真人至[④]。人主所居而人臣知之，则害于神。真人者，入水不濡[⑤]，入火不爇[⑥]，陵云气[⑦]，与天地久长。今上治天下，未能恬倓[⑧]。愿上所居宫毋令人知，然后不死之药殆可得也[⑨]。"于是始皇曰："吾慕真人，自谓'真人'，不称'朕'。"乃令咸阳之旁二百里内宫观二百七十复道甬道相连，帷帐钟鼓美人充之，各案署不移徙[⑩]。行所幸[⑪]，有言其处者，罪死。始皇帝幸梁山宫[⑫]，从山上见丞相车骑众，弗善也[⑬]。中人或告丞相[⑭]，丞相后损车骑[⑮]。始皇怒曰："此中人泄吾语。"案问莫服[⑯]。当是时，诏捕诸时在旁者，皆杀之。自是后莫知行之所在。听事[⑰]，群臣受决事，悉于咸阳宫。

侯生、卢生相与谋曰："始皇为人，天性刚戾自用[⑱]，起诸侯，并天下，意得欲从[⑲]，以为自古莫及己。专任狱吏，狱吏得亲幸。博士虽七十人，特备员弗用[⑳]。丞相诸大臣皆受成事[㉑]，倚辨于上[㉒]。上乐以刑杀为威，天下畏罪持禄，莫敢尽忠。上不闻过而日骄，下慑伏谩欺以取容[㉓]。秦法，不得兼方[㉔]，不验，辄死。然候星气者至三百人[㉕]，皆良士，畏忌讳谀，不敢端言其过[㉖]。天下之事无小大皆决于上，上至以衡石量书[㉗]，日夜有呈[㉘]，不中呈不得休息[㉙]。贪于权势至如此。未可为求仙药。"于是乃亡去。始皇闻亡，乃大怒曰："吾前收天下书不中用者尽去之。悉召文学方术士甚众[㉚]，欲以兴太平，方士欲练以求奇药。今闻韩众去不报，徐市等费以巨万计，终不得药，徒奸利相告日闻[㉛]。卢生等吾尊赐之甚厚，今乃诽谤我，以重吾不德也。诸生在咸阳者，吾使人廉问[㉜]，或为訞言以乱黔首[㉝]。"于是使御史悉案问诸生，诸生传相告引[㉞]，乃自除犯禁者四百六十余人[㉟]，皆坑之咸阳，使天下知之，以惩后[㊱]。益发谪徙边。始皇长子扶苏谏曰："天下初定，远方黔首未集，诸生皆诵法孔子，今上皆重法绳之[37]，臣恐天下不安。唯上察之。”始皇怒，使扶苏北监蒙恬于上郡。

【注释】

①类：好像。②方中：方寸之中，指心里以为。③辟：避开。④真人：道家称修真得道的人为真人。⑤濡：沾湿。⑥爇：焚烧。⑦陵：驾，登。⑧恬倓：指清静无为。“恬”“倓”都是安静的意思。⑨殆：大概。⑩案：通“按”。署：部署。⑪行：巡狩，巡视。幸：封建时代称皇帝亲临为幸。⑫梁山宫：秦宫名。在今陕西省乾县东。⑬善：以为善，赞许，喜欢。⑭中人：皇宫中的人。这里指宦官或近臣。⑮损：减少。⑯案问：审问。⑰听事：处理政事。⑱自用：自以为是，凭自己的才力行事。⑲从：同“纵”。⑳特：只是。备员：虚设充数的人员。㉑成事：已经决定的命令。㉒辨：通“办”，办理，办事。㉓慑伏：害怕，畏伏。谩欺：欺骗、蒙骗。取容：曲从讨好，取悦于人。㉔兼方：具有两种以上的方技。㉕候星气：观测星象和云气以测吉凶。候，观察，占验。㉖端言：正言。㉗衡石：“衡”指秤杆，“石”指秤锤。意思是一天称一百二十斤文件来看。㉘呈：通“程”，标准，规格。这里指定量、定额。㉙中：符合。这里是达到的意思。㉚文学：指文章博学之士。方术士：指研究天文、历算、医药、农业、技艺等的专门家和从事阴阳、神仙、卜筮、占梦、看相等方面活动的人。㉛奸利：以非法手段谋利。㉜廉问：察问。廉，察。㉝或：有人。訞：通“妖”。㉞传：辗转。告引：告发。㉟自除：指秦始皇亲判儒生死罪。除，诛杀。㊱惩后：警戒后来者。㊲绳：约束，制裁。

【译文】

卢生对始皇说：“我们寻找灵芝、奇药和仙人，一直没能找到，似乎是有什么东西伤害了它们。我们心想，皇帝应当时常秘密出行，以便驱逐恶鬼，恶鬼避开了，神仙真人就能来了。皇上的住所如果让臣子们知道，那就会妨害神仙。真人入水不会浸湿，入火不会烧伤，能够腾云驾雾遨游，寿命和天地一样长久。现在皇上治理天下，还不能做到清静恬淡。希望皇上居住的宫室别让人知道，这样，不死之药或许能够获得。”始皇说：“我倾慕神仙真人，我自己就叫‘真人’，不再称‘朕’了。”于是下令咸阳四周二百里内的二百七十座宫观都用天桥、甬道相互连接起来；把帷帐、钟鼓和美人安置其中，全部按照所登记的位置不得移动。皇帝所到的地方，如有人说出去，就处以死刑。有一次皇帝幸临梁山宫，从山上望见丞相的随从车马众多，很不赞成。宦官近臣里有人把这件事告诉了丞相，丞相以后就减少了车马的数量，始皇生气地说：“这是宫中有人泄露了我的话。”经过审问，没有人认罪，就下诏把当时在场之人抓起来，通通杀掉。自此再也没有知道皇帝行踪的了。处理事务，群臣接受命令，一律均在咸阳宫中进行。

侯生、卢生互相商议说：“始皇的为人，天生刚愎自用、刚强暴戾，他以诸侯的身份，兼并天下，凡事任意而为，认为自古至今没有人能赶得上他。始皇专门任用治狱的官吏，这些狱吏得到他的亲近和宠爱。博士的人数虽然有七十个，却不过是为了凑数罢了，并不是真想重用他们。丞相和大臣们仅仅接受已经决定的命令，一切事情都要仰仗皇帝办理。皇上喜欢用严刑和杀戮建立威严，满朝的官吏害怕触犯刑律，为了保住自己的俸禄，没有人敢向皇帝进言。始皇听不到自己的过失，于是一天比一天骄纵，大臣们整日心惊胆战，用虚言敷衍他，苟且求得容身之所。秦朝的法律规定，一个人不能同时兼有两种方术，如果不能精于一种方术，就要被处死。然而候望星象的有三百多人，且个个都技术精湛，只是因为畏惧怕事，因此不敢说真话且极尽谄媚，不敢说出皇帝的过失。天下的事情不论大小都由他一个人决定，以致皇上每天阅读的文件多得要用秤子量，白天和夜里均有限额，数量达不到就不去睡觉。贪婪权势到这种地步，这样的人我们不能替他寻找成仙之药。”于是他们逃走了。始皇听到他们逃走的消息，十分愤怒，说道：“我前些时候没收天下的书籍，不合用的都烧毁了。竭力招致一些文学方术之士，想谋求国家的太平，所以才让这些方士踏访各地，寻丹炼药。现在韩众一干人不回来复命，徐福等人浪费的钱财多得用亿来计算，终究还是没能找到仙丹妙药，每天只听见他们说些营求奸利的无用之言。我对卢生等人十分尊敬，赏赐十分优厚，如今竟敢诽谤我，诬告我不善不仁！居住在咸阳的这些方士，我派人去察问，有些人制造妖言，迷惑百姓。”于是命令御史审问这些方士，他们互相告发，始皇亲自判决触犯法律的方士有四百六十多人，最后在咸阳把他们活埋，还诏告天下，让天下的人都知道，以警戒后人，还增派迁徙之徒戍守边疆。始皇的长子扶苏劝说始皇道：“现在天下刚刚安定，远方的百姓还没有全部归附，儒生们都朗诵诗书，效法孔子，现在皇上用严刑峻法处置他们，我担心天下会不安定，希望皇上您能明察。”始皇听后大怒，于是贬谪扶苏到北方，派他去上郡监督将军蒙恬。

⊙文史知识

徐市入海不归

徐市，又称徐福，齐地琅琊（今山东省临沂市）人，秦代著名方士。他博学多才，通晓医学、天文、航海等知识，且同情百姓，乐于助人，故在沿海一带民众中名望颇高。

公元前219年，徐市上书始皇帝说，海上有三座仙山，一座叫作蓬莱，一座叫作方丈，一座叫作瀛洲，山上居住着神仙。他请求始皇帝让他带着童男童女到这三座神山上去寻访“仙人”和“不死仙药”。嬴政相信了徐市的话，派了几千童男童女，预备了三年粮食、衣履、药品和耕具跟随徐市入海求仙，耗资巨大。但徐市率众出海数年，并未找到仙山。公元前210年，秦始皇东巡至琅琊，徐市推托说出海后碰到巨大的鲛鱼阻碍，无法远航，要求增派射手对付鲛鱼。秦始皇应允，派遣射手射杀了一头大鱼。后徐市再度率众出海，并且一去不返，有人说他们到了日本并定居了下来。

徐市并不是要哄骗始皇帝。古代中国东部滨海地区的人民是真的相信海上有“仙山”的，他们所看到的其实是海市蜃楼，因此出现了“仙山”中有“仙人”居住，“仙人”都快乐逍遥、长生不死的传说。由于道家和方士的宣扬，沿海地区不少国君都派人入海寻求“长生不死之方”。

项羽本纪

【导读】

秦朝末年爆发了我国历史上第一次大规模农民起义。项羽（名籍，字羽，战国末年楚国名将项燕之后）在陈胜、吴广起义后，其率领的军队成为反秦武装的主力，并率军进驻关中。鸿门宴上，项羽没有杀掉刘邦；进驻咸阳后，引兵屠城，杀秦降王子婴，烧秦宫室。公元前206年自立为西楚霸王，都彭城，效仿春秋，分封诸侯，以刘邦为汉王。后来楚、汉之间爆发战争。公元前202年，项羽被刘邦围于垓下，突围至乌江自刎而死。

本书节录了项羽一生之中颇具代表性的三段故事：巨鹿之战、鸿门宴、垓下之战。前两个故事塑造了处于上升时期的项羽的英豪形象，第三个故事则表现了项羽英雄末路时的悲壮情怀。

◎巨鹿之战◎

【原文】

章邯已破项梁军，则以为楚地兵不足忧，乃渡河击赵，大破之。当此时，赵歇为王①，陈馀为将，张耳为相②，皆走入巨鹿城③。章邯令王离、涉间围巨鹿④，章邯军其南，筑甬道而输之粟⑤。陈馀为将，将卒数万人而军巨鹿之北，此所谓河北之军也。

楚兵已破于定陶，怀王恐，从盱台之彭城，并项羽、吕臣军自将之。以吕臣为司徒，以其父吕青为令尹⑥。以沛公为砀郡长，封为武安侯，将砀郡兵。

初，宋义所遇齐使者高陵君显在楚军，见楚王曰："宋义论武信君之军必败，居数日，军果败。兵未战而先见败征，此可谓知兵矣。”王召宋义与计事而大说之，因置以为上将军；项羽为鲁公，为次将，范增为末将，救赵。诸别将皆属宋义，号为卿子冠军⑦。行至安阳⑧，留四十六日不进。项羽曰：“吾闻秦军围赵王巨鹿，疾引兵渡河，楚击其外，赵应其内，破秦军必矣。”宋义曰：“不然。夫搏牛之虻不可以破虮虱⑨。今秦攻赵，战胜则兵罢，我承其敝；不胜，则我引兵鼓行而西，必举秦矣。故不如先斗秦赵。夫被坚执锐⑩，义不如公；坐而运策，公不如义。”因下令军中曰：“猛如虎，很如羊⑪，贪如狼，强不可使者，皆斩之。”乃遣其子宋襄相齐，身送之至无盐⑫，饮酒高会，天寒大雨，士卒冻饥。项羽曰：“将戮力而攻秦，久留不行。今岁饥民贫，士卒食芋菽⑬，军无见粮⑭，乃饮酒高会，不引兵渡河因赵食，与赵并力攻秦，乃曰‘承其敝’。夫以秦之强，攻新造之赵，其势必举赵。赵举而秦强，何敝之承！且国兵新破⑮，王坐不安席，扫境内而专属于将军，国家安危，在此一举。今不恤士卒而徇其私⑯，非社稷之臣。”项羽晨朝上将军宋义，即其帐中斩宋义头，出令军中曰：“宋义与齐谋反楚，楚王阴令羽诛之。”当是时，诸将皆慴服，莫敢枝梧⑰。皆曰：“首立楚者，将军家也。今将军诛乱。”乃相与共立羽为假上将军⑱。使人追宋义子，及之齐，杀之。使桓楚报命于怀王。怀王因使项羽为上将军，当阳君、蒲将军皆属项羽⑲。

【注释】

①赵歇：赵国后裔。②“陈馀为将”二句：陈馀、张耳本为刎颈之交，都是魏国人。陈馀起义后，二人随武臣到赵国。后张耳跟随项羽，陈馀留在赵国。③巨鹿：县名。治所在今河北省平乡县西南。④王离、涉间：都是秦将。⑤甬道：两侧筑有墙垣的通道。⑥令尹：官名。楚国的军政大臣。⑦卿子：当时对男子的美称。冠（guàn）军：诸军之冠。⑧安阳：地名。在今山东省曹县东南，非今日河南省的安阳市。⑨虮（jǐ）虱：虱子的总称。虮，虱子的卵。⑩被：同“披”。坚：指铠甲。锐：指锐利

的武器。⑪很：通“狠”。⑫无盐：地名。西汉置县。治所在今山东省东平县东南。⑬芋菽：芋头和豆类。⑭见粮：存粮。⑮国兵新破：指楚军在定陶失利一事。⑯徇其私：指宋义派遣儿子宋襄辅助齐国之事。⑰枝梧：抗拒，抵触。⑱假：暂时代理。⑲当阳君：黥布的封号。当阳，地名。今属湖北省当阳市。

【译文】

章邯已经打垮了项梁的军队，认为楚国的军队不值得忧虑了，于是渡过黄河攻打赵国，打垮了赵军。这时候，赵歇做了国王，陈馀担任大将，张耳担任相国，都逃进了巨鹿城。章邯命令王离、涉间包围巨鹿，章邯的军队驻扎在他们的南边，筑起甬道给他们运送粮食。陈馀担任大将，率领几万士兵驻扎在巨鹿的北边，这就是所谓的河北军。

楚军已经在定陶被打垮，怀王恐惧，从盱台跑到彭城，合并项羽、吕臣的部队，亲自统率。他以吕臣为司徒，以吕臣的父亲吕青为令尹。以沛公为砀郡长，封为武安侯，统率砀郡的军队。

当初，宋义所遇到的齐国使者高陵君显还在楚军中，见了楚王说：“宋义认定武信君的军队一定会失败，过了几天，果然失败了。军队没有交战就预先看到了失败的征兆，这也可以说是懂得兵法啦。”楚王召见宋义，同他商讨大事，非常喜欢他，就安排他担任上将军；项羽称为鲁公，担任次将；范增担任末将，去援救赵国。各部将领都隶属于宋义，号为卿子冠军。行军到安阳，停留四十六天不前进。项羽说：“我听说秦军把赵国围困在巨鹿，我们迅速率领部队渡过漳河，楚军攻打他们的外围，赵国在内响应，打垮秦军是一定的了。”宋义说：“不对。叮咬牛的牛虻不可用来消灭虱子。现在秦国进攻赵国，打胜了军队就疲惫，我们可趁机利用他们的疲惫；打不胜，我们就率领部队大张旗鼓地西进，一定能够推翻秦朝。因此不如先让秦、赵两军相斗。披甲执戟，我宋义不如您；坐着运筹决策，您不如我宋义。”于是给军中下达命令说：“猛如虎，狠如羊，贪如狼，倔强不听命令的，一律斩首。”随后派他的儿子宋襄去辅助齐王，亲自送到无盐，大摆宴席。当时天气寒冷，天上下着大雨，士兵又冷又饿。项羽说：“这时正该并力攻打秦军，他却久留而不前进。如今年成荒歉，人民贫苦，士兵吃芋头、豆子，军中无存粮，他却大摆酒宴，不领兵渡河食用赵国的粮食，和赵国合力攻秦，却说‘利用他们的疲惫’。凭借秦朝的强大，进攻新建的赵国，势必会战胜赵国。赵国被占领而秦军就更加强大，哪里还有什么疲惫的机会可以利用呢！况且我国军队最近吃了败仗，国王坐不安席，把全国兵力集中起来交给将军，国家安危，在此一举。现在你不体恤士兵，却去钻营私利，不是国家的栋梁之臣。”项羽早晨进见上将军宋义时，就在帐中砍下宋义的脑袋，向军中发布命令说：“宋义与齐国阴谋反楚，楚王密令我杀死他。”这时，诸将都畏服，没有人敢反抗。都说：“首先拥立楚王的是将军家，现在又是将军诛灭了乱臣贼子。”于是大家拥立项羽为代理上将军。派人追赶宋义的儿子，追到齐国把他杀了。项羽派遣桓楚向怀王报告情况，怀王就让项羽担任上将军，当阳君、蒲将军都隶属于项羽。

【原文】

项羽已杀卿子冠军，威震楚国，名闻诸侯。乃遣当阳君、蒲将军将卒二万渡河[①]，救巨鹿。战少利，陈馀复请兵。项羽乃悉引兵渡河，皆沉船，破釜甑[②]，烧庐舍，持三日粮，以示士卒必死，无一还心。于是至则围王离，与秦军遇，九战[③]，绝其甬道，大破之，杀苏角[④]，虏王离。涉间不降楚，自烧杀。当是时，楚兵冠诸侯。诸侯军救巨鹿下者十余壁，莫敢纵兵。及楚击秦，诸将皆从壁上观[⑤]。楚战士无不一以当十，楚兵呼声动天，诸侯军无不人人惴恐。于是已破秦军，项羽召见诸侯将，入辕门[⑥]，无不膝行而前，莫敢仰视。项羽由是始为诸侯上将军，诸侯皆属焉。

【注释】

①河：指漳河。②釜甑（zèng）：锅和蒸饭用的瓦罐，泛指炊具。③九战：多次作战。九，泛指多数。④苏角：秦将。⑤壁上观：人家交战，自己站在营垒上观看。比喻坐观成败，不出手帮助。壁，营垒。⑥辕门：古代军队驻扎时以车为营，将车辕相向竖起为门，所以称“辕门”。

【译文】

项羽杀掉卿子冠军宋义之后，威震楚国，名声传遍诸侯。于是他派当阳君、蒲将军统兵二万渡过漳河，援救巨鹿。战事稍微取得一点胜利，陈馀又请求援兵。项羽便统率全部军队渡过漳河，沉掉全部船只，砸毁锅甑，烧掉营垒，携带三天的干粮，借此向士兵表示决一死战、无一点退还的决心。于是一到巨鹿就包围王离，与秦军接战多次，截断他们的甬道，大败秦军，杀了苏角，活捉王离。涉间不投降楚军，自焚而死。这时，楚军雄冠诸侯。巨鹿城下，诸侯援军有十多座营寨，都不敢出兵。等到楚军攻打秦军时，诸侯联军的将领都在壁垒上观看。楚军战士无不以一当十，楚军杀声震天，诸侯联军无不战栗惊恐。这样打败秦军之后，项羽召见诸侯将领，他们进入辕门时，个个跪着前进，没有人敢仰视项羽。项羽从此开始成为诸侯的上将军，各路诸侯都隶属于他。

◎鸿门宴◎

【原文】

沛公旦日从百余骑来见项王，至鸿门，谢曰：“臣与将军戮力而攻秦，将军战河北，臣战河南，然不自意能先入关破秦[①]，得复见将军于此。今者有小人之言，令将军与臣有郤。”项王曰：“此沛公左司马曹无伤言之；不然，籍何以至此。”项王即日因留沛公与饮。项王、项伯东向坐。亚父南向坐[2]。亚父者，范增也。沛公北向坐，张良西向侍。范增数目项王，举所佩玉玦以示之者三[3]，项王默然不应。范增起，出召项庄[4]，谓曰："君王为人不忍，若入前为寿，寿毕，请以剑舞。因击沛公于坐，杀之。不者，若属皆且为所虏。"庄则入为寿。寿毕，曰："君王与沛公饮，军中无以为乐，请以剑舞。"项王曰："诺。"项庄拔剑起舞，项伯亦拔剑起舞，常以身翼蔽沛公，庄不得击。于是张良至军门，见樊哙[5]。樊哙曰："今日之事何如？"良曰："甚急。今者项庄拔剑舞，其意常在沛公也。"哙曰："此迫矣，臣请入，与之同命。"哙即带剑拥盾入军门。交戟之卫士欲止不内，樊哙侧其盾以撞，卫士仆地，哙遂入，披帷西向立，瞋目视项王[6]，头发上指，目眦尽裂[7]。项王按剑而跽曰[8]："客何为者？"张良曰："沛公之参乘樊哙者也[9]。"项王曰："壮士，赐之卮酒。"则与斗卮酒[10]。哙拜谢，起，立而饮之。项王曰："赐之彘肩[11]。"则与一生彘肩。樊哙覆其盾于地，加彘肩上，拔剑切而啖之[12]。项王曰："壮士，能复饮乎？"樊哙曰："臣死且不避，卮酒安足辞！夫秦王有虎狼之心，杀人如不能举，刑人如恐不胜，天下皆叛之。怀王与诸将约曰：'先破秦入咸阳者王之'。今沛公先破秦入咸阳，豪毛不敢有所近，封闭宫室，还军霸上，以待大王来。故遣将守关者，备他盗出入与非常也。劳苦而功高如此，未有封侯之赏，而听细说[13]，欲诛有功之人。此亡秦之续耳，窃为大王不取也。"项王未有以应，曰："坐。"樊哙从良坐。坐须臾，沛公起如厕，因招樊哙出。

【注释】

①自意：自料。②亚父：尊称，尊敬他仅次于父亲。一说亚父是范增的别名。③玉玦（jué）：玉器名。圆形而有缺口。④项庄：项羽的堂弟。⑤樊哙：沛人。吕后的妹夫。原以屠狗为业，和刘邦一同起兵，屡立战功。后为左丞相，封舞阳侯。⑥瞋（chēn）目：瞪着眼睛。⑦眦（zì）：眼角。⑧跽（jì）：长跪。古人席地而坐，双膝着地，上身挺直，股不着脚跟为"跽"。⑨参乘：也叫陪乘，乘车时立于车右，相当于卫士。⑩卮：古代

盛酒的器皿。⑪彘（zhì）肩：猪腿。⑫啖（dàn）：吃。⑬细说：小人的谗言。

【译文】

沛公第二天一早就带着一百多名骑兵来见项王，到达鸿门，道歉说："我与将军协力攻秦，将军在河北作战，我在河南作战，然而没有料到自己能够率先进入关中灭掉秦朝，所以能在这里再次见到将军。现在有小人散布流言蜚语，使将军对我产生了隔阂。"项王说："这是沛公左司马曹无伤说的；不然，我项籍怎么会这样？"项王当天就留沛公喝酒。项王、项伯向东坐，亚父向南坐。亚父就是范增。沛公向北坐，张良向西陪坐。范增多次瞅着项王，多次举起他所佩戴的玉玦暗示项王，项王默然，没有反应。范增起身出去召唤项庄，对他说："君王为人不够狠心，你进去，上前敬酒，敬完酒就请求舞剑，趁势在座席上刺杀沛公。否则，你们这些人都要被他们俘虏了。"项庄就进去敬酒，祝酒结束后，说："君王和沛公饮酒，军营中没有什么取乐，请允许我舞剑吧。"项王说："好。"项庄拔剑起舞，项伯也拔剑起舞，常用身子遮护沛公，项庄无法行刺。这时，张良走到军门，见到樊哙。樊哙问："今天的情形如何？"张良说："很危急，项庄现在正拔剑起舞，他的用意常在沛公身上。"樊哙说："事情紧迫了，让我进去，和他拼命。"樊哙立即拿着剑和盾闯进军门。矛戟交叉的卫士想阻止樊哙，不让他进去，樊哙侧过盾一撞，卫士倒仆在地上，樊哙进去，掀开帷帐，向西站立，瞪眼看着项王，头发竖起，两边眼角都裂开了。项王按剑起身，说："来客是干什么的？"张良说："是沛公的参乘，名叫樊哙。"项王说："这是壮士，赐他一杯酒。"左右的人就给他一大杯酒。樊哙拜谢，起身站着喝了。项王说："赐给他猪腿。"左右的人又给他一条生猪腿。樊哙把盾牌扣在地上，把猪腿放上，拔剑切了就吃。项王说："壮士，能再喝酒吗？"樊哙说："我连死都不躲避，一杯酒难道还值得推辞吗？那秦王有着虎狼般的狠心肠，杀人唯恐不完，用刑唯恐不尽，天下人都叛离了他。怀王和诸将约定：‘先打败秦军进入咸阳的，在关中为王。’现在沛公打败秦军进入咸阳，毫毛一般大的东西也不敢沾边，封闭宫室，回军霸上，等待大王到来。沛公之所以派将领把守关口，是为了防备强盗出入和非常情况。如此劳苦功高，没有封侯的奖赏，大王却听信谗言，要杀有功之人。这不过是继续走秦朝灭亡的老路罢了。我私下认为，大王的这种做法是不可取的。”项王没话回答，说：“坐。”樊哙在张良身边坐下。坐了一会儿，沛公起身上厕所，趁机招呼樊哙出来。

⊙文史知识

鸿门宴

历史上著名的鸿门宴实际上是宴会上的战场，项羽和刘邦进行了心理战——座次，其实就是“战阵”。

在项羽摆的鸿门宴中，座次是这样安排的：“项王、项伯东向坐；亚父南向坐，亚父者，范增也；沛公北向坐；张良西向侍。”当时宴会在军帐中进行，座次按古代室内礼仪活动形式安排，以东向为尊，其次是南向、北向，最卑的是西向。

一般认为，这是项羽妄自尊大、骄横无礼、以势压人的表现。实际上，这是当时在座各人真实地位和处境的反应。项羽固然自负，但刘邦安于北向座的位置，以及在宴会前所表现出来的谦卑与服从，使项羽平息了愤怒、祛除了疑虑，触发了项羽性格中“仁而爱人”“温柔慈祥”的一面。如此一来，本来危机四伏的“鸿门宴”，变成了项羽的诚心宴请。

【原文】

沛公已出，项王使都尉陈平召沛公[①]。沛公曰：“今者出，未辞也，为之奈何？”樊哙曰：“大行不顾细谨，大礼不辞小让。如今人方为刀俎[②]，我为鱼肉，何辞为。”于是遂去。乃令张良留谢。良问曰：“大王来何操[③]？”曰：“我持白璧一双，欲献项王，玉斗一双[④]，欲与亚父，会其怒，不敢献。公为我献之。”张良曰：“谨诺[⑤]。”当是时，项王军在鸿门下，沛公军在霸上，相去四十里。沛公则置车骑，脱身独骑，与樊哙、夏侯婴、靳强、纪信等四人持剑盾步走[⑥]，从骊山下，道芷阳间行[⑦]。沛公谓张良曰：“从此道至吾军，不过二十里耳。度我至军中，公乃入。”沛公已出，间至军中，张良入谢，曰：“沛公不胜桮杓[⑧]，不能辞。谨使臣良奉白璧一双，再拜献大王足下；玉斗一双，再拜奉大将军足下。”项王曰：“沛公安在？”良曰：“闻大王有意督过之，脱身独去，已至军矣。”项王则受璧，置之坐上。亚父受玉斗，置之地，拔剑撞而破之，曰：“唉！竖子不足与谋。夺项王天下者，必沛公也，吾属今为之虏矣。”沛公至军，立诛杀曹无伤。

【注释】

①陈平：阳武（今河南省兰考县）人。陈平原是项羽的部下，后来成为刘邦的谋士，官至相国。②俎（zǔ）：砧板。③操：持执。这里指带礼物。④玉斗：玉制的大酒杯。⑤谨诺：遵命的意思。⑥夏侯婴：沛人。随刘邦起义，后封汝阴侯。靳强：曲沃人。刘邦部属，后封汾阳侯。纪信：刘邦的将领，后为掩护刘邦脱险而被项羽烧死。⑦芷阳：县名。在今陕西省西安市东北。间（jiàn）行：抄小路走。⑧桮杓（sháo）：饮酒用的器皿。

【译文】

沛公出来后，项王派都尉陈平召唤沛公。沛公说：“刚才出来，没有告辞，怎么办呢？”樊哙说：“干大事不拘小节；行大礼不避小的责备。现在人家是屠刀和砧板，我们是鱼肉，为什么还要告辞呢？！”于是就这样走了，让张良留下致谢。张良问：“大王来时带了什么没有？”沛公说：“我带了一双白璧，想献给项王；一双玉斗，想献给亚父，赶上他们发怒，没敢进献。您代我献上吧。”张良说：“遵命。”当时，项王驻军在鸿门，沛公驻军在霸上，相隔四十里。沛公便撇下车马，脱身独自骑马，樊哙、夏侯婴、靳强、纪信四人手持剑、盾，快步随行，从骊山下，抄芷阳小路走。沛公临行前对张良说：“从这条路到我们军营，不过二十里。估计我已到军营中，您再进去。”沛公离去后，由小路回到了军营。张良进去致谢，说：“沛公不胜酒力，不能前来告辞，谨派小臣张良捧上一双白璧，敬献大王足下；一双玉斗，敬奉大将军足下。”项王说：“沛公在哪里？”张良说：“听说大王有意责罚他，他脱身独自离开，已经回到军营里了。”项王便接受了玉璧，放在座席上。亚父接过玉斗，放到地上，拔剑击碎了。说道：“唉，这小子不值得与他共谋大事，夺取项王天下的，一定是沛公，我们这些人眼看要成他的俘虏了。”沛公回到军中，立刻诛杀曹无伤。

◎垓下之战◎

【原文】

项王军壁垓下，兵少食尽，汉军及诸侯兵围之数重。夜闻汉军四面皆楚歌，项王乃大惊曰："汉皆已得楚乎？是何楚人之多也！"项王则夜起，饮帐中。有美人名虞，常幸从①；骏马名骓②，常骑之。于是项王乃悲歌忼慨③，自为诗曰："力拔山兮气盖世，时不利兮骓不逝④。骓不逝兮可奈何，虞兮虞兮奈若何！"歌数阕⑤，美人和之⑥。项王泣数行下，左右皆泣，莫能仰视。

【注释】

①幸从：因宠幸而侍从。②骓（zhuī）：毛色苍白相杂的马。③忼慨：同"慷慨"。④逝：行。⑤数阕（què）：几遍。⑥和（hè）：跟着唱。

【译文】

项王军队在垓下筑起营垒，兵少粮尽，汉军及诸侯兵重重包围。晚上听到汉军四面都唱着楚歌，项王大惊道："汉军都已经得到楚国的土地了吗？为什么楚人这么多呢？"项王于是连夜起来，在营帐中饮酒。有位美人名叫虞姬，经常受宠幸随从；有匹骏马名叫骓，项王经常骑它。这时项王慷慨悲歌，自己作诗吟唱道："力拔山兮气盖世，时不利兮骓不逝。骓不逝兮可奈何，虞兮虞兮奈若何！"歌唱了好几遍，美人从旁伴唱。项王泪下数行，侍从人员也都哭泣，不忍抬头观看。

高祖本纪

【导读】

西汉高祖刘邦（公元前256～公元前195年），沛郡丰邑中阳里人，字季。刘邦在兄弟四人中排行第三。秦朝末年，参加农民起义，并率先进入咸阳。项羽自封西楚霸王后，封刘邦为汉王。后与项羽争夺天下，并最终取得胜利，国号定为“汉”，定都洛阳，后迁都长安。本篇重点讲了高祖与功臣论得天下及高祖还乡的故事。前一个故事说明高祖重视人才所以取得天下。后一个故事表现了高祖取得天下后志得意满的情怀。

◎汉高祖家世◎

【原文】

高祖，沛丰邑中阳里人，姓刘氏，字季。父曰太公，母曰刘媪。其先刘媪尝息大泽之陂①，梦与神遇。是时雷电晦冥，太公往视，则见蛟龙於其上。已而有身②，遂产高祖。高祖为人，隆准而龙颜③，美须髯④，左股有七十二黑子。仁而爱人，喜施，意豁如也⑤。常有大度，不事家人生产作业。及壮，试为吏，为泗水亭长，廷中吏无所不狎侮，好酒及色。常从王媪、武负贳酒⑥，醉卧，武负、王媪见其上常有龙，怪之。高祖每酤留饮⑦，酒雠数倍。及见怪，岁竟，此两家常折券弃责⑧。

高祖常繇咸阳，纵观，观秦皇帝，喟然太息曰：“嗟乎，大丈夫当如此也！”

【注释】

①其先：早先，起初。②已而：不久。有身：怀孕。③隆准：高鼻梁。

准，鼻梁。龙颜：像龙一样的面貌。后代称皇帝的面貌为“龙颜”。④须髯：胡子。⑤豁如：豁达豪放的样子。⑥贳（shì）：租赁，赊欠。⑦酤：买酒。⑧折券弃责（zhài）：折断债据，不再讨债。责：通“债”。

【译文】

高祖是沛郡丰邑县（今江苏省丰县）中阳里人，姓刘，字季。他的父亲是太公，母亲是刘媪（ǎo）。刘媪曾经在大泽的岸边休息，梦中与神相遇。那时候电闪雷鸣，太公去找刘媪，看见一条蛟龙趴在她的身上。刘媪就有了身孕，产下高祖。高祖长得很有帝王之相，额头高高隆起，鬓角和胡须很漂亮，左边大腿有七十二颗黑痣。仁义而爱人，喜好施舍，态度大方豪爽。曾经有远大的抱负，不跟老百姓一样做生产之事。到壮年时通过考试成为一名官吏，当泗水的亭长时，亭中的小吏没有不被他欺侮的。喜好喝酒和美色。常常到武负、王媪的酒肆赊酒喝。醉了就睡，武负和王媪看到高祖的上方常常有龙盘旋，觉得很奇怪。高祖每次留在酒肆里喝酒，买酒的人就会增加，售出去的酒达到平常的几倍。等到看见了有龙出现的怪现象，到了年终，这两家常常毁掉欠据，免除债务。

高祖曾经到咸阳去服徭役，有一次秦始皇出巡，允许人们随意观看，他看到了秦始皇，长叹一声说：“唉，大丈夫就应该像这样！”

【原文】

单父人吕公善沛令，避仇从之客，因家沛焉①。沛中豪桀吏闻令有重客②，皆往贺。萧何为主吏，主进，令诸大夫曰：“进不满千钱，坐之堂下。”高祖为亭长，素易诸吏，乃绐为谒曰“贺钱万”③，实不持一钱。谒入，吕公大惊，起，迎之门。吕公者，好相人，见高祖状貌，因重敬之，引入坐。萧何曰：“刘季固多大言，少成事。”高祖因狎侮诸客，遂坐上坐，无所诎④。酒阑⑤，吕公因目固留高祖。高祖竟酒，後。吕公曰：“臣少好相人，相人多矣，无如季相，愿季自爱。臣有息女⑥，愿为季箕帚妾[⑦]。”酒罢，吕媪怒吕公曰：“公始常欲奇此女，与贵人。沛令善公，求之不与，何自妄许与刘季？”吕公曰：“此非儿女子所知也[⑧]。”卒与刘季。吕公女乃吕后也，生孝惠帝、鲁元公主。

【注释】

①家：安家。②桀：同“杰”。重客：贵客。③绐：欺骗。谒：名帖。④诎：同“屈”。谦让。⑤酒阑：酒快吃完了。阑，残尽。⑥息女：亲生女儿。⑦箕帚妾：谦辞，指妻子。⑧儿女子:等于说妇孺之辈，有蔑视之意。

【译文】

单父人吕公与小沛的县令要好，为躲避仇人投奔到县令这里来做客，于是就在小沛安了家。沛中的豪杰、官吏们听说县令有贵客，都前往祝贺。萧何当时是县令的属官，掌管收贺礼事宜，他对那些送礼的宾客们说：“送礼不满千金的，让他坐到堂下。”高祖做亭长，平素就看不起这帮官吏，于是在进见的名帖上谎称“贺钱一万”，其实他一个钱也没带。名帖递进去了，吕公见了高祖大为吃惊，赶快起身，到门口去迎接他。吕公这个人，喜欢给人相面，看见高祖的相貌，就非常敬重他，把他领到堂上坐下。萧何说：“刘季一向满口说大话，很少做成什么事。”高祖就趁机戏弄那些宾客，干脆就坐到上座去，一点儿也不谦让。酒喝得尽兴了，吕公于是向高祖递眼色，让他一定留下来，高祖喝完了酒，就留在后面。吕公说：“我从年轻的时候就喜欢给人相面，经我相面的人多了，没有谁能比得上你刘季的面相，希望你好自珍爱。我有一个亲生女儿，愿意许给你做你的洒扫妻妾。”酒宴散了，吕媪对吕公大为恼火，说：“你起初总是想让这个女儿出人头地，把她许配给个贵人。小沛县令跟你要好，想娶这个女儿你不同意，今天你为什么随随便便地就把她许给刘季了呢？”吕公说：“这不是女人家所懂得的。”于是把女儿嫁给刘季了。吕公的女儿就是吕后，生了孝惠帝和鲁元公主。

◎汉高祖论得天下◎

【原文】

高祖置酒雒阳南宫。高祖曰："列侯诸将无敢隐朕，皆言其情。吾所以有天下者何？项氏之所以失天下者何？"高起、王陵对曰①："陛下慢而侮人，项羽仁而爱人。然陛下使人攻城略地，所降下者因以予之②，与天下同利也③。项羽妒贤嫉能，有功者害之④，贤者疑之，战胜而不予人功，得地而不予人利，此所以失天下也。"高祖曰："公知其一，未知其二。夫运筹策帷帐之中⑤，决胜于千里之外，吾不如子房⑥；镇国家，抚百姓，给馈饷⑦，不绝粮道，吾不如萧何；连百万之军，战必胜，攻必取，吾不如韩信。此三者，皆人杰也，吾能用之，此吾所以取天下也。项羽有一范增而不能用，此其所以为我擒也。"

【注释】

①高起：人名。②降下者：指归降的和攻克的城地。③天下：这里指刘邦的部属。④害：嫉恨。⑤运筹策帷帐之中：在营中定计决策。筹策，古代计算用具，引申为计策。帷帐，帐幕，用以指军营。⑥子房：即张良，表字子房。⑦馈（kuì）饷：粮饷。

【译文】

高祖在洛阳南宫举行酒宴。他说："各位列侯，各位将军，请大家不要瞒我，都坦率地说一说心里话，我之所以能得到天下是什么缘故，项羽之所以失去天下又是什么缘故？"高起、王陵回答说："陛下性情傲慢，喜欢侮辱别人；项羽性情仁厚，注意爱护他人。然而陛下派人攻城略地，攻下了城邑就分封给他，与大家同享利益；而项羽却嫉贤妒能，对有功的人加以伤害，对贤能的人随便怀疑，打了胜仗而不论功行赏，得了土地而不给人好处，这就是他失去天下的原因。”高祖说：“您只知其一，不知其二。讲到运筹策划于帷帐之中，决策胜利于千里之外，我不如张良；镇定国家，安抚百姓，供应粮饷，使运输畅通无阻，我不如萧何；统率百万大军，战而必胜，攻而必克，我不如韩信。这三位，都是人中之杰，而我却能够任用他们，这就是我之所以取得天下的缘故。项羽尽管有一个范增却不信任他，这就是他被我打败的原因。”

◎高祖驾崩◎

【原文】

高祖击布时，为流矢所中①，行道病。病甚，吕后迎良医。医入见，高祖问医。医曰：“病可治。”于是高祖嫚骂之曰②：“吾以布衣提三尺剑取天下③，此非天命乎？命乃在天，虽扁鹊何益④！”遂不使治病，赐金五十斤罢之。已而吕后问⑤：“陛下百岁后⑥，萧相国即死⑦，令谁代之？”上曰：“曹参可。”问其次，上曰：“王陵可。然陵少戆⑧，陈平可以助之。陈平智有余，然难以独任。周勃重厚少文⑨，然安刘氏者必勃也，可令为太尉。”吕后复问其次，上曰：“此后亦非而所知也⑩。”

四月甲辰，高祖崩长乐宫⑪。

【注释】

①流矢：飞箭。②嫚骂：辱骂。嫚，轻慢，侮辱。③布衣：平民。因平民穿布制衣服，故以布衣借指平民。④虽：即使，纵然。⑤已而：不久。⑥百岁后：也是死的避讳说法，等于说百年之后。⑦即：如果，一旦。⑧少：稍微。戆（zhuàng）：愚而刚直。⑨少文：缺少文才。⑩而：你。⑪长乐宫：西汉皇家宫殿群。与未央宫、建章宫同为汉代三宫。汉高祖之后为太后居所。因其位于未央宫东，又称东宫。意为“长久快乐”。

【译文】

高祖讨伐黥布时，被飞箭射中受伤，在返回的途中生了病。病情很严重，吕后请来一位良医。医生进宫为高祖看病，高祖向他询问病情。医生说："陛下的病可以治得好。"于是高祖大骂："我只凭一个平民的身份，提着三尺宝剑得天下，这难道不是天命吗？人的命运由上天掌握，你是神医扁鹊又有何用处呢！"因此不让那位医生治病，赏赐他五十斤黄金，打发他走了。不久，吕后问高祖："陛下百年之后，如果萧相国也死了，让谁来接替他呢？"高祖说："曹参可以。"又问曹参以后还有谁适合，高祖说："王陵可以。不过他有点莽撞刚直，陈平可以帮助他。陈平才智有余，但是很难独自担当大任。周勃深沉厚道，缺少文才，但是安定刘氏天下的一定是周勃，可以让他担当太尉一职。"吕后再问后面的人选，高祖说："再以后的事，也不是你所能知道的了。"

四月甲辰日，高祖在长乐宫驾崩。

孝景本纪

【导读】

本篇主要叙述了汉景帝刘启在位十六年间的功业。景帝在位时，平定“七国之乱”，北拒匈奴，而且多次减免赋税，历史上称其与文帝的统治为“文景之治”。

◎轻徭薄赋，与民休息◎

【原文】

孝景皇帝者，孝文之中子也①。母窦太后。孝文在代时，前后有三男，及窦太后得幸，前后死，及三子更死②，故孝景得立。

【注释】

①中子：排行居中的儿子。②更：相继地，接连地。

【译文】

孝景皇帝，是孝文帝诸多儿子中排行居中的一个。孝景帝的母亲是窦太后。孝文帝做代王的时候，前一个王后生下三位王子，后来窦太后得到宠幸，前一个王后去世，而她的三个儿子也相继去世，所以景帝得以被立为太子。

【原文】

元年四月乙卯，赦天下。乙巳①，赐民爵一级。五月，除田半租②。为孝文立太宗庙③。令群臣无朝贺④，匈奴入代，与约和亲⑤。

【注释】

①乙巳：据梁玉绳《史记志疑》考证此二字衍。②除田半租：减去一半田租。文帝时田租十五而税一，景帝再减收一半，即三十而税一。③太宗：文帝的庙号。古代帝王世系中，一般称开国皇帝为“祖”，称第一个治理天下有功绩的皇帝为“宗”。“太”是尊称。④无：同“毋”。不要。⑤和亲：指与匈奴议和，结为姻亲。

【译文】

前元元年四月乙卯日，天下大赦。乙巳日，赏赐民众每户爵位一级。五月，减去田地一半的租税。为孝文帝修建太宗庙，诏令群臣不要上朝拜贺。同年匈奴入侵代地，朝廷与匈奴订约和亲。

【原文】

二年春，封故相国萧何孙系为武陵侯。男子二十而得傅①。四月壬午，孝文太后崩②。广川、长沙王皆之国。丞相申屠嘉卒。八月，以御史大夫开封侯陶青为丞相。彗星出东北。秋，衡山雨雹③，大者五寸，深者二尺④。荧惑逆行⑤，守北辰⑥。月出北辰间。岁星逆行天廷中⑦。置南陵及内史、祋祤为县。

【注释】

①“男子二十”句：指男子二十岁开始服兵役。傅，著。指著于名籍，给公家服徭役。得，应该，必须。②孝文太后：文帝的母亲薄太后。崩：古代帝王或王后死叫崩。③雨雹：下雹子。④深者二尺：《会注考证》引王念孙曰：“深下‘者’字衍。”⑤荧惑：火星的别名。因其隐现不定，令人迷惑，所以叫荧惑。⑥北辰：北极星。⑦岁星：木星。天廷：古代把星

空分为三个区域，叫三垣：紫微垣、太微垣、天市垣。天廷即太微垣。也写作“天庭”。

【译文】

二年春，封原先的相国萧何的孙子萧系为武陵侯。规定男子满二十岁开始服兵役。四月壬午日，薄太后去世。广川王刘彭祖、长沙王刘发都回到了自己的封国。丞相申屠嘉去世。八月，任命御史大夫开封侯陶青为丞相。彗星在天空的东北方出现。秋天，衡山地区下冰雹，最大的雹子直径达到了五寸，最深的地方达到了二尺。火星逆向运行，一直运行到北极星所在的位置。月穿过北极星的星空。木星逆向运行至太微垣区域。下诏设置南陵、内史、祋祤三个县。

◎内平诸侯，外拒匈奴◎

【原文】

三年正月乙巳，赦天下。长星出西方①。天火燔雒阳东宫大殿城室②。吴王濞、楚王戊、赵王遂、胶西王卬、济南王辟光、菑川王贤、胶东王雄渠反③，发兵西向。天子为诛晁错④，遣袁盎谕告，不止，遂西围梁。上乃遣大将军窦婴、太尉周亚夫将兵诛之。六月乙亥，赦亡军及楚元王子艺等与谋反者。封大将军窦婴为魏其侯。立楚元王子平陆侯礼为楚王。立皇子端为胶西王，子胜为中山王。徙济北王志为菑川王，淮阳王馀为鲁王，汝南王非为江都王。齐王将庐、燕王嘉皆薨。

【注释】

①长星：彗星的一种。②天火：指由雷电或物体自燃引起的大火。燔（fán）：焚烧。此事指景帝三年淮阳王刘余的宫殿被大火焚毁。③“吴王

濞……反”句：以刘濞为首的同姓诸侯王进行武装叛乱，就是历史上所说的吴、楚七国之乱。这次叛乱的借口是“清君侧，诛晁错”，因为晁错主张“削藩”，即削弱诸侯王的势力。④为诛晁错：为安抚反叛的诸侯王而杀了晁错。

【译文】

三年正月乙巳日，大赦天下。彗星在西方出现。天火焚毁了洛阳东宫大殿和城楼。吴王刘濞、楚王刘戊、赵王刘遂、胶西王刘卬、济南王刘辟光、菑川王刘贤和胶东王刘雄渠造反，发兵向西进攻。景帝为此而诛杀晁错，派遣袁盎通告，但是七国仍然不肯罢兵，接着向西围困梁国。皇上于是遣派大将军窦婴、太尉周亚夫率军讨伐叛军。六月乙亥日，赦免逃亡的叛军以及和楚元王的儿子刘艺等一起谋反的人。封大将军窦婴为魏其侯。封楚元王的儿子平陆侯刘礼为楚王。立皇子刘端为胶西王，皇子刘胜为中山王，迁徙济北王刘志为菑川王，淮阳王刘馀为鲁王，汝南王刘非为江都王。齐王刘将庐、燕王刘嘉都去世了。

【原文】

四年夏，立太子①。立皇子彻为胶东王。六月甲戌，赦天下。后九月，更以易阳为阳陵②。复置津关③，用传出入④。冬，以赵国为邯郸郡。

【注释】

①太子：指栗太子刘荣，栗姬所生。②“更（gēng）以”句：指景帝决定在易阳为自己修建陵墓，并将易阳更名为阳陵。更，改。③复置津关：津关，设在水陆要道的关卡。文帝十二年曾颁布通关梁的法令，允许人们自由出入关隘。景帝在平息了吴、楚七国之乱以后，恢复了凭证出入关隘的制度。④传：一种出入关隘的凭证。

【译文】

四年夏，册立太子。立皇子刘彻为胶东王。六月甲戌日，大赦天下。闰九月，更改易阳的名称为阳陵。命令在水陆要道重新设置关卡，手拿出入关隘的凭证才能自由出入。冬天，改赵国为邯郸郡。

【原文】

五年三月，作阳陵、渭桥。五月，募徙阳陵，予钱二十万。江都大暴风从西方来，坏城十二丈。丁卯，封长公主子为隆虑侯[①]。徙广川王为赵王。

【注释】

①长公主：指皇帝的姐姐刘嫖，窦太后所生。汉代称皇帝的女儿为公主，皇帝的姊妹为长公主，皇帝的姑姑为大长公主。

【译文】

五年三月，修建阳陵和渭桥。五月，招募百姓迁移至阳陵，总共拨款二十余万。从西方而来的大风暴席卷江都，摧毁城墙十二丈。丁卯日，封长公主的儿子陈为为隆虑侯。迁徙广川王刘彭祖到赵国做了赵王。

【原文】

六年春，封中尉绾为建陵侯，江都丞相嘉为建平侯，陇西太守浑邪为平曲侯，赵丞相嘉为江陵侯，故将军布为鄃侯。梁楚二王皆薨。后九月，伐驰道树[①]，殖兰池[②]。

【注释】

①驰道：秦代修建的供帝王行驶车马的道路。②殖：《集解》引徐广曰："殖，一作'填'。"兰池：池名。秦始皇时所建。在今陕西省咸

阳市东北。

【译文】

六年春，封中尉卫绾为建陵侯，江都国丞相程嘉为建平侯，陇西郡太守公浑邪为平曲侯，赵国丞相苏嘉为江陵侯，原先的将军栾布为鄃侯。梁王、楚王都去世了。闰九月，砍伐驰道两旁的树木，把兰池填平。

【原文】

七年冬，废栗太子为临江王①。十一月晦②，日有食之。春，免徒隶作阳陵者③。丞相青免。二月乙巳，以太尉条侯周亚夫为丞相。四月乙巳，立胶东王太后为皇后④。丁巳，立胶东王为太子。名彻。

【注释】

①栗太子被废，因后宫争宠引起。②晦：阴历每月的最后一天。③徒隶：服劳役的犯人和奴隶。④胶东王太后：景帝之妃，刘彻的母亲，姓王。这时刘彻还是胶东王，所以称为胶东王太后。

【译文】

七年冬，废掉栗太子，改封他为临江王。十一月底，天上出现日食。春天，赦免并释放修筑阳陵城的囚犯和奴隶。丞相陶青遭到罢免。二月乙巳日，任命太尉条侯周亚夫为丞相。四月乙巳日，立胶东王的母亲为皇后。丁巳日，立胶东王为太子。名叫刘彻。

【原文】

中元年，封故御史大夫周苛孙平为绳侯，故御史大夫周昌孙左车为安阳侯。四月乙巳，赦天下，赐爵一级。除禁锢①。地动。衡山、原都雨雹，大者尺八寸。

【注释】

①禁锢：这里是指限制不准做官的法令。西汉初年曾规定，商人、入赘女婿不准做官，犯罪的官吏不准重新做官。

【译文】

中元元年，封原先的御史大夫周苛的孙子周平为绳侯，又封原先的御史大夫周昌的孙子周左车为安阳侯。四月乙巳日，大赦天下，赏赐每户爵位一级。废除不准商人、上门女婿做官以及不准犯过罪的官吏重新当官的法令。发生地震。衡山、原都下大冰雹，最大的冰雹直径达一尺八寸。

【原文】

中二年二月，匈奴入燕，遂不和亲。三月，召临江王来，即死中尉府中[①]。夏，立皇子越为广川王，子寄为胶东王。封四侯[②]。九月甲戌，日食。

【注释】

①“召临江王来”二句：临江王即被废掉的栗太子刘荣。因利用文帝庙外的空地扩建王宫，被人指控侵占宗庙罪，景帝召来京城，由掌管京城治安的中尉郅都责讯。刘荣畏罪，即在中尉的府第中自杀。②封四侯：吴、楚七国叛乱时，楚国丞相张尚、太傅赵夷吾，赵国丞相建德、内史王悍因劝阻楚王刘戊、赵王刘遂不要反叛，结果被杀。所以景帝封张尚之子张当居、赵夷吾之子赵周、建德之子横、王悍之子王弃为侯。

【译文】

中元二年二月，匈奴入侵燕地，朝廷决定不再与匈奴和亲。三月，召临江王刘荣来到京城，刘荣在中尉郅都的府中畏罪自杀。夏天，立皇子刘越为广川王，立刘寄为胶东王。封了四个列侯。九月甲戌日，发生日食。

【原文】

中五年夏，立皇子舜为常山王。封十侯[①]。六月丁巳，赦天下，赐爵一级。天下大潦[②]。更命诸侯丞相曰相。秋，地动。

【注释】

①封十侯：据《惠景间侯者年表》载，这年夏天封五侯，不是十侯。②潦：同“涝”，雨多成灾。

【译文】

中元五年夏，立皇子刘舜为常山王。分封十个列侯。六月丁巳日，大赦天下，赏赐民户爵位一级。全国发生大的洪涝灾害。把诸侯国的丞相名称改为相。秋天，发生地震。

【原文】

后元年冬，更命中大夫令为卫尉。三月丁酉，赦天下，赐爵一级，中二千石、诸侯相爵右庶长。四月，大酺[①]。五月丙戌，地动，其蚤食时复动[②]。上庸地动二十二日，坏城垣。七月乙巳，日食。丞相刘舍免。八月壬辰，以御史大夫绾为丞相，封为建陵侯[③]。

【注释】

①酺（pú）：命令特许的大聚饮。秦汉时三人以上无故聚饮，罚金四两。②蚤：通“早”。③封为建陵侯：《会注考证》引卢文绍说，此五字衍。

【译文】

后元元年冬，更改中大夫令的名称为卫尉。三月丁酉日，大赦天下，赏赐每户爵位一级。封赐中二千石一级的官员和诸侯相以右庶长的爵位。四月，特许民众聚会宴饮。五月丙戌日，发生地震，吃早饭的时候再次发生地震。上庸县地震前后持续了二十二天，把城墙都震毁了。七月乙巳日，发生日食。丞相刘舍遭到罢免。八月壬辰日，任命御史大夫卫绾为丞相，封赐卫绾建陵侯的爵位。

【原文】

后二年正月，地一日三动。郅将军击匈奴。酺五日。令内史、郡不得食马粟[①]，没入县官[②]。令徒隶衣七缨布[③]。止马舂[④]。为岁不登[⑤]，禁天下食不造岁[⑥]。省列侯，遣之国[⑦]。三月，匈奴入雁门。十月，租长陵田。大旱。衡山国、河东、云中郡民疫[⑧]。

【注释】

①食（sì）马粟：即“食马以粟”，意思是用粮食喂马。②县官：这里是朝廷、官府的代称。按：这句当是违者没入县官的意思。③七缨（zōng）布：一种很粗糙的布。④止马舂：禁止以马舂粟。朝廷规定不许用马而用人力舂粮食，可以使贫民得到一些粮食。⑤为：因为。岁，年成。不登：歉收。登，庄稼成熟。⑥食不造岁：意思是口粮吃不到收获时节。造，到。⑦省：减少。⑧疫：瘟疫。这里指发生瘟疫。

【译文】

后元二年正月，一天之内地震了三次。郅都将军出击匈奴。特许民众聚会饮酒五日。命令内史和诸郡不得以粮食喂马，违者马匹由官府没收。规定服役的罪犯和奴隶穿七缨布做的衣服。不得用马舂粟米。这是因为那年粮食歉收，禁止天下的百姓不到粮食收获时节就把口粮吃完。减少驻京的列侯，遣送他们回到自己的封国。三月，匈奴入侵雁门。十月，租给百姓长陵附近的官田耕种。天下大旱。衡山国、河东郡和云中郡有大的瘟疫。

【原文】

后三年十月，日月皆赤五日。十二月晦，靁[①]。日如紫。五星逆行守太微[②]。月贯天廷中。正月甲寅，皇太子冠[③]。甲子，孝景皇帝崩。遗诏赐诸侯王以下至民为父后爵一级[④]，天下户百钱。出宫人归其家[⑤]，复无所与[⑥]。太子即位，是为孝武皇帝。三月，封皇太后弟蚡为武安侯，弟胜为周阳侯。置阳陵[⑦]。

【注释】

①靁：《会注考证》引焦竑曰："'靁'即'雷'字。"②五星：即金、木、水、火、土五个行星。太微：即太微垣。③冠：冠礼。这里指举行冠礼。古代男子二十岁时，结发戴冠，举行加冠典礼，表示已经成年。④民为父后：指百姓中继承父业的人。⑤出：使出，即放出。归：使归，即遣送回家。⑥复无所与：《会注考证》释此句为"复终身"。复，免除（赋税徭役）。与，使，用。⑦置阳陵：指把景帝的灵柩安葬在阳陵。

【译文】

后元三年十月，太阳、月亮接连五天呈现红色。十二月底，雷声隆隆。太阳呈现为紫色。五大行星逆行至太微垣区域。月亮穿过太微垣星的区域。正月甲寅日，皇太子刘彻举行加冠仪式。甲子日，孝景皇帝驾崩。遗诏赐给诸侯王以下直至平民应该继承父业的人每人爵位一级，天下每户一百钱。遣散后宫的宫人回家，而且免除其终身的赋税。太子即位，是为孝武皇帝。三月，封皇太后的弟弟田蚡为武安侯，田胜为周阳侯。在阳陵安葬了景帝的灵柩。

【原文】

太史公曰：汉兴，孝文施大德，天下怀安[①]。至孝景，不复忧异姓[②]，而晁错刻削诸侯[③]，遂使七国俱起，合从而西向[④]，以诸侯太盛，而错为之不以渐也[⑤]。及主父偃言之[⑥]，而诸侯以弱，卒以安。安危之机[⑦]，岂不以谋哉？

【注释】

①怀安：指人民怀念帝王的德政而安居乐业。②“不复忧”句：不再担心异姓诸侯王的反叛。刘邦与项羽争天下时，先后封了九个异姓诸侯王。取得天下后，刘邦逐个铲除了异姓王，改封同姓王。到景帝时，仅存的一个异姓王长沙国吴氏因无后而国除，就再没有异姓王了。③刻削诸侯：指削藩政策。刻削，削减，削夺。④合从：本指战国时期六国联合进攻秦国，这里借指吴、楚七国联合起兵反叛朝廷。从，同“纵”。⑤以：用。渐：渐进，逐步进行。⑥主父偃言之：武帝元朔二年，中大夫主父偃建议，允许诸侯分封自己的子弟为侯。目的是使诸侯国的封地越来越小，以削弱诸侯的势力。汉武帝采纳了这一建议，对巩固中央集权起到了积极作用。⑦机：关键。

【译文】

太史公说：汉兴以来，孝文帝广施恩德，天下太平安定。至孝景帝的时候，不再担忧异姓诸侯谋反了，但是晁错提议削夺同姓诸侯，导致吴、楚七国起兵造反，联合向西进发。因为诸侯的势力很盛，而晁错又没有制定出逐渐削减诸侯封地的方法。后来主父偃提出允许诸侯王可以分封子弟为侯的建议，这才使诸侯王的势力渐趋衰弱，天下终得安定。国家安危的关键，难道不在于谋略吗？

孝武本纪

【导读】

《孝武本纪》主要记载了汉武帝即位后四十多年间祭祀天地山川鬼神的活动。它以汉武帝为中心，通过描写李少君、齐人少翁、栾大和公孙卿等方士以方术行骗的劣迹，嘲讽了方士的伪诈与武帝的愚昧。这篇本纪的讽刺手法表现出一种冷峻的风格和犀利深刻的效果，体现了司马迁对武帝滥祭淫祀的不满。

◎巡游郊祀◎

【原文】

其秋，上幸雍，且郊。或曰“五帝，泰一之佐也，宜立泰一而上亲郊之”。上疑未定。齐人公孙卿曰：“今年得宝鼎，其冬辛巳朔旦冬至①，与黄帝时等。”卿有札书曰②：“黄帝得宝鼎宛朐，问于鬼臾区。区对曰：‘帝得宝鼎神策③，是岁己酉朔旦冬至，得天之纪④，终而复始。’于是黄帝迎日推策⑤，后率二十岁得朔旦冬至⑥，凡二十推，三百八十年，黄帝仙登于天。”卿因所忠欲奏之。所忠视其书不经⑦，疑其妄书，谢曰⑧：“宝鼎事已决矣，尚何以为！”卿因嬖人奏之⑨。上大说⑩，召问卿。对曰：“受此书申功，申功已死。”上曰：“申功何人也？”卿曰：“申功，齐人也。与安期生通，受黄帝言，无书，独有此鼎书⑪。曰‘汉兴复当黄帝之时⑫，汉之圣者在高祖之孙且曾孙也⑬。宝鼎出而与神通，封禅。封禅七十二王，唯黄帝得上泰山封’。申功曰：‘汉主亦当上封，上封则能仙登天矣。黄帝时万诸侯，而神灵之封居七千⑭。天下名山八，而三在蛮夷⑮，五在中国⑯。中国华山、首山、太室、泰山、东莱，此五山黄帝之所常游，与神会。黄帝且战且学仙。患百姓非其道⑰，乃断斩非鬼神者。百余岁然后得与神通。黄帝郊雍上帝，宿三月。鬼臾区号大鸿，死葬雍，故鸿冢是也。其后黄帝接万灵明廷。明廷者，甘泉也。所谓寒门者⑱，谷口也。黄帝采首山铜，铸鼎于荆山下。鼎既成，有龙垂胡髯下迎黄帝⑲。黄帝上骑，群臣后宫从上龙七十余人，龙乃上去。余小臣不得上，乃悉持龙髯，龙髯拔，堕黄帝之弓。百姓仰望黄帝既上天，乃抱其弓与龙胡髯号⑳，故后世因名其处曰鼎湖，其弓曰乌号。’”于是天子曰：“嗟乎㉑！吾诚得如黄帝，吾视去妻子如脱躧耳㉒。”乃拜卿为郎，东使候神于太室。

【注释】

①朔：朔日，即每月初一。旦：天明时，早晨。②札书：写在木筒上的文字。札，古代书写用的小木筒。③策：古代占卜用的蓍（shī）草。④纪：古以岁、日、月、星辰、历数为五纪。这里指历数，即推算节气之度。⑤迎日推策：指观测太阳的运行用蓍草推算历法，预知日月朔望节气等。迎，预测。⑥率：大致。⑦经：正常。⑧谢：辞谢，推辞。⑨嬖人：受宠幸的人。⑩说：同“悦”。高兴。⑪鼎书：关于宝鼎的书。⑫当黄帝之时：指与黄帝时的历日相同。⑬且：或，或者。⑭神灵之封：指为祭祀神灵而建立的封国。居：占。⑮蛮夷：指中原地区以外的四方各少数民族。⑯中国：指中原地区。⑰非：以为非，反对。⑱寒门：《集解》引徐广曰：“寒，一作‘塞’。”⑲胡：兽颈下的垂肉。髯：两颊上的胡子。⑳号：大声哭喊。㉑嗟乎：叹词。㉒躧（xǐ）：同“屣”。鞋。

【译文】

这年秋天，皇上幸临雍县，将要到郊外去祭祀五帝了。这时有人说道：“五帝，乃是泰一之神的辅佐，应该于此处立上一座泰一神坛，而且由皇帝亲自主持郊祀。”皇上迟疑不定。齐人公孙卿说：“今年得到了宝鼎，这年仲冬辛巳日是初一，早晨又交冬至中气，与黄帝得到宝鼎的时间吻合。”公孙卿有一篇写在木简上的文章，上面写道：“黄帝在宛朐得到宝鼎，向他的大臣鬼臾区询问此事。鬼臾区回答说：‘您获得宝鼎和占卜用的神策，这年己酉日是朔日，早晨又交冬至，合乎天道的历数，天道历数是周而复始的。’于是黄帝依照日月推算历法，以后大致每二十年就能碰上朔日早晨交冬至，总共推算了二十次，一共三百八十年，黄帝成仙而登天。”公孙卿通过所忠将此事奏知皇上。所忠看到木简上的话不合情理，怀疑那是荒诞的伪书，多次推脱说：“宝鼎的事情已经定下来了，你还想做什么呢！”公孙卿又通过皇帝宠幸之人把木简呈奏给皇帝了。皇上看后十分高兴，就把公孙卿召来询问。公孙卿回答说：“我是从申功那里接受这木简的，他已经死了。”皇上问：“申功是什么人啊？”公孙卿说：“申功，是齐人。他与安期生有私交，接受过黄帝教诲，没有留下什么文书，只剩下这部关于宝鼎的书。书中说：‘汉代的兴盛时期应该与黄帝得鼎的时节相同；汉代的圣贤之君将出现在高祖皇帝的孙子或曾孙那一代。宝鼎出现了就可以与神仙相通，应当举行封禅典礼。古代进行过封禅的帝王共有七十二个，唯独黄帝登上了泰山进行封禅。’申功说：‘汉代的皇帝也应该登上泰山举行封禅大典，登上泰山行祭天礼就能够成仙升天。黄帝的时候有上万个诸侯，为主持祭祀而建立的封国就有七千个。天下的名山有八座，而其中的三座位于蛮夷境内，其余的五座位于中原地区。中原的名山有华山、首山、太室山、泰山和东莱山，这五座山是黄帝经常去巡游的地方，在这些山上能够与神仙相会。黄帝一边征战一边学习仙术。黄帝担心百姓非议他所学的仙道，所以就杀掉了非议鬼神的人。一百多年过后才得以跟神仙沟通相会。黄帝当年在雍县郊祀上帝，在那里住了三个月。鬼臾区别号称为大鸿，死后葬在雍县，鸿冢就是他的坟墓。那以后黄帝在明廷接见了上万名神仙。明廷，就是现在的甘泉山。所谓寒门，就是现在的谷口。黄帝开采首山的铜矿，在荆山的下面铸鼎。鼎铸成之后，有一条垂着长须的龙从天上下来迎接黄帝。黄帝骑着龙背，群臣及后宫的妃子跟着去的也有七十多人，龙这才飞上了天。剩下的小臣上不去，于是都拉着龙须，龙须被小臣们扯断了，黄帝的弓也掉了下来。百姓们仰着头看着龙飞天而去，便抱着弓和龙须号啕大哭，因此后世把这个地方叫作鼎湖，称那张弓为乌号。’”于是天子感慨地说道：“啊！要是我能像黄帝那样，那么我看离开妻子和子女，就像脱掉鞋子那么容易了。”封公孙卿为郎官，向东去太室山等候神仙。

【原文】

上遂郊雍，至陇西，西登空桐，幸甘泉。令祠官宽舒等具泰一祠坛①，坛放薄忌泰一坛②，坛三垓③。五帝坛环居其下，各如其方④，黄帝西南，除八通鬼道⑤。泰一所用，如雍一畤物，而加醴枣脯之属⑥，杀一犛牛以为俎豆牢具⑦。而五帝独有俎豆醴进⑧。其下四方地，为餟食群神从者及北斗云⑨。已祠，胙余皆燎之⑩。其牛色白，鹿居其中，彘在鹿中，水而洎之⑪。祭日以牛，祭月以羊彘特⑫。泰一祝宰则衣紫及绣。五帝各如其色，日赤，月白。

【注释】

①具：准备，备办。②放：通“仿”，仿照。③垓：同“陔”。台阶的层次。④方：方位。⑤除：修，修筑。⑥醴：甜酒。脯：干肉。⑦犛（lí）牛：一种长毛牛。俎豆：祭祀时盛牛羊等祭品的礼器。⑧独有俎豆醴：是说只有牛羊等和甜酒，而没有犛牛。⑨餟（chuò）：连续祭祀。⑩胙（zuò）：祭祀用的肉。⑪洎（jì）：浸泡。⑫特：一头牲称“特”。

【译文】

皇上于是去了雍县郊祀，又到了陇西，西行攀登崆峒山，又幸临甘泉宫。命令祠官宽舒等人供设泰一神的祭坛。祭坛效法亳人谬忌所说的泰一坛的样式进行建造，分作三层，五帝的祭坛在泰一坛的下面环绕，各自占着自己所属的方位。黄帝坛位于西南方，修了八条鬼神所走的道路。泰一坛所有的祭品，和位于雍县的一畤相同，外加甜酒、枣果和干肉之类，另杀一头犛牛当作全套的祭品。而五帝坛只进献牺牲和甜酒。祭坛下面的四方设下神座，是连续祭祀随从的神仙以及北斗星。祭祀完毕后，鬼神享用过的祭品要全部烧掉。祭祀时所用之牛色彩呈白色，把鹿放到牛的腹腔里，再把猪放到鹿的腹腔里，之后放到水里浸泡。祭祀日神应当用牛，祭祀月神应该用羊或是猪，且都只能用一头。祭祀泰一神的祝官要身穿紫色的绣衣，祭祀五帝的祝官所穿礼服的颜色应根据五帝所属的颜色而定，祭祀日神穿红衣，祭祀月神穿白衣。

【原文】

十一月辛巳朔旦冬至，昧爽[①]，天子始拜泰一。朝朝日[②]，夕夕月[③]，则揖；而见泰一如雍礼。其赞飨曰[④]：“天始以宝鼎神策授皇帝，朔而又朔[⑤]，终而复始，皇帝敬拜见焉。”而衣上黄。其祠列火满坛，坛旁烹炊具。有司云“祠上云有光焉”。公卿言“皇帝始郊见泰一云阳，有司奉瑄玉嘉牲荐飨[⑥]。是夜有美光，及昼，黄气上属天”。太史公、祠官宽舒等曰：“神灵之休，祐福兆祥，宜因此地光域立泰畤坛以明应[⑦]。令太祝领，狄及腊间祠[⑧]。三岁天子一郊见。”

【注释】

①昧爽：拂晓。②朝（zhāo）朝（cháo）日：早晨朝拜日神。③夕夕月：傍晚祭祀月神。夕月，古代帝王祭月称“夕月”。④赞飨：祀神时献祝词以劝食。⑤朔：月复出。“朔”为每月初一，表示前月已死，新月复生。⑥瑄玉：祭祀所用的大璧，直径六寸。嘉牲：美牲。指毛色纯，年岁合乎要求，体美膘肥的。⑦光域：指神光所照的地域。⑧腊：夏历十二月。

【译文】

十一月辛巳朔日清晨交冬至，天还没有全明的时候，天子就开始在郊外祭祀泰一神。早晨朝拜太阳，傍晚祭祀月亮，行揖礼；而祭祀泰一神则与在雍县的郊祀仪式相同。祭祀时的祝词说："上天开始把宝鼎神策传授给皇帝，使他的天下日复一日、年复一年地周而复始，皇帝在这里恭敬地祭拜。"祭祀时所穿的礼服是黄色的。祭坛上列满火炬，坛旁设置烹煮器物。主管官员说"祠坛上面有灵光呈现"。公卿大臣们说"皇帝最初在云阳宫郊祀祭拜泰一神的时候，司祭的官员手里捧着大璧瑄玉、膘肥毛纯的牺牲奉给神灵享用。这晚天上出现了美丽的光彩，到白天的时候，黄色的云气还在上升与天相连"。太史公、祠官宽舒等人说道："神灵展现出的美好景象，这是保佑福禄，预兆吉祥的迹象，应该在这出现光彩的地方设置泰畤坛，以显示上天神明的瑞应。命令太祝负责此事，每年秋天和腊月间进行祭祀。每三年天子亲自郊祀一次。"

【原文】

其冬①，公孙卿候神河南，见仙人迹缑氏城上，有物若雉，往来城上。天子亲幸缑氏城视迹。问卿："得毋效文成、五利乎②？"卿曰："仙者非有求人主，人主求之。其道非少宽假③，神不来。言神事，事如迂诞④，积以岁乃可致。"于是郡国各除道，缮治宫观名山神祠所，以望幸矣。

【注释】

①其冬：《会注考证》引王先谦说："据《汉书·武纪》则元鼎六年也，当云'明年冬'。"②得毋：莫非，该不是。③宽假：宽容。指时间上放宽一些。"宽""假"同义。④迂诞：迂阔荒诞，指不切合实际，没有事实根据。

【译文】

这年冬天，公孙卿在河南等候神仙，据说在缑氏城上寻到仙人的踪迹，有个外形像山鸡的神物，在城上来来往往地走。天子亲自幸临缑氏城查看踪迹。他向公孙卿询问道："你不会是像文成和五利那样在欺骗我吧？"公孙卿回答道："仙人并没有求助于皇帝，而是皇帝您有求于仙人。求仙的方法如果不稍稍放宽时间，神仙是不会降临的。说起求仙这件事，似乎是迂阔荒诞、不切实际的，实际上只有经年累月的祷告，才能把天神求来。"于是各郡国都修筑并清扫道路，修缮宫殿楼台和名山上的神庙，以期望天子幸临。

【原文】

其年，既灭南越，上有嬖臣李延年以好音见。上善之，下公卿议①，曰："民间祠尚有鼓舞之乐②，今郊祀而无乐，岂称乎③？"公卿曰："古者祀天地皆有乐，而神祇可得而礼④。"或曰："泰帝使素女鼓五十弦瑟⑤，悲，帝禁不止，故破其瑟为二十五弦⑥。"于是塞南越⑦，祷祠泰一、后土，始用乐舞，益召歌儿⑧，作二十五弦及箜篌瑟自此起⑨。

【注释】

①下：下交。②鼓舞：合乐而舞。③称：相称，配得上。④神祇（qí）：天神和地神。⑤素女：传说中的神女名，擅长音乐。⑥破：剖分。⑦塞南越：指武帝因平定了南越而举行酬神祭祀。塞，也写作"赛"，酬神的祭祀。⑧歌儿：歌手。⑨箜篌：一种拨弦乐器，有竖式、卧式二种。

【译文】

这年，灭了南越之后，皇上有个宠臣李延年以优美的音乐进献给皇上。皇上听着很好听，就把这件事交给大臣商讨，说："民间祭祀尚有鼓、舞的音乐，但是朝廷祭祀时却没有音乐，这怎么合适呢？”公卿们说：“古代祭祀天地的时候都有音乐，这样天地神灵才可以享受祭祀。”有人说：“泰帝让女神素女弹奏五十弦的瑟，音调悲切，泰帝经受不住，所以将她的弦改为二十五弦。”因此在为平定南越而酬祭泰一、后土神的仪式上，开始采用音乐歌舞，增加歌手，二十五弦瑟和箜篌瑟就是在这个时候开始流行的。

【原文】

其来年冬，上议曰：“古者先振兵泽旅[①]，然后封禅。”乃遂北巡朔方，勒兵十余万[②]，还祭黄帝冢桥山，泽兵须如。上曰：“吾闻黄帝不死，今有冢，何也？”或对曰：“黄帝已仙上天，群臣葬其衣冠。”既至甘泉，为且用事泰山[③]，先类祠泰一[④]。

【注释】

①振兵泽（shì）旅：意思是停止用武。振，整顿。泽通“释”，解散，遣散。②勒：统领。③用事：行事。多指行祭之事。④类：通“禷”，祭名，以特别事故祭祀天神。

【译文】

第二年冬天，皇上提议说：“古代帝王首先要停止战事、遣散军队，然后才可以进行封禅。”因此北上巡视朔方，率领着十余万军队，归来之时在桥山黄帝陵墓前祭祀，在须如解散了军队。皇上说：“我听说黄帝并没死，而现在却有坟冢，这是为什么呢？”有人回答说：“黄帝飞天成仙，权臣把黄帝的衣冠埋在坟冢里，所以才有了陵墓。”皇上到了甘泉之后，为了要去泰山举行封禅大典，所以就先去祭祀泰一神。

◎封禅泰山◎

【原文】

自得宝鼎，上与公卿诸生议封禅。封禅用希旷绝[①]，莫知其仪礼，而群儒采封禅《尚书》《周官》《王制》之望祀射牛事[②]。齐人丁公年九十余，曰："封者，合不死之名也[③]。秦皇帝不得上封[④]。陛下必欲上，稍上即无风雨，遂上封矣。"上于是乃令诸儒习射牛，草封禅仪。数年，至且行。天子既闻公孙卿及方士之言，黄帝以上封禅，皆致怪物与神通，欲放黄帝以尝接神仙人蓬莱士，高世比德于九皇[⑤]，而颇采儒术以文之[⑥]。群儒既以不能辩明封禅事，又牵拘于《诗》《书》古文而不敢骋[⑦]。上为封祠器示群儒，群儒或曰"不与古同"，徐偃又曰"太常诸生行礼不如鲁善"，周霸属图封事[⑧]，于是上绌偃、霸[⑨]，尽罢诸儒弗用。

【注释】

①用：因为，由于。希：同"稀"。少，这里指封禅很少举行。旷绝：断绝。旷，阻隔。②《周官》：即《周礼》。《王制》：指《礼祀·王制》。射牛：古代帝王祭祀时，为表示"亲祭"，要亲自用箭射牛以备祭。③合：合当，应当。④上封：指登上泰山封禅。⑤高世：超乎世俗，高于一般人。九皇：传说中远古时的九个帝王。⑥颇：稍微。文：修饰。⑦古文：指古文经。汉武帝时使用隶书，用隶书书写的经书叫今文经，用春秋、战国文字书写的经书叫古文经。骋：尽情施展，不受拘束。⑧属：聚集，聚会。图：谋划，策划。⑨绌：通"黜"，废，贬退。

【译文】

自从得了宝鼎，皇上便与公卿诸生一起商议封禅一事。封禅大典以前很少举行过，时间隔得太久了，已经失传，没有人知道进行封禅大典时该用什么礼仪，众儒生认为封禅时应该采用《尚书》《周官》《王制》中所载的天子望祀射牛的仪式。齐人丁公这时年纪已经九十多岁，他说："封禅之事，应当留下永垂不朽的盛名。秦始皇没能在泰山行封禅之礼。陛下若是想去泰山封禅，稍微攀登一点就没有风雨阻挡了，也就可以登上泰山行封禅之礼了。"皇上于是下令儒生练习射牛，草拟封禅的仪式。几年后，将要去封禅。天子听了公孙卿和方士的话，说黄帝以前的帝王进行封禅，都招致怪物与神明沟通，所以就想模仿黄帝，也曾接待神仙的使者蓬莱方士，借此超乎世俗，与九皇比肩德行，并且还广泛采用儒术对此加以修饰。儒生们既不能明辨封禅的具体事宜，又受制《诗》《书》等古文经籍的束缚，不敢尽情发挥自己的学问。皇上将封禅用的礼器展示给儒生们看，儒生们有的说"跟古代不一样"，徐偃也说"太常祠官们行礼没有古代鲁国的好"，这时周霸正在聚集群儒一起策划封禅的事宜，皇上贬退徐偃、周霸，罢黜了全部儒生不再任用。

【原文】

三月，遂东幸缑氏，礼登中岳太室。从官在山下闻若有言"万岁"云。问上①，上不言②；问下，下不言。于是以三百户封太室奉祠，命曰崇高邑。东上泰山，山之草木叶未生，乃令人上石立之泰山颠③。

【注释】

①上：指山上的人。②不言：指不曾呼喊。③上石：把石碑运上山。

【译文】

三月，皇上向东幸临缑氏县，在中岳太室山上进行祭祀。跟随的官员在山下听到有人高呼"万岁"。询问山上的人，他们说没有喊；询问山下的人，他们也说没喊。于是皇上把三百户封赐给太室山以供祭祀，命名为崇高邑。往东登上泰山，山上草木的叶子还没有长出，皇上下令派人把石碑运到山上，立在泰山之巅。

【原文】

上遂东巡海上，行礼祠八神①。齐人之上疏言神怪奇方者以万数②，然无验者。乃益发船③，令言海中神山者数千人求蓬莱神人。公孙卿持节常先行候名山，至东莱，言夜见一人，长数丈，就之则不见④，见其迹甚大⑤，类禽兽云。群臣有言见一老父牵狗⑥，言“吾欲见巨公⑦”，已忽不见⑧。上既见大迹，未信，及群臣有言老父，则大以为仙人也⑨。宿留海上，与方士传车及间使求仙人以千数⑩。

【注释】

①八神：《索隐》根据《汉书·郊祀志》解释为“天主、地主、兵主、阴主、阳主、月主、日主、四时主”。一说指八方之神。②疏（shū）：奏议。③益：增加。④就：走近，靠近。⑤迹：脚印。⑥老父（fǔ）：对老年人的尊称。⑦巨公：《索隐》引《汉书音义》曰：“巨公谓武帝。”⑧已：不久。⑨大：很。⑩与：给予。传（zhuàn）车：古代驿站供传递公文或传送消息用的车辆。间（jiàn）：暗中，秘密。使：派出使者。

【译文】

接下来皇上向东巡视海上，行礼祭祀天主、地主、兵主、阴主、阳主、月主、日主和四时主八神。齐人上书说神仙鬼怪及奇方异术数以万计，却没有一个能够灵验的。于是皇上增添船只，命令那些说海上有神山的几千人去访求蓬莱仙人。公孙卿手执符节先去名山等候仙人，到东莱的时候，说晚上看到一个人，这人身长数丈，靠近了看却又看不到了。看到他留下的足迹很大，与禽兽的脚印相似。群臣中又有人说看见一个老人牵着狗，那老人说“我想见天子”，一会儿又突然不见了。皇上看见那个大脚印，不肯相信，等到群臣说到老翁的事迹，这才深信那老翁是仙人了。皇上于是留在海上，把驿车分配给方士，派出数以千计的使者去寻找仙人。

【原文】

四月，还至奉高。上念诸儒及方士言封禅人人殊，不经，难施行。天子至梁父，礼祠地主。乙卯，令侍中儒者皮弁荐绅①，射牛行事。封泰山下东方，如郊祠泰一之礼。封广丈二尺②，高九尺，其下则有玉牒书③，书秘。礼毕，天子独与侍中奉车子侯上泰山，亦有封。其事皆禁④。明日，下阴道⑤。丙辰，禅泰山下址东北肃然山⑥，如祭后土礼。天子皆亲拜见，衣上黄而尽用乐焉。江淮间一茅三脊为神藉⑦。五色土益杂封⑧。纵远方奇兽蜚禽及白雉诸物⑨，颇以加祠。兕旄牛犀象之属弗用⑩。皆至泰山然后去。封禅祠，其夜若有光，昼有白云起封中。

【注释】

①皮弁（biàn）：古冠名。用白鹿皮制作，为视朝的常服。②封：指祭天的坛。③玉牒：古代帝王封禅所用的文书。④禁：指禁止泄露。⑤阴道：指山北的道路。古山之北、水之南为阴。⑥址：山脚。⑦一茅三脊：一种有三条脊棱的茅草。即菁茅，又叫灵茅。藉：草编的垫子。⑧五色土：代表东西南北中五方的五种颜色的土。⑨纵：放。白雉：白毛野鸡。⑩兕（sì）：兽名。古书中常拿兕和犀对举。《尔雅·释兽》认为兕似牛，犀似猪。一说兕就是雌犀。

【译文】

四月，返回奉高。皇上念及儒生和方士们对封禅仪式的说法各不相同，又没有古书依据，实在是很难施行。天子到了梁父山，祭祀地神。乙卯日，命令侍中官儒生头戴白鹿皮帽，身穿插笏官服，天子射牛进行祭祀仪式。天子又在泰山下面的东方设坛祭天，与郊祀泰一神的仪式相同。祭坛宽一丈二，高九尺，下面置有封禅的文书，封禅的祭文内容保密，没有人知道写些什么。祭礼结束之后，天子单独和侍中奉车都尉霍子侯登临泰山，也设置祭坛祭天封禅。所有这些事情都禁止泄露。第二天，顺着山北的道路下山。丙辰日，在泰山脚下东北方的肃然山祭祀地神，与祭祀后土的礼仪相同。上面的封禅，皇上都亲自拜见天神、地神，穿黄色礼服，而且全部使用音乐伴奏。又采用出产自江淮一带的灵茅做神垫，用五色泥土填满祭坛。放出远方出产的奇兽飞禽和白毛野鸡等动物，仪式十分隆重。没有用兕牛、旄牛、犀牛、大象这些动物。天子和随从人员都是到了泰山，然后离去的。举行封禅大典的那天晚上，天空中好似有灵光闪现，到了第二天又有白云从祭坛中升起。

【原文】

天子从封禅还，坐明堂，群臣更上寿①。于是制诏御史："朕以眇眇之身承至尊②，兢兢焉惧弗任③。维德菲薄④，不明于礼乐。修祀泰一，若有象景光⑤，屑如有望⑥，依依震于怪物⑦，欲止不敢，遂登封泰山，至于梁父，而后禅肃然。自新，嘉与士大夫更始⑧，赐民百户牛一酒十石，加年八十孤寡布帛二匹。复博、奉高、蛇丘、历城⑨，毋出今年租税。其赦天下，如乙卯赦令。行所过毋有复作⑩。事在二年前，皆勿听治⑪。"又下诏曰："古者天子五载一巡狩，用事泰山，诸侯有朝宿地。其令诸侯各治邸泰山下。"

【注释】

①寿：祝寿。②眇眇：微小。眇，同"渺"。③兢兢焉：小心戒慎的样子。④维：句首语气词。菲薄：微薄。⑤景光：瑞祥之光。⑥屑（xiè）：同"屑"。不安。⑦依依：茂盛的样子，这里有大、深的意思。震：震慑，害怕。⑧嘉与：奖励，勉力。更始：重新开始。⑨复：免除赋税徭役。⑩复作：汉刑律名。弛刑再犯的轻罪徒。一说指按刑律服劳役的妇女，犯者不服刑律，刑期三月至一年。⑪听治：治理，处理。"听"和

“治”同义。

【译文】

天子从泰山封禅归来，坐在明堂上，群臣轮流上前祝寿。天子下诏给御史说：“我以渺小的身躯继承九五之尊，向来小心谨慎，唯恐无法胜任。我德行微薄，不懂得礼乐制度。祭泰一神时，天上好像出现了吉祥的光彩，连绵在望，我被这奇异景象深深震撼了，想中间停下来却无法做到，终于登上泰山筑坛祭祀天神了，到了梁父山，然后在肃然山祭祀地神。我想完善自己的道德，希望能和大夫们重新开始。赏赐百姓每百户一头牛、十石酒，年龄在八十岁以上的老人以及孤儿寡妇，额外再赐二匹布帛。免除博县、奉高、蛇丘和历城等地的赋税，不必交纳今年的租税。大赦天下，与乙卯年的大赦令相同。我巡行所经过的地方，不再执行监外劳役。如果犯罪的时间是在两年以前，那就不再追究处理了。”又下诏说：“古时帝王每五年巡视一次，去泰山进行祭祀，诸侯们都设有封禅朝拜的住所。命令诸侯在泰山脚下各自修建官邸。”

【原文】

天子既已封禅泰山，无风雨菑，而方士更言蓬莱诸神山若将可得。于是上欣然庶几遇之①，乃复东至海上望，冀遇蓬莱焉。奉车子侯暴病，一日死。上乃遂去，并海上②，北至碣石，巡自辽西，历北边至九原③。五月，返至甘泉。有司言宝鼎出为元鼎④，以今年为元封元年⑤。

【注释】

①庶几：希望，或许可以。②并：同“傍”。沿着。③历：经过。④元鼎：汉武帝的第五个年号。⑤元封：武帝的第六个年号。

【译文】

天子在泰山封禅结束后，没有遇上风雨等灾害，方士们又声称蓬莱等神山可能找到了。于是皇上很高兴，认为自己也许能遇到仙人，便东行去海边眺望，希望在海边能看到蓬莱神山。奉车都尉霍子侯突然生病，不久就死了。皇上这才离开，沿海往北到达碣石。又从辽西巡行经过北方边境抵达九原县。五月，回到甘泉宫。主管官员说，宝鼎出现时，那年的年号是元鼎，今年皇上到泰山封禅，年号遂改为元封。

【原文】

其秋，有星茀于东井①。后十余日，有星茀于三能②。望气王朔言："候独见其星出如瓠③，食顷复入焉④。"有司言曰："陛下建汉家封禅，天其报德星云⑤。"

【注释】

①茀（bó）：通"孛"，光芒四射的样子。按："孛"也指彗星。《晋书·天文志》："孛星，彗之属也。偏指曰彗，芒气四出曰孛。"东井：星宿名，有主星八颗，属双子座。②三能（tái）：即"三台"，星名。分上台、中台、下台共六星，两两并列。能，通"台"。③候：观测。瓠（hù）：葫芦瓜。④食顷：一会儿，不久，相当于一顿饭的工夫。⑤其：或许，可能。德星：象征吉祥有福的星星。这里大约是指前面出现的彗星。

【译文】

这年秋天，有彗星出现在东井宿天区，光芒四射。十几天后，彗星又出现在三台宿天区，光芒四射。有个望气的名叫王朔的人说："我观测时，只见那星出现时形状像葫芦瓜，一会儿就又消失了。"主管官员说道：

“陛下创建了汉家封禅礼制，上天大概是用象征吉祥的德星出现来报答您。”

【原文】

其来年冬，郊雍五帝，还，拜祝祠泰一。赞飨曰：“德星昭衍[①]，厥维休祥[②]。寿星仍出[③]，渊耀光明[④]。信星昭见[⑤]，皇帝敬拜泰祝之飨。”

【注释】

①昭：明亮。衍：漫延。②厥：其，那。指“德星昭衍”。维：乃。表示确认。休祥：吉祥。③寿星：《索隐》云：“南极老人星也。见则天下理安，故言之也。”仍：接着。④渊：深，远。⑤信星：镇星，即土星。

【译文】

第二年冬天，皇上去雍县郊祀五帝，回来后以拜祝的礼仪拜祭泰一神。祝词上说：“德星光芒四射，这象征着吉祥美好。寿星接着出现，光辉普照四方。信星明亮显现，皇帝为此敬拜诸神福泽无量。”

【原文】

其春，公孙卿言见神人东莱山，若云“见天子”[①]。天子于是幸缑氏城，拜卿为中大夫，遂至东莱，宿留之数日，毋所见，见大人迹。复遣方士求神怪采芝药以千数[②]，是岁旱。于是天子既出毋名，乃祷万里沙，过祠泰山。还至瓠子，自临塞决河[③]，留二日，沉祠而去[④]。使二卿将卒塞决河，河徙二渠，复禹之故迹焉。

【注释】

①见天子：《封禅书》和《汉书·郊祀志》均作“欲见天子”。②芝：灵

芝。古人把它看作瑞草。③自临塞决河：据《河渠书》记载，当时黄河决于瓠子口，武帝派兵万堵塞决口，令从臣将军以下的官员都负薪填决。武帝也亲临现场，并写了《瓠子歌》。④沉祠：把祭品（白马、玉璧）沉于河中，以祭祀河神。

【译文】

这年春天，公孙卿说去东莱山的时候碰到了神仙，那位仙人好像说了一句“想见天子”。皇上于是驾临缑氏城，任命公孙卿为中大夫。后来去了东莱，在那里逗留几天，没有看到什么，只看到很大的脚印。皇上又派数千名方士去寻找神奇的事物，采集灵芝仙药。这年干旱，皇上没有出巡的正当名义，便前往万里沙求雨，经过泰山时再次祭祀。返回朝中时到了瓠子口，皇上亲自组织堵塞黄河决口，在那里逗留两天，把祭品投入河中以祭河神，不久就离去了。皇上又派两名将军率兵堵塞黄河决口，使黄河分隔成两条河渠，恢复了大禹治水时的风貌。

【原文】

是时既灭南越，越人勇之乃言“越人俗信鬼，而其祠皆见鬼，数有效。昔东瓯王敬鬼，寿至百六十岁。后世谩怠①，故衰秏②”。乃令越巫立越祝祠，安台无坛，亦祠天神上帝百鬼，而以鸡卜③。上信之，越祠鸡卜始用焉④。

【注释】

①谩怠：指怠慢鬼神。谩，通“慢”，怠慢。②衰秏（hào）：衰老，衰微。秏，同“耗”。③以鸡卜：《正义》：“鸡卜法用鸡一，狗一，生，祝愿讫，即杀鸡狗煮熟，又祭，独取鸡的两眼骨，骨上自有孔裂，似人物形则吉，不足则凶。今岭南犹此法也。”④用：采用。这里有流行、推广的意思。

【译文】

朝廷灭亡南越之后，越人勇之对皇上进言说："越人有信鬼的习俗，他们祭祀时能见到鬼，常常见效应。以前东瓯王敬鬼，活了一百六十岁。后来他的子孙怠慢了鬼，所以便衰败下来。"皇上便命令越地的巫师建立越祠，修筑祭台却不设祭坛，也祭祀天神上帝百鬼，还使用了用鸡骨占卜的方法。皇上对此十分相信，因此越祠和鸡骨占卜的方法就逐渐流行起来了。

【原文】

公孙卿曰："仙人可见，而上往常遽①，以故不见。今陛下可为观②，如缑氏城，置脯枣，神人宜可致。且仙人好楼居。"于是上令长安则作蜚廉桂观③，甘泉则作益延寿观④，使卿持节设具而候神人。乃作通天台。置祠具其下，将招来神仙之属。于是甘泉更置前殿，始广诸宫室⑤。夏，有芝生殿防内中⑥。天子为塞河，兴通天台，若有光云，乃下诏曰："甘泉防生芝九茎⑦，赦天下，毋有复作。"

【注释】

①遽：匆忙，仓促。②观：台阁。③蜚廉、桂观：二观名。④益延寿观：观名。梁玉绳《史记志疑》以为"益"是衍文，《新证》以为不衍。⑤广：扩充。⑥防：《封禅书》《汉书·郊祀志》皆作"房"。《会注考证》认为是因古字体相似而误将"房"写成"防"。⑦芝九茎：灵芝长有九株菌柄。

【译文】

公孙卿说："神仙是可以遇上的，但是皇上去求仙的时候，总是有些仓促，所以没能见到仙人。现在陛下可以在京城修建一座台阁，仿照缑氏城所建的那样，供上干肉、枣果等祭品，仙人应该可以招来。况且仙人喜欢住在楼阁之上。”于是皇上命令在长安建造蜚廉观和桂观，在甘泉宫修建益延寿观，派公孙卿手持符节摆设祭品等候神仙。又修建通天台，在台下摆设祭品，希望能把仙人招来。又在甘泉宫建造前殿，扩建宫室。夏天，殿内长出灵芝草。天子因为堵塞了黄河决口，又修筑通天台，天上隐约出现神光的瑞应，于是颁布诏书说：“甘泉宫殿内长有九株菌柄的灵芝，特此大赦天下，免除复作的监外劳役。”

【原文】

其明年，伐朝鲜。夏，旱。公孙卿曰：“黄帝时封则天旱，干封三年[①]。”上乃下诏曰：“天旱，意干封乎？其令天下尊祠灵星焉[②]。”

【注释】

①干封：《正义》引颜师古曰：“三岁不雨，暴所封之土令干。”②灵星：《正义》以为是龙星，主农业。《会注考证》引中井积德曰：“祠灵星，盖祈雨也。”

【译文】

第二年，征伐朝鲜。夏天，天下出现旱灾。公孙卿说：“黄帝的时候封坛祭天，天就会干旱，为了使封坛里的土晾干，要连续干旱三年。”皇上下诏书：“天下大旱，也许是为了使封土干燥吧？命令百姓祭祀主宰农业的灵星。”

【原文】

其明年，上郊雍，通回中道，巡之。春，至鸣泽，从西河归。

其明年冬，上巡南郡，至江陵而东。登礼潜之天柱山[①]，号曰南岳。浮江[②]，自寻阳出枞阳，过彭蠡，祀其名山川。北至琅邪，并海上。四月中，至奉高修封焉。

【注释】

①登：登山。礼：祭祀。②浮江：指在长江上乘船。浮，乘船走水路。

【译文】

又过了一年，皇上去雍县郊祀，然后通过回中谷道，沿路巡行。春天，来到鸣泽，接着从西河返回京城。

次年冬天，皇上到南郡巡视，到江陵后又向东行。登上潜县的天柱山进行祭祀，称这座山为南岳。接着乘船顺江而下，从寻阳到达枞阳，途中经过彭蠡泽，顺便祭祀各地的名山大川。进而北上到达琅邪郡，再沿海而上。四月中旬，抵达奉高县，在那里举行了封禅典礼。

【原文】

初，天子封泰山，泰山东北址古时有明堂处，处险不敞。上欲治明堂奉高旁，未晓其制度①。济南人公玊带上黄帝时明堂图②。明堂图中有一殿，四面无壁，以茅盖，通水，圜宫垣为复道③，上有楼，从西南入，命曰昆仑，天子从之入，以拜祠上帝焉。于是上令奉高作明堂汶上，如带图。及五年修封，则祠泰一、五帝于明堂上坐④，令高皇帝祠坐对之⑤。祠后土于下房，以二十太牢⑥。天子从昆仑道入，始拜明堂如郊礼。礼毕，燎堂下。而上又上泰山，有秘祠其颠。而泰山下祠五帝，各如其方，黄帝并赤帝，而有司侍祠焉。泰山上举火，下悉应之。

【注释】

①制：形制，样式。度：尺度。②公玊（sù）带：人名。公玊是复姓。③圜（huán）：围绕。复道：即天桥，楼阁间架空的通道。④上坐：尊贵的位置。坐，同“座”。⑤祠坐：指神主灵位。⑥太牢：祭礼时牛、羊、

猪三牲齐备叫太牢。后来也专指牛。

【译文】

最初，皇上封禅泰山的时候，泰山脚下的东北方有一个遗址是古时的明堂，明堂的旧址险窄而不开敞。皇上想在奉高另修一座明堂，但是不知道明堂的形状和规模大小。济南人公王带向皇上进献黄帝时的明堂图。明堂图中画有一座殿堂，殿堂的四围不设墙壁，堂顶是用茅草覆盖的，殿堂四面通水，环绕宫墙，修有复道，殿的上面有走楼，从西南方深入殿堂的部分名为昆仑道，皇上从这里进入殿堂，然后拜祭上帝。皇上就下令按照公王带进献的明堂图样在奉高汶上另建新的明堂。等五年之后在这里进行封禅之时，便在明堂的上座供奉泰一神和五帝的神位，把高皇帝的神位立在它们的对面。下房祭祀后土神，祭祀的牺牲是牛、羊、猪各二十头。天子由昆仑道进入明堂，并以郊祀的礼仪祭拜。祭祀结束后，在堂的下面焚烧祭祀。接着皇上登上泰山，在山顶秘密祭祀。在泰山脚下祭祀五帝的时候，依照他们各自所属的方位进行祭祀，只有黄帝和赤帝并排在一处，祭祀时由主管官员参加陪祭。祭祀时在泰山上举火，山下也都烧火呼应。

【原文】

其后二岁，十一月甲子朔旦冬至，推历者以本统①。天子亲至泰山，以十一月甲子朔旦冬至日祠上帝明堂，每修封禅②。其赞飨曰：“天增授皇帝泰元神策③，周而复始。皇帝敬拜泰一。”东至海上，考入海及方士求神者④，莫验，然益遣，冀遇之⑤。

【注释】

①推历：推算历法。以本统：意思是认为以夏历十一月朔旦冬至为推历法的起点是正统。②每：《封禅书》作“毋”。按：封禅五年一修，这时还只两年，所以只祀明堂，不修封禅。③泰元：天的别称。④考：考察。⑤冀：

希望。

【译文】

两年以后，十一月甲子日是朔日，早晨交冬至，推算历法的人主张这一天是推历的起点。皇上亲自来到泰山，在这一天去明堂祭祀上帝，由于这次祭祀距上次封禅不足五年的时间，故而没有举行封禅大典。祝词上说："上天将泰元神策授予皇帝，周而复始，皇帝于此处拜祭泰一神。"天子接着东行，到达海上，考察去海上求仙的人，没有应验，但是皇上依旧增派使者前去，盼望能碰到神仙。

【原文】

夏，汉改历，以正有为岁首，而色上黄，官名更印章以五字，因为太初元年。是岁，西伐大宛。蝗大起。丁夫人、雒阳虞初等以方祠诅匈奴、大宛焉。

其明年，有司言雍五畤无牢熟具[①]，芬芳不备[②]。乃命祠官进畤犊牢具，五色食所胜[③]，而以木禺马代驹焉[④]。独五帝用驹，行亲郊用驹。及诸名山川用驹者，悉以木禺马代。行过，乃用驹。他礼如故。

【注释】

①牢熟具：烹煮过的牲畜等祭品。具，饭食，酒肴。这里泛指祭品。②芬芳：指祭品的芳香气味。③五色食所胜：指所用牲牢的颜色按照五行相胜原理配置。④木禺（ǒu）：木刻偶像。禺，通"偶"。

【译文】

夏天，汉朝更改历法，以夏历正月为岁首，官服的颜色崇尚黄色，官印一律更改为五个字，所以这一年定为太初元年。这年，汉朝向西讨伐大宛。蝗灾很重。丁夫人、洛阳虞初等人用方术祭祀鬼神，祈求鬼神对匈奴和大宛降祸。

第二年，主管官员说在雍县五畤祭祀时，没有备好芳香的熟牲做祭品。皇上于是命令祠官用熟牛犊作为祭品进献给五畤，所用牲牢的颜色根据五行相克的原理，加以选择。以木偶马代替壮马，唯有祭祀五帝时才用壮马，皇帝亲自进行郊祀时也用壮马。以及祭祀名山大川做壮马的，全都改用木偶马代替。皇帝出巡经过时举行的祭祀才用壮马。其他礼节不变。

【原文】

公带曰："黄帝时虽封泰山，然风后、封巨、岐伯令黄帝封东泰山，禅凡山合符①，然后不死焉。"天子既令设祠具，至东泰山，东泰山卑小②，不称其声，乃令祠官礼之，而不封禅焉。其后令带奉祠候神物。夏，遂还泰山，修五年之礼如前，而加禅祠石闾。石闾者，在泰山下址南方，方士多言此仙人之闾也③，故上亲禅焉。

【注释】

①合符：指与符瑞相合。②卑小：矮小，低矮。③闾：里巷，这里指居住处。

【译文】

公带说："黄帝虽然在泰山封禅，然而风后、封巨、岐伯等人又要黄帝到东泰山封禅祭天，去凡山祭地辟场，与符瑞相合，然后可以长生不死。"天子于是下令准备好祭祀的器具，去往东泰山，东泰山十分矮小，跟他的名声不符合，因此命令祠官祭祀，但不在这里举行封禅大典。之后命令公王带留在那里供奉祭祀，并迎候神灵。夏天，天子返回泰山，像以前那样在泰山举行五年一次的封禅大典，此外还在石闾山辟场祭祀地神。石闾位于泰山之南，方士中有很多人说这里居住着仙人，因此皇上亲自到这里祭祀。

【原文】

其后五年，复至泰山修封，还过祭常山。

今天子所兴祠，泰一、后土，三年亲郊祠，建汉家封禅，五年一修封。薄忌泰一及三一、冥羊、马行、赤星①，五，宽舒之祠官以岁时致礼②。凡六祠③，皆太祝领之。至如八神诸神，明年、凡山他名祠，行过则祀，去则已。方士所兴祠。各自主④，其人终则已⑤，祠官弗主。他祠皆如其故。今上封禅，其后十二岁而还，遍于五岳、四渎矣。而方士之候祠神人，入海求蓬莱，终无有验。而公孙卿之候神者，犹以大人迹为解，无其效。天子益怠厌方士之怪迂语矣，然终羁縻弗绝⑥，冀遇其真。自此之后，方士言祠神者弥众⑦，然其效可睹矣⑧。

【注释】

①薄忌泰一：指根据亳人缪忌所奏而建的泰一神祠。三一、冥羊、马行、赤星：都是神祠名。②宽舒之祠官：宽舒之类的祠官，即上文所说“祠官宽舒等”。③凡六祠：是上述五座神祠以外，加上后土祠，总共是六祠。④主：指主持祭祀典礼。⑤终：死。⑥羁（jī）縻（mí）：笼络。“羁”“縻”都有束缚、牵制之义，引申为笼络。⑦弥：更加。⑧睹：这里是想见的意思。

【译文】

此后五年，天子又到泰山行封禅礼，返回途中祭祀了常山。

当今天子所兴建的神祠，泰一祠和后土祠，每三年亲自郊祀一次；建立了汉家封禅制度，每五年举行一次封禅大典。亳人谬忌奏请修建的泰一祠和三一、冥羊、马行、赤星五座神祠，由宽舒等祠官每年按时祭祀。加上后土祠，总共六座神祠，都由太祝统管。至于像八神中的各神，以及明年、凡山等其他有名的神祠，天子路过时就祭祀，离开后就算了。方士们所兴建神祠，各由他们自己负责祭祀，人死了，祭祀也就终止，祠官不再管祭祀。其他神祠全部依照原来的规定办。当今皇上举行封禅大典，十二年以后来回顾，所祭祀的神灵已遍及五岳、四渎。而方士们迎候祭祀神仙，去海上寻访蓬莱仙山，最终也没有什么结果。公孙卿之类等候神仙的方士，还是用大人脚印作为托词来辩解，也是没有效验。这时，天子对方士们的荒唐话越来越厌倦了，然而始终笼络着他们，不肯与他们断绝往来，总希望有一天能遇到真有方术的人。从此以后，方士们谈论祭神的更多，然而效验究竟怎样，就可以想见了。

【原文】

太史公曰：余从巡祭天地诸神名山川而封禅焉①。入寿宫侍祠神语，究观方士祠官之言，于是退而论次自古以来用事于鬼神者②，具见其表里③。后有君子，得以览焉。至若俎豆珪币之详④，献酬之礼，则有司存焉⑤。

【注释】

①从：跟随。②论次：论定次第，评议编次。③表里：指“用于事鬼神”之类事情的里外情形。④至若：至于。珪币：祭祀用的玉和帛。⑤存：保存，这里指记录在案。

【译文】

太史公说：我跟随皇上出巡，祭祀天地众神和名山大川，参加封禅大典。我也曾进寿宫陪侍皇帝祭祀，听神语，观察研究了方士和祠官们的言论，于是回来依次论述自古以来祭祀鬼神的活动，把这些活动的里外情形原原本本地展现出来。后世君子，能够从这里观察到那些情形。至于有关祭祀时所用俎豆等礼器以及玉帛的详情，献祭酬神的礼仪，则有主管官员记录在案。

世家

齐太公世家

【导读】

姜姓齐国是春秋时代的强国，起于姜太公立国，亡于大夫田氏代齐。姜太公辅佐周文王和周武王兴周灭商，被封在营丘，建立齐国。齐国地理位置优越，不但依山傍海，而且土地肥沃。齐桓公时期，任用管仲为相，利用鱼盐之利，通工商之业，齐国逐渐成为富庶之国。后来，齐桓公打着“尊王攘夷”的口号，征伐蛮夷，并与诸侯会盟，成为五霸之一。桓公去世之后，齐国渐趋衰落。经过崔杼、庆封之乱，元气大伤，终为大夫田氏所取代。

◎太公佐周灭商◎

【原文】

太公望吕尚者①，东海上人②。其先祖尝为四岳③，佐禹平水土甚有功④。虞夏之际封于吕⑤，或封于申⑥，姓姜氏。夏商之时，申、吕或封枝庶子孙⑦，或为庶人，尚其后苗裔也⑧。本姓姜氏，从其封姓，故曰吕尚。

【注释】

①太公望：即姜尚，又称师尚父、吕尚、太公望。因其辅佐周武王灭商有功，封于齐，故称齐太公。俗又称之为姜子牙。②东海上人：东部海边上的人。③四岳：传说为尧舜时的四方部落首领。尧为部落联盟领袖时，四岳推举舜为继承人。舜继位后，四岳又推举禹辅佐舜。④平：治理。⑤虞：即有虞氏，传说中远古部落名，居于蒲坂（今山西省永济市西蒲州

镇），舜为其领袖。夏：即夏后氏，我国历史上第一个朝代，相传为夏后氏部落领袖禹的儿子启所建立。吕：古国名。一作甫，亦称有吕，姜姓，传为四岳之后，封于吕。⑥申：古国名，姜姓。传为伯夷之后，其地在今陕西省、山西省之间。后来周宣王时，一部分东迁，分封于谢，建立申国。春秋时被楚文王所灭。⑦枝庶：依照中国古代的宗法制度，宗族的嫡长子派系称为正宗，非嫡系则称为枝庶。⑧苗裔：后世子孙。

【译文】

太公望吕尚，东海边上的人。太公的祖先曾经做过四岳的官职，辅佐大禹治水，立下很大的功劳。虞夏之际，封在吕城这个地方，也有的被封在申这个地方，姓姜氏。夏商的时候，申地和吕地有的封给了旁支的人，以至于后世子孙有很多人沦为平民，吕尚就是他们的后代。吕尚本来姓姜，后来以封地为姓，所以称为吕尚。

【原文】

吕尚盖尝穷困，年老矣①，以渔钓奸周西伯②。西伯将出猎，卜之③，曰“所获非龙非彨④，非虎非罴⑤，所获霸王之辅”。于是周西伯猎，果遇太公于渭之阳⑥，与语大说，曰：“自吾先君太公曰‘当有圣人适周，周以兴’。子真是邪⑦？吾太公望子久矣。”故号之曰“太公望”，载与俱归，立为师⑧。

【注释】

①年老矣：据说当时吕尚已七十二岁。②奸：通“干”，干谒、进见。周西伯：即姬昌。③卜：古人以火灼龟甲，取龟甲裂纹以测吉凶祸福。④彨：通“螭”，传说中无角的龙。⑤罴：兽名，俗称人熊。似熊而长头高脚，猛悍多力，能拔树木。⑥渭：即今渭水。阳：山之南或水之北为阳，渭阳即渭水北岸。⑦子真是邪：犹言您正是其人吧？真，正。⑧师：师辅之官，辅佐

西伯的最高军政长官。

【译文】

吕尚曾经十分贫穷，年纪老的时候，利用钓鱼的机会求见周部落的西伯侯姬昌。西伯侯准备出外打猎，卜了一个卦，卦辞上说：“所得到的既不是龙也不是螭，既不是老虎也不是熊，得到的是霸王的辅佐。”于是西伯侯出去打猎，果然在渭水的北岸遇上了太公，西伯侯与太公交谈之后十分高兴，说：“我的先君太公曾说‘一定有圣人到周国来，周国能依靠他兴盛’。您就是这个人吧？我的太公盼望您已经很久了。”所以称他为“太公望”，西伯侯与他一起坐车回去，还拜吕尚为师辅之官。

【原文】

或曰，太公博闻，尝事纣①。纣无道②，去之。游说诸侯③，无所遇，而卒西归周西伯。或曰，吕尚处士④，隐海滨。周西伯拘羑里⑤，散宜生、闳夭素知而招吕尚⑥。吕尚亦曰：“吾闻西伯贤，又善养老，盍往焉。”三人者为西伯求美女奇物，献之于纣，以赎西伯。西伯得以出，反国。言吕尚所以事周虽异⑦，然要之为文武师⑧。

【注释】

①事：侍奉。②无道：暴虐不施仁政。③游说：以福祸利害来劝说诸侯。④处士：隐居不仕而有才德的人。⑤羑里：地名。故址在今河南省汤阴县北。⑥散宜生：西周初年大臣。与闳夭、太颠等同辅周文王。闳夭：周初大臣。⑦言吕尚所以事周虽异：这句话的意思是说，对于吕尚事周的经过虽然传闻不一样。⑧文武师：周文王和周武王的师辅之臣。

【译文】

有人说，太公见识广博，曾经侍奉商纣王。商纣无道，他就离开了。此后他游说诸侯，没碰上赏识他的人，最终才向西归附了西伯侯。有的人说，吕尚是隐士，隐居在大海之滨。西伯侯被拘禁在羑里，散宜生和闳夭曾经听说吕尚贤明就把他召请过来。吕尚也说："我听说西伯侯有圣贤之才，又赡养老者，为什么不到那里去呢？"三人为西伯侯求取美人和珍宝献给纣王，以此赎回西伯侯。西伯侯因此被释放，回到周国。虽然吕尚归附周国的说法各不相同，但是都说他成了周文王和周武王的军师。

【原文】

周西伯昌之脱羑里归，与吕尚阴谋修德以倾商政①，其事多兵权与奇计②，故后世之言兵及周之阴权皆宗太公为本谋③。周西伯政平④，及断虞芮之讼⑤，而诗人称西伯受命曰文王。伐崇、密须、犬夷⑥，大作丰邑⑦。天下三分，其二归周者，太公之谋计居多。

【注释】

①阴谋修德：暗中议定计谋，施行德政。②兵权：用兵的谋略。③阴权：阴谋权术。宗：推崇。本谋：权谋的主要策划者。这句话的意思是说，后世研究军事以及周代权谋的人，都推崇太公为主要策划者。④政平：为政公平持正。⑤虞芮之讼：虞、芮二国为疆界产生纠纷，周文王从中调解，并使二国归附于周。虞、芮都是姬姓的诸侯国。⑥崇：古国名。其地在今陕西省户县东。密须：古国名。其地在今甘肃省灵台县西南。犬夷：亦称犬戎，部族名。⑦丰邑：西周都城。其地在今陕西省长安区西北沣河以西。

【译文】

西伯侯姬昌从羑里逃脱之后，和吕尚图谋施行德政以颠覆商朝的统治，这些计策多数是用兵之道和奇谋良策，所以后世谈论用兵之法以及周朝的权术，都推崇姜太公吕尚是主要谋划者。西伯侯政治清平，消除了虞国和芮国的争端，而诗人们都说西伯侯承天命而号为“文王”。文王讨伐崇国、密须、犬夷，大规模修建丰邑。如果把当时的天下分为三份，那么三分之二已经归顺周国，这些多半是出自太公的谋划。

【原文】

文王崩，武王即位。九年，欲修文王业①，东伐以观诸侯集否②。师行，师尚父左杖黄钺③，右把白旄以誓④，曰：“苍兕苍兕⑤，总尔众庶⑥，与尔舟楫，后至者斩！”遂至盟津⑦。诸侯不期而会者八百诸侯⑧。诸侯皆曰：“纣可伐也。”武王曰：“未可。”还师，与太公作此《太誓》⑨。

【注释】

①欲修文王业：指武王打算实行文王的统一大业。②东伐以观诸侯集否：武王率军东征，以试探诸侯的态度。集否，是否率军聚集到他的麾下。③杖：手持。黄钺：以黄金为饰的铜钺，只有天子才能使用。后世成为帝王的仪仗。有时派大臣出征，亦假以黄钺，以示威重。④白旄：旗帜的一种，旗杆顶以旄牛尾为饰。誓：誓师时的誓词。⑤苍兕：水兽名，善奔突，能覆舟。这里指职掌舟楫的官员。⑥总：统领。众庶：众人。⑦盟津：即孟津，古津渡名。其地在今河南省孟津县东北黄河南岸。相传周武王伐纣，在此会盟诸侯渡河，故称盟津。⑧不期而会：事前没有约定，到时自动前来会师。⑨《太誓》：《尚书》篇名，也作“泰誓”，是周武王伐纣在孟津的誓词。

【译文】

文王去世以后，周武王即位。九年之后，武王打算实行文王的统一事业。向东面征伐商纣，试探一下诸侯们是否会响应。大军出征的时候，吕尚左手拿着黄金装饰的铜钺，右手拿着白旄誓师道：“苍兕啊苍兕，率领你的军队，乘着你的船只，迟到的就要被斩首。”到达孟津的时候，诸侯事先没有约定而前来的有八百个。诸侯们都说：“可以讨伐商纣了。”武王却说：“还不到时候。”接着率领军队返回周国，与太公一起写了《泰誓》一篇。

【原文】

居二年，纣杀王子比干，囚箕子。武王将伐纣，卜龟兆，不吉，风雨暴至。群公尽惧，唯太公强之劝武王①，武王于是遂行。十一年正月甲子②，誓于牧野③，伐商纣。纣师败绩。纣反走④，登鹿台⑤，遂追斩纣。明日，武王立于社⑥，群公奉明水⑦，卫康叔封布采席⑧，师尚父牵牲⑨，史佚策祝⑩，以告神讨纣之罪。散鹿台之钱，发钜桥之粟⑪，以振贫民⑫。封比干墓⑬，释箕子囚。迁九鼎⑭，修周政，与天下更始⑮。师尚父谋居多。

【注释】

①强之：坚持出征之议。②甲子：此为甲子日。上古以干支纪日。干支是天干地支的合称。甲乙丙丁戊己庚辛壬癸为十干，也称天干；子丑寅卯辰巳午未申酉戌亥为十二支，也称地支。天干地支一一相配，六十数为一周，俗称六十花甲子。③牧野：古地名。其地在今河南省淇县西南。④反走：即返走，回头逃跑。⑤鹿台：台名。商纣所筑，用以贮藏财物。⑥社：祭祀土神的场所。⑦奉：读为“捧”。明水：古代祭祀时以铜鉴收取的露水。⑧卫康叔：周代晋国的始祖，名封，周武王之弟。初封于康（今河南省禹县西北），故称康叔。布：铺设。采席：即彩席。⑨牲：牺牲，做祭物的纯色全体牲畜，如牛、羊之类。⑩史佚：西周初期的史官，名佚，一作“逸”。史为官名。策祝：读简策上的祝文，向天祷告。⑪钜桥：古仓名。商代的大粮仓。其地在今河北省曲周县东北古衡漳水东岸。⑫振：通“赈”，救济。⑬封：封土增高坟头。⑭九鼎：古代象征国

家政权的传国之宝。相传禹收九牧之金，铸九鼎，象九州。成汤迁九鼎于商邑，周武王迁之于洛邑。⑮更始：除旧布新，开始新的纪元。

【译文】

二年之后，商纣王杀死王子比干，还囚禁了箕子。武王将要讨伐纣王，用龟甲卜卦时显示的卦象是不吉利，暴风雨突然降临。大臣们都很害怕，只有太公坚持劝勉武王讨伐商纣，于是武王出兵伐纣。周武王十一年正月甲子，武王在牧野誓师，讨伐商纣。纣王的军队吃了败仗，纣王逃回朝歌，登上鹿台，被追上来的周军杀死。第二天，周武王站在土地神庙前，公卿们捧着清水，卫康叔布置彩席，吕尚牵着祭祀用的牲畜，史佚奉册书祝祷禀告神灵，声讨纣王的罪行。周武王又分发鹿台的存钱，发放钜桥的粮食，以救济贫苦百姓。还筑土增高比干的坟墓，释放箕子，迁移象征天子尊位的九鼎，修明周朝的政治，与天下民众一起除旧布新。以上这些措施多出自吕尚之手。

【原文】

于是武王已平商而王天下①，封师尚父于齐营丘②。东就国③，道宿行迟。逆旅之人曰④："吾闻时难得而易失。客寝甚安，殆非就国者也⑤。"太公闻之，夜衣而行，犂明至国⑥。莱侯来伐⑦，与之争营丘。营丘边莱⑧。莱人，夷也⑨，会纣之乱而周初定，未能集远方⑩，是以与太公争国。

【注释】

①王天下：统一天下。②营丘：古邑名。其地在今山东省淄博市临淄区北。③就国：赴封国就位。④逆旅：旅舍、宾馆。⑤殆：大概、恐怕。⑥犂明：即黎明。⑦莱：商代诸侯国，姜姓。春秋时为齐灵公所灭。其地在今山东省黄县东南。⑧边：作动词用，靠近。⑨夷：远古时称东部落后部族为夷。⑩集：通"辑"，和睦。

【译文】

此时武王已经平定了商朝，称王于天下，便封吕尚于齐国的营丘。吕尚向东去了自己的封国，在路上住宿，走得很慢。旅舍的主人说："我听说时机很难得到却很容易失去。客人睡得很安心，实在不像是到封国就任的人啊。"太公听说之后，半夜穿好衣服上路，黎明的时候到达封国。正好遇上莱侯前来攻打，和吕尚争夺营丘。营丘的旁边是莱国。莱人是夷族，适逢纣王乱政而周朝初定天下，周还没有来得及安定远方的国家，所以莱人来和太公争夺营丘。

【原文】

太公至国，修政，因其俗，简其礼，通商工之业，便鱼盐之利，而人民多归齐，齐为大国。及周成王少时，管蔡作乱①，淮夷畔周②，乃使召康公命太公曰③："东至海，西至河，南至穆陵④，北至无棣⑤。五侯九伯⑥，实得征之。"齐由此得征伐⑦，为大国。都营丘。

【注释】

①管：即管叔，名鲜，周武王之弟。武王灭商后，封于管（今河南省郑州市）。蔡：即蔡叔，周武王之弟，武王灭商后，封于蔡（今河南省上蔡西南）。②淮夷：部族名。商周时活动于淮河流域一带。畔：通"叛"。③召康公：姬奭，周代燕国的始祖。因其采邑在召（今陕西省岐山县西南），故称召公或召伯。武王灭商后，封召公于燕。④穆陵：古邑名。其地在今山东省临朐县南。⑤无棣：古邑名。其地在今山东省无棣县北。⑥五侯：即公、侯、伯、子、男五等诸侯。九伯：九州之长。⑦得征伐：有权征伐其他诸侯之罪。

【译文】

太公到了齐国，修明政治，顺应当地的风俗，简化礼仪，开放工商各个行业，再加上鱼盐带来的利益，百姓多归顺齐国，齐国成为大国。到周成王幼年登基的时候，管叔和蔡叔作乱，淮夷背叛周朝，周王室派召公命令太公说："东到大海，西至黄河，南达穆陵，北抵无棣。在这个范围之内的五侯九伯，如果他们犯了错，你都可以征伐。"齐国得到了征伐诸侯的权力，成为大国，定都营丘。

◎齐桓公争位◎

【原文】

桓公元年春[①]，齐君无知游于雍林[②]。雍林人尝有怨无知，及其往游，雍林人袭杀无知，告齐大夫曰："无知弑襄公自立，臣谨行诛。唯大夫更立公子之当立者，唯命是听。"

初，襄公之醉杀鲁桓公，通其夫人，杀诛数不当[③]，淫于妇人，数欺大臣，群弟恐祸及，故次弟纠奔鲁。其母鲁女也。管仲、召忽傅之[④]。次弟小白奔莒[⑤]，鲍叔傅之[⑥]。小白母，卫女也，有宠于釐公。小白自少好善大夫高傒[⑦]。及雍林人杀无知，议立君，高、国先阴召小白于莒[⑧]。鲁闻无知死，亦发兵送公子纠，而使管仲别将兵遮莒道，射中小白带钩[⑨]。小白详死[⑩]，管仲使人驰报鲁。鲁送纠者行益迟，六日至齐，则小白已入，高傒立之，是为桓公。

【注释】

①桓公：名小白，齐襄公弟。公元前685年至公元前643年在位。任用管仲，富国强兵。以"尊王攘夷"为号召，多次大会诸侯，成为春秋时第一个霸主。②雍林：地名。其地今在临淄区附近。③不当：罪不当死。④管仲：

名夷吾，字仲，齐颍上人。辅佐齐桓公进行改革，富国强兵，使之成为春秋霸主之首。召忽：齐大夫，为辅公子纠而自杀。⑤莒：古国名。西周分封，公元前431年被楚灭掉。⑥鲍叔：即鲍叔牙，春秋时齐国大夫，以知人著称。他向齐桓公保举管仲，齐用管仲，国力日强。⑦高傒：齐国正卿。⑧国：国懿仲。国氏亦为春秋时齐国贵族，世代为上卿。⑨带钩：束腰皮带上的金属钩。⑩详：通“佯”，假装。

【译文】

齐桓公元年春天，齐国国君无知游玩于雍林。雍林人曾与无知结怨，等他到这里游玩的时候，雍林人杀死了无知，并告诉齐国的大夫说：“无知杀襄公而自立为王，臣等将他诛杀，希望大夫重新拥立一位应当继位的公子，我们一定听从他的命令。”当初，齐襄公将鲁桓公灌醉并把他杀死，和桓公的夫人私通，诛杀臣民多有不当，贪恋女色，多次欺侮大臣，他的兄弟怕惹祸上身，所以公子纠投奔鲁国，这是因为他的母亲是鲁君之女。管仲、召忽辅佐他。小白投奔莒国，鲍叔辅佐他。小白的母亲是卫君之女，受到卫釐公的宠爱。小白自小就亲近大夫高傒。雍林人杀死无知、商讨另立新君的时候，高傒和国氏二人先暗中到莒国把小白迎接回国。鲁君听说无知死了，也派兵护送公子纠回国，还派管仲率领军队拦住从莒国到齐国的通道，管仲用弓箭射中了小白腰带上的钩子。小白假装被射死，管仲派人飞快地将这一消息告诉鲁君。鲁君护送公子纠的军队就不着急赶路，走了六天才到达齐国，这个时候小白早已到达，高傒拥立他即位，小白就是齐桓公。

【原文】

桓公之中钩，详死以误管仲①，已而载温车中驰行②，亦有高、国内应，故得先入立，发兵距鲁③。秋，与鲁战于乾时④，鲁兵败走，齐兵掩绝鲁归道⑤。齐遗鲁书曰：“子纠兄弟，弗忍诛，请鲁自杀之。召忽、管仲仇也，请得而甘心醢之[6]。不然，将围鲁。”鲁人患之，遂杀子纠于笙渎[7]。召忽自杀，管仲请囚[8]。桓公之立，发兵攻鲁，心欲杀管仲。鲍叔牙曰：“臣幸得从君，君竟以立。君之尊，臣无以增君。君将治齐，即高傒与叔牙足也。君且欲霸王[9]，非管夷吾不可。夷吾所居国国重，不可失也。”于是桓公从之。乃详为召管仲欲甘心，实欲用之。管仲知之，故请往。鲍叔牙迎受管仲，及堂阜而脱桎梏[10]，斋祓而见桓公[11]。桓公厚礼以为大夫，任政。

【注释】

①详死以误管仲：装死以延误管仲的行动。②温车：又称辒车、辒凉车。本是古代一种卧车，有篷有窗，可以调节冷热。③距：通“拒”，抵抗。④乾时：齐地名。其地在今山东省益都县境。⑤掩绝：阻绝、切断。⑥醢：把人剁成肉酱。⑦笙渎：又名句渎，鲁地。其地在今山东省菏泽市北。⑧管仲请囚：管仲请求把自己囚禁起来。⑨霸王：成就霸王之业。⑩堂阜：地名。其地在今山东省蒙阴县西北。桎梏：脚镣手铐。⑪斋祓：斋为沐浴更衣素食，祓为除灾祈福的仪式。

【译文】

桓公被射中腰带的钩子，以装死骗了管仲之后，接着就坐上带有帐篷的车子飞快地前进，又有高傒和国氏等人的接应，所以先回到齐国而得以即位，他派兵抵挡住鲁国的军队。这年秋天，齐国与鲁国在乾时大战，鲁军败退，齐军断绝了鲁军撤退的道路。桓公送信给鲁君说：“公子纠是我的兄弟，我不忍心杀他，请鲁国自己把他杀了吧！召忽和管仲是我的仇人，请把他们交给我，我非得把他们剁成肉酱才甘心。如果你们做不到的话，我就派军队去围攻鲁国。”鲁人十分害怕，就在笙渎之地杀死了公子纠。召忽自杀，管仲请求把他囚禁起来。桓公即位之后，发兵攻打鲁国，心里本想杀了管仲。这个时候鲍叔牙对桓公说：“臣有幸能跟从您，现在您终于登上了王位。您的地位尊贵，臣无法使您的地位更加荣耀了。您如果治理齐国，用高傒和叔牙就足够了。您如果想称霸，那么非得用管仲辅佐不可。管仲所在的国家一定会有威望，此人不可或缺啊。”桓公听从了鲍叔牙的意见，假装说得到管仲后把他杀掉才甘心，实际上是想重用他。管仲知道他的用意，所以就请求前往齐国。鲍叔牙亲自去迎接管仲，到达堂阜的时候替他卸下镣铐，让他斋戒祭祀之后去拜谒齐桓公。桓公用很隆重的礼仪接待他，并任命他为大夫，主持政务。

鲁周公世家

【导读】

周公是周文王之子，周武王的弟弟。他帮助武王灭商，由此开创了周朝八百多年的基业。周朝建立伊始，周公被封在鲁国。这时，正好赶上成王刚刚即位，四周还未平定，周公为稳定局面，故而辅佐年幼的成王处理朝政。在辅佐成王期间，他平定叛乱，教育成王大兴礼治，使西周形成了重伦理、轻逸乐、好俭朴、乐献身的君子风尚。周公之子伯禽代父立国，后来历经隐桓之事、庆父之乱、襄仲杀嫡立庶、三桓攻伐公室等事件，鲁国势力逐渐衰微，成了诸侯争夺的对象，最终在战国后期被楚国灭掉。鲁国先后传二十五世、经历三十六位国君，享国八百年。

◎周公吐哺，天下归心◎

【原文】

周公旦者[①]，周武王弟也[②]。自文王在时[③]，旦为子孝，笃仁，异于群子。及武王即位，旦常辅翼武王，用事居多。武王九年，东伐至盟津[④]，周公辅行。十一年，伐纣[⑤]，至牧野[⑥]，周公佐武王，作《牧誓》[⑦]。破殷，入商宫。已杀纣，周公把大钺[⑧]，召公把小钺[⑨]，以夹武王，衅社[⑩]，告纣之罪于天，及殷民。释箕子之囚[⑪]。封纣子武庚禄父，使管叔、蔡叔傅之[⑫]，以续殷祀[⑬]。遍封功臣同姓戚者。封周公旦于少昊之虚曲阜[⑭]，是为鲁公。周公不就封，留佐武王。

【注释】

①周：地名。在今陕西省岐山县北。其地本为太王所居，后为周公采邑。②周武王：姬姓，名发。继承其父文王遗志，灭商，建立西周。③文王：名昌，周武王之父。为西伯，又称伯昌。④盟津：又名孟津。古黄河津渡。在今河南省孟州市西南。相传周武王伐纣，在此盟会诸侯并渡河，故名盟津。⑤纣：商朝最后一位君主。名受，号帝辛，史称纣王。⑥牧野：在今河南省淇县西南。⑦《牧誓》：《尚书》篇名，记载周武王在牧野率军同商纣作战的誓词。⑧钺（yuè）：古代兵器。青铜制，圆刃，木柄，形状似斧。⑨召公：又作邵公、召康公。周朝燕国始祖。与周同姓。⑩衅：以牲血祭祀。衅社：以牲血祭社之礼。⑪箕子：纣王的叔父。官太师。封于箕（今山西省太谷东北）。⑫管叔、蔡叔：管叔，名鲜；蔡叔，名度。二人都是周武王的弟弟。⑬殷祀：殷商的祭祀。⑭少昊：传说中古代东夷族首领。曲阜：今山东省曲阜市。

【译文】

周公旦是周武王的弟弟。文王健在的时候，旦身为人子很孝顺，忠厚仁爱，不同于其他的儿子。等到武王即位，周公旦时常辅佐武王，许多政事都需要靠他来处理。武王九年，向东征伐到达孟津，周公辅佐跟随。十一年，讨伐商纣，到达牧野，周公辅佐武王，一起作了一篇《牧誓》。攻破殷都，进入商宫。杀了商纣之后，周公拿着大钺，召公拿着小钺，在左右两旁夹辅武王，并以牲畜的鲜血祭祀土神，把纣王的罪行报告给上天，及殷商的百姓。释放被囚禁的箕子。分封商纣的儿子武庚禄父，派管叔、蔡叔从旁辅佐监督，以延续殷商的祭祀。普遍封赏有功之臣以及同姓的亲族。把周公旦分封在少昊的故墟曲阜，留在京城辅佐武王。

【原文】

武王克殷二年，天下未集[①]，武王有疾，不豫[②]，群臣惧，太公、召公乃缪卜[③]。周公曰："未可以戚我先王[④]。"周公于是乃自以为质，设三坛[⑤]，周公北面立[⑥]，戴璧秉圭[⑦]，告于太王、王季、文王[⑧]。史策祝曰[⑨]："惟尔元孙王发，勤劳阻疾。若尔三王是有负子之责于天[⑩]，以旦代王发之身。旦巧能，多材多艺，能事鬼神。乃王发不如旦多材多艺，不能事鬼神。乃命于帝庭，敷佑四方，用能定汝子孙于下地，四方之民罔不敬畏。无坠天之降葆命[⑪]，我先王亦永有所依归。今我其即命于元龟[⑫]，尔之许我，我以其璧与圭归，以俟尔命。尔不许我，我乃屏璧与圭。"周公已令史策告太王、王季、文王，欲代武王发，于是乃即三王而卜。卜人皆曰吉，发书视之[⑬]，信吉。周公喜，开籥[⑭]，乃见书遇吉。周公入贺武王曰："王其无害。旦新受命三王，维长终是图。兹道能念予一人[⑮]。"周公藏其策金縢匮中[⑯]，诫守者勿敢言。明日，武王有瘳[⑰]。

【注释】

①集：通"辑"，意为和睦、安定。②豫：安适。③太公：即吕尚。缪卜：诚敬地占卜。④戚：使……忧虑。⑤坛：土筑的高台。古时用于祭祀及朝会、盟誓等大事。⑥北面立：朝北方站着。⑦璧：古玉器，璧平圆、正中有孔。圭：古玉器，长条形，上端做三角状。璧和圭皆为古代用于朝聘、祭祀、丧葬等活动的礼器。⑧太王：古公亶父，周文王的祖父，周族的领袖。⑨史：史官，或称作册。掌管祭祀和记事、册命等事。策：通"册"，即简书，周公所作。祝：即宣读简书，以告三王。⑩负子之责：意为周公愿替武王担当这个责任。⑪葆：通"宝"。⑫元龟：大龟。古人占卜的工具。⑬书：卜兆的记录，即占兆之辞。⑭籥（yuè）：锁钥。⑮予一人：古代帝王的自称。本作"余一人"。此处当为周公自称。⑯金縢：金质封缄。⑰瘳（chōu）：病愈。

【译文】

武王灭掉商朝后两年，天下还未安定，武王患病，不舒服，群臣担心，太公、召公问卜。周公说："不可以使我们的先王忧虑。"周公就以自身为人质，设置三个祭坛，周公朝着北面站立，头上顶着璧，手里拿着圭，向太王、王季、文王祷告。史官将祷告的辞令记了下来，上面记载："你们的长孙姬发，积劳成疾。如果你们三位对上天有保护子孙的责任，那就请以我姬旦的生命代替姬发吧。旦灵巧而且有能力，还多才多艺，能侍奉鬼神。而姬发却没有我那么多才多艺，不能侍奉鬼神。但是他受命于上天，坐拥天下，能让你们的子孙都平平安安地生活于世上，天下的百姓没有不敬畏他的。不要坠毁上天赐予他的宝贵生命，我们的先王也将永远地依托于他。现在我就要通过大龟听从你们的命令。如果你们答应我，我就把璧和圭拿给你们，来听候你们的命令；如果你们不答应我，我就把璧和圭藏起来。"周公让史官向太王、王季和文王说明自己的想法，打算代替武王姬发，便在三王面前问卜。占卜的人都说吉利，把占卜书打开一看，果然是大吉大利。周公很高兴，打开收藏占兆之书的柜子，见到的卜辞也是吉利的。周公入宫向武王贺喜道："大王不会有事的。旦刚刚接受了三王的命令，你将要为周做长远打算。这样你就可以好好地考虑自己的职责了。"周公把策书藏在用绳索缠绕、用金属封缄的匣子里，并告诫看管者不要乱说话。第二天，武王的病就好了。

【原文】

其后武王既崩，成王少，在强葆之中[①]。周公恐天下闻武王崩而畔[②]，周公乃践阼代成王摄行政当国[③]。管叔及其群弟流言于国曰："周公将不利于成王。"周公乃告太公望、召公奭曰："我之所以弗辟而摄行政者[④]，恐天下畔周，无以告我先王太王、王季、文王。三王之忧劳天下久矣，于今而后成。武王蚤终[⑤]，成王少，将以成周，我所以为之若此。"于是卒相成王，而使其子伯禽代就封于鲁[⑥]。周公戒伯禽曰："我文王之子，武王之弟，成王之叔父，我于天下亦不贱矣。然我一沐三捉发，一饭三吐哺[⑦]，起以待士，犹恐失天下之贤人。子之鲁，慎无以国骄人。"

管、蔡、武庚等果率淮夷而反⑧。周公乃奉成王命，兴师东伐，作《大诰》⑨。遂诛管叔，杀武庚，放蔡叔。收殷余民，以封康叔于卫⑩，封微子于宋⑪，以奉殷祀。宁淮夷东土，二年而毕定。诸侯咸服宗周⑫。

【注释】

①强葆：通“襁褓”，包裹小孩、系于背上的用具。②畔：通“叛”。③阼（zuò）：古代庙、寝堂前两阶，主阶在东（即阼），天子诸侯进行各种活动，皆由东阶升降。践阼，引申为天子登位，又作“践祚”。摄：代理。④辟：通“避”。⑤蚤：通“早”。⑥伯禽：周公的长子，亦称禽父。⑦一沐三捉发，一饭三吐哺：洗头时三次抓起头发，吃饭时三次吐出嘴里的食物，起身接待来朝见的人。这里喻指政务繁忙，治事勤勉，待人恭敬。⑧淮夷：古民族名。居于淮河下游一带。西周时曾与徐戎部族多次联合抗周。⑨《大诰》：《尚书》篇名。为周公东征前对诸侯和王朝官吏发表的讲话，经史官笔录而成。诰，古代一种训诫勉励的文告，用于上对下。⑩康叔：名封，周武王之弟，初封于康（今河南省禹县西北）。⑪微子：名启，商纣的庶兄。初封于微。因见商朝将亡，多次劝谏纣王，纣王不听，于是出走。宋：微子封国。⑫宗周：周为诸侯所宗仰，故王都所在称宗周。

【译文】

后来武王驾崩，成王年少，仍在襁褓之中。周公担心天下人听说武王驾崩而叛乱，便代成王行摄政之职，主持国事。管叔和其他的兄弟在国中散布谣言说：“周公将会对成王不利。”周公告诉太公望和召公奭说：“我之所以不加避讳而行摄政之职，那是因为害怕天下背叛周朝，无法告慰我们的先王太王、王季和文王。三王为天下已经忧劳很久了，现在才取得成功。武王早死，成王年少，为了成就周朝未来的大业，我才这样做的。”最后辅佐了成王，又派自己的儿子伯禽代他受封于鲁国。周公告诫伯禽说："我是文王的儿子，武王的弟弟，成王的叔叔，我在天下的身份已经不算卑贱了。然而，往往我洗一次头要抓起三次头发，吃一顿饭要三次吐出食物，匆忙地起身接待士人，这样是怕失去天下的贤能之士。你到鲁国，千万不要以国君的身份骄纵轻视他人。"

管叔、蔡叔、武庚等人果然率领淮夷造反。周公奉成王之命，兴师东伐，作了一篇《大诰》。诛灭管叔，杀死武庚，流放蔡叔。降伏殷商的遗民，又封康叔于卫国，封微子于宋国，以延续殷商的祭祀。安抚东边的淮夷地区，用了两年的时间才平定。诸侯都臣服于周朝。

⊙名句精解

一沐三捉发，一饭三吐哺

东汉末年，曹操在赤壁大战之前"酾酒临江，横槊赋诗"，写下一篇千古绝唱《短歌行》，此诗末尾两句写道："周公吐哺，天下归心。"充分显示了曹操的壮志雄心，即效法周公"一饭三吐哺"，争取天下贤才。

【原文】

天降祉福①，唐叔得禾②，异母同颖③，献之成王，成王命唐叔以馈周公于东土④，作《馈禾》。周公既受命禾，嘉天子命，作《嘉禾》。东土以集，周公归报成王，乃为诗贻王，命之曰《鸱鸮》。王亦未敢训周公⑤。

成王七年二月乙未，王朝步自周，至丰⑥，使太保召公先之雒相土⑦。其三月，周公往营成周雒邑，卜居焉，曰吉，遂国之。

【注释】

①祉：福。②唐叔：名虞，字子于，周成王之弟。周朝晋国始祖。③颖：带芒的谷穗。④馈：馈赠。⑤训：责问。⑥丰：丰京。⑦太保：官名。

【译文】

上天降下福祉，唐叔得到了特异的禾穗，献给了成王，成王命令唐叔到东方把它献给周公，写了一篇《馈禾》。周公接受禾穗后，赞赏天子的赏赐，作了一篇《嘉禾》作为答谢。东土平定之后，周公回朝禀报成王，写了一首诗送给成王，诗的名字叫《鸱鸮》。成王也没敢责问周公。

成王七年二月乙未，成王从镐京步行至武王庙，到达丰京，派太保召公到洛邑考察环境。这年三月，周公前往营建成周洛邑，占卜择定建都之地，卜辞上说大吉，便在那里建都。

【原文】

成王长，能听政。于是周公乃还政于成王，成王临朝。周公之代成王治，南面倍依以朝诸侯①。及七年后，还政成王，北面就臣位②，匔匔如畏然③。

初，成王少时，病，周公乃自揃其蚤沉之河④，以祝于神曰："王少未有识，奸神命者乃旦也。"亦藏其策于府⑤。成王病有瘳。及成王用事，人或谮周公⑥，周公奔楚。成王发府，见周公祷书，乃泣，反周公。

【注释】

①南面倍依以朝诸侯：古代以北位最尊，为天子所居。此时周公在王位，故位北面南而朝诸侯。倍，负。②北面：古代臣子朝见君主时居南位，面向北。所以"北面"即指向人称臣的意思。③匔匔：恭敬谨慎。④自揃其蚤：剪掉自己的指甲。揃，修剪。蚤，通"爪"。⑤藏其策于府：将祝告的册文藏于府中。府，古代帝王藏书的场所。⑥谮（zèn）：进谗言。

【译文】

成王长大之后，能够处理政事。周公便将国家政事交给成王，成王临朝执政。周公代替成王治理国家，面向南背靠着屏风朝见诸侯。七年之后，把政事交还给成王，面朝北回到臣子的位置，态度谨慎恭敬，像是畏惧的样子。

当初，成王年少的时候，生病，周公剪断自己的指甲，使之沉入河中，向鬼神祈祷说："帝王年少不懂事，违犯神命的是我周公旦。"祷告完毕后也把策书收藏到内府之中。结果成王病愈。后来成王处理政事的时候，有人进谗言污蔑周公，周公逃到楚国。成王打开内府，看到周公为他祈祷的策书，感动得哭泣，便迎接周公回朝。

【原文】

周公归，恐成王壮，治有所淫佚，乃作《多士》①，作《毋逸》②。《毋逸》称："为人父母，为业至长久，子孙骄奢忘之，以亡其家，为人子可不慎乎！故昔在殷王中宗③，严恭敬畏天命，自度治民④，震惧不敢荒宁，故中宗飨国七十五年⑤。其在高宗⑥，久劳于外，为与小人⑦，作其即位，乃有亮闇⑧，三年不言⑨，言乃欢，不敢荒宁，密靖殷国⑩，至于小大无怨，故高宗飨国五十五年。其在祖甲⑪，不义惟王，久为小人于外，知小人之依，能保施小民，不侮鳏寡⑫，故祖甲飨国三十三年。"《多士》称曰："自汤至于帝乙⑬，无不率祀明德，帝无不配天者⑭。在今后嗣王纣，诞淫厥佚，不顾天及民之从也⑮。其民皆可诛。""文王日中昃不暇食⑯，飨国五十年。"作此以诫成王。

成王在丰，天下已安，周之官政未次序，于是周公作《周官》⑰，官别其宜。作《立政》⑱，以便百姓⑲。百姓说。

【注释】

①《多士》：《尚书》篇名。内容为周公告诫殷商贵族。②《毋逸》：《尚书》篇名。又作《无逸》《无佚》。③殷王中宗：即商王祖乙。④度：法度。⑤飨国：当政，在位。飨，通"享"。⑥高宗：商王武丁。⑦小人：对平民百

姓的蔑称。⑧阍："亮暗"，又作"亮阴""谅暗""梁暗"等。一说为帝王居丧，沉默不语。一说为凶庐，梁即楣，暗即庐，守丧之处。⑨三年不言：有两种解释。一说新王守丧三年，其间不问政事。一说武丁三年之中默以思道，以图殷之复兴，旁求四方贤士，终得傅说。⑩密：安定。靖：也是安定的意思。⑪祖甲：商朝第二十五个王。武丁之子。⑫鳏寡：老而无妻为鳏；老而无夫为寡。引申指年老而穷苦无告者。⑬汤：成汤。子姓，名履，又称天乙。商代开国之君。传十七代，三十一王，至纣为周所灭。帝乙：商纣之父。⑭配天：不与天意悖违。古代帝王以为自己是天的儿子，行为受天帝意旨支配。⑮不顾天及民之从：不顾及天命和百姓的依从。⑯日中昃：过了中午之后。昃，日西斜。⑰《周官》：《尚书》篇名。内容为叙述官制，已佚。现存《尚书》中的是东晋所造伪篇。⑱《立政》：《尚书》篇名。"政"：同"正"。意为官长。"立政"即建立官长。⑲百姓：百官。古代民无姓，有姓者都有封地有官爵。其后民亦有姓，因此庶民也称百姓。

【译文】

周公回到朝中，担心成王年轻气盛，治国时会放纵荒淫，就写了《多士》和《毋逸》两篇（以作告诫）。《毋逸》中说："为人父母的，创业的时间都很长久，子孙骄奢淫逸，忘记了祖先创业的艰难，因而使家业败亡，身为人子的难道不应该谨慎吗！所以当初殷王中宗，严谨谦恭，敬畏天命，治理百姓时也严守法度，戒慎恐惧，不敢荒废自安，所以中宗当政长达七十五年。到了高宗，长时间居住在民间，与百姓一起生活，到他即位的时候，认真为先王守丧，三年之间不曾说话，他一说话，百姓都很欢喜，不敢荒淫安逸，全心全意治理殷商，无论做大事还是小事，都不会招人怨恨，所以高宗当政五十五年。到祖甲的时候，他觉得代替兄长为王是不合理的，所以长时间逃到外边做平民百姓，深知百姓的需求，能够施惠与民。不欺侮鳏寡之人，所以祖甲当政三十三年。"《多士》中说："从商汤一直到帝乙，没有一个不恭敬地祭祀鬼神，帝王的德行没有与天意悖违。到今天他们的后代纣王继位，荒淫纵欲，不顾上天和百姓的意愿。百姓都认为应当诛杀他。”“文王从早晨到中午，抽不出时间吃饭，当政五十年。”周公作这两首诗目的是告诫成王。

成王在丰京，天下已经安定，周朝的国家制度还没有固定下来，周公便写了一篇《周官》，分别规定了各级官吏的职责。又作了一篇《立政》，以说明方便百姓的道理，百姓都很高兴。

【原文】

周公在丰，病，将没，曰：“必葬我成周，以明吾不敢离成王。”周公既卒，成王亦让，葬周公于毕①，从文王，以明予小子不敢臣周公也②。

【注释】

①毕：毕原。在今陕西省咸阳市、西安市渭水两岸。②予小子：古代帝王自谦之称，对先王或长辈而言。

【译文】

周公在丰京，生病，将要死去，说：“一定要把我埋葬到成周，以表明我不敢离开成王。”周公去世以后，成王也心怀谦让，埋葬周公于毕原，挨着文王，以表明自己不敢把周公看作臣子。

◎庆父之难◎

【原文】

八年，齐公子纠来奔①。九年，鲁欲内子纠于齐，后桓公，桓公发兵击鲁，鲁急，杀子纠。召忽死。齐告鲁生致管仲②。鲁人施伯曰：“齐欲得管仲，非杀之也，将用之，用之则为鲁患。不如杀，以其尸与之。”庄公不听，遂囚管仲与齐[3]。齐人相管仲。

十三年，鲁庄公与曹沬会齐桓公于柯，曹沬劫齐桓公[4]，求鲁侵地，已盟而释桓公。桓公欲背约，管仲谏，卒归鲁侵地。十五年，齐桓公始霸。二十三年，庄公如齐观社[5]。

【注释】

①齐襄公被杀后国内大乱，襄公之子公子纠母是鲁国之女，因此来避难并寻求援助。②生致：得到活的。③与：给。④劫：劫持。⑤观社：参观祭祀社神之活动。按齐国祭社，聚男女以游观，本身不合于周礼。鲁庄公去观看别国诸侯祭社，也不合于周礼。

【译文】

（鲁庄公）八年冬，齐国公子纠逃到鲁国。九年，鲁国想送公子纠返回齐国继承王位，但是落在齐桓公的后面，桓公发兵攻打鲁国，鲁国危急，杀死公子纠，召忽也跟随死了。齐人告诉鲁国要把管仲活着送回齐国。鲁人施伯说：“齐想得到管仲，不是想杀他，而是要重用他，管仲被重用一定会成为鲁国的心腹大患。不如杀死管仲，把他尸体交给齐国。”庄公不听，把管仲押解交给齐国。齐人任命管仲做了齐相。

十三年，鲁庄公与大夫曹沬与齐桓公盟会于柯地，曹沬劫持齐桓公，索要鲁国被侵占的土地，盟誓后释放桓公。桓公想毁约，管仲劝谏他，终究归还鲁国被侵的土地。十五年，齐桓公开始称霸。二十三年，庄公到齐国去参加祭祀社神的活动。

【原文】

三十二年，初，庄公筑台临党氏[1]，见孟女[2]，说而爱之，许立为夫人，割臂以盟。孟女生子斑[3]。斑长，说梁氏女[4]，往观。圉人荦自墙外与梁氏女戏⑤。斑怒，鞭荦。庄公闻之，曰："荦有力焉，遂杀之，是未可鞭而置也。"斑未得杀。会庄公有疾。庄公有三弟，长曰庆父，次曰叔牙，次曰季友。庄公取齐女为夫人曰哀姜。哀姜无子。哀姜娣曰叔姜⑥，生子开⑦。庄公无适嗣，爱孟女，欲立其子斑。庄公病，而问嗣于弟叔牙。叔牙曰："一继一及⑧，鲁之常也。庆父在，可为嗣，君何忧？"庄公患叔牙欲立庆父，退而问季友。季友曰："请以死立斑也。"庄公曰："曩者叔牙欲立庆父⑨，奈何？"季友以庄公命命牙待于鍼巫氏⑩，使鍼季劫饮叔牙以鸩⑪，曰："饮此则有后奉祀；不然，死且无后。"牙遂饮鸩而死，鲁立其子为叔孙氏⑫。八月癸亥，庄公卒，季友竟立子斑为君，如庄公命。侍丧，舍于党氏。

【注释】

①党氏：鲁大夫。②孟女：党氏之女。③斑：公子斑。④梁氏：鲁大夫。⑤圉（yǔ）人：官名，掌管养马放牧等事。⑥娣：古时称姐姐的妹妹为娣。⑦开：或作开方，即鲁闵（湣）公。⑧一继一及：古代王位继承的两种方式。继，父死子继。及，兄终弟及。⑨曩者：以往，从前。⑩鍼（zhēn）巫氏：鲁大夫。⑪鸩：鸟名。其羽毛有毒，古人用以制成毒酒杀人。所以用毒酒杀人也称为"鸩"。⑫叔孙氏：鲁桓公之子叔牙的后裔。春秋后期掌握鲁国政权的三家贵族（"三桓"）之一。

【译文】

三十二年，最初，庄公修筑一座高台正好俯视党氏之家，看到孟女，十分喜欢，答应立她为夫人，割破手臂订下誓约。孟女生了姬斑。姬斑长大后，喜爱梁氏之女，前往她家探视。名叫荦的养马人从墙外与梁氏女嬉戏。姬斑大怒，用鞭子抽打荦。庄公听说此事，说："荦很有力气，应该杀掉他，这人不能鞭打几下就给放掉。"姬斑没来得及杀掉荦。正好赶上庄公有病。庄公有三个弟弟，长名庆父，次名叔牙，幼名季友。庄公娶齐女为夫人名叫哀姜。哀姜没有生儿子。哀姜的妹妹名叫叔姜，所生的儿子名叫开。庄公的正夫人没有儿子，所以宠爱孟女，想立她的儿子姬斑。庄公病，向他弟弟叔牙询问谁可以继承君位。叔牙说："父死子继，兄死弟及，这是鲁国恒常不变的规矩。现在有庆父，可以立为嗣君，您担忧什么呢？"庄公担心叔牙要立庆父为君，叔牙退下后庄公又询问季友。季友说："请让我拼死立姬斑为君。"庄公曰："刚才叔牙想立庆父，那该如何是好？"季友以庄公的名义命令叔牙待命于鍼巫氏家中，让鍼季强迫叔牙喝毒酒，说："你喝了这个，还有后人祭祀；不然的话，你死了也没有后代。"叔牙就喝毒酒而死，鲁国立叔牙之子为叔孙氏。八月癸亥，庄公去世，季友终于立姬斑为君，正合了庄公的心意。姬斑守丧时，住在党氏的家中。

【原文】

先时庆父与哀姜私通，欲立哀姜娣子开。及庄公卒而季友立斑，十月己未，庆父使圉人荦杀鲁公子斑于党氏。季友奔陈[①]。庆父竟立庄公子开，是为湣公。

湣公二年，庆父与哀姜通益甚。哀姜与庆父谋杀湣公而立庆父。庆父使卜齮袭杀湣公于武闱[②]。季友闻之，自陈与湣公弟申如邾[③]，请鲁求内之。鲁人欲诛庆父。庆父恐，奔莒[④]。于是季友奉子申入，立之，是为釐公[⑤]。釐公亦庄公少子。哀姜恐，奔邾。季友以赂如莒求庆父，庆父归，使人杀庆父，庆父请奔，弗听，乃使大夫奚斯行哭而往[⑥]。庆父闻奚斯音，乃自杀。齐桓公闻哀姜与庆父乱以危鲁，乃召之邾而杀之，以其尸归，戮之鲁[⑦]。鲁釐公请而葬之。

【注释】

①陈：古国名。周初所封。建都宛丘（今河南省淮阳县）。春秋末年为楚所灭。②卜齮（yǐ）：鲁大夫。武闱：王宫之侧门。闱，宫中小门。③邾（zhū）：春秋诸侯国，曹姓。国都在驺（今山东省驺县）。战国时为楚所

灭。④莒（jǔ）：古国名。周初所封。己姓，一说曹姓。春秋初年迁都于莒（今山东省莒县）。战国时为楚所灭。⑤釐公：又作“僖公”。⑥傒斯：鲁公子鱼。⑦戮：陈尸示众。

【译文】

当初庆父与哀姜私通，庆父想立哀姜妹妹的儿子开为君主。到庄公去世，季友立了姬斑，十月己未，庆父派养马人荦在党氏家中杀死了姬斑。季友逃到陈国。庆父终究立了庄公的儿子开，就是鲁湣公。

湣公二年，庆父与哀姜私通更加放纵。哀姜与庆父商量杀死湣公而立庆父为国君。庆父派卜齮在武闱杀死湣公。季友听说后，和湣公的弟弟申从陈国到达邾国，请求鲁人接纳公子申。鲁人想杀庆父，庆父害怕，逃到莒地。于是季友拥戴公子申回到鲁国，立为国君，就是釐公。釐公也是庄公的少子。哀姜害怕，逃到邾国。季友贿赂莒人索要庆父，庆父回到鲁国，季友派人杀庆父，庆父请求流亡国外，季友不同意，派大夫傒斯一路哭着去通知庆父。庆父听到傒斯的哭声，就自杀了。齐桓公听说哀姜与庆父淫乱危害鲁国，就把哀姜从邾国召回，杀死了她，把她尸体送归鲁国示众。鲁釐公请求埋葬了哀姜。

【原文】

季友母陈女，故亡在陈，陈故佐送季友及子申①。季友之将生也，父鲁桓公使人卜之，曰：“男也，其名曰‘友’，间于两社②，为公室辅③。季友亡，则鲁不昌。”及生，有文在掌曰“友”，遂以名之，号为成季。其后为季氏，庆父后为孟氏也。

【注释】

①佐送：帮助护送。②间于两社：位于两社之间，意指成为执政大臣。古诸侯库门之内、雉门之外为外朝，左右有周社、亳社。③公室：即国君之

家族。

【译文】

季友母亲是陈国女子，所以先前逃亡到了陈国，陈国帮助护送季友和子申。季友将要出生时，父亲鲁桓公让人给他占卜，占卜的人说："这是一个男孩，他的名字叫'友'，将来会站在两社之间，成为国君家族的辅弼之臣。季友死后，鲁国就不能昌盛了。"出生以后，手掌心有个"友"字，就以友为名，取号为成季。他的后人就是季氏，庆父的后人就是孟氏。

楚世家

【导读】

楚人的先祖是黄帝之子昌意的后代，后来传到重黎，又传到吴回、季连。季连的后裔熊绎被周成王封到楚蛮，在丹阳定都。周夷王时，楚国首领熊渠不用中国的谥号，称呼自己的儿子为王。春秋时，熊通不顾周王的反对，自称武王。楚国是春秋战国时期的大国。春秋时期，楚曾与中原诸侯及吴、越等国争霸；进入战国后，吴起在楚国变法，楚国不断开疆拓土，一度成为与秦国势均力敌的强国，一时有“合纵则楚王，横成则秦帝”的说法。后来，楚怀王、顷襄王昏庸无能，疏远贤臣，楚国国力渐弱，最终在公元前223年被秦国灭掉。楚国虽处蛮夷之地，却孕育出了璀璨的文化，不但出现了屈原、宋玉等文学家，也出现了老子、庄子等大思想家。

◎庄王问鼎中原◎

【原文】

庄王即位三年，不出号令，日夜为乐，令国中曰：“有敢谏者死无赦！”伍举入谏①。庄王左抱郑姬，右抱越女，坐钟鼓之间。伍举曰：“愿有进隐。”曰：“有鸟在于阜②，三年不蜚不鸣③，是何鸟也？”庄王曰：“三年不蜚，蜚将冲天；三年不鸣，鸣将惊人。举退矣，吾知之矣。”居数月，淫益甚④。大夫苏从乃入谏。王曰：“若不闻令乎？”对曰：“杀身以明君，臣之愿也。”于是乃罢淫乐，听政，所诛者数百人，所进者数百人，任伍举、苏从以政，国人大说。是岁灭庸。六年，伐宋，获五百乘。

【注释】

①伍举：伍参之子，伍子胥的祖父，亦称椒举。②阜（fù）：土山。③蜚：同“飞”。④淫：过度，无节制。

【译文】

楚庄王即位三年后，没有发布任何政令，日夜不停地寻欢作乐，还命令全国百姓说：“有敢向我劝谏的，一律杀无赦！”伍举向他进谏。庄王左手抱着郑姬，右手抱着越女，坐在钟鼓之间。伍举说：“我想说一个谜语。”接着说道：“有一只鸟待在土山之上，整整三年不飞也不叫，请问这是什么鸟呢？”庄王说：“三年不飞，要是飞的话一定能够冲天；三年不叫，叫的话一定能够惊人。伍举你退下吧，我知道什么意思了。”过了几个月，庄王更加荒淫无度了。大夫苏从前来进谏。庄王说：“你难道没有听说我的命令吗？”苏从回答说：“如果杀了我而使君王明白道理，这正是我的愿望。”于是庄王就停止了淫乐，开始处理政事，被诛杀的奸人有好几百人，选拔上来的人才也有好几百人，把政事委托给伍举、苏从处理。楚国的百姓十分高兴。这一年，楚国灭掉了庸国。六年，又讨伐宋国，获得了战车五百辆。

【原文】

八年，伐陆浑戎①，遂至洛②，观兵于周郊。周定王使王孙满劳楚王。楚王问鼎小大轻重，对曰：“在德不在鼎。”庄王曰：“子无阻九鼎③！楚国折钩之喙，足以为九鼎。”王孙满曰：“呜呼！君王其忘之乎？昔虞夏之盛④，远方皆至，贡金九牧⑤，铸鼎象物⑥，百物而为之备，使民知神奸⑦。桀有乱德，鼎迁于殷，载祀六百⑧。殷纣暴虐，鼎迁于周。德之休明⑨，虽小必重；其奸回昏乱⑩，虽大必轻。昔成王定鼎于郏鄏⑪，卜世三十，卜年七百，天所命也。周德虽衰，天命未改。鼎之轻重，未可问也。”楚王乃归。

【注释】

①陆浑戎：允姓之戎，本居瓜州。在今甘肃省敦煌一带。②洛：周都洛邑，在今河南省洛阳市。③阻：依恃。④虞：古代部族名，即有虞氏，姚姓，居住在蒲坂（今山西省运城西南蒲州镇）。⑤贡金：贡献铜。九牧：九州的长官。⑥象物：将各种形象铸在鼎上。⑦神奸：指神鬼之物。⑧载、祀：都是指年的意思。⑨休明：美好清明。⑩奸回：奸恶邪僻。⑪定：奠置。郏：山名。即今河南省洛阳市北的北邙山。鄏：邑名。即今河南省洛阳市西。

【译文】

八年，讨伐陆浑戎，顺便到了洛阳，在周朝都城的郊外阅兵示威，周定王派王孙满去犒劳庄王。庄王向王孙满询问鼎的大小和轻重，王孙满回答说：“治理国家在于德行而不在于宝鼎。”庄王说：“你不要倚仗着九鼎，楚国折断戈戟上的锋刃，就足以铸造九鼎了。”王孙满说：“唉！君王难道您忘记了吗？当初虞夏兴盛的时候，远方的人都来表示臣服，九州的长官也进献铜，于是把这些铜铸造成九鼎，然后在上面雕刻山川物象，所有的事物都在上面了，这是为了使老百姓知道神妖鬼怪是什么样的。夏桀昏乱无德，九鼎传到了殷商的手中，一共经历了六百年。殷纣暴虐无道，九鼎又辗转到周朝的手中。德行美善而清明，即便鼎很小也难以移动；天子无德，奸邪而混乱，即便鼎很重也很容易移动。当初成王把鼎安置在郏鄏，曾经占卜过，说周王室可以传三十世，经历七百年，这是上天的命令啊。现在周德虽然衰微，但是天命还没有改变。鼎的轻重，是不可以询问的。”楚庄王就回去了。

【原文】

九年，相若敖氏[①]。人或谗之王，恐诛，反攻王[②]，王击灭若敖氏之族。十三年，灭舒。

十六年，伐陈，杀夏徵舒。徵舒弑其君，故诛之也。已破陈，即县之[③]。群臣皆贺，申叔时使齐来[④]，不贺。王问，对曰："鄙语曰，牵牛径人田[⑤]，田主取其牛。径者则不直矣，取之牛不亦甚乎？且王以陈之乱而率诸侯伐之，以义伐之而贪其县，亦何以复令于天下！"庄王乃复国陈后。

十七年春，楚庄王围郑，三月克之。入自皇门[⑥]，郑伯肉袒牵羊以逆[⑦]，曰："孤不天[⑧]，不能事君，君用怀怒，以及敝邑，孤之罪也。敢不惟命是听！宾之南海，若以臣妾赐诸侯，亦惟命是听。若君不忘厉、宣、桓、武[⑨]，不绝其社稷，使改事君，孤之愿也，非所敢望也。敢布腹心[⑩]。"楚群臣曰："王勿许。"庄王曰："其君能下人，必能信用其民，庸可绝乎[⑪]！"庄王自手旗，左右麾军[⑫]，引兵去三十里而舍，遂许之平[⑬]。潘尪入盟[⑭]，子良出质[⑮]。夏六月，晋救郑，与楚战，大败晋师河上[⑯]，遂至衡雍而归[⑰]。

二十年，围宋，以杀楚使也。围宋五月[⑱]，城中食尽，易子而食，析骨而炊[⑲]。宋华元出告以情[⑳]。庄王曰："君子哉！"遂罢兵去。

二十三年，庄王卒，子共王审立。

【注释】

①若敖氏：若敖之后，即斗氏。据《左传·宣公四年》，此年任令尹者为斗伯棼。②反：反过来。③县：以……为县。④申叔时：楚大夫。申氏出是楚公族，又称文氏。⑤径：经过。⑥皇门：郑国的城门。⑦郑伯：郑襄公。肉袒牵羊：袒露身体牵着羊，表示臣服。逆：迎接。⑧孤：国君对自己的谦称。不天：不被上天保佑。⑨厉、宣、桓、武：即周厉王、宣王，郑桓公、武公。郑始封君为桓公，其子为武公，桓公是周厉王少子，宣王

庶弟。⑩布：披露。⑪庸：岂。⑫麾：通“挥”，指挥。⑬平：媾和。⑭潘尫：楚大夫。⑮子良：郑襄公弟。⑯河上：这段所述的即是晋楚邲之战，发生在今河南省荥阳东北黄河南岸，所以称为“河上”。⑰衡雍：郑地，在今河南省原阳县西。⑱围宋五月：从前一年的九月至这一年的五月共为九个月，这里作“五月”可能是因《春秋》经传记楚解围在“夏五月”而产生的误解。⑲析骨而炊：把人的骨骸分解开当柴烧。⑳告以情：即“告之以情”。

【译文】

九年，任命若敖氏为楚相。有人向楚庄王进谗言，说若敖氏的坏话，若敖氏害怕被诛杀，反过来攻打庄王，庄王还击，灭了若敖氏三族。十三年，楚国又灭掉舒国。

十六年，讨伐陈国，杀了夏徵舒。夏徵舒杀了陈国的君主，所以楚国诛杀他。攻破陈国之后，就把它设为楚国的一个县。群臣都来向楚庄王祝贺，申叔时从齐国出使回来，没有向庄王祝贺。庄王问他为何不向他祝贺，申叔时说：“俗语说，有人牵着牛闯到别人的田地里，田地的主人夺走了他的牛。牵着牛走进别人的田地不对，但是主人抢走了人家的牛，难道这就是对的吗？况且大王您趁着陈国的内乱而率领诸侯去讨伐它，依靠正义之名去讨伐，却又贪图陈国的土地，今后又怎能号令天下呢！”庄王于是恢复了陈国。

十七年春天，楚庄王围攻郑国，三个月就攻克了郑国。从郑国的皇门进入，郑伯赤裸上身牵着羊来迎接庄王，说：“我得不到上天的保佑，不能侍奉您，您心怀愤怒地征伐郑国，这是我的过错啊！我怎敢不听从您的命令呢！请把我流放到南海吧，或者把我当作奴隶赏赐给诸侯，我也会听从您的命令。如果您不忘记周厉王、周宣王、郑桓公和郑武公，不使郑国绝灭，能让郑国侍奉您，这是我的希望，但是我不敢有这个奢望！只不过斗胆表达一下我的肺腑之言罢了。”楚国的大臣说：“大王您不要答应啊。”庄王说：“郑国的君主能够屈己下人，一定能够信任他的老百姓，怎么能灭掉郑国呢！”庄王亲自拿着军旗，号令军队后撤，率领军士后退三十里安营驻扎下来，答应和郑国缔结合约。郑国的大夫潘尪前来订立盟约，郑伯的弟弟子良作为人质去了楚国。这年六月，晋国解救郑国，与楚国交战，结果楚国在黄河边把晋军打败，一直打到衡雍才撤军而回。

二十年，楚庄王围攻宋国，因为宋国杀了楚国的使节。楚军围困宋国五个月，城中的粮食断绝，老百姓只好相互交换孩子来吃，砍碎骨头来烧火。宋国的华元出城把实情告诉楚庄王。庄王说：“华元真是个君子啊！”接着罢兵而回。

二十三年，庄王去世，儿子共王申继位。

◎灵王乱政失国◎

【原文】

灵王三年六月，楚使使告晋，欲会诸侯。诸侯皆会楚于申。伍举曰：“昔夏启有钧台之飨①，商汤有景亳之命②，周武王有盟津之誓③，成王有岐阳之蒐④，康王有丰宫之朝⑤，穆王有涂山之会⑥，齐桓有召陵之师⑦，晋文有践土之盟⑧，君其何用？”灵王曰：“用桓公。”时郑子产在焉⑨。于是晋、宋、鲁、卫不往。灵王已盟，有骄色。伍举曰：“桀为有仍之会⑩，有缗叛之⑪。纣为黎山之会⑫，东夷叛之⑬。幽王为太室之盟⑭，戎、翟叛之⑮。君其慎终⑯！”

【注释】

①夏启：禹之子，夏朝的创立者。钧台：在今河南省禹县，夏桀曾把商汤囚禁于此。②景亳：即商汤定都的地方亳，在今河南省商丘市北。命：册命。③盟津：即孟津，古黄河津渡，在今河南省孟县西南。誓：誓师，

武王伐纣前曾两次在孟津誓师。④岐阳：岐山之南，即今陕西省岐山县周原。蒐：田猎。⑤康王：即周康王，成王之子。丰宫：周都丰京的宫室名。朝：朝见。⑥穆王：周穆王。涂山：在今安徽省怀远县东南。会：会盟。⑦召陵：楚地，在今河南省郾城区东。师：指楚成王十六年，齐桓公率诸侯之师伐楚，与楚在召陵会盟。⑧践土：郑地，在今河南省原阳县西南。⑨郑子产：名侨，事郑简公、定公。⑩有仍：国名，太昊风姓之后，在今山东省金乡县东北。⑪有缗（mín）：国名，帝舜姚姓之后，在今山东省金乡县东北。⑫黎：子姓国，在今山西省黎城。⑬东夷：古代居住在今山东省和江淮流域的部族统称。⑭太室：嵩山的东峰，在今河南省登封市北。⑮翟（dí）：通“狄”。⑯慎终：谨慎仔细地考虑结果。

【译文】

楚灵王三年六月，楚国派使节通知晋国，将要会合诸侯。诸侯都与楚国在申地会盟。伍举说：“当初夏启有钧台的宴飨，商汤有景亳的文告，成王有岐阳的田猎，康王有丰宫的朝见，穆王有涂山的会合，齐桓有召陵的誓师，晋文有践土的会盟，大王您打算用哪一种礼节呢？”灵王说：“用桓公的。”当时郑国的子产在场，而晋国、宋国、鲁国、卫国都没有前来参加。灵王会盟之后，显得十分骄傲。伍举说：“夏国在有仍举行集会，有缗背叛了他。商纣参加黎山的集会，东夷背叛了他。幽王参加太室的集会，戎、狄背叛了他。您一定要慎始慎终啊！”

【原文】

七月，楚以诸侯兵伐吴，围朱方[①]。八月，克之，囚庆封，灭其族。以封徇，曰：“无效齐庆封弑其君而弱其孤，以盟诸大夫！”封反曰：“莫如楚共王庶子围弑其君兄之子员而代之立！”于是灵王使疾杀之[②]。

七年，就章华台[③]，下令内亡人实之[④]。

八年，使公子弃疾将兵灭陈。十年，召蔡侯⑤，醉而杀之。使弃疾定蔡，因为陈、蔡公。

【注释】

①朱方：吴邑。在今江苏省镇江市丹徒镇南。②疾：立刻。③章华台：楚台观之名，一说在今湖北省监利县西北离湖上；一说在今湖北省江陵县东。④内：同“纳”。亡人：逃亡的臣、妾。⑤蔡侯：即蔡灵侯，蔡国君主，公元前542年至公元前531年在位。

【译文】

七月，楚国率领诸侯的军队讨伐吴国，围攻朱方。八月，攻克朱方，囚禁了大夫庆封，诛灭他的全族。楚王带着庆封当众宣示说：“你们都不要效法庆封弑君欺压幼主，以及挟持大夫们支持自己！”庆封反唇相讥道：“不要像楚共王庶子围那样，杀自己哥哥的儿子员来登基为王啊！”楚灵王立刻杀死了庆封。

七年，建造章华台，命令让逃亡之人在这里服徭役。

八年，派公子弃疾率领军队灭掉陈国。十年，召来蔡侯，将他灌醉趁机杀了他。又派弃疾平定蔡国，事后封弃疾为陈公、蔡公。

【原文】

十一年，伐徐以恐吴①。灵王次于乾谿以待之②。王曰：“齐、晋、鲁、卫，其封皆受宝器，我独不③。今吾使使周求鼎以为分④，其予我乎？”析父对曰⑤：“其予君王哉！昔我先王熊绎辟在荆山⑥，荜露蓝蒌⑦，以处草莽，跋涉山林，以事天子，唯是桃弧棘矢以共王事⑧。齐，王舅也；晋及鲁、卫，王母弟也⑨。楚是以无分而彼皆有。周今与四国服事君王，将惟命是从，岂敢爱鼎？”灵王曰：“昔我皇祖伯父昆吾旧许是宅，今郑人贪其田，不我予，今我求之，其予我乎？”对曰：“周不爱鼎，郑安敢爱田？”灵王曰：

"昔诸侯远我而畏晋，今吾大城陈、蔡、不羹[10]，赋皆千乘[11]，诸侯畏我乎？"对曰："畏哉！"灵王喜曰："析父善言古事焉。"

【注释】

①徐：嬴姓小国，在今安徽省泗县。②次：驻扎。乾：楚地，在今安徽省亳县。③不：同"否"。④分：指分器。古代帝王分赐诸侯世代保存的宗庙宝器。⑤析父：楚大夫。⑥辟：通"僻"。荆山：在今湖北省武当山东南、汉水西岸。⑦荜（bì）露：简陋的车子。蓝蒌：通"褴褛"，衣服破烂不堪的样子。⑧桃弧棘矢：桃木制的弓，棘枝制的箭。共：通"供"。⑨母弟：同一个母亲的弟弟。⑩大城：扩大加固城池。⑪赋：兵。古代以田赋出兵，所以称兵为赋。

【译文】

十一年，讨伐徐国以威吓吴国。灵王驻扎在乾谿观察情形。楚灵王说："齐国、晋国、鲁国、卫国这些国家的君主接受册封的时候，都从周王室那里获得了宝器，唯独我国没有。现在我派使者到周朝索要九鼎作为分封的宝器，他会答应给我吗？"大夫析父回答说："他会给您的！当初我们先王熊绎住在荆山，乘坐柴车，穿着破衣，居住在草莽荒野之中，很艰难地行走于山水之间，以这样的精神去侍奉周天子，曾把桃木制成的弓以及棘木制成的箭献给周王室。齐侯吕伋是成王的舅舅；晋国、鲁国、卫国的开国之君都是周王母亲的弟弟。楚国因此没有分到任何宝器而他们却都有。周朝现在和这四个国家都来服侍君王，一定会听从您的命令，怎么敢爱惜宝器呢？"灵王说："当初我的先祖伯父昆吾居住在原来的许地，现在郑人贪恋那块土地，不还给我们，现在我如果想要回来，他会给我吗？"析父回答说："周朝尚且不吝惜宝鼎，郑人怎么会贪恋土地呢？"灵王说："当初诸侯疏远我国而畏惧晋国，现在我在陈、蔡、不羹等地建造大的城池，都备有千辆战车，诸侯怕我吗？"析父回答道："当然害怕了！”灵王高兴地说：“析父真是善于讲说古事啊！”

【原文】

十二年春，楚灵王乐乾谿，不能去也。国人苦役。初，灵王会兵于申，僇越大夫常寿过[①]，杀蔡大夫观起。起子从亡在吴，乃劝吴王伐楚，为间越大夫常寿过而作乱[②]，为吴间。使矫公子弃疾命召公子比于晋[③]，至蔡，与吴、越兵欲袭蔡。令公子比见弃疾，与盟于邓[④]。遂入杀灵王太子禄，立子比为王，公子子晳为令尹，弃疾为司马。先除王宫，观从从师于乾谿[⑤]，令楚众曰：“国有王矣。先归，复爵邑田室。后者迁之。”楚众皆溃，去灵王而归。

【注释】

①僇（lù）：侮辱。②为间：挑拨。③矫：假托。④邓：楚邑，在今河南省郾城区东南。⑤从师：指追寻楚师。

【译文】

十二年春，楚灵王在乾谿作乐，不肯离开。国人都苦于徭役。最初，灵王在申地与诸侯会盟，侮辱越国的大夫常寿过，诛杀了蔡国大夫观起。观起的儿子观从逃到吴国，劝说吴王讨伐楚国，挑拨越国大夫常寿过作乱，并让他为吴国做间谍。观从又伪造公子弃疾的命令，召回在晋国的公子比，又到了蔡国，与吴国和越国联合袭击蔡国。让公子比去见弃疾，两人在邓地会盟，他们一起进入楚国都城杀死了楚灵王的太子禄。大家拥立公子比为楚王，任命公子子晳为令尹，委任弃疾担任司马。先清除王宫，然后观从率领军队到达乾谿，向楚军将士宣告说：“现在楚国已经有了新的君主了。先回去的人，恢复原有的爵位以及受封的城邑、田宅。后回去的人，一律流放。”楚军将士都溃散了，离开楚王回到都城。

【原文】

灵王闻太子禄之死也，自投车下，而曰：“人之爱子亦如是乎？”侍者曰：“甚是[①]。”王曰：“余杀人之子多矣，能无及此乎？”右尹曰：“请待于郊以听国人。”王曰：“众怒不可犯。”曰：“且入大县而乞师于诸侯。”王曰：“皆叛矣。”又曰：“且奔诸侯以听大国之虑。”王曰：“大福不再[②]，只取辱耳。”于是王乘舟将欲入鄢[③]。右尹度王不用其计，惧俱死，亦去王亡。

灵王于是独傍偟山中[④]，野人莫敢入王[⑤]。王行遇其故涓人[⑥]，谓曰：“为我求食，我已不食三日矣。”涓人曰：“新王下法[⑦]，有敢饷王从王者[⑧]，罪及三族，且又无所得食。”王因枕其股而卧。涓人又以土自代[⑨]，逃去。王觉而弗见，遂饥弗能起。芋尹申无宇之子申亥曰[⑩]：“吾父再犯王命，王弗诛，恩孰大焉！”乃求王，遇王饥于釐泽，奉之以归。夏五月癸丑，王死申亥家，申亥以二女从死[⑪]，并葬之。

【注释】

①甚是：超过这样。②大福：大的福祉。③鄢：楚别都。在今湖北省宜城市西南。④傍偟：同“彷徨”。⑤野人：古人称贵族所居城邑及环绕城邑的郊区为国，而称国以外的乡村为野，野人也就是在野的农民。入：纳，指不敢把王接进家里。⑥涓人：涓人是宫中担任洒扫清洁的人。涓，通“涓”。⑦新王：指子比。⑧饷：用食物款待。⑨以土自代：用土块代替自己的大腿。⑩芋尹：与田猎有关的官名。⑪从死：陪葬。

【译文】

灵王听说太子禄被杀，自己坠到车的下面，说道：“一般的人家疼爱自己的儿子也是这样的吗？”两旁侍奉的人回答道：“超过这样的。”灵王又说：“我杀别人家的儿子已经够多的了，能不落得这个下场吗？”右尹说："请大王您回到都城的郊外，听听国人的看法是怎样的。"灵王说："众人的愤怒是不可冒犯的啊。"右尹说："暂且先躲避到大县去，然后请求诸侯派援兵吧。"灵王说："所有人都背叛我了。"右尹又说："暂且投靠别的诸侯，然后听从大国的安排吧。"灵王答道："大的福祉不会再来了，只能自取其辱了。"楚灵王乘着船想进入鄢城。右尹料想灵王不会采纳自己的建议，害怕跟着会死，就离开他逃亡去了。

楚灵王在山中独自彷徨，乡野的老百姓都不敢收留他。灵王在途中遇上了原来的涓人，向他说道："请给我一点食物吧，我已经三天没有进食了。"涓人说："新的君王下达了命令，有谁胆敢给您食物或是跟随您的，都会被诛灭三族，况且这里也没有食物了。"灵王便枕着涓人的大腿躺下睡觉。涓人趁他睡着的时候用土块代替自己的大腿，然后抽出腿来逃跑了。灵王醒了看不到人，饥饿地爬不起来，芋邑长官申无宇的儿子申亥说："我的父亲两次违反灵王的命令，灵王都没有杀他，这个恩德多么大啊！"便四处寻找灵王，在釐泽遇上了饥饿难当的灵王，把他迎回家中。这年的夏季五月癸丑，灵王死在申亥的家中，申亥让两个女子陪葬，把他们一起埋了。

【原文】

是时楚国虽已立比为王，畏灵王复来，又不闻灵王死，故观从谓初王比曰[①]："不杀弃疾，虽得国犹受祸。"王曰："余不忍。"从曰："人将忍王。"王不听，乃去。弃疾归。国人每夜惊，曰："灵王入矣！"乙卯夜，弃疾使船人从江上走呼曰："灵王至矣！"国人愈惊。又使曼成然告初王比及令尹子皙曰："王至矣！国人将杀君，司马将至矣！君蚤自图，无取辱焉。众怒如水火，不可救也。"初王及子皙遂自杀。丙辰，弃疾即位为王，改名熊居，是为平王。

【注释】

①初王：子比在位时间很短，死后没给谥号，所以称为“初王”。

【译文】

这个时候楚国虽然已经拥立公子比做了楚王，因为害怕灵王再回来，又没有听到灵王的死讯，所以观从对新登基的楚初王说：“您不杀掉公子弃疾，即使得到整个楚国，也还会遭受灾祸。”初王说：“我实在不忍心杀他。”观从说：“他会忍心杀掉大王您呢！”初王不听，观从就离开了。弃疾回到都城。都城的百姓夜夜惊慌，说：“灵王回来啦！”乙卯的夜晚，弃疾派人乘着船在江上呼喊：“灵王回来啦！”都城的百姓更加害怕了。弃疾又派曼成然告诉初王和令尹子皙说：“灵王回来了！京城里的百姓将要杀死你们，司马也要到了！您应当早做打算啊，不要自取其辱。众怒就好比水火，没有办法挽救的。”初王和子皙自杀而死。丙辰，弃疾即位为王，改自己的名字为熊居，他就是楚平王。

赵世家

【导读】

赵氏原是晋国的四卿之一。赵襄子在位时，四卿之一的智伯率领韩、魏二家围攻襄子，襄子固守晋阳，反过来联合韩、魏两家灭掉智伯，赵、魏、韩三家趁机瓜分智氏的领土。公元前403年，周天子正式承认韩、赵、魏三家的诸侯地位，与晋侯并列。三家分晋，始于战国时代。赵国在战国之初国力并不强盛，后来经过赵武灵王"胡服骑射"，军事实力增强，在与诸侯的战争中表现强劲，涌现出诸如廉颇、赵奢、李牧等智勇双全的名将。本篇节录了《赵世家》中的两个故事，即"赵氏孤儿"与"胡服骑射"。

◎赵氏孤儿◎

【原文】

赵盾代成季任国政，二年而晋襄公卒。太子夷皋年少，盾为国多难，欲立襄公弟雍。雍时在秦，使使迎之。太子母日夜啼泣[①]，顿首谓赵盾曰："先君何罪？释其適子而更求君？"赵盾患之，恐其宗与大夫袭诛之，乃遂立太子，是为灵公[②]。发兵距所迎襄公弟于秦者。灵公既立，赵盾益专国政。

灵公立十四年，益骄。赵盾骤谏，灵公弗听。及食熊蹯[③]，胹不熟[④]，杀宰人，持其尸出，赵盾见之。灵公由此惧，欲杀盾。盾素仁爱人，尝所食桑下饿人反扞救盾，盾以得亡。未出境，而赵穿弑灵公，而立襄公弟黑臀，是为成公[⑤]。赵盾复反，任国政。君子讥盾"为正卿，亡不出境，反不讨贼”，故太史书曰“赵盾弑其君”[⑥]。晋景公时而赵盾卒[⑦]，谥为宣孟，子朔嗣。

【注释】

①太子母：穆嬴，太子夷皋之母，为秦室宗女。②灵公：名夷皋，公元前620年至公元前607年在位。③蹯（fán）：兽足，此指熊掌，味美而难熟。④胹（ér）：炖，煮。⑤成公：黑臀，公元前606年至公元前600年在位。⑥太史：董狐。⑦晋景公：名据，成公之子，公元前599年至公元前581年在位。

【译文】

赵盾代替成季主持晋国政事，两年后，晋襄公去世。太子夷皋年纪尚小，赵盾以为这样国家会多难，所以想拥立襄公的弟弟雍为晋君。雍当时正在秦国，赵盾派使节去迎接他。太子的母亲日夜哭啼，跪下向赵盾磕头说：“先王有什么罪过呢？为何要舍弃他的嫡子而更换君主？”赵盾十分忧虑，他担心太子的宗亲联合大夫们袭击诛杀自己，于是就拥立太子为晋君，就是晋灵公，同时派兵去阻止护送襄公之弟回国的秦兵。灵公即位以后，赵盾更加专擅朝政了。

灵公上台十四年，越来越骄横跋扈。赵盾屡次劝谏，但是灵公都不听从。有一次灵公吃熊掌，熊掌不熟，灵公就杀掉了厨师，卫士们把厨师的尸体抬出，正好让赵盾看到了。灵公因此而感到害怕，想杀掉赵盾。赵盾平时待人宽厚仁爱，曾经给一个饿倒在桑树下的人饭吃，灵公准备杀赵盾的时候，这个人救了赵盾，这样赵盾才得以逃脱。赵盾还没有逃出国境，赵穿就杀了灵公而拥立襄公的弟弟黑臀为晋君，这就是晋成公。赵盾又返回朝中处理国事。君子都讽刺赵盾“身为正卿，逃亡而不出国境，返回来又不讨伐逆贼”，所以史书上说“赵盾杀了晋国的君主”。晋景公的时候，赵盾去世，谥号为“宣孟”，儿子赵朔继位。

【原文】

赵朔，晋景公之三年[①]，朔为晋将下军救郑[②]，与楚庄王战河上[③]。朔娶晋成公姊为夫人。

晋景公之三年，大夫屠岸贾欲诛赵氏[④]。初，赵盾在时，梦见叔带持要而哭[⑤]，甚悲；已而笑，拊手且歌[⑥]。盾卜之，兆绝而后好[⑦]。赵史援占之，曰："此梦甚恶，非君之身，乃君之子，然亦君之咎。至孙，赵将世益衰。"屠岸贾者，始有宠于灵公，及至于景公而贾为司寇[⑧]。将作难，乃治灵公之贼以致赵盾，遍告诸将曰："盾虽不知，犹为贼首。以臣弑君，子孙在朝，何以惩辠[⑨]？请诛之。"韩厥曰[⑩]："灵公遇贼，赵盾在外，吾先君以为无罪，故不诛。今诸君将诛其后，是非先君之意，而今妄诛。妄诛谓之乱。臣有大事而君不闻，是无君也。"屠岸贾不听，韩厥告赵朔趣亡[⑪]。朔不肯，曰："子必不绝赵祀[⑫]，朔死不恨。"韩厥许诺，称疾不出。贾不请而擅与诸将攻赵氏于下宫，杀赵朔、赵同、赵括、赵婴齐，皆灭其族。

【注释】

①晋景公之三年：公元前597年。②下军：三军之一。春秋时大国一般设置三军，即上军、中军、下军。③河上：河畔。④屠岸贾：晋国大夫。⑤叔带：赵氏始迁祖。叔带以后，赵氏递兴。要：通"腰"。⑥拊（fǔ）：拊手、拍手。⑦兆：古以龟占卜，观看坼裂之纹，以定吉凶。绝而后好：即逢凶化吉。⑧司寇：六卿之一，主管刑狱。⑨辠：古"罪"字。⑩韩厥：韩武子之后。⑪趣：疾，快。⑫必：一定。

【译文】

赵朔，在晋景公三年的时候，率领下军解救了郑国，与楚庄王在黄河边交战。赵朔娶了晋成公的姐姐为妻。

晋景公三年，大夫屠岸贾想诛杀赵氏。当初赵盾在世的时候，曾经梦到祖先叔带抱着他的腰哭泣，十分悲伤；一会儿又笑起来，边拍手边唱歌。赵盾占卜了一下，龟甲上灼烧的裂纹断绝，但是后面又呈现好的兆头。赵盾的史官援看了兆纹解释说：“这个梦很不好，并不是应验在你的身上，而是应验在你的儿子身上，但这也是你留下的祸患。到你的孙辈的时候，赵氏的子孙将更加衰微。”屠岸贾，最初受晋灵公的宠幸，到景公的时候，屠岸贾担任司寇之职。他想作乱，就追究杀死灵公的逆贼来牵连赵盾，他通告手下诸将说：“赵盾虽然事先不知道弑君之事，但他依旧是叛贼的首领。身为臣子弑杀君主，而且子孙还在朝中为官，这怎么能惩治罪犯呢？请大家诛杀赵氏吧。”韩厥说：“灵公遭遇贼害的时候，赵盾在外逃亡。我们的先王认为他没有罪过，所以没有诛杀赵盾。现在诸位想诛杀他的后代，这不是先王的意思而是胡乱诛杀。胡乱诛杀就是犯上作乱。做臣子的有重大事情却不让君主事先知道，这就是眼中没有国君啊。”屠岸贾不听他的劝告，韩厥告诉赵朔赶快逃走。赵朔不肯走，说：“您一定不要让赵氏的祭祀断绝，这样即使我死了也没有什么遗恨。”韩厥答应了他，假装生病不出家门。屠岸贾没有请示景公就擅自率领诸位将军在下宫攻击赵氏，杀死了赵朔、赵同、赵括、赵婴齐，灭了赵氏全族。

【原文】

赵朔妻成公姊，有遗腹，走公宫匿。赵朔客曰公孙杵臼，杵臼谓朔友人程婴曰[1]：“胡不死？”程婴曰：“朔之妇有遗腹，若幸而男，吾奉之；即女也[2]，吾徐死耳。”居无何，而朔妇免身[3]，生男。屠岸贾闻之，索于宫中。夫人置儿绔中[4]，祝曰：“赵宗灭乎，若号；即不灭，若无声。”及索，儿竟无声。已脱，程婴谓公孙杵臼曰：“今一索不得，后必且复索之，奈何？”公孙杵臼曰：“立孤与死孰难？”程婴曰：“死易，立孤难耳。”公孙杵臼曰：“赵氏先君遇子厚，子彊为其难者[5]，吾为其易者，请先死。”乃二人谋取他人婴儿负之[6]，衣以文葆[7]，匿山中。程婴出，谬谓诸将军曰："婴不肖，不能立赵孤。谁能与我千金，吾告赵氏孤处。"诸将皆喜，许之，发师随程婴攻公孙杵臼。杵臼谬曰："小人哉程婴！昔下宫之难不能死，与我谋匿赵氏孤儿，今又卖我。纵不能立，而忍卖之乎！"抱儿呼曰："天乎天乎！赵氏孤儿何罪？请活之，独杀杵臼可也。"诸将不许，遂杀杵臼与孤儿。诸将以为赵氏孤儿良已死[8]，皆喜。然赵氏真孤乃反在，程婴卒与俱匿山中。

【注释】

①公孙杵臼、程婴：二人是赵盾、赵朔两代家臣。②即：若。③免：同"娩"。生孩子。④绔：套裤。⑤彊：通"强"，勉强。⑥负之：抚养起来。⑦文葆：绣花的衣服。⑧良：确实。

【译文】

赵朔的妻子是成公的姐姐，腹中怀有孩子，便跑到宫中躲藏起来。赵朔的门客有个叫公孙杵臼的，他对赵朔的朋友程婴说："你为什么不殉难而死呢？"程婴说："赵朔的妻子怀有身孕，如果幸运生了个男孩，我就抚养他长大；如果生下的是个女孩，我慢慢死吧。"没过多长时间，赵朔的妻子分娩，生下一个男孩。屠岸贾听说此事，在宫中搜查这个男孩。赵朔妻子把婴儿藏到套裤里，祈祷说："倘若上天要让赵氏宗族灭绝的话，你就哭出声来；若是不让赵氏灭绝，你一定不要出声啊。"等屠岸贾派人搜查到她身边的时候，婴儿竟然没有发出声音。脱险之后，程婴对公孙杵臼说："现在搜查一次没有搜查到，屠岸贾一定不会甘心，还会再来搜查的，这该怎么办呢？"公孙杵臼说："抚养孤儿和以死殉难，哪一个更难？"程婴说："死很容易，但是抚养孤儿就很难了。"公孙杵臼说："赵氏先君对您很优厚，您就勉强做困难的事情，我做容易的，请让我先死吧。"接着两人商量弄来别人的婴儿抚养，然后在婴儿的身上裹上华丽的襁褓，藏匿在山中。程婴走出山，假装对诸位将军说："我程婴没有出息，不能抚养赵氏孤儿。谁能给我千金，我就告诉他赵氏孤儿在什么地方。”诸将听了十分高兴，答应了他，派兵追随程婴去攻击公孙杵臼。公孙杵臼也假装说道：“小人啊程婴！当初下宫之难的时候你没有跟着死，和我一起谋划隐藏赵氏孤儿，现在你又出卖我。纵然不能把孩子抚养长大，又怎能忍心出卖呢！”他抱着婴儿说：“天啊，天啊！赵氏孤儿有什么罪呢？请让孩子活下来吧，只杀我公孙杵臼一个人就行了！”诸将不答应，便杀了公孙杵臼和赵氏孤儿。诸将以为赵氏孤儿确确实实已经死了，都很高兴。然而真正的赵氏孤儿依旧活着，程婴带着他藏匿在深山之中。

【原文】

居十五年[①]，晋景公疾，卜之，大业之后不遂者为祟。景公问韩厥，厥知赵孤在，乃曰：“大业之后在晋绝祀者，其赵氏乎？夫自中衍者皆嬴姓也。中衍人面鸟噣[②]，降佐殷帝大戊，及周天子，皆有明德。下及幽厉无道[③]，而叔带去周适晋，事先君文侯，至于成公，世有立功，未尝绝祀。今吾君独灭赵宗，国人哀之，故见龟策[④]。唯君图之。”景公问：“赵尚有后子孙乎？”韩厥具以实告。于是景公乃与韩厥谋立赵孤儿，召而匿之宫中。诸将入问疾，景公因韩厥之众以胁诸将而见赵孤。赵孤名曰武。诸将不得已，乃曰：“昔下宫之难，屠岸贾为之，矫以君命，并命群臣。非然，孰敢作难！微君之疾[⑤]，群臣固且请立赵后。今君有命，群臣之愿也。”于是召赵武、程婴遍拜诸将，遂反与程婴、赵武攻屠岸贾，灭其族。复与赵武田邑如故。

【注释】

①居十五年：即晋景公十七年。②噣（zhòu）：鸟嘴。③幽厉无道：周幽王、厉王都是无道昏君。④策：古时卜筮工具。⑤微：无，没有。

【译文】

晋景公十七年，晋景公患病，占卜了一下，卜筮的结果是大业的后人因为不顺而作怪。景公问韩厥什么意思，韩厥知道赵氏孤儿还活着，便对晋景公说："大业的后裔在晋国断绝祭祀的，不就是赵氏吗？自中衍以来的子孙都姓嬴。中衍长着人一样的脸、鸟一样的嘴，降临到世间辅佐殷帝大戊，一直到周朝建立，他的子孙也还有盛德。到周幽王、周厉王的时候，周天子昏庸无道，叔带离开周朝来到晋国，侍奉先君文侯，到成公的时候，世世代代都立有功业，从来没有断绝祭祀。现在唯独您灭掉了赵氏宗族，国人都十分伤心，所以在龟策上显现出来，希望您好好打算啊！"景公问道："赵氏现在还有子孙吗？"韩厥把实情都告诉了晋景公。景公便和韩厥谋划拥立赵氏孤儿，把他召进宫中藏匿起来。众将进宫探视景公的病情，景公依靠韩厥的部众胁迫诸将来见赵氏孤儿。赵氏孤儿名叫赵武。众将没有办法，只好说："当初的下宫之难，那是屠岸贾一手策划的，他假托君王的旨意，并且命令群臣。不是这样的话，谁敢作乱啊！（如果）不是您患有重病，我们一定会请求君王拥立赵氏的后代的。现在大王您有命令，这正是群臣的心愿啊！"于是景公召来赵武、程婴拜谢诸将，诸将反过来与程婴、赵武一起攻打屠岸贾，灭了屠岸贾的全族。恢复了赵氏原有的田地和封邑。

【原文】

及赵武冠[①]，为成人，程婴乃辞诸大夫，谓赵武曰："昔下宫之难[②]，皆能死。我非不能死，我思立赵氏之后。今赵武既立，为成人，复故位，我将下报赵宣孟与公孙杵臼[③]。"赵武啼泣顿首固请，曰："武愿苦筋骨以报子至死，而子忍去我死乎！"程婴曰："不可，彼以我为能成事，故先我死；今我不报，是以我事为不成。"遂自杀。赵武服齐衰三年[④]，为之祭邑，春秋祠之[⑤]，世世勿绝。

【注释】

①冠：古代男子成年时举行加冠礼。②昔下宫之难：指屠岸贾攻杀赵同、赵括之事。③赵宣孟：指赵盾。④齐衰：丧服名，五服之一，是以粗麻布制成的丧服，因其缉边缝齐，故称齐衰，仅次于子女服父母之丧。⑤祠：祭祀。

【译文】

赵武二十岁加冠的时候，程婴向诸位大夫辞别，对赵武说："当初下宫之难，所有的人都死了。我不是不能死，我想抚养赵氏的后代长大，现在赵武既然已经继承赵氏，长大成人，恢复了原来的官职，我打算到黄泉之下去报告赵宣孟和公孙杵臼了。"赵武哭泣叩头央求说："我愿意劳苦自己的筋骨来报答您一直到死，您怎么能忍心丢下我去死呢！"程婴说："不行啊！他们认为我能做成大事，所以在我之前先死；现在我不去报告他们，他们一定会以为我没有把事情办成功！"说完就自杀了。赵武为程婴守丧三年，还为他设置了专供祭祀的封邑，春秋两季祭祀他，世世代代没有断绝。

⊙文史知识

战国时赵国国力与其他国家对比

赵国疆土范围为今河北省南部、山西省中部和陕西省东北隅。战国七雄中赵国无论从疆土、人口，还是从实力上来看均处于中下游。楚国地方千里、带甲百万，地处南方战略地位，可攻可守；齐国雄占东方，国家财富居战国之首，人口众多，粮食资财充足；魏国是最先改革，也是战国初期国势最强的国家；秦国地势险要、兵伍善战。秦国在战国初期比较落后，后经商鞅变法，国力不断强大，到战国中期已成为最强大的国家。只有燕国、韩国实力稍逊。而赵国地处各国之要冲，为兵家必争之地。赵国北有林胡、匈奴、东胡、楼烦，东有强齐，南有悍魏，西有虎狼之国秦国，附近还有小国中山国，可谓处境艰危，直到赵武灵王实行“胡服骑射”的改革，才使赵国军事力量日益强大，从而能西退胡人，北灭中山，成为“战国七雄”之一。

◎胡服骑射◎

【原文】

十九年春正月，大朝信宫[①]。召肥义与议天下，五日而毕。王北略中山之地，至于房子[②]，遂之代，北至无穷[③]，西至河，登黄华之上[④]。召楼缓谋曰：“我先王因世之变，以长南藩之地，属阻漳、滏之险[⑤]，立长城，又取蔺、郭狼[⑥]，败林人于荏[⑦]，而功未遂。今中山在我腹心，北有燕，东有胡，西有林胡、楼烦、秦、韩之边，而无强兵之救，是亡社稷，奈何？夫有高世之名，必有遗俗之累。吾欲胡服[⑧]。”楼缓曰：“善。”群臣皆不欲。

于是肥义侍，王曰[⑨]：“简、襄主之烈[⑩]，计胡、翟之利[⑪]。为人臣者，宠有孝弟长幼顺明之节，通有补民益主之业[⑫]，此两者臣之分也。今吾欲继襄主之迹，开于胡、翟之乡，而卒世不见也[⑬]。为敌弱，用力少而功多[⑭]，可以毋尽百姓之劳，而序往古之勋[⑮]。夫有高世之功者，负遗俗之累；有独智之虑者，任骜民之怨[⑯]。今吾将胡服骑射以教百姓[⑰]，而世必议寡人，奈何？”肥义曰：“臣闻疑事无功，疑行无名。王既定负遗俗之虑，殆无顾天下之议矣。夫论至德者不和于俗，成大功者不谋于众。昔者舜舞有苗，禹袒裸国，非以养欲而乐志也，务以论德而约功也。愚者暗成事，智者睹未形，则王何疑焉。”王曰：“吾不疑胡服也，吾恐天下笑我也。狂夫之乐，志者哀焉；愚者所笑，贤者察焉。世有顺我者，胡服之功未可知也。

虽驱世以笑我，胡地中山吾必有之。”于是遂胡服矣。

【注释】

①信宫：在今河北省临洺。②房子：赵邑，在今河北省。③代：在今河北省一带。无穷：即无终，在今河北省蓟县无终故城。④黄华：山名，在今山西省山阴县北。⑤滏（fǔ）：即滏阳河，源出河北省磁县西北滏山，东流入于漳。⑥蔺：在今山西省离石西。郭狼：在今山西省离石区西北。⑦林人：林胡人。⑧胡服：匈奴服饰。楼烦：春秋战国时以游牧为主的民族，精骑射，是匈奴族的一支。⑨王：武灵王。⑩简：赵简子鞅。襄：赵襄子毋恤。烈：功业。⑪胡翟：北方匈奴，西陲诸翟。⑫通：达。⑬卒世：没世。⑭用力少而功多：与弱为敌，事半功倍。⑮而序往古之勋：不使百姓劳苦，而坐享往古之功。⑯骜民：指悍民。⑰将：打算。

【译文】

赵武灵王十九年春正月，武灵王在信宫大会群臣。又召见肥义与他一起商讨天下之事，谈了整整五天。武灵王向北方掠取中山国的土地，一直到达房子地区。接着又前往代地，北至无穷，西到黄河之畔，登上了黄华山。又召来楼缓商量说：“我的先王趁着时代的变化，称雄于南方藩属之地，连接漳水和滏水之间的险阻要塞，修筑长城，又夺取蔺、郭狼等地，在荏地打败林胡，但是功业并没有完成。现在中山国处在赵国的腹心之中，北边有燕国，东边有东胡，西边有林胡、楼烦、秦、韩四国的边界线，却没有强大军队的守卫，这样会亡国的，该怎么办呢？要做出超出世人的功业，就必定会遭到世俗的牵累。我打算穿胡人的衣服。”楼缓说：“很好。”群臣都不愿意。

这个时候肥义在旁侍奉，武灵王说：“简王和襄王这两位君主的功业，就在于能够计算抵抗胡人和翟人的好处。为人臣子的，如果受到宠信，就要有孝、悌、长、幼、顺、明的德行；如果通达事理，就要有补助百姓、利于国君的功业，这两样是做臣子的本分啊！现在我有意继承襄主的事业，在胡人和翟人居住的地方开疆拓土。但是怎么也找不到有利于百姓和君主的贤臣辅佐啊。我提倡穿胡服是为了使敌人衰弱，起到事半功倍的效果，可以不必使百姓劳苦，就能继续简、襄二主的事业。凡是有超乎当世功业的人，一定会受到俗世的牵累；有独特谋略的人，也一定会遭到傲慢之民的埋怨。现在我打算教百姓穿胡服、练习骑射，世人一定会非议我的，这该怎么办呢？”肥义说：“臣听说事情有了疑惑就不会取得成功，行为有了疑惑就不会获得好的名声。大王既然已经抱定了违背世俗的念头，就不必再顾虑天下人的非议了。况且德行至高的人不合于俗世，成就大功业人不会与大众一起商量。当初虞舜为有苗跳舞，大禹裸露上身进入裸国，这不是为放纵欲望而娱乐心志，而是通过以德服众来实现功业啊。愚蠢的人不知道如何做事情能成功，智慧的人能够看明白尚未成形的事情，那么大王您为什么还要犹豫不决呢？”武灵王说：“我并不疑惑穿胡服这件事，而是担心天下人耻笑我。狂妄之人快乐，聪明的人感到哀伤；愚蠢之人所耻笑的事情，贤明的人能够看得明白。即使世上有顺从我的人，穿胡服的好处他们也未必知道。即便全天下的人拿这件事嘲笑我，胡人和中山的土地我也一定要占有。”于是下令改穿胡服。

【原文】

使王緤告公子成曰[①]：“寡人胡服，将以朝也，亦欲叔服之。家听于亲而国听于君，古今之公行也。子不反亲，臣不逆君，兄弟之通义也。今寡人作教易服而叔不服，吾恐天下议之也。制国有常，利民为本；从政有经，令行为上。明德先论于贱，而行政先信于贵。今胡服之意，非以养欲而乐志也；事有所止而功有所出，事成功立，然后善也。今寡人恐叔之逆从政之经，以辅叔之议。且寡人闻之，事利国者行无邪，因贵戚者名不累，故愿慕公叔之义，以成胡服之功。使緤谒之叔，请服焉。”公子成再拜稽首曰[②]：“臣固闻王之胡服也。臣不佞，寝疾[③]，未能趋走以滋进也[④]。王命之，臣敢对，因竭其愚忠。曰：臣闻中国者，盖聪明徇智之所居也[5]，万物财用之所聚也，圣贤之所教也，仁义之所施也，《诗》《书》礼乐之所用也，异敏技能之所试也[6]，远方之所观赴也，蛮夷之所义行也。今王舍此而袭远方之服，变古之教，易古之道，逆人之心，而怫学者[7]，离中国[8]，故臣愿王图之也。”使者以报，王曰：“吾固闻叔之疾也。我将自往请之。”

王遂往之公子成家，因自请之，曰：“夫服者，所以便用也；礼者，所以便事也。圣人观乡而顺宜，因事而制礼，所以利其民而厚其国也。夫剪发文身，错臂左衽[9]，瓯越之民也[10]。黑齿雕题[11]，却冠秫绌[12]，大吴之国也。故礼服莫同，其便一也。乡异而用变，事异而礼易。是以圣人果可以利其国，不一其用；果可以便其事，不同其礼。儒者一师而俗异，中国同礼而教离，况于山谷之便乎？故去就之变，智者不能一；远近之服，贤圣不能同。穷乡多异，曲学多辩。不知而不疑，异于己而不非者，公焉而众求尽善也。今叔之所言者俗也，吾所言者所以制俗也。吾国东有河、薄洛之水，与齐、中山同之，无舟楫之用。自常山以至代、上党，东有燕、东胡之境，而西有楼烦、秦、韩之边，今无骑射之备。故寡人无舟楫之用，夹水居之民，将何以守河、薄洛之水？变服骑射，以备燕、三胡、秦、韩之边[13]。且昔者简主不塞晋阳以及上党，而襄主并戎取代以攘诸胡，此愚智所明也。先时中山负齐之强兵[14]，侵暴吾地，系累吾民[15]，引水围鄗，微社稷之神灵[16]，则鄗几于不守也，先王丑之，而怨未能报也。今骑射之备，近可以便上党之形，而远可以报中山之怨。而叔顺中国之俗以逆简、襄之意，恶变服之名以忘鄗事之丑，非寡人之所望也。”公子成再拜稽首曰：“臣愚，不达于王之义，敢道世俗之闻，臣之罪也。今王将继简、襄之意以顺先王之志，臣敢不听命乎！”再拜稽首。乃赐胡服。明日，服而朝。于是始出胡服令也。

【注释】

①公子成：成侯之子，灵王之叔。②稽首：叩头至地。③寝疾：卧病。④未能趋走以滋进也：因病不能行走，乃疏于进谒。⑤徇智：即睿智。⑥异敏：奇巧。⑦怫：通“悖”，违反，悖逆。⑧离中国：使中国遭难。离，通“罹”。⑨错：涂饰。⑩瓯越：广东、海南地区的古称。⑪雕题：在额头上刺花纹。题，额。⑫却冠：鱼皮帽。《集解》引徐广曰，作“鲑冠”；《战国策·赵策二》作“鳀冠”，鲑和鳀都是鱼名。秫：通“鉥”，长针。绌：缝纫。⑬三胡：林胡、楼烦、东胡。⑭负：仗恃。⑮系累：捆绑，拘囚。⑯微：无，没有。

【译文】

武灵王派王緤告诉公子成说：“我改穿了胡服，打算穿着它朝会群臣，也想让叔父穿上它。在家里顺从父母，在朝廷上听从国君，这是古今以来共通的道理。身为人子的不能冒犯父母，身为人臣的不能背叛君主，这是上古就传下来的道理。现在我发布政令要求百姓改穿胡服，但是叔父却不穿，我担心天下人会非议我们。统御国家有恒常的法则，应当以有利于百姓为根本；参与政事也有原则，那就是以政令能够推行为上。修明道德应当先从教化百姓开始，而处理政事应当先取信于权贵。现在实行改穿胡服的措施，并不是为了放纵欲望以愉悦心志；做事有目标事业才会取得成功，事情成功了，功业建立了，然后才算是完美的。现在我害怕叔父违背治理国家的常理，从而招致旁人对叔父的非议。况且我还听说，事情有利于国家的都不会是邪恶的，依靠贵戚而使事业成功的，名声都不会受到损害，所以我愿意仰仗叔父的威望，以实现改穿胡服的功业。所以我派王緤拜谒叔父，请您改穿胡服。”公子成拜了又拜，说道：“臣早就听说大王改穿胡服了。臣没有才能，又抱病在床，不能走到大王的面前向大王进谒。大王命令我改穿胡服，臣斗胆回答您的话，趁机尽一点愚忠。说：臣听说中原之地，是聪明睿智之人居住的地方，是万物财货汇聚的地方，是圣贤教化百姓的地方，是仁义道德施行的地方，是《诗》、《书》、礼、乐应用的地方，是绝技异能产生的地方，是远方诸国向往趋附的地方，是蛮夷奉作楷模的地方。现在大王您舍弃这些东西而仿效远方的服饰，改变古时的教化，更易古代的常道，违背众人的心愿，违背学者的想法，使中原遭难。所以我希望大王能好好琢磨一下。”使者把公子成的话告诉了武灵王，武灵王说：“我本来就听说叔父病了，我要亲自去请他改穿胡服。”

武灵王于是到了公子成的家中，趁机亲自请他改穿胡服，说：“衣服，是为了穿着方便；礼仪，是为了便于行事。圣人观察地方的风俗而顺应它，依照具体事情而创制礼仪，所以礼仪是用来方便百姓而有益于国家的。剪短头发、在身上雕刻花纹，在臂膀上画修饰物、穿左边开襟的衣服，这是瓯越之地的民俗。染黑牙齿、在额头之上刺花纹，戴鱼皮帽、穿粗劣的衣服，这是吴国人的习俗。所以，礼制和衣服虽然不同，但它们为求方便的特点却是一致的。地方不一样，使用的习惯自然也不一样；事情各异，礼法自然也要随之而变。所以圣人认为如果能够有利于他的国家，绝不会专用一种方法；如果可以方便自己行事，不会专用一种礼仪。儒者只有一个师承，但是习俗却千差万别；中原的礼俗相同，但是教化各异，更何况那些偏远的山谷之地呢？所以事物取舍的变化，即使是智者也不能强求一致；远处和近处的服饰，即便是圣贤也不能使其相同。穷乡僻壤风俗多奇异，见解浅薄而且多巧辩。不知道的事情不去怀疑，跟自己不同的意见也不去非议，应当公开出来兼收并蓄而求完善啊。现在叔父所说的是旧的习俗，我所说的是创制新的习俗。我们赵国东面有黄河和薄洛的水道，与齐国和中山共有，但却没有船只的使用。从常山一直到代和上党等地，东边有燕国和东胡等国的边境，西边有楼烦、秦国及韩国的边界，而现在我们却没有骑马射箭的装备。所以，我没有船只的使用，靠水而居的百姓将依靠什么守卫黄河和薄洛的水道呢？改变服饰并训练骑马射箭，以此守备燕国、三胡、秦国、韩国的边界。况且当初简主不堵塞晋阳与上党之间的通道，而襄主兼并戎族、攻占代地以抵抗胡人各部，这是愚蠢的人都能看明白的。以前中山国倚仗着齐国强大的兵力，侵略我们的土地，俘虏我们的百姓，引来河水围灌我们的鄗地，倘若不是托庇于社稷神灵，那么鄗地恐怕就守不住了。先王以此为耻辱，怨恨却一直未能报仇。现在习练骑射，近可以便利上党地区的形势，远可以向中山国报仇。而叔父您为了因循中原的习俗而违背简、襄二主的意愿，厌恶改变服饰的名声而忘记中山国攻打鄗地的耻辱，这可不是我所期望的啊。”公子成拜了又拜，说道：“臣愚钝，不能明白大王的志向，竟敢称道世俗的说法，这是臣的过错啊。现在大王将要继承简、襄的意愿而去顺应先王的志向，臣怎敢不听从呢！”说完就再次拜倒叩头谢罪。武灵王赐给他胡服。第二天，公子成穿上胡服去上朝。武灵王开始发出改穿胡服的命令。

【原文】

赵文、赵造、周祒、赵俊皆谏止王毋胡服，如故法便。王曰：“先王不同俗，何古之法？帝王不相袭，何礼之循？虙戏、神农教而不诛[①]，黄帝、尧、舜诛而不怒。及至三王[②]，随时制法，因事制礼。法度制令各顺其宜，衣服器械各便其用。故礼也不必一道，而便国不必古，圣人之兴也不相袭而王，夏、殷之衰也不易礼而灭。然则反古未可非，而循礼未足多也。且服奇者志淫，则是邹、鲁无奇行也[③]；俗僻者民易，则是吴、越无秀士也。且圣人利身谓之服，便事谓之礼。夫进退之节、衣服之制者，所以齐常民也，非所以论贤者也。故齐民与俗流，贤者与变俱。故谚曰：‘以书御者不尽马之情，以古制今者不达事之变。’循法之功，不足以高世；法古之学，不足以制今。子不及也。”遂胡服招骑射。

【注释】

①虙（fú）戏：即伏羲。②三王：即夏禹、商汤、周文王。③且服奇者志淫，则是邹、鲁无奇行也：如果说穿着奇异的人心意淫邪，那么邹、鲁两国

就没有怪异邪僻的行为了。

【译文】

赵文、赵造、周袑、赵俊都劝谏武灵王不要改穿胡服，还是按照旧的礼俗方便。武灵王说：“先王的礼法各不相同，应该效法哪一个古法呢？帝王们都不沿袭前一代的礼法，我们要遵循哪一种礼法呢？伏羲和神农氏重视教化而不施行刑罚，黄帝、尧、舜施用刑罚但是不暴虐。到了三王的时候，随着时代的变化而制定礼法。法度、制度和政令各自顺应当时的需要，衣服和器械也依照各自方便而使用。所以礼法不必只有一种方式，使国家方便不必效法古代。圣人的兴起也不是相互因袭而称王于天下的，夏朝和殷商衰败，并没有改变礼法却也灭亡了。如此说来，违反古制无可非议，因循古礼也不值得称道。如果说穿着奇异的人心意淫邪，那么驺、鲁两国就没有怪异邪僻的行为了。如果说习俗邪僻老百姓就会言行轻慢，那么吴越之地就不会有德才兼备的人才了。况且圣人认为有利于身体的才称为‘服’，方便行事才称为‘礼’。进退的礼节、衣服的制作，是用来齐整普通老百姓的，并不是用来品评圣贤的。所以教化民众随着俗世流转，圣贤随着变革而有所改变。故而谚语上说：‘依靠书本来驾驶马车的人不能了解马的性情，依靠古制治理现代的人不能通达情理的变迁。’遵循礼法的功绩，不足以超脱世俗；效法古代的学术，不足以治理当今。你们都不明白这些道理啊。”于是穿起胡服，招募训练骑马射箭的士兵。

孔子世家

【导读】

孔子是古代著名的思想家和教育家，儒家学派的创始人。孔子有着极高的政治热情，尽管他不断遭受打击、排斥、嘲讽，甚至围困，但这一热情仍然不减。为了宣传自己的政治主张，他用了十四年的时间，带领弟子周游列国、游说诸侯。文章用相当篇幅记述了孔子一生的政治活动，写得形象逼真、生动具体。孔子对中国古代的教育事业也有很大贡献，他是第一个私人授徒讲学的人。孔子兴办私学，广收门徒，使平民也可以接受教育，把文化知识传播到民间，这在当时实在是个创举。孔子具有渊博的知识和高深的修养，他整理和编纂了《诗》《书》《易》《礼》《春秋》等典籍，并把这些古籍教授给学生，对古文献的传播和保存贡献颇大。

◎周游列国◎

【原文】

定公十四年，孔子年五十六，由大司寇行摄相事，有喜色。门人曰[①]：“闻君子祸至不惧，福至不喜。”孔子曰：“有是言也。不曰‘乐其以贵下人’乎？”于是诛鲁大夫乱政者少正卯[②]。与闻国政三月，粥羔豚者弗饰贾[③]；男女行者别于涂[④]，涂不拾遗；四方之客至乎邑者不求有司，皆予之以归。

齐人闻而惧，曰：“孔子为政必霸，霸则吾地近焉，我之为先并矣，盍致地焉[⑤]？”黎钼曰：“请先尝沮之[⑥]；沮之而不可则致地，庸迟乎！”于是选齐国中女子好者八十人[⑦]，皆衣文衣而舞《康乐》[⑧]，文马三十驷[⑨]，遗鲁君。陈女乐文马于鲁城南高门外[⑩]。季桓子微服往观再三[⑪]，将受，乃语鲁君为周道游，往观终日，怠于政事。子路曰："夫子可以行矣[⑫]。"孔子曰："鲁今且郊[⑬]，如致膰乎大夫[⑭]，则吾犹可以止。"桓子卒受齐女乐，三日不听政；郊，又不致膰俎于大夫。孔子遂行，宿乎屯[⑮]。而师己送[⑯]，曰："夫子则非罪。"孔子曰："吾歌可夫？"歌曰："彼妇之口，可以出走；彼妇之谒[⑰]，可以死败。盖优哉游哉[⑱]，维以卒岁[⑲]！"师己反，桓子曰："孔子亦何言？"师己以实告。桓子喟然叹曰[⑳]："夫子罪我以群婢故也夫[㉑]！"

【注释】

①门人：门徒，弟子。②乱政者：扰乱国政的人。③粥（yù）：通"鬻"，卖。饰贾：加价，抬高价格。贾，通"价"。④涂：通"途"，道路。下"涂"字同。⑤盍：何不。致：致送，献送。⑥沮：阻止。⑦八十人：《韩非子·内储说下》及《太平御览》卷五七一所引《孔子家语》均作"二八"。⑧文衣：有纹饰的衣服。⑨文马：披着彩色装饰的马。驷：四匹马，古代一车套四马。⑩高门：指鲁国都城正南门。原称"稷门"，鲁僖公时扩建增高，故称高门。⑪微服：穿上平民服装。再三：二三次，多次。⑫夫子：古代对男子的尊称。⑬郊：冬至日在南郊祭天。原为天子之礼，因鲁国为周公之后，周成王特赐鲁国也可举行郊祀。⑭膰：祭祀时作为供品的肉。⑮屯：鲁地名。⑯师己：鲁国大夫。⑰谒：禀告，陈说。⑱优哉游哉：即"优游"，悠闲自在。⑲卒岁：过完岁月，消磨时光。⑳喟（kuì）：叹气声。㉑群婢：指女乐。

【译文】

定公十四年，孔子五十六岁，他以大司寇之职行使宰相的职责，脸上露出喜悦的神色。门下的弟子说："我听说君子遇到祸患的时候不惧怕，遇到福祉的时候不欢喜。"孔子说："是有这个话。我不是还说过'乐在身份显贵而礼贤下士’吗？”于是诛杀了扰乱鲁国政事的大夫少正卯。孔子参与国政三个月，贩卖羊和猪的商贩不敢哄抬物价；男女走路的时候分开走，掉在路上的东西也不会有人拾走；四方的旅客来到城里，不必特意向官吏送礼求情，就都会受到照顾，使其满意而归。

齐人听说之后十分担心，说：“孔子参与政事鲁国一定会称霸，鲁国称霸，我们离得很近，必然会被先吞并。何不送给鲁国一些土地呢？”黎钼说：“请先尝试一下阻止鲁国称霸；如果不能阻止称霸，再送土地也不迟！”于是在齐国挑选出八十名美女，她们都身着华丽的服饰，跳着《康乐》之舞，又选出三十驾披着彩衣的马车，一起献给鲁定公。先把女乐和身披彩衣的马车安置在鲁城南面的高门之外。季桓子身着便装去观赏了好几回，准备接受，于是告诉鲁定公以外出视察的名义，整天到那里观看，把国家政事都荒废掉了。子路看到这种情形，便对孔子说：“夫子我们可以离开了！”孔子说：“鲁国将要在郊外祭祀，如果定公能够按照礼法把烤肉分给大夫吃，那么我还可以留下来不走。”桓子终于接受了齐国献来的女乐，整整三天都没有过问政事；而且在郊外进行祭祀的时候，又违背礼法没有把烤肉分给大夫们吃。孔子于是离开鲁国，当天夜里住宿在屯这个地方。鲁国大夫师己前来送行，说：“夫子是没有过错的。”孔子说：“我可以唱首歌吗？”接着唱道：“妇人的一张嘴，可以逼走亲信和大臣；亲近妇人，可以使国家灭亡。悠闲啊悠闲，我唯有这样度过余生了！”师己回去了，桓子说：“孔子说了些什么？”师己据实相告。桓子长叹一声说：“孔子是怪罪我接受了一群女乐啊！”

【原文】

孔子遂适卫，主于子路妻兄颜浊驺家[①]。卫灵公问孔子[②]：“居鲁得禄几何[③]？”对曰：“奉粟六万[④]。”卫人亦致粟六万。居顷之，或谮孔子于卫灵公[⑤]，灵公使公孙余假一出一入[⑥]。孔子恐获罪焉，居十月，去卫。

将适陈，过匡[⑦]，颜刻为仆，以其策指之曰[⑧]：昔吾入此，由彼缺也。”匡人闻之，以为鲁之阳虎，阳虎尝暴匡人，匡人于是遂止孔子。孔子状类阳虎，拘焉五日[⑨]。颜渊后，子曰：“吾以汝为死矣。”颜渊曰：“子在，回何敢死！”匡人拘孔子益急，弟子惧。孔子曰：“文王既没，文不在兹乎[⑩]？天之将丧斯文也，后死者不得与于斯文也[⑪]。天之未丧斯文也，匡人其如予何[⑫]！”孔子使从者为宁武子臣于卫[⑬]，然后得去。

【注释】

①主：以……为主人，即寓居。颜浊驺：亦作“颜雠由”，卫国大夫。②卫灵公：名元，卫襄公之子，公元前534年至公元前493年在位。③禄：古代官吏的俸禄，一般以发放粮食的数量为标准。④奉：通“俸”，俸禄。⑤谮（zèn）：进谗言，说人坏话。⑥一出一入：一会儿出去，一会儿进来，指出入频繁。⑦匡：卫国邑名。在今河南省长垣县。⑧策：马鞭。⑨焉：于是。⑩文：泛指周朝的礼乐制度和文献典籍。⑪后死者：指孔子自己。与：闻知。⑫如……何：亦作“奈……何”，对……怎么办，把……怎么样。⑬宁武子：姓宁，名俞，卫国卿大夫。

【译文】

孔子于是去了卫国，寄住在子路妻子的兄长颜浊驺的家中。卫灵公向孔子询问说：“您在鲁国时的俸禄是多少？”孔子回答说：“官俸是粟子六万小斗。”卫国也给他粟子六万小斗的俸禄。在卫国住了没多久，有人在卫灵公面前说了孔子的坏话。卫灵公派公孙余假带着兵仗在孔子的住所进进出出，孔子害怕获罪，在那里居住了十个月，然后离开了卫国。

孔子打算到陈国去，路过匡地，弟子颜刻替孔子赶车，他用鞭子指着一处说：“过去我来这个地方，是从那个缺口进去的。”匡地之人听说有人来，以为是鲁国的乱贼阳虎。阳虎曾经虐待过匡人，匡人就堵住了孔子一行。孔子长得很像阳虎，被围困在那里五天。颜渊这才赶来与孔子会合，孔子说："我以为你在混乱之中被杀死了。"颜渊说："老师您还健在，我怎么敢轻易地死掉呢？"匡人围攻孔子越来越紧，弟子们都十分害怕。孔子说："周文王已经死了，周代的礼乐制度难道就不存在了吗？老天要是打算毁灭这种制度，就不会让我们这些后来死的人负担起传承这种制度的责任。上天没有毁灭这种制度，匡人又能拿我们怎么办！"孔子于是派了一个随行弟子向宁武子称臣，这才逃出了匡人的围困。

【原文】

去即过蒲①。月余，反乎卫，主蘧伯玉家②。灵公夫人有南子者③，使人谓孔子曰："四方之君子不辱欲与寡君为兄弟者④，必见寡小君⑤。寡小君愿见。"孔子辞谢，不得已而见之。夫人在絺帷中⑥。孔子入门，北面稽首⑦。夫人自帷中再拜⑧，环佩玉声璆然⑨。孔子曰："吾乡为弗见⑩，见之礼答焉。"子路不说。孔子矢之曰⑪："予所不者⑫，天厌之！天厌之！"居卫月余，灵公与夫人同车，宦者雍渠参乘，出，使孔子为次乘，招摇市过之。孔子曰："吾未见好德如好色者也。"于是丑之，去卫，过曹⑬。是岁，鲁定公卒。

【注释】

①蒲：卫国邑名。在今河南省长桓。②蘧伯玉：姓蘧（qú），名瑗，字伯玉，谥成，蘧庄子无咎之子，卫国大夫，颇受孔子赞扬。③南子：亦称"釐夫人"，宋女。④不辱：不以为辱，谦辞。⑤寡小君：诸侯谦称自己的妻子。⑥絺：细葛布。帷：帷帐，帐幔。⑦北面：面朝北。稽首：一种叩头至地的跪拜礼，是古代九拜中最恭敬的。⑧再拜：连行两次拜礼。⑨环佩：佩玉。⑩乡：通"向"，过去，以前。⑪矢：通"誓"，起誓，发誓。⑫所：如果，倘若。不：通"否"，不然。⑬曹：诸侯国名，姬姓，西周初年所封，始封君为周武王弟叔振铎，建都陶丘（在今山东省菏泽市定陶区西南），公元前487年为宋国所灭。

【译文】

（孔子）离开匡地后就到了蒲地，在那里住了一个多月，又返回卫国，寄住在蘧伯玉的家里。灵公有位名叫南子的夫人，她派人对孔子说：“四方的君子不以为辱，想和我们大王结交友情、称兄道弟的，一定先来求见夫人。现在我国的夫人想见你。”孔子先是推辞告罪，最后不得已而去见南子。会见时，夫人在细葛布做的帷帐中等待孔子。孔子进了屋门，向北面跪拜行礼。夫人在帷帐中拜了两拜，以作答谢，她身上的玉佩首饰相互碰击发出叮叮当当的清脆响声。事后孔子说：“我一向是不想去见她的，既然见了面就要以礼答谢。”子路听了很不高兴。孔子发誓说：“倘若我做得不对，上天一定会厌弃我的！上天一定会厌弃我的！”在卫国居住了一个多月，灵公与夫人同坐一辆车子，宦官雍渠在旁陪伴，出宫之后，灵公让孔子乘坐第二辆车子跟随，大摇大摆地在街道上经过。孔子说：“我还没有见过爱慕德行像这样爱好美色的人呢！”孔子对卫国的事情感到厌恶，离开卫国，往曹国去了。这一年，鲁定公去世。

【原文】

孔子去曹适宋，与弟子习礼大树下。宋司马桓魋欲杀孔子①，拔其树。孔子去。弟子曰：“可以速矣。”孔子曰：“天生德于予，桓魋其如予何！”

孔子适郑②，与弟子相失③，孔子独立郭东门④。郑人或谓子贡曰：“东门有人，其颡似尧⑤，其项类皋陶⑥，其肩类子产，然自要以下不及禹三寸⑦，累累若丧家之狗⑧。”子贡以实告孔子。孔子欣然笑曰⑨：“形状，末也⑩。而谓似丧家之狗，然哉，然哉！”

【注释】

①桓魋：宋国司马，亦称“向魋”，系宋桓公后裔，故又称“桓魋”“桓司

马”。公元前481年，桓魋进入曹地反叛，后奔卫，又奔齐，任齐次卿。②郑：诸侯国名，姬姓，始封君为周宣王弟友，即郑桓公。郑武公时，先后攻灭郐和东虢，建都新郑，强盛一时，后逐渐衰落，在公元前375年被韩国灭掉。③相失：互相走失。④郭：外城。⑤颡：额头。⑥皋陶：亦称“咎繇”，偃姓，传说中东夷部族的首领。⑦要：“腰”的本字。⑧累累：通“羸羸”，瘦瘠疲惫的样子。⑨欣然：喜悦的样子。⑩末：末梢，枝节。

【译文】

孔子离开曹国去了宋国，他和弟子们在大树底下讲习礼仪。宋国的司马桓魋想杀掉孔子，派人砍掉大树（想砸死他）。孔子离开宋国。弟子们说：“可以快点走了。”孔子说：“上天既然把传承道德的使命赋予我，桓魋又能把我怎么样呢！”

孔子到了郑国，和弟子们走散了，孔子独自站立在城东门。郑国有人对子贡说：“东门站着一个人，他的额头像唐尧，脖子像皋陶，肩膀像子产，然而从腰部以下比禹短了三寸，疲惫不堪的样子活像丧家之犬。”子贡将这些话告诉了孔子。孔子高兴地说道：“一个人的形状，那是没什么重要的；要是说我像丧家之犬，那可真是这样啊，那可真是这样啊！”

【原文】

孔子遂至陈，主于司城贞子家[①]。岁余，吴王夫差伐陈，取三邑而去。赵鞅伐朝歌[②]。楚围蔡，蔡迁于吴。吴败越王句践会稽。

有隼集于陈廷而死[③]，楛矢贯之[④]，石砮[⑤]，矢长尺有咫[⑥]。陈湣公使使问仲尼[⑦]。仲尼曰：“隼来远矣，此肃慎之矢也[⑧]。昔武王克商，通道九夷百蛮[⑨]，使各以其方贿来贡[⑩]，使无忘职业[⑪]。于是肃慎贡楛矢石砮，长尺有咫。先王欲昭其令德[⑫]，以肃慎矢分大姬[⑬]，配虞胡公而封诸陈[⑭]。分同姓以珍玉[⑮]，展亲；分异姓以远方职，使无忘服。故分陈以肃慎矢。”试求之故府，果得之。

孔子居陈三岁，会晋、楚争强，更伐陈，及吴侵陈，陈常被寇⑯。孔子曰："归与归与！吾党之小子狂简⑰，进取不忘其初。"于是孔子去陈。

【注释】

①司城贞子：即公孙贞子，陈哀公之孙，为陈国大夫。②赵鞅：名鞅，又名志父，又称"赵简子""志父"，晋国上卿，公元前497年至公元前475年当政。他战胜范氏、中行氏，扩大封地，为日后赵国的建立奠定了基础。③隼（sǔn）：一种凶猛善飞的鸟。集：栖止，停留。④楛矢：用楛木制作的箭。贯：贯穿，射穿。⑤砮：石制的箭镞。⑥咫：古长度单位，周制八寸，合今六寸二分二厘。⑦陈湣公：亦作陈愍公、陈闵公，名周，又名越，陈怀公之子，陈国末代君主，公元前501年至公元前479年在位。⑧肃慎：古部族名，亦作"息慎""稷慎"，以狩猎为生。⑨九夷百蛮：此泛指中原四裔的少数部族。⑩方贿：地方物产。⑪职业：分内应尽的义务。⑫令：美。⑬大姬：周武王的长女。⑭配：成婚，这里是嫁的意思。虞胡公：名满，姓妫，相传为舜之后裔。⑮同姓：指与周王同宗的姬姓诸侯。⑯被：遭受。⑰党：古代地方组织，五百家为一党。此指乡党、家乡。小子：指孔子的弟子。狂简：狂妄自大，此指志向远大。

【译文】

孔子于是到了陈国，寄居在公孙贞子的家中。在那里住了一年多，正好赶上吴王夫差讨伐陈国，夺取了三个城邑才撤兵。赵鞅也来攻打卫国的朝歌。楚国围困蔡国，蔡国迁移到吴地。吴国又在会稽打败了越王勾践。

一天，有一只隼落在陈国宫廷的前面死掉了，楛木做的箭贯穿了隼的身子，箭头是用石料做的，箭长一尺八寸。陈湣公派人询问孔子怎么回事。孔子说："隼飞来的地方是很遥远的，这箭是肃慎部族的箭。过去武王灭掉商朝以后，就与四方的蛮夷相互来往，让他们贡献各自的特产，使他们不要忘记自己的职责与义务。于是肃慎把楛木石镞的弓箭贡给周王，长度有一尺八寸。先王想表彰肃慎臣服的美德，就把弓箭分给长女大姬，后来大姬嫁给虞胡公，虞胡公被封到陈国。当初周王室把美玉赐给同姓，用意是为了亲上加亲；把远方的贡品分给异姓诸侯，是为了让他们不忘臣服周王。所以先王才把肃慎族的箭赐给陈国。”陈湣公派人到旧仓库查证了一下，果然找到了这种箭。

孔子在陈国居住了三年，正好赶上晋国和楚国争霸，两国轮番攻打陈国，至于吴国也时常入侵陈国，陈国经常受到侵犯。孔子说：“回去吧！回去吧！我们这些人中，有些人志气很大，只是做事的时候稍微疏略一点；他们都很有进取心，没有忘记自己的初衷。”接着孔子就离开了陈国。

【原文】

过蒲，会公叔氏以蒲畔[①]，蒲人止孔子。弟子有公良孺者[②]，以私车五乘从孔子。其为人长贤，有勇力，谓曰：“吾昔从夫子遇难于匡，今又遇难于此，命也已。吾与夫子再罹难，宁斗而死。”斗甚疾。蒲人惧，谓孔子曰：“苟毋适卫，吾出子[③]。”与之盟，出孔子东门。孔子遂适卫。子贡曰：“盟可负邪？”孔子曰：“要盟也[④]，神不听。”

卫灵公闻孔子来，喜，郊迎。问曰：“蒲可伐乎？”对曰：“可。”灵公曰：“吾大夫以为不可。今蒲，卫之所以待晋、楚也[⑤]，以卫伐之，无乃不可乎[⑥]？”孔子曰：“其男子有死之志[⑦]，妇人有保西河之志[⑧]。吾所伐者不过四、五人。”灵公曰：“善。”然不伐蒲。

灵公老，怠于政，不用孔子。孔子喟然叹曰：“苟有用我者，期月而已[⑨]，三年有成。”孔子行。

【注释】

①公叔氏：卫献公后裔，卫国大夫。②公良孺：姓公良，名孺，字子正，陈国人，孔子弟子。③出：让……出去，放出。④要：要挟，胁迫。⑤待：对待，对付，抵御。⑥无乃：岂不是，恐怕。⑦死之志：决死的志气，指誓死效忠卫国的决心。⑧西河：地区名，在卫国西部的黄河西岸地区。大概在今河南省内黄、浚县、滑县一带。此指代卫国。⑨期（jī）：一整年或整月。

【译文】

路过蒲邑的时候，正好遇上公叔氏占据蒲邑而背叛卫国，蒲人留住了孔子。孔子的弟子中有一个名叫公良孺的，他自己带了五辆车子跟随着孔子。他这个人身材高大，有贤才，有勇气，他对孔子说："我当初追随老师在匡地遇上祸乱，现在又在这里遇上大难，这就是命啊！我与老师再次遇上灾难，宁愿跟他们决一死战！"说完就和蒲人激烈地拼斗起来。蒲人害怕，对孔子说："倘若你不去卫国，我们就让你离开。"孔子发了誓言，蒲人从东门放走孔子。孔子去了卫国。子贡对孔子说："誓言难道可以违背吗？"孔子回答说："因为受要挟而发的誓言，鬼神是不会认可的。"

卫灵公听说孔子来了，十分高兴，亲自到郊外迎接他。卫灵公问孔子道："蒲地可以讨伐吗？"孔子回答说："可以。"灵公说："我的大夫认为不能攻打。现在的蒲地，是卫国防御晋国和楚国的屏障，依靠卫国的力量去攻打它，恐怕是不行的吧？"孔子说："那里的百姓，男子都有誓死效忠的决心，女子都有守卫西河的愿望（他们都不愿跟着叛乱）。我认为所要征伐的，不过是那四五个带头的罢了。"卫灵公说："很好。"虽然这样说却不去讨伐蒲地。

灵公年老，逐渐怠于政务，也不重用孔子。孔子感叹地说道："倘若有人肯重用我，一年就可以小有成就，三年就会有很大的成绩。"孔子离开了卫国。

⊙文史知识

谈“礼”

礼，原是指祭祀中的仪式，后来演变为人际交往中的礼仪、仪节，等等。周代实行分封，确立起天子、诸侯、大夫、士的等级制度，同时又制礼作乐。通过一系列的礼仪，各个等级的秩序得到固定，而等级成员的权利与义务也有了明白可知的规章可以遵循。礼仪中最重要的自然是策命委质礼。策命，是天子对臣下发布封土、授爵等敕令；委质，是臣下归顺并愿意接受约束。策命委质，就相当于确定君臣关系。《左传·僖公二十二年》中说：晋怀公抓到了狐突，以处死相威胁，要求他召回跟从公子重耳的两个儿子。狐突的答复是：“儿子在外做官，父亲教导他忠君，自古以来这是正体。现在，我儿子为重耳做事，如果把他们叫回来，就是教他们背叛。”可见一旦委质，虽死不二。春秋时期，礼崩乐坏，弑君的事情发生过三十六次，灭亡的国家有五十二个，天下大乱。

孔子认为治乱世，必须恢复礼。他在答齐景公时说：“君君、臣臣、父父、子子（国君应该符合国君的本分，臣下应该符合臣下的本分，父亲应该符合父亲的本分，儿子应该符合儿子的本分）。”答鲁定公时说：“君使臣以礼，臣事君以忠。”强调君臣父子之间相互尊重、相互依存的关系。看来孔子所讲的“礼”，具有朴素的民主精神，起着限制君权的作用。

【原文】

佛肸为中牟宰。赵简子攻范、中行[①]，伐中牟。佛肸畔[②]，使人召孔子。孔子欲往。子路曰：“由闻诸夫子[③]：‘其身亲为不善者，君子不入也。’今佛肸亲以中牟畔，子欲往，如之何？”孔子曰：“有是言也。不曰坚乎，磨而不磷[④]；不曰白乎，涅而不淄[⑤]。我岂匏瓜也哉[⑥]，焉能系而不食？”

孔子击磬[7]。有荷蒉而过门者[8]，曰："有心哉，击磬乎！硁硁乎[9]，莫己知也夫而已矣[10]！"

【注释】

①范：即范氏，亦称"士氏"，为晋国世卿大家之一，传说系陶唐氏后裔。②畔：通"叛"。③由：即子路。诸：之于。④磷：薄。⑤涅：矿物名，古人用来作为黑色染料。淄：通"缁"，黑色。⑥匏瓜：葫芦的变种，俗称"瓢葫芦"。⑦磬：古代乐器名，用玉或石制成，悬挂于架子上，敲击出声。⑧荷（hè）：负，背，扛。蒉（kuì）：草编的筐。⑨硁：击磬发出的声音。⑩莫己知：即"莫知己"，没人知道自己。夫：彼，那。

【译文】

佛肸做了中牟的邑宰。晋国大夫赵简子攻打范氏和中行氏两家。佛肸背叛了赵简子，派人去请孔子。孔子打算前去。子路对他说："我从先生那里听说：'一个本身做了许多坏事的人，君子是不会去他那里的。'现在佛肸占据中牟背叛赵简子，而您想去他那里，这是为什么呢？"孔子说："我是说过这样的话。但我不是也说过真正坚硬的东西，它是怎么磨也磨不薄的吗？我不是也说过真正洁白的东西，它是怎么染也染不黑的吗？我难道只是一个葫芦瓜吗？怎么能只供人挂起来而不能让人吃呢？"

有一次，孔子正敲打石磬。有一个背着草筐从门口经过的人，说："真是有心啊，这个敲击石磬的人！叮叮当当地敲得那么响亮，既然别人不赏识你，那就算了吧！"

【原文】

孔子学鼓琴师襄子[1]，十日不进[2]。师襄子曰："可以益矣。"孔子曰："丘已习其曲矣，未得其数也[3]。"有间[4]，曰："已习其数，可以益矣。"孔子曰："丘未得其志也。"有间，曰："已习其志，可以益矣。”孔子曰：“丘未得其为人也[5]。”有间，有所穆然深思焉[6]，有所怡然高望而远志焉[7]。曰：“丘得其为人，黯然而黑，几然而长[8]，眼如望羊[9]，如王四国[10]，非文王其谁能为此也！”师襄子辟席再拜[11]，曰：“师盖云《文王操》也[12]。”

【注释】

①鼓：奏，演奏。师襄子：字子京，卫国乐师。②进：指继续往下学。③数：技术，方法。④有间：过了一段时间。⑤为人：作曲的人。⑥穆然：默然，沉静深思的样子。⑦怡然：和悦的样子。⑧几：通“颀”，颀长。⑨望羊：亦作“望洋”“望阳”，远视的样子。⑩四国：四方，天下。⑪辟席：即避席。古人席地而坐，离座而起，表示敬意。辟：通“避”。⑫《文王操》：周文王作的琴曲名。

【译文】

孔子向师襄子学习鼓琴，一连十天都没有学新的内容。师襄子说：“可以增进一层了。”孔子说：“我已经熟悉了这首曲子，但是还没有掌握弹奏的技法。”过了一段时间，师襄子说：“你已经熟悉了弹琴的技法，现在可以更进一层了。”孔子说：“我还没有领悟到乐曲的情感志向。”又过了一段时间，师襄子说：“你已经领会到了琴曲里包含的志向，可以更进一层了。”孔子说：“我还没领会到作曲者是个怎样的人。”又过了一段时间，孔子神情肃穆，若有所思，随即又怡然自得，表现出高远拔俗的志向。孔子说：“我认出了曲中的这个人了！他神情黯然，皮肤黝黑，个头很高，眼光明亮且高瞻远瞩，好像正君临天下四方，这不是文王还能是谁呢！”师襄子离开座席向孔子拜了又拜，说道：“我的老师说这首曲子正是《文王操》啊！”

【原文】

孔子既不得用于卫，将西见赵简子。至于河而闻窦鸣犊、舜华之死也，临河而叹曰："美哉水，洋洋乎[1]！丘之不济此[2]，命也夫！"子贡趋而进曰："敢问何谓也？"孔子曰："窦鸣犊、舜华，晋国之贤大夫也。赵简子未得志之时，须此两人而后从政[3]；及其已得志，杀之乃从政。丘闻之也，刳胎杀夭则麒麟不至郊[4]，竭泽涸渔则蛟龙不合阴阳[5]，覆巢毁卵则凤皇不翔[6]。何则？君子讳伤其类也。夫鸟兽之于不义也尚知辟之，而况乎丘哉！"乃还息乎陬乡[7]，作为《陬操》以哀之[8]。而反乎卫，入主蘧伯玉家。

【注释】

①洋洋：盛大的样子。②济：渡，渡过。③须：等待。④刳（kū）：剖开而挖取。⑤竭泽：抽干池泽中的水。⑥覆巢：倾覆鸟巢。⑦陬乡：卫国地名，当在卫、晋交界的黄河东岸处。⑧《陬操》：琴曲名。

【译文】

孔子既然不能在卫国获得重用，就打算向西去见赵简子。到达黄河的时候听说窦鸣犊和舜华死了，便在黄河岸边长叹道："壮美啊黄河水，如此盛大浩荡啊！我不能渡过黄河，这就是命啊！"子贡快步向前问道："敢问老师您为什么这么说呢？"孔子说："窦鸣犊和舜华，是晋国贤明的大夫啊。赵简子还没有得志的时候，依靠这两个人才能掌权；现在赵简子得势了，却杀了他们来掌权。我听说：用剖腹取胎的方式杀死刚出生的禽兽，那么麒麟就不会到郊外；用排干池塘的方式捕鱼，那么蛟龙就不会出来调和阴阳，兴云致雨；用弄翻鸟巢的方式毁坏鸟卵，那么凤凰就不会前来飞翔。这是为何呢？君子忌讳杀死自己的同类。鸟兽对于不义的行为尚且还知道躲避，更何况是我孔丘呢！"说完调头回到陬乡歇息，作了一曲

《陬操》以哀悼这两个人。接着又返回卫国，寄居在蘧伯玉的家中。

【原文】

他日，灵公问兵陈①，孔子曰："俎豆之事则尝闻之②，军旅之事未之学也③。"明日，与孔子语，见蜚鴈④，仰视之，色不在孔子⑤。孔子遂行，复如陈。

夏，卫灵公卒，立孙辄，是为卫出公。六月，赵鞅内太子蒯聩于戚⑥。阳虎使太子絻⑦，八人衰绖⑧，伪自卫迎者，哭而入，遂居焉。冬，蔡迁于州来⑨。是岁鲁哀公三年，而孔子年六十矣。齐助卫围戚，以卫太子蒯聩在故也。

【注释】

①陈：通"阵"。②俎、豆之事：俎豆皆为礼器，"俎、豆之事"泛指礼仪之事。③军旅：古以一万二千五百人为军，五百人为旅，此泛指军队。未之学：即"未学之"，没有学习过军旅之事。④蜚：通"飞"。⑤色：神色，表情。⑥内：通"纳"，接纳，送入。太子蒯聩：卫灵公的太子，即卫庄公。公元前496年因与灵公宠妃南子构恶，被人出卖，逃奔宋国。此时被赵鞅送入戚邑，一直到公元前480年才回国即位。戚：卫国邑名。在今河南省濮阳北。⑦絻：古代的一种丧服，脱去冠，用布包裹头发。⑧衰绖：丧服。⑨州来：邑名。在今安徽省凤台县。

【译文】

有一天，灵公向孔子问起军队作战的阵法，孔子说："关于祭祀典礼方面的事我倒是听说过，至于排兵布阵的事我还没有学过。"第二天，灵公与孔子交谈，灵公看到有雁群飞过，就抬起头来仰望，神色不在孔子身上。孔子便离开卫国，再次去了陈国。

同年夏天，卫灵公去世，他的孙子辄继位，这就是卫出公。六月，赵鞅把流亡在外的卫灵公太子蒯聩接到戚地。阳虎让太子身穿丧服，又让八个人披麻戴孝，装成是从卫国来接太子回去奔丧的样子，哭着进了戚城，随后住了下来。冬季，蔡国从新蔡迁到州来。这一年是鲁哀公三年，而孔子已经六十岁了。齐国帮助卫国围攻戚城，这是由于卫太子蒯聩住在那里的缘故。

【原文】

夏，鲁桓、釐庙燔[①]，南宫叔敬救火。孔子在陈，闻之，曰："灾必于桓、釐庙乎？"已而果然[②]。

秋，季桓子病，辇而见鲁城[③]，喟然叹曰："昔此国几兴矣，以吾获罪于孔子，故不兴也。"顾谓其嗣康子曰："我即死，若必相鲁；相鲁，必召仲尼。"后数日，桓子卒，康子代立。已葬，欲召仲尼。公之鱼曰："昔吾先君用之不终，终为诸侯笑。今又用之，不能终，是再为诸侯笑。"康子曰："则谁召而可？"曰："必召冉求。"于是使使召冉求。冉求将行，孔子曰："鲁人召求，非小用之，将大用之也。"是日，孔子曰："归乎归乎！吾党之小子狂简，斐然成章[④]，吾不知所以裁之[⑤]。"子赣知孔子思归[⑥]，送冉求，因诫曰"即用，以孔子为招"云。

【注释】

①燔（fán）：着火，焚烧。②已而：事后，不久。③辇：这里指乘车。④斐然：富有文采的样子。⑤裁：剪裁，调教。⑥子赣：即子贡。

【译文】

夏天，鲁桓公、釐公的庙堂失火，南宫叔敬前去救火。当时，孔子正在陈国，听说这件事，说："灾祸必定发生在鲁桓公、釐公的庙堂吧？"事实果如孔子所料。

秋天，季桓子生病，乘车望着鲁城，长叹一声道："当初这个国家几乎可以兴盛起来，因为我得罪了孔子，所以不能兴盛啊！"回过头来对他的继承者康子说："我将要死去，你必定会掌握鲁国的政权；执掌鲁国大权，务必要召回孔子啊！"几天后，桓子去世，康子继位，掌握了鲁国的政权。安葬完桓子，打算征召孔子。公之鱼说："当初先君桓子任用孔子但没能坚持下来，以致被诸侯耻笑。现在您又想任用他，如果不能善终，那就会再次被诸侯耻笑。"康子说："那么召谁来才好呢？"公之鱼回答说："一定要召冉求回来。"于是派人去征召冉求。冉求正要前往，孔子说："鲁国征召冉求，不会小用他，必定会重用他。"这一天，孔子又说："回去吧，回去吧！我的这一帮学生都志向远大，行为疏阔，文采斐然，我真不知道该如何调教他们才好！"子赣知道孔子思念家乡，在送别冉求的时候，提醒了"如果受到重用，就设法把老师请回去啊"这样一些话。

【原文】

冉求既去，明年，孔子自陈迁于蔡。蔡昭公将如吴[①]，吴召之也。前昭公欺其臣迁州来，后将往，大夫惧复迁，公孙翩射杀昭公。楚侵蔡。秋，齐景公卒。

明年，孔子自蔡如叶[②]。叶公问政[③]，孔子曰："政在来远附迩[④]。"他日，叶公问孔子于子路，子路不对。孔子闻之，曰："由，尔何不对曰，'其为人也，学道不倦，诲人不厌，发愤忘食，乐以忘忧，不知老之将至'云尔[⑤]。"

去叶，反于蔡。长沮、桀溺耦而耕[⑥]，孔子以为隐者，使子路问津焉[⑦]。长沮曰："彼执舆者为谁[⑧]？"子路曰："为孔丘。"曰："是鲁孔丘与？"曰："然。"曰："是知津矣。"桀溺谓子路曰："子为谁？"曰："为仲由。"曰："子，孔丘之徒与？"曰："然。"桀溺曰："悠悠者天下皆是也[⑨]，而谁以易之？且与其从辟人之士，岂若从辟世之士哉！"耰而不辍[10]。子路以告孔子，孔子怃然曰[11]：“鸟兽不可与同群。天下有道，丘不与易也。”

他日，子路行，遇荷蓧丈人[12]，曰：“子见夫子乎？”丈人曰：“四体不勤，五谷不分，孰为夫子！”植其杖而芸[13]。子路以告，孔子曰：“隐者也。”复往，则亡[14]。

【注释】

①蔡昭公：即蔡昭侯，名申，蔡悼侯之弟，公元前518年至公元前491年在位。②叶：楚国县名。在今河南省叶县南。③叶公：姓沈，名诸梁，字子高，因受封的采邑名叶，故称叶公。④来：招徕。远：指远方之人。附：通“抚”，安抚。迩：近，此指附近之人。⑤云尔：而已，罢了。⑥长沮、桀溺：二隐者名。金履祥《论语集注考证》云：“以盖以物色名之，如荷篑、晨门、荷蓧丈人之类。盖二人耦耕于田，其一人长而沮洳，一人桀然高大而涂足，因以名之也。”⑦津：渡口。⑧执舆：执辔，手持马的缰绳。⑨悠悠：混乱的样子。⑩耰：农具名，形似锄头，用来击碎土块，平整田地。⑪怃（wǔ）：怅然失意的样子。⑫蓧（diào）：古代用来耘田的一种竹器。丈人：老人。⑬植：置，立。芸：通“耘”，除草。⑭亡：外出，出走。

【译文】

冉求回到鲁国，第二年，孔子从陈国迁到蔡国。蔡昭公正要去吴国，因为吴国召他前去。以前昭公欺骗他的大臣把都城从新蔡迁到吴国的州来，现在将要前往，大臣们担心又要迁都，公孙翩便在途中射杀了昭公。楚国入侵蔡国。秋天，齐景公去世。

第二年，孔子从蔡国去了叶城。叶公向孔子询问治理国家的方法，孔子说：“治理国家的道理在于使远方的人归附，使近处的人臣服。”有一天，叶公向子路询问孔子的为人，子路没有回答。孔子听说这件事后，说："仲由，你为何不回答他说'他的为人，不过是学习道理不知疲倦，教导别人不知厌烦，发奋时忘记吃饭，快乐时忘记忧愁，不知道衰老即将到来'而已。"

离开叶城，孔子返回蔡国。在路上看见长沮和桀溺一起耕作，孔子认为他们是隐士，就派子路去向他们打听渡口的位置。长沮问道："那个在车上拽着缰绳的人是谁啊？"子路回答说："是孔子。"长沮又问："是鲁国的孔子吗？"子路回答："是的。"长沮说："那么他应该知道渡口在什么地方。"桀溺问子路道："你是谁？"子路回答说："我是仲由。"桀溺又问："那你，是孔子的学生吧？"子路回答说："是的。"桀溺又说："天下间到处都是一样的动荡不安啊，谁能改变这种状况呢？况且你与其跟随躲避暴君乱臣的人周游列国，还不如跟随躲避乱世的人隐居乡野呢！"说完就不停地耕作。子路把刚才的话告诉孔子，孔子失落地说："我们不能与鸟兽同伍。天下如果清明太平，那我也不必周游列国去改变这一局面了。"

又有一天，子路在路上行走，遇到一位肩上扛着除草竹器的老者，于是问他道："您看见我的老师了吗？"那老者说："你们这些人，手脚不劳动，五谷都分不清楚，我怎么知道谁是你的老师！"说完只管拄着杖除草。子路把这话告诉孔子，孔子说："这是真正的隐士啊。"等子路再去看的时候，那位老者已经离开了。

【原文】

孔子迁于蔡三岁，吴伐陈。楚救陈，军于城父①。闻孔子在陈、蔡之间，楚使人聘孔子。孔子将往拜礼，陈、蔡大夫谋曰："孔子贤者，所刺讥皆中诸侯之疾②。今者久留陈、蔡之间，诸大夫所设行皆非仲尼之意③。今楚，大国也，来聘孔子。孔子用于楚，则陈、蔡用事大夫危矣④。"于是乃相与发徒役围孔子于野⑤。不得行，绝粮。从者病，莫能兴。孔子讲诵弦歌不衰。子路愠见曰："君子亦有穷乎？"孔子曰："君子固穷，小人穷斯滥矣[6]。"

子贡色作[7]。孔子曰："赐，尔以予为多学而识之者与[8]？"曰："然。非与？"孔子曰："非也。予一以贯之[9]。"

孔子知弟子有愠心，乃召子路而问曰："《诗》云：'匪兕匪虎[10]，率彼旷野[11]。'吾道非邪？吾何为于此？"子路曰："意者吾未仁邪[12]！人之不我信也。意者吾未知邪！人之不我行也。"孔子曰："有是乎！由，譬使仁者而必信，安有伯夷、叔齐？使知者而必行，安有王子比干？"

子路出，子贡入见。孔子曰："赐，《诗》云：'匪兕匪虎，率彼旷野。'吾道非邪？吾何为于此？"子贡曰："夫子之道至大也，故天下莫能容夫子。夫子盖少贬焉[13]？"孔子曰："赐，良农能稼而不能为穑[14]，良工能巧而不能为顺。君子能修其道，纲而纪之[15]，统而理之[16]，而不能为容。今尔不修尔道而求为容。赐，而志不远矣！"

子贡出，颜回入见。孔子曰："回，《诗》云：'匪兕匪虎，率彼旷野。'吾道非邪？吾何为于此？"颜回曰："夫子之道至大，故天下莫能容。虽然，夫子推而行之，不容何病[17]？不容然后见君子！夫道之不修也，是吾丑也；夫道既已大修而不用，是有国者之丑也[18]。不容何病？不容然后见君子！"孔子欣然而笑曰："有是哉颜氏之子！使尔多财，吾为尔宰。"

于是使子贡至楚。楚昭王兴师迎孔子[19]，然后得免。

【注释】

①军：军队驻扎。城父：即"北城父"，楚国邑名。在今河南省宝丰县东、平顶山市西北。②疾：弊端。③设行：措施行动。④用事：主事，执掌政事。⑤相与：共同，一道。发：调发。徒役：服徭役的人。⑥滥：泛滥，此指没有操守节制而为所欲为。⑦色作：脸色改变。⑧识（zhì）：通"志"，记，记住。⑨一以贯之：有一个思想贯穿全部学说。⑩匪：通"非"。兕（sì）：古代犀牛一类的动物。⑪率：循，沿着。旷野：空旷的

野地。⑫意：意料，猜想。⑬少：少许，稍微。⑭穑（sè）：收获。⑮纪：疏理，治理。⑯统：统筹。⑰病：患，忧愁。⑱有国者：指当时的诸侯及权臣。⑲楚昭王：名轸，楚平王之子，公元前515年至公元前489年在位。

【译文】

孔子迁到蔡国三年之后，吴国讨伐陈国。楚国援救陈国，军队在城父这个地方驻扎下来。听说孔子在陈国和蔡国的边界上，楚国就派人去聘请孔子。孔子打算接受聘请前去拜礼，陈国和蔡国的大夫商量说："孔子是位圣贤之人，他所指责讥讽的都切中诸侯的弊病所在。现在他长住陈国和蔡国的边境之上，诸位大夫的所作所为多与孔子的心意不合。现在的楚国，乃是大国，他们来聘请孔子。倘若孔子在楚国受到重用，那么陈国和蔡国的掌权大夫就危险了。"于是，双方共同派了一些服徭役的人去围攻孔子，把孔子一行人困在荒野之上。孔子不能动身，粮食也断绝了。随行的弟子饿病了，许多人都不能爬起来。孔子却不停地诵诗、弹琴、唱歌。子路生气地拜见孔子，对他说："君子难道也有困窘的时候吗？"孔子回答说："君子在困窘的时候能坚守节操，小人在困窘的时候什么事都能做得出来。"

子贡的脸色都变了。孔子说："赐啊，你认为我是学了很多东西而把所学的东西牢牢记在心里的人吗？"子贡回答说："是的。难道不是这样吗？"孔子说："不是这样的。我是把一种道理贯穿于全部的知识当中。"

孔子知道弟子们都有愤恨之心，就把子路叫来问道："《诗经》里说：'既不是犀牛也不是老虎，它却偏偏游荡于旷野之中。'我的道理难道不对吗？为什么我会困守在这里呢？"子路说："想必是我们的仁德还不够吧？所以人家不相信我们。想必是我们的智谋还不够吧？所以人家不让我们通行。"孔子说："有这种事吗？仲由，倘若仁德之人一定能够让别人信任，天下怎么会有伯夷和叔齐呢？倘若智谋之人一定能够畅通无阻，天下怎么会有王子比干呢？”

子路退出，子贡进来拜见老师。孔子说：“赐，《诗经》里说：‘既不是犀牛也不是老虎，它却偏偏游荡于旷野之中。’我的道理难道不对吗？我为什么会困守在这里呢？”子贡说：“老师您的道理太精深博大了，所以天下容不下老师。老师您何不降低迁就一下呢？”孔子说：“赐，好的农夫善于播种却不一定能得到好的收成，好的工匠有精巧的手艺却不一定能尽合人意。君子能够修炼自己的道，依照法理治国，统筹治理国家，却不一定能合于当世。现在你不去修炼自己的道，而是降低迁就以苟合人意。赐，你的志向不够远大啊！”

子贡退出之后，颜回进来拜见老师。孔子说：“回，《诗经》里说：‘既不是犀牛也不是老虎，它却偏偏游荡于旷野之中。’我的道理难道不对吗？为什么我会困守在这里呢？”颜回答道：“老师的道理博大到了极点，所以天下无法容得下。尽管如此，老师依旧推广自己的大道，不被容纳又有什么弊病呢？不被容纳，然后才能看到真正的君子！不能提出治理国家的大道，这是我们的耻辱。治国之道已经大大地修成，但是却不被天下的君主采用，这是治国者的耻辱啊！不能被容纳有什么弊病呢？不被容纳才能见到真正的君子啊！”孔子听了之后，欣慰地笑了，说道：“是这样的啊，颜家的好子弟！倘若你有很多财富，我一定替你管理！”

于是孔子派子贡到了楚国。楚昭王派兵来迎接孔子，孔子这才免去一场灾祸。

【原文】

昭王将以书社地七百里封孔子①。楚令尹子西曰②：“王之使使诸侯有如子贡者乎？”曰：“无有。”“王之辅相有如颜回者乎？”曰：“无有。”“王之将帅有如子路者乎？”曰：“无有。”“王之官尹有如宰予者乎③？”曰：“无有。”“且楚之祖封于周，号为子男五十里④。今孔丘述三、五之法[⑤]，明周、召之业[⑥]，王若用之，则楚安得世世堂堂方数千里乎[⑦]！夫文王在丰，武王在镐，百里之君卒王天下。今孔丘得据土壤，贤弟子为佐，非楚之福也。”昭王乃止。其秋，楚昭王卒于城父。

楚狂接舆歌而过孔子，曰：“凤兮凤兮，何德之衰！往者不可谏兮[⑧]，来者犹可追也[⑨]！已而已而，今之从政者殆而！”孔子下，欲与之言。趋而去，弗得与之言。

【注释】

①书社地七百里：有名籍的社，其地方圆七百里。社，古代二十五家设置一社，祭祀社神（即土地神）。因此社也成为一级居民组织单位，一社为二十五家。②令尹：楚国官名，为最高军政长官。③官尹：各部门长官。宰予：鲁国人，孔子弟子，以擅长言语著称，曾任齐国临淄大夫。④子男：为周代诸侯封爵的最末二等。周爵依次共分为公、侯、伯、子、男五等。⑤三、五之法：三皇五帝的法度。⑥周：指周公，名旦，姓姬，亦称“叔旦”，周文王之子，周武王之弟，采邑在周（在今陕西省岐山北），因称“周公”。⑦堂堂：广大的样子。⑧往：已往，过去。谏：止，挽救。⑨追：追补，补救。

【译文】

楚昭王打算把七百里的土地封给孔子。楚国的令尹子西说：“大王的使臣出使到各国的，有人能比得上子贡吗？”昭王说：“没有。”子西又问道：“大王您的辅弼之臣有人能比得上颜回吗？”昭王说：“没有。”子西又问：“大王的将帅有人能比得上子路吗？”昭王说：“没有。”子西再问：“大王的各部主事的大臣有比得上宰予的吗？”昭王说：“没有。”子西说：“况且楚国的祖先受封于周朝，封号只是个子男爵，封地仅有五十里。如今孔丘讲述三皇五帝的治国之道，申明周公和召公的德业，大王如果任用他，楚国怎么能够世世代代统辖几千里的国土呢？周文王在丰建都，周武王在镐建都，拥有百里土地的君主最终称霸天下。现在孔丘倘若能占据七百里的土地，用他众多的贤能弟子为辅佐，这不是楚国的福气啊。”昭王便打消了原先的打算。这年秋天，楚昭王在城父去世。

有一天，楚国的隐士接舆唱着歌从孔子身边经过，唱道：“凤啊！凤啊！你的德行为什么这么衰微呢！过去的事情不能挽回，但是将来的事情是可以避免的啊！罢了！罢了！现在当政的人都是危险的啊！”孔子从车上下来，想与他一起谈谈。接舆却快步离开了，没能和他谈上话。

【原文】

于是孔子自楚反乎卫。是岁也，孔子年六十三，而鲁哀公六年也①。

其明年，吴与鲁会缯②，征百牢③。太宰嚭召季康子。康子使子贡往，然后得已。

孔子曰：“鲁、卫之政，兄弟也④。”是时，卫君辄父不得立，在外，诸侯数以为让。而孔子弟子多仕于卫，卫君欲得孔子为政⑤。子路曰：“卫君待子而为政，子将奚先？”孔子曰：“必也正名乎⑥！”子路曰：“有是哉，子之迂也⑦！何其正也？”孔子曰：“野哉由也⑧！夫名不正则言不顺，言不顺则事不成，事不成则礼乐不兴，礼乐不兴则刑罚不中⑨，刑罚不中则民无所错手足矣。夫君子为之必可名，言之必可行。君子于其言，无所苟而已矣。”

【注释】

①鲁哀公：名蒋，鲁定公之子，公元前494年至公元前468年在位。公元前468年被三桓所逼，出奔越，第二年死在越国。②缯（zēng）：鲁国邑名。在今山东省苍山县西北。③牢：古代祭祀用的牲畜。一牛、一猪、一羊为一牢。④鲁、卫之政，兄弟也：此语有两层意思：一谓鲁、卫是兄弟之国，二谓鲁、卫两国当时的政治状况相似。⑤卫君：指当时在位的卫出公辄。⑥正名：端正名称，整顿名分。⑦迂：迂阔，迂腐。⑧野：粗野，鲁莽。

⑨中：正，合适。

【译文】

孔子从楚国返回卫国。这一年，孔子六十三岁了，这年正好是鲁哀公六年。

第二年，吴国和鲁国在缯地会盟，吴国打算向鲁国征集一百套供祭祀用的牲畜。太宰嚭征召季康子。季康子派子贡前去，然后才免除献礼。

孔子说："鲁国和卫国的政事，如同兄弟一般。"这个时候，卫出公辄的父亲不能继承王位，正在外面流亡，诸侯纷纷指责这件事情。而孔子有很多弟子在卫国做官，卫君想请孔子处理卫国的政事。子路说："卫君想请您去处理卫国的政事，老师将首先做什么呢？"孔子说："那我一定要先端正名分！"子路说："有这回事吗？老师太迂阔而不切实际了！名分要如何才能端正呢？"孔子说："你真是太粗鲁了，仲由啊！名分不端正那么说出来的话就不顺当，说出的话不够顺当那么做事就不会成功，做事不成功那么礼乐教化就不能推行，礼乐教化不能推行那么量刑就不会准确，量刑不准确那么民众就会手足无措了。君子做事一定要符合名分，说话一定要切实可行。君子对于自己所说的话，要做到没有丝毫的苟且随便才行啊！"

【原文】

其明年，冉有为季氏将师，与齐战于郎①，克之。季康子曰："子之于军旅，学之乎？性之乎②？"冉有曰："学之于孔子。"季康子曰："孔子何如人哉？"对曰："用之有名；播之百姓，质诸鬼神而无憾③。求之至于此道，虽累千社④，夫子不利也。"康子曰："我欲召之，可乎？"对曰："欲召之，则毋以小人固之，则可矣。"而卫孔文子将攻太叔⑤，问策于仲尼。仲尼辞不知，退而命载而行，曰："鸟能择木⑥，木岂能择鸟乎？"文子固止。会季康子逐公华、公宾、公林，以币迎孔子，孔子归鲁。

孔子之去鲁凡十四岁而反乎鲁。

【注释】

①郎：鲁国邑名。在今山东省鱼台县东北。②性：天性，天生的本能。③质：询问，对质、对证。憾：遗憾。④千社：二十五家为一社，千社即二万五千家，此指赏赐的封地。⑤孔文子：名圉，卫国大夫。⑥鸟：喻孔子。木：喻诸侯国。

【译文】

第二年，冉有为季氏率领军队，与齐国在郎邑交战，大败齐国。季康子说："你的军事才能，是学来的呢，还是天生就具有的呢？"冉有说："是向孔夫子学的。"季康子问道："孔子究竟是怎样的一个人呢？"冉有回答说："他做事合乎名分，无论是把他摆在老百姓那里，还是对质于鬼神的面前，他都是真诚而毫无遗憾的。我依照老师的这种原则做事，即使把千社这么大的地方给他，他也是不会心动的。"康子说："我想征召孔子来朝做官，可以吗？"冉有回答说："您想征召老师来做官，那么就请不要用小人来阻碍他，这样就可以了。"这个时候，卫国的孔文子正打算攻打太叔，他向孔子询问计策。孔子推说不知道，随后吩咐备车离开，说："飞鸟能够选择树林栖息，树林怎么能选择鸟呢？"文子对他再三挽留。这时正好赶上季康子驱逐了公华、公宾、公林这几个人，又用重礼迎接孔子，孔子回到了鲁国。

孔子在离开十四年后返回鲁国。

萧相国世家

【导读】

本篇通过描写萧何辅佐刘邦灭秦以及在楚汉之争中留守关中、稳定后方的事迹，表现出他的深谋远虑与卓越才能。

同时，司马迁写萧何举荐韩信，后来又合谋杀害韩信的故事，表现出萧何复杂矛盾的性格，使萧何的形象更具立体化。

◎辅助高祖夺天下◎

【原文】

萧相国何者，沛丰人也。以文无害为沛主吏掾[①]。

高祖为布衣时，何数以吏事护高祖。高祖为亭长，常左右之[②]。高祖以吏繇咸阳[③]，吏皆送奉钱三，何独以五。

秦御史监郡者与从事[④]，常辨之[⑤]。何乃给泗水卒史事，第一。秦御史欲入言征何[⑥]，何固请[⑦]，得毋行。

【注释】

①无害：无比，无人能胜。②左右：帮助。③繇：通“徭”，劳役。这里指服劳役。④监郡：监督、检查郡的工作。⑤辨：辨别。这里指办事有条理，对各种事项分辨得非常清楚。⑥征：征召。⑦请：这里是辞谢的意思。

【译文】

萧相国萧何，沛县丰邑人。他由于通晓法律，无人能比，所以做了沛县的主吏掾。

汉高祖刘邦还是平民的时候，萧何屡次借着官吏的职权保护他。刘邦当了亭长，萧何也常常帮助他。刘邦以官吏的身份去咸阳服役，官员们都奉送他三百钱，唯独萧何送他五百钱。

秦朝的御史到泗水郡督查郡政时，萧何跟着他的属官办理公务，经常把事情办得有条有理。于是萧何被委任为泗水郡卒史，公务考核中名列第一。秦朝的御史打算入朝进言征调萧何，萧何坚决辞谢，才得以获准不被调走。

【原文】

及高祖起为沛公，何常为丞督事。沛公至咸阳，诸将皆争走金帛财物之府分之，何独先入收秦丞相御史律令图书藏之。沛公为汉王，以何为丞相。项王与诸侯屠烧咸阳而去。汉王所以具知天下厄塞①，户口多少，强弱之处，民所疾苦者，以何具得秦图书也。何进言韩信，汉王以信为大将军。语在《淮阴侯》事中。

【注释】

①厄（è）塞：险要之地。

【译文】

等到刘邦起兵做了沛公，萧何常做他的辅佐官。沛公到了咸阳，将领们都争着奔向储藏金帛财物的府库分取财物，唯独萧何先进去收取秦朝丞相和御史大夫保管的法律诏令以及各种图书文献，并珍藏起来。沛公做了汉王，任命萧何为丞相。项羽和诸侯在咸阳城屠杀焚烧完毕后就离去了。汉王之所以能够详尽地知道天下的险要关塞，家庭、人口的多少，各地诸方面的强弱，民众的疾苦等，就是因为萧何完好地得到了秦朝的文献档案。萧何向汉王进言举荐韩信，汉王任命韩信为大将军。此事记载在《淮阴侯列传》中。

【原文】

汉王引兵东定三秦，何以丞相留收巴蜀，填抚谕告①，使给军食。汉二年，汉王与诸侯击楚，何守关中，侍太子，治栎阳。为法令约束②，立宗庙社稷宫室县邑，辄奏上，可，许以从事；即不及奏上，辄以便宜施行③，上来以闻。关中事计户口转漕给军④，汉王数失军遁去，何常兴关中卒，辄补缺。上以此专属任何关中事⑤。

【注释】

①填（zhèn）抚谕告：安抚民众，发布政令。填，通“镇”，安定。谕告，发布政令，告知百姓。②约束：规章，法度。③便（biàn）宜：酌情处理。④转漕：运送粮食。古时车运为转，水运为漕。⑤属（zhǔ）：委托。

【译文】

汉王领兵向东平定三秦，萧何以丞相的身份留守巴蜀，安抚民众，发布政令，供给军队粮草。汉王二年，汉王与各路诸侯攻击楚军，萧何守卫关中，服侍太子，治理栎阳。制定法令、规章，建立宗庙、社稷、宫室、县邑，并总是上报给汉王，得到汉王同意，准许施行这些政事；如果来不及上报汉王，就酌情处理，等汉王回来再禀报他知道。萧何在关中管理户籍人口，通过水路和陆路将粮草运送给前方军队。汉王多次兵败而逃，萧何常常征调关中士卒，补充军队的缺额。汉王因此专门委任萧何处理关中事务。

◎明哲保身◎

【原文】

汉三年，汉王与项羽相距京、索之间，上数使使劳苦丞相①。鲍生谓丞相曰："王暴衣露盖，数使使劳苦君者，有疑君心也。为君计，莫若遣君子孙昆弟能胜兵者悉诣军所②，上必益信君。"于是何从其计，汉王大说③。

【注释】

①劳苦：慰劳。②胜兵：胜任军事，能够打仗。③说：通"悦"。

【译文】

汉王三年（公元前204年），汉王与项羽对峙于京县、索城之间，汉王多次派遣使者慰劳丞相。有个叫鲍生的人对丞相说："汉王在前线风餐露宿，却屡次派使者来慰劳您，这是有怀疑您的心意呀。为您考虑，不如派遣您的子孙兄弟中能打仗的人都到军营中去，汉王必定更加信任您。"于是萧何听从了他的计策，汉王非常高兴。

【原文】

汉五年，既杀项羽，定天下，论功行封。群臣争功，岁余功不决。高祖以萧何功最盛，封为酂侯，所食邑多。功臣皆曰："臣等身被坚执锐①，多者百余战，少者数十合，攻城略地②，大小各有差。今萧何未尝有汗马之劳，徒持文墨议论，不战，顾反居臣等上，何也？"高祖曰："诸君知猎乎？"曰："知之。""知猎狗乎？"曰："知之。"高帝曰："夫猎，追杀兽兔者狗也，而发踪指示兽处者人也。今诸君徒能得走兽耳，功狗也。至如萧何，发踪指示，功人也。且诸君独以身随我，多者两三人。今萧何举宗数十人皆随我③，功不可忘也。”群臣皆莫敢言。

【注释】

①被：同“披”。②略：夺取。③宗：宗族。

【译文】

汉王五年，已经消灭了项羽，平定了天下，于是论功行赏。群臣争功，一年多过去了，功劳的大小还没能决定下来。高祖认为萧何的功劳最显赫，封他为酂侯，给予的食邑最多。功臣们都说：“我们身披战甲，手执兵器，亲自参加战斗，多的身经百战，少的也打了数十场仗，攻夺城池，占领地盘，或大或小都立了不少战功。如今萧何没有立过汗马功劳，只是耍耍笔杆，发发议论，不参加战斗，封赏反倒在我们之上，这是为什么？”高帝说：“诸位知道打猎吗？”群臣回答说：“知道。”高帝又问：“知道猎狗吗？”群臣说：“知道。”高帝说：“打猎时，追咬野兽兔子的是猎狗，但发现野兽踪迹、指出野兽所在地方的是猎人。而今诸位仅能捉到野兽而已，功劳不过如同猎狗。至于萧何，发现踪迹，指明目标，功劳如同猎人。况且诸位只是独自追随我，多的不过一家两三个人。而萧何让自己本族里的几十人都来追随我，功劳是不能忘记的。”群臣都不敢再说什么了。

【原文】

列侯毕已受封，及奏位次，皆曰：“平阳侯曹参身被七十创，攻城略地，功最多，宜第一。”上已桡功臣①，多封萧何，至位次未有以复难之，然心欲何第一。关内侯鄂君进曰：“群臣议皆误。夫曹参虽有野战略地之功，此特一时之事。夫上与楚相距五岁，常失军亡众，逃身遁者数矣。然萧何常从关中遣军补其处，非上所诏令召，而数万众会上之乏绝者数矣。夫汉与楚相守荥阳数年，军无见粮②，萧何转漕关中，给食不乏。陛下虽数亡山东[3]，萧何常全关中以待陛下，此万世之功也。今虽亡曹参等百数，何缺于汉？汉得之不必待以全。奈何欲以一旦之功而加万世之功哉[4]！萧何第一，曹参次之。”高祖曰：“善。”於是乃令萧何第一，赐带剑履上殿，入朝不趋[5]。

【注释】

①桡：弯曲，这里指委屈。②见（xiàn）：同“现”。③亡：失去。④柰：通“奈”。⑤趋：小步快走，表示恭敬。

【译文】

列侯都已受封完毕，等到奏报位次时，群臣都说：“平阳侯曹参身受七十处创伤，攻城略地，功劳最多，应该排在第一位。”高祖已经委屈了功臣们，较多地封赏了萧何，到评定位次时就没有理由再反驳大家，然而心里还是想把萧何排在第一位。关内侯鄂千秋进言说：“各位大臣的议论是不对的。曹参虽然有作战夺地的功劳，但这只是一时的事情。大王与楚军相持五年，常常丧失军队，士卒逃散，只身逃走有好几次了。然而萧何常从关中派遣军队补充缺口，这不是大王下诏让他召集的，数万士卒开赴前线时正值大王最危难的时刻，这种情况已有多次了。汉军与楚军在荥阳对抗数年，军中没有现成的粮草，萧何从关中用车船运来粮食，军粮供应从不匮乏。陛下虽然多次失掉崤山以东的土地，但萧何一直保全关中等待着陛下，这是万世不朽的功勋啊。如今即使没有上百个曹参这样的人，对汉室又有什么损失？汉室得到了这些人也不一定得以保全。怎么能让一时的功劳凌驾在万世功勋之上呢！应该是萧何排第一位，曹参居次。”高祖说：“好。”于是确定萧何为第一位，特恩许他带剑穿鞋上殿，上朝时可以不按礼仪小步快走。

【原文】

上曰：“吾闻进贤受上赏。萧何功虽高，得鄂君乃益明。”于是因鄂君故所食关内侯邑封为安平侯。是日，悉封何父子兄弟十余人，皆有食邑。乃益封何二千户，以帝尝咸阳时何送我独赢奉钱二也[①]。

【注释】

①赢：这里指多。

【译文】

高祖说：“我听说推荐贤能要受上等的奖赏。萧何的功劳虽然很高，经过鄂君的说明就更加明显了。”于是根据鄂君原来受封的关内侯食邑，加封为安平侯。当天，萧何父子兄弟十多人都受了封赏，都有食邑。后又加封萧何两千户，这是因为高祖到咸阳服役时萧何曾多送给高祖二百钱的缘故。

【原文】

汉十一年，陈豨反，高祖自将，至邯郸。未罢，淮阴侯谋反关中，吕后用萧何计，诛淮阴侯，语在《淮阴》事中。上已闻淮阴侯诛，使使拜丞相为相国，益封五千户，令卒五百人一都尉为相国尉。诸君皆贺，召平独吊。召平者，故秦东陵侯。秦破，为布衣，贫，种瓜于长安城东，瓜美，故世俗谓之“东陵瓜”，从召平以为名也。召平谓相国曰：“祸自此始矣。上暴露于外而君守于中，非被矢石之事而益君封置卫者，以今者淮阴侯新反于中，疑君心矣。夫置卫卫君，非以宠君也。愿君让封勿受[①]，悉以家私财佐军，则上心说。”相国从其计，高帝乃大喜。

【注释】

①让：辞让。

【译文】

汉高祖十一年，陈豨造反，高祖亲自率军到了邯郸。平叛还没完，淮阴侯韩信又在关中谋反，吕后采用萧何的计策，诛杀了淮阴侯，此事记载在《淮阴侯列传》中。高祖已经听说淮阴侯被杀，派遣使者拜丞相萧何为相国，加封五千户，并令五百名士卒、一名都尉做相国的卫队。众人都来道喜，唯独召平表示哀悼。召平是已亡的秦朝的东陵侯。秦朝被攻破后，他沦为平民，非常贫穷，在长安城东种瓜。他种的瓜味道甜美，所以世人称它为“东陵瓜”，这是根据召平的封号来命名的。召平对相国萧何说：“祸患从此开始了。皇上风吹日晒作战在外，而您留守朝中，未遭战事之险，反而增加您的封邑并设置卫队，这是因为淮阴侯刚刚在关中谋反，对您的心意有所怀疑。设置卫队保护您，并非是宠信您，希望您辞让封赏不受，把家产全都捐助军队，那么皇上心里就会高兴。”萧相国听从了他的计谋。高帝果然非常欢喜。

【原文】

汉十二年秋，黥布反，上自将击之，数使使问相国何为。相国为上在军，乃拊循勉力百姓[①]，悉以所有佐军，如陈豨时。客有说相国曰：“君灭族不久矣。夫君位为相国，功第一，可复加哉？然君初入关中，得百姓心，十余年矣，皆附君，常复孳孳得民和[②]。上所为数问君者，畏君倾动关中。今君胡不多买田地，贱贳贷以自汙[③]？上心乃安。”于是相国从其计，上乃大说。

【注释】

①拊（fǔ）循勉力：安抚勉励。②孳孳：勤勉，努力不懈的样子。③贳（shì）贷：赊借。汙：自己败坏自己的名声。

【译文】

汉高祖十二年的秋天，黥布反叛，高祖亲自率军攻伐他，并多次派人来询问萧相国在做什么。萧相国因为皇上在军中，就在后方安抚勉励百姓，倾尽自己所有家财佐助军队，和讨伐陈豨时一样。有门客劝告萧相国说："您灭族的日子不远了。您位居相国，功劳第一，还能够再加功吗？然而您刚到关中就深得民心，至今十多年了，百姓都亲附您，您还是那么勤勉地做事，与百姓关系和谐，受到爱戴。皇上之所以屡次询问您的情况，是害怕您作乱关中。如今您何不多买田地，采取低价、赊借等手段来败坏自己的声誉呢？这样，皇上才会心安。"于是萧相国听从了他的计策，高祖非常高兴。

【原文】

上罢布军归，民道遮行上书[①]，言相国贱强买民田宅千万。上至，相国谒。上笑曰："夫相国乃利民[②]！"民所上书皆以与相国，曰："君自谢民[③]。"相国因为民请曰："长安地狭，上林中多空地，弃，愿令民得入田，毋收稾为禽兽食[④]。"上大怒曰："相国多受贾人财物，乃为请吾苑！"乃下相国廷尉，械系之[⑤]。数日，王卫尉侍，前问曰："相国何大罪，陛下系之暴也？"上曰："吾闻李斯相秦皇帝[⑥]，有善归主，有恶自与。今相国多受贾竖金而为民请吾苑[⑦]，以自媚于民，故系治之。"王卫尉曰："夫职事苟有便于民而请之，真宰相事，陛下奈何乃疑相国受贾人钱乎！且陛下距楚数岁，陈豨、黥布反，陛下自将而往，当是时，相国守关中，摇足则关以西非陛下有也。相国不以此时为利，今乃利贾人之金乎？且秦以不闻其过亡天下，李斯之分过，又何足法哉。陛下何疑宰相之浅也。”高帝不怿[⑧]。是日，使使持节赦出相国[⑨]。相国年老，素恭谨，入，徒跣谢[⑩]。高帝曰：“相国休矣！相国为民请苑，吾不许，我不过为桀纣主，而相国为贤相。吾故系相国，欲令百姓闻吾过也。”

【注释】

①遮：阻拦。②相国乃利民：身为相国竟然如此“利民”。这是高祖说的反语。乃，竟然。③谢：谢罪。④稾：禾秆。⑤械系：用镣铐等刑具拘禁。⑥相：辅佐。⑦贾竖：对商人的鄙称。⑧怿：喜悦。⑨节：使者所持的一种凭证。⑩徒跣（xiǎn）：赤脚步行，是一种请罪的表示。

【译文】

高祖征伐黥布回来，民众拦路上书，说相国低价强买百姓田地房屋数量极多。高祖回到京城，相国进见。高祖笑着说：“你这个相国真是为民谋利呀！”高祖把百姓的上书都交给相国，说道：“你自己向百姓谢罪吧。”相国趁机为民众请求说：“长安土地狭窄不足，上林苑中有很多空地，已经废弃，希望让百姓们进去种田，留下禾秆作为禽兽的饲料。”高祖大怒说：“相国大量接受了商人的财物，是为了请求占用我的上林苑！”于是就把相国交给廷尉，用镣铐拘禁了他。几天以后，一个姓王的卫尉侍奉高祖时，上前问道：“相国犯了什么重大的罪过，陛下把他拘禁得如此严酷？”高祖说：“我听说李斯辅佐秦始皇时，有了功劳归于主上，出了差错自己承担。如今相国大量收受奸商钱财而为百姓请求占用我的苑林，以此向民众讨好，所以把他铐起来治罪。”王卫尉说：“在自己职责范围内，如果有利于百姓而为他们请求，这的确是宰相分内的事，陛下为何怀疑相国收受商人钱财呢！况且陛下抗拒楚军数年，陈豨、黥布造反时，陛下又亲自带兵前往，当时相国留守关中，他只要动一动脚函谷关以西就不归陛下所有了。相国不趁着这个时机为己谋利，现在却贪图商人的钱财吗？况且秦始皇正因为听不到自己的过错而失去天下，李斯分担过错，又有什么值得效法的呢？陛下为什么以这么浅陋的眼光来怀疑宰相呢！”高祖听后不高兴。当天，高祖派人持节赦免并释放了相国。相国年老，素来谦恭谨慎，入见高祖，赤脚步行谢罪。高祖说：“相国算了吧！相国为民众请求苑林，我不答应，我不过是桀、纣那样的君主，而你则是个贤相。我之所以把你用镣铐拘禁起来，是想让百姓们知道我的过错。”

【原文】

何素不与曹参相能①，及何病，孝惠自临视相国病，因问曰：“君即百岁后，谁可代君者？”对曰：“知臣莫如主。”孝惠曰：“曹参何如？”何顿首曰：“帝得之矣！臣死不恨矣②！”

何置田宅必居穷处，为家不治垣屋③。曰：“后世贤，师吾俭；不贤，毋为势家所夺。”

孝惠二年，相国何卒，谥为文终侯。

后嗣以罪失侯者四世，绝，天子辄复求何后，封续酂侯，功臣莫得比焉。

【注释】

①能：和睦。②恨：遗憾。③垣屋：有矮墙的房舍。

【译文】

萧何一向与曹参不和，等到萧何病重时，孝惠皇帝亲自去探视相国病情，趁机便问道：“您如果故去了，谁可以接替您呢？”萧何回答说：“了解臣下的莫过于君主。”孝惠帝说：“曹参怎么样？”萧何叩头说：“陛下得到合适的人选了！我死而无憾了！”

萧何购置田地住宅必定处在贫苦偏僻的地方，建造家园不修筑有矮墙的房舍。他说：“我的后代贤能，就学习我的俭朴；后代不贤能，也可以不为有权势的人家所夺取。”

孝惠二年，相国萧何去世，谥号为文终侯。

萧何的后代因为犯罪而失去侯爵封号的有四世，每次断绝了继承人时，天子总是再寻找萧何的后代，续封为酂侯，功臣中没有谁能够跟他相比。

【原文】

太史公曰：萧相国何于秦时为刀笔吏，录录未有奇节。及汉兴，依日月之末光[①]，何谨守管籥[②]，因民之疾秦法，顺流与之更始。淮阴、黥布等皆以诛灭，而何之勋烂焉。位冠群臣，声施后世[③]，与闳夭、散宜生等争烈矣[④]。

【注释】

①日月：喻指帝王。②管籥（yuè）：钥匙，这里喻指职责。③施（yì）：延续。④烈：功业。

【译文】

太史公说：相国萧何在秦朝时仅是个文职小官，平庸而没有什么惊人的作为。等到汉室兴盛，仰仗帝王的余光，萧何谨守自己的职责，根据民众痛恨秦朝苛法这一问题，顺应时代潮流，与他们一起除旧布新。韩信、黥布等都已被诛灭，而萧何的功勋更为显赫。他的地位为群臣之冠，声威延及后世，可以跟闳夭、散宜生等人竞评功业了。

留侯世家

【导读】

“留侯”指的是汉初名臣张良，他的封地在留这个地方，所以称为“留侯”。张良年少时尚义任侠，为了替韩国报仇，不惜散尽家财而行刺秦始皇。张良在圯上巧遇老人，面对老人的刁难，他能隐忍而不发作，这为他成就大事埋下伏笔。张良追随刘邦以后，处处表现出政治远见和高深谋略，如劝说刘邦争取黥布、彭越，笼络韩信，进而灭楚等；阻止刘邦分封诸侯；建议建都关中；刘邦称帝后，为安定人心，张良建议封赏与刘邦有宿怨的雍齿。张良是刘邦谋臣中的核心人物，刘邦对他很是器重，并评价张良是“运筹策帷帐中，决胜千里外”的大功臣。

◎子房志亡秦，曾进桥下履◎

【原文】

留侯张良者[①]，其先韩人也[②]。大父开地[③]，相韩昭侯、宣惠王、襄哀王[④]。父平，相釐王、悼惠王[⑤]。悼惠王二十三年[⑥]，平卒。卒二十岁，秦灭韩。良年少，未宦事韩[⑦]。韩破，良家僮三百人。弟死不葬，悉以家财求客刺秦王[⑧]，为韩报仇，以大父、父五世相韩故。

良尝学礼淮阳[⑨]，东见仓海君[⑩]。得力士，为铁椎重百二十斤。秦皇帝东游，良与客狙击秦皇帝博浪沙中[⑪]，误中副车[⑫]。秦皇帝大怒，大索天下，求贼甚急，为张良故也。良乃更名姓，亡匿下邳[⑬]。

【注释】

①留侯：张良的封爵。张良封于留，所以称为留侯。②韩：古国名，战国七雄之一。春秋时，晋封韩武子于韩原，其后世为晋卿。至韩虔，与魏、赵三分晋国。公元前230年为秦所灭。③大父：祖父。开地：张良祖父之名。④韩昭侯：名武，韩国国君，公元前362年至公元前333年在位。宣惠王：昭侯的儿子，韩国国君从他开始称王，在位二十一年。襄哀王：亦称襄王，名仓，宣惠王的儿子，公元前311年至公元前296年在位。⑤釐王：亦作僖王，名咎，襄哀王的儿子，公元前295年至公元前273年在位。悼惠王：或作桓惠王，釐王的儿子，公元前272年至公元前239年在位。⑥悼惠王二十三年：即公元前250年。⑦未宦事韩：没有在韩国担任过官职。⑧客：门客，食客，此指刺客。秦王：指秦王嬴政（秦始皇）。⑨淮阳：汉郡国名，秦时为陈县。治所在今河南省淮阳县。⑩仓海君：有两种说法：一、《汉书·张良传》颜师古注云："盖当时贤者之号。"二、《史记集解》《索隐》都说仓海君是东夷的君长。⑪博浪沙：古地名。故址在今河南省原阳县东南。⑫副车：亦称属车，皇帝的侍从车辆。⑬下邳：秦县名。治所在今江苏省睢宁县西北。

【译文】

留侯张良，他的祖先是韩国人。祖父名叫开地，曾做过韩昭侯、宣惠王、襄哀王的相国。父亲名平，曾是釐王和悼惠王的相国。悼惠王二十三年，张平去世。死后二十年，秦国灭掉韩国。张良当时年少，没有在韩国做官。韩国破亡以后，张良家中有僮仆三百人。这个时候，张良的弟弟死了，但张良并没有花钱埋葬弟弟，而是散尽家财寻求刺客刺杀秦王，为韩国报仇，这是他的祖父和父亲为韩国做了五朝相国的缘故。

张良曾经去淮阳学礼，向东去拜见仓海君。募到了一名大力士，为他铸造了一个重达一百二十斤的铁锤。秦始皇向东巡游，张良与大力士在博浪沙中狙击秦始皇，结果误中跟随的马车。秦始皇大怒，下令在全国大肆搜查，缉拿刺客十分紧急，这全是张良的缘故。张良于是改名换姓，逃亡到下邳隐匿起来。

【原文】

良尝间从容步游下邳圯上①，有一老父，衣褐，至良所，直堕其履圯下②，顾谓良曰："孺子③，下取履！"良鄂然④，欲殴之。为其老，强忍，下取履。父曰："履我！"良业为取履，因长跪履之。父以足受，笑而去。良殊大惊，随目之。父去里所，复还，曰："孺子可教矣。后五日平明⑤，与我会此。"良因怪之，跪曰："诺。"五日平明，良往。父已先在，怒曰："与老人期，后，何也？"去，曰："后五日早会。"

五日鸡鸣，良往。父又先在，复怒曰："后，何也？"去，曰："后五日复早来。"五日，良夜未半往。有顷，父亦来，喜曰："当如是。"出一编书⑥，曰："读此则为王者师矣。后十年兴。十三年孺子见我济北⑦，谷城山下黄石即我矣⑧。"遂去，无他言，不复见。旦日视其书，乃《太公兵法》也⑨。良因异之，常习诵读之。

【注释】

①圯（yí）：桥。②直：特意、故意。③孺子：一种不客气、不礼貌的称呼，有点像今人所说的"年轻人""小伙子"等。④鄂：通"愕"，惊讶。⑤平明：与以下的"鸡鸣""夜未半"，为秦汉时使用的时辰名称。"平明"即平旦。"鸡鸣"早于"平明"，"夜未半"早于"鸡鸣"。⑥一编书：古代的书籍多写在竹简上，用皮条或绳子编联，所以用"编"来称呼。"一编书"类似现在所说的一册书。⑦济北：即济水之北，这里指谷城山一带。⑧谷城山：也称黄山。在今山东省平阴县西南。⑨《太公兵法》：相传为姜太公吕尚所作的兵书。

【译文】

张良曾经在闲暇时信步闲游到下邳的一座桥上，桥上有一老者，他穿着件粗布短衣，走到张良的身边，故意把鞋子丢到桥下，转头对张良说："喂，小子，下去把鞋捡上来！"张良感到惊愕，想揍老者一顿。又一想他已经老了，便强忍着怒气下去捡鞋。老者说："给我穿上！"张良已经为他捡来鞋子，就跪下给他穿上。老者伸出脚让他把鞋穿好，大笑而去。张良十分惊讶，随着他离去的方向注视着。老者离开一里多地后，又返回来，说："你这小子可以教导了。五天之后天亮的时候，我们在这里相会。"张良感到很奇怪，下跪说："好的。"

五天后天刚亮之时，张良来到这里，老者已经提前到了，老者生气地说："跟老人约会，反而后到，这是为何？"老人离去，说："五天后早点来再相会吧！"五天之后鸡刚刚打鸣，张良就来了。老者又提前到了，再次生气地说："又迟到了，这是为何？"老者离开，临走时说："五天后再早点过来。"五天以后，张良还没到半夜就赶来了。过了一会儿，老者也赶来了，高兴地说："就应该像这样嘛。"说完掏出一册书，说："读了这册书就可以做帝王的老师了。十年之后你会发迹的。十三年后你到济北来见我，谷城山下的黄石就是我。"接着就离开了，没有说其他话，张良以后再也没见到这个人。第二天看这册书，原来是《太公兵法》。张良觉得这册书非比寻常，常常拿出来研读朗诵。

【原文】

居下邳，为任侠①。项伯常杀人②，从良匿。

后十年③，陈涉等起兵④，良亦聚少年百余人。景驹自立为楚假王⑤，在留。良欲往从之，道遇沛公⑥。沛公将数千人，略地下邳西，遂属焉。沛公拜良为厩将⑦。良数以《太公兵法》说沛公，沛公善之，常用其策。良为他人言，皆不省。良曰："沛公殆天授。"故遂从之，不去见景驹。

【注释】

①任侠：打抱不平、负气仗义的行为。②项伯：秦末下相（在今江苏省宿迁市西南）人，名缠，字伯。楚贵族的后裔，项羽的叔父。因在鸿门宴上救刘邦有功，西汉建立后封他为射阳侯，赐刘姓。常：同“尝”。③后十年：指博浪沙刺杀始皇未遂后的十年。④陈涉：即陈胜（字涉），阳城（在今河南省登封东南）人。二世元年（公元前209年）和吴广在大泽乡起兵反秦。后在陈县建立张楚政权，被推为王。后战败而死。详细事迹请见本书《陈涉世家》。⑤景驹：楚国贵族的后裔，秦二世时嘉立他为楚王。假王：暂时代理为王。⑥沛公：即刘邦。刘邦在沛县起兵，被拥立为沛公。⑦厩将：军中管理马匹的官。

【译文】

张良居住在下邳，为人仗义，常常打抱不平，项伯曾经杀人，后来逃到张良那里藏匿起来。

其后十年，陈涉等人起兵抗秦，张良也聚集青年一百多人。景驹自立为楚假王，驻扎在留县。张良想去投奔他，半路遇上沛公。沛公率领数千人，攻占了下邳以西的地方，张良就归附沛公。沛公任命张良为厩将。张良多次对沛公讲《太公兵法》，沛公非常喜欢，常常采用上面的计策。张良对别人讲这册书，他们却都不能领悟。张良说：“沛公大概是上天赋予的才能。”于是跟随沛公，不去见景驹。

◎佐汉开鸿举，屹然天一柱◎

【原文】

汉元年正月[①]，沛公为汉王，王巴蜀[②]。汉王赐良金百溢[③]，珠二斗[④]，良具以献项伯。汉王亦因令良厚遗项伯，使请汉中地⑤。项王乃许之，遂得汉中地。汉王之国，良送至褒中⑥，遣良归韩。良因说汉王曰："王何不烧绝所过栈道⑦，示天下无还心，以固项王意。"乃使良还。行，烧绝栈道。

良至韩，韩王成以良从汉王故，项王不遣成之国，从与俱东。良说项王曰："汉王烧绝栈道，无还心矣。"乃以齐王田荣反，书告项王⑧。项王以此无西忧汉心，而发兵北击齐。

【注释】

①汉元年：即公元前206年。②巴蜀：古郡名。巴郡在今重庆，蜀郡在今四川省成都市。③溢：通"镒"，古代重量单位，古以二十两为一溢。一说二十四两为一溢。④斗：容量单位，十升为一斗。⑤汉中：古郡名。在今陕西省汉中东。⑥褒中：古褒国地，汉置县。治所在今陕西省勉县东南。⑦栈道：古人在悬崖峭壁上凿孔架桥连阁而成的道路。⑧齐王田荣：齐国贵族的后裔。

【译文】

汉王元年正月，沛公为汉王，在巴蜀之地称王。汉王赏赐给张良黄金百镒，珍珠两斗，张良把这些都献给了项伯。汉王也请张良送厚礼给项伯，让项伯代为请求项羽把汉中地区分封给汉王。项羽答应了，汉王得到汉中地。汉王到达封国，张良一直送到褒中，汉王送张良回韩国。张良对汉王说："大王何不烧毁您所走过的栈道，明示天下人您绝没有回到关中的意图，这样便可以安定项王的心了！"汉王便让张良走了。汉王回去时一边走，一边烧掉栈道。

张良到了韩国，韩王成因为张良跟随汉王的缘故，项王不肯遣送韩王成回到封国，让他跟随自己向东。张良劝说项王道："汉王烧掉了栈道，没有回到关中的心思。"又把齐王田荣谋反之事，书面报告给项王。项王因此不再担忧西边的汉王，而发兵向北进攻齐国。

【原文】

项王竟不肯遣韩王，乃以为侯，又杀之彭城[①]。良亡，间行归汉王，汉王亦已还定三秦矣[②]。复以良为成信侯[③]，从东击楚。至彭城，汉败而还。至下邑[④]，汉王下马踞鞍而问曰[⑤]：“吾欲捐关以东等弃之，谁可与共功者？”良进曰：“九江王黥布[⑥]，楚枭将，与项王有郄[⑦]；彭越与齐王田荣反梁地[⑧]。此两人可急使。而汉王之将独韩信可属大事[⑨]，当一面。即欲捐之，捐之此三人，则楚可破也。”汉王乃遣随何说九江王布[⑩]，而使人连彭越。及魏王豹反[⑪]，使韩信将兵击之，因举燕、代、齐、赵[⑫]。然卒破楚者，此三人力也。

【注释】

①彭城：春秋时宋邑，秦置县。治所在今江苏省徐州市。②三秦：秦朝灭亡之后，项羽三分秦关中故地，封秦降将章邯为雍王，司马欣为塞王，董翳为翟王，合称三秦。③成信侯：张良的封号。④下邑：秦县名。治所在今安徽省砀山县。⑤踞：踞坐，坐时两脚底和臀部着地，两膝上耸。⑥九江王黥布：本名英布，因犯法黥面，故又称黥布。秦末率骊山刑徒起兵，先属项羽，因有战功，被封为九江王。楚汉战争中归汉，被封为淮南王。后举兵反叛，战败后被长沙王诱杀。⑦郄：通“隙”，嫌隙。这里指裂痕、矛盾。⑧彭越：字仲，昌邑人。秦末聚众起兵，楚汉战争中将兵三万余归属刘邦。高祖十一年因被告发谋反，为刘邦所杀。⑨韩信：汉初大将。楚汉战争中因军功被封为齐王。汉朝建立后改封为楚王。后有人告他谋反，降为淮阴侯，后又被告发与陈豨勾结在长安谋反，为吕后所杀。⑩随何：当时的辩士，与陆贾齐名。⑪魏王豹：即魏豹。项羽分封诸侯时，他被封为西魏王。后被项羽击败俘虏。⑫燕、代、齐、赵：指项羽分封的臧荼、陈余、田荣、赵歇四个诸侯王。

【译文】

项王终究还是不肯遣送韩王回国，任命他为侯，后来又在彭城将其杀死。张良逃亡，抄小路归附了汉王，汉王此时已经平定了三秦之地。又任命张良为成信侯，从东边进攻楚国。到达彭城，汉军大败而还。到达下邑，汉王下马踞坐在马鞍上对众人说："我想舍弃函谷关以东的地区作为封赏，谁能与我共图大事？"张良进言道："九江王黥布，是楚国的猛将，但他跟项王有嫌隙；彭越曾与齐王田荣在梁地谋反。这两个人都可以用来救急。而汉王您的大将只有韩信可以委任大事，能够独当一面。如果您想舍弃这些地方，不如封给这三个人，就可以攻破楚军了。"汉王便派随何游说九江王黥布，又派人去联络彭越。后来魏王豹谋反，汉王派韩信率兵打败了他，顺势拿下了燕、代、齐、赵等地。这样最终打败楚国，就是靠着这三个人的力量。

【原文】

张良多病，未尝特将也[①]，常为画策臣，时时从汉王。

汉三年[②]，项羽急围汉王荥阳[③]，汉王恐忧，与郦食其谋桡楚权。食其曰："昔汤伐桀，封其后于杞[④]。武王伐纣，封其后于宋[⑤]。今秦失德弃义，侵伐诸侯社稷[⑥]，灭六国之后，使无立锥之地。陛下诚能复立六国后世，毕已受印，此其君臣百姓必皆戴陛下之德，莫不乡风慕义，愿为臣妾。德义已行，陛下南乡称霸[⑦]，楚必敛衽而朝[⑧]。"汉王曰："善。趣刻印，先生因行佩之矣。"

食其未行，张良从外来谒。汉王方食，曰："子房前[⑨]！客有为我计桡楚权者。"具以郦生语告，曰："于子房何如？"良曰："谁为陛下画此计者？陛下事去矣。"汉王曰："何哉？"张良对曰："臣请借前箸为大王筹之。"曰："昔者汤伐桀而封其后于杞者，度能制桀之死命也。今陛下能制项籍之死命乎？"曰："未能也。""其不可一也。武王伐纣封其后于宋者，度能得纣之头也。今陛下能得项籍之头乎？”曰：“未能也。”“其不可二也。武王入殷，表商容之闾[10]，释箕子之拘[11]，封比干之墓[12]。今陛下能封圣人之墓，表贤者之闾，式智者之门乎[13]？”曰：“未能也。”“其不可三也。发巨桥之粟[14]，散鹿台之钱[15]，以赐贫穷。今陛下能散府库以赐贫穷乎[16]？”曰：“未能也。”“其不可四矣。殷事已毕，偃革为轩[17]，倒置干戈，覆以虎皮，以示天下不复用兵。今陛下能偃武行文，不复用兵乎？”曰：“未能也。”“其不可五矣。休马华山之阳[18]，示以无所为。今陛下能休马无所用乎？”曰：“未能也。”“其不可六矣。放牛桃林之阴[19]，以示不复输积。今陛下能放牛不复输积乎？”曰：“未能也。”“其不可七矣。且天下游士离其亲戚，弃坟墓，去故旧，从陛下游者，徒欲日夜望咫尺之地[20]。今复六国，立韩、魏、燕、赵、齐、楚之后，天下游士各归其主，从其亲戚，反其故旧坟墓，陛下与谁取天下乎？其不可八矣。且夫楚唯无强，六国立者复桡而从之，陛下焉得而臣之？诚用客之谋，陛下事去矣。”汉王辍食吐哺，骂曰：“竖儒[21]，几败而公事！”令趣销印。

【注释】

①特将：单独领兵。②汉三年：指汉高祖三年，即公元前204年。③荥阳：古县名。治所在今河南省荥阳市东北。④杞：古国名，公元前11世纪时周分封的诸侯国。⑤宋：古国名，子姓，始封君为商王纣的庶兄微子启。⑥社稷：土地神和谷神，此为国家的代称。⑦乡：同“向”。⑧敛衽：整理衣襟，表示尊敬。⑨子房：张良的字。⑩商容：相传为纣时贤人。纣暴虐，他曾想感化纣而没能实现，于是离开了纣而隐居于太行山中。⑪箕子：纣王的同宗伯叔，曾封于箕，故称箕子。⑫比干：纣王的叔伯父（一说为纣的庶兄）。传说纣淫乱，比干犯颜强谏，纣怒，比干被剖腹挖心而死。⑬式：通“轼”，车前横木。古人乘车路过长者或贤者门前时俯身按住车前横木，表示尊敬。⑭巨桥：故址在今河北省曲周县东北。⑮鹿

台：故址在今河南省淇县。⑯府库：储存财物和兵甲的仓库。⑰偃革为轩：废弃了战车，改为有帷帘的载人车，表示今后不再打仗。⑱华山：五岳之中的西岳。在今陕西省华阴市。⑲桃林：古地区名，亦称桃林塞。范围大致相当于今河南省灵宝市以西、陕西潼关县以东地区。⑳咫：古代长度单位，八寸为一咫。咫尺：表示很近的意思。㉑竖儒：意思是没有见识的人。

【译文】

张良体弱多病，从未独自领兵打仗，常常作为出谋划策之臣，时时跟随在汉王左右。

汉朝立国三年，项羽突然把汉王围困在荥阳，汉王十分担忧，与郦食其一起研究如何削弱楚国的力量。郦食其说："当初商汤讨伐夏桀，分封夏桀的后人在杞这个地方。武王讨伐商纣，把商纣的后人分封在宋国。现在秦朝失掉道德、丢弃仁义，侵伐诸侯各国，灭掉六国之后，使六国诸侯的子孙没了立锥之地。陛下如果能重新恢复六国后人的王位，授予他们印信，那么他们的君臣百姓，一定会拥戴陛下的恩德，没有不钦慕陛下的仁义而甘愿臣服陛下的。道德仁义已经施行，那么陛下就可以在南面称霸，楚国也必定会整理衣襟向您朝拜。"汉王说："这主意很好。赶快去刻制印信，先生就可以带着印信出发了。"

郦食其还没有出发，张良从外面回来，请求拜谒汉王。汉王刚刚吃过饭，说："子房，请你上前来！有个客人为我想出了削弱楚国权势的办法了。"于是把郦食其所说的话告诉了张良，又接着说道："子房，你认为如何呢？"张良说："谁为陛下策划的这个计谋？那样的话陛下的大事可就完了。"汉王说："为什么这样说？"张良回答说："臣请陛下允许我借用一下您面前的筷子替您筹划一下当前的形势。"接着说："当初商汤讨伐夏桀，分封夏朝的后代于杞国，那是估量能置夏桀于死地。现在陛下您能置项籍于死地吗？"汉王回答说："不能。"张良说："这是这个计谋不可行的原因之一。武王讨伐商纣，分封商的后代于宋国，那是估量能够得到商纣的项上人头。现在陛下您能得到项籍的项上人头吗？”汉王回答说：“不能。”张良又说：“这是这个计谋不可行的原因之二。武王进入殷都，曾在商容的里门表扬他的德行，释放身处拘禁中的箕子，还整修比干的坟墓。现在陛下能够整修圣人的坟墓，在贤者的里门表彰他的德行，到智者的门前去表示尊敬吗？”汉王回答说：“不能。”张良接着说：“这是这个计谋不可行的原因之三。武王曾经把巨桥粮仓的粮食、储蓄在鹿台库府的金钱散发给穷苦百姓。如今您能够把府库里的粮食和钱财分发给穷苦百姓吗？”汉王说：“不能。”张良又说：“这是这个计谋不可行的原因之四。殷商的事情结束之后，周武王废弃战车，将其改为普通的车子，把兵器倒转过来，然后用虎皮盖上，以向天下宣告不再动干戈打仗。现在大王您能够舍弃武功大行文治，不再大动干戈吗？”汉王回答说：“不能。”张良又说：“这是这个计谋不可行的原因之五。周武王把战马放在华山的南面，告诉天下人不再骑上战马打仗了。现在陛下您能够让战马休息，不再使用它们吗？”汉王回答说：“不能。”张良接着说：“这是这个计谋不可行的原因之六。周武王把牛放置在桃林的北面，以表示不再运输军需。现在陛下您能够把牛放置起来，不再运输军需吗？”汉王回答说：“不能。”张良接着说：“这是这个计谋不可行的原因之七。况且天下的游士远离自己的亲人，抛弃自己的祖坟，舍弃自己的旧友，追随陛下奔走，只是想日后能够获封一点土地。如今恢复六国，拥立韩国、魏国、燕国、赵国、齐国、楚国的后代为王，天下的游士都各自回去侍奉他们的君主，陪伴他们的亲人，回到有他们祖坟和旧友的故乡，那么陛下还能和谁一起夺取天下呢？这是这个计谋不可行的原因之八。况且现在楚国是无敌于天下，您立的六个国家又去依附楚国，陛下怎么能使他们臣服呢？倘若您用那位客人的计谋，那陛下的事业就完了。”汉王停止进食，把吃下去的东西又吐出来，大骂郦食其道：“这小子，差点坏了我的大事！”立即下令销毁印信。

【原文】

汉六年正月①，封功臣。良未尝有战斗功，高帝曰："运筹策帷帐中，决胜千里外，子房功也。自择齐三万户。"良曰："始臣起下邳，与上会留，此天以臣授陛下。陛下用臣计，幸而时中，臣愿封留足矣，不敢当三万户。"乃封张良为留侯，与萧何等俱封②。

上已封大功臣二十余人，其余日夜争功不决，未得行封。上在雒阳南宫，从复道望见诸将往往相与坐沙中语③。上曰："此何语？"留侯曰："陛下不知乎？此谋反耳。"上曰："天下属安定④，何故反乎？"留侯曰："陛下起布衣，以此属取天下⑤，今陛下为天子，而所封皆萧、曹故人所亲爱⑥，而所诛者皆生平所仇怨。今军吏计功，以天下不足遍封，此属畏陛下不能尽封，恐又见疑平生过失及诛，故即相聚谋反耳。"上乃忧曰："为之奈何？"留侯曰："上平生所憎，群臣所共知，谁最甚者？"上曰："雍齿与我故⑦，数尝窘辱我。我欲杀之，为其功多，故不忍。"留侯曰："今急先封雍齿以示群臣，群臣见雍齿封，则人人自坚矣。"于是上乃置酒，封雍齿为什方侯⑧，而急趣丞相、御史定功行封⑨。群臣罢酒，皆喜曰："雍齿尚为侯，我属无患矣。"

【注释】

①汉六年：即公元前201年。②萧何：刘邦的重要谋臣，后封侯。③复道：宫中阁道。④属：适才，刚刚。⑤此属：此辈。⑥萧、曹：萧指萧何，曹指曹参。曹参，沛县（今江苏省沛县）人，曾为沛县狱吏，秦末从刘邦起。汉朝建立后，封他为平阳侯。任齐相九年。后曾协助刘邦平定陈豨、黥布等异姓诸侯。惠帝时继萧何为丞相。⑦雍齿：沛县（今江苏省沛县）人。秦末随刘邦起义。魏人周市攻丰邑，他投降魏国。后又复归刘邦。⑧什方：汉县名。今四川省什邡市。高祖封雍齿于此，故称雍齿为什方侯。⑨御史：官名，指御史大夫，掌管监察。

【译文】

汉高祖六年正月，大封功臣。张良不曾立过战功，高帝说："在营帐中运筹帷幄，决胜千里之外，这就是子房的功劳。你自己选择齐地的三万户（作为封地）吧！"张良说："当初臣从下邳起兵，与皇上相会于留县，这是上天把臣送给了陛下。陛下采用臣的计策，侥幸偶尔料中，臣愿意获封留县就足够了，不敢接受三万户的封地。"于是封张良为留侯，与萧何等人一起受封。

皇上封赏立了大功的臣子二十多人，其余的人日夜争功，一时难以决定，未能进行封赏。皇上在洛阳的南宫，从阁子的走廊里看到众将常常三三两两地坐在沙堆里窃窃私语。皇上问："他们谈什么呢？"留侯说："陛下难道不知道吗？他们这是在谋反呢。"皇上说："天下刚刚安定，为何造反？"留侯说："陛下以一介布衣起兵，依靠这班人取得天下，现在陛下贵为天子，但您所封赏的都是您所亲近喜爱的萧何、曹参等故人，而诛杀的都是生平怨恨的人。现在将士们计算战功，认为天下的土地不够封赏，这班人害怕陛下不能全部封赏，又担心自己有过失而被诛杀，所以相互聚集在一起图谋造反呢。"皇上担忧地问道："那该怎么办呢？"留侯说："皇上平生所憎恨的，群臣都知道的，其中哪个是最憎恨的呢？"皇上说："雍齿和我是故交，曾多次使我窘困受辱。我想杀他，因为他功劳甚多，所以不忍心。"留侯说："现在就赶快先封赏雍齿给群臣看看，群臣看到雍齿获封，那么人人都会对自己受封坚信不疑。"于是皇上置备酒宴，封雍齿为什方侯，并紧催丞相和御史论功封赏功臣。群臣饮酒完毕后，都欢喜地说："雍齿尚且获封侯爵，我们这班人就不必担心了。"

⊙文史知识

汉代兵役制度

汉代兵制是全国皆兵的。一个壮丁，到二十三岁才开始服兵役，这一规定也有其内在的意义。因为二十岁才始成丁，照理可以独立耕种。就农业经济而言，无法多产，只有节用，所谓“三年耕，有一年之蓄”，照一般情形而论，年年丰收，是绝对不会的。平均三年中总会有一个荒年。来一个荒年，储蓄就用完了。倘使三年不荒的话，六年就该有二年之蓄，九年就该有三年之蓄。而农业社会，也绝对不会连熟到九年以上，也不会连荒到三年以上。一个壮丁，二十岁受田，可以独立谋生，但要他为国家服兵役，则应该顾及他的家庭负担。所以当时规定，从二十三岁起，照理他可以有一年储蓄来抽身为公家服役了。

汉代的国民兵役，又分几种。一种是到中央作“卫”兵。一种是到边郡作“戍”卒。一种是在原地方服兵“役”。力役是每个壮丁替国家做义务的劳工。全国壮丁按册籍编定，每人每年一个月，替国家义务做工，这在汉代唤作更卒，更是更替轮番的意思。

——钱穆《中国历代政治得失》

【原文】

刘敬说高帝曰①：“都关中②。”上疑之。左右大臣皆山东人③，多劝上都雒阳：“雒阳东有成皋④，西有殽黾⑤，倍河⑥，向伊雒⑦，其固亦足恃。”留侯曰：“雒阳虽有此固，其中小，不过数百里，田地薄，四面受敌，此非用武之国也。夫关中殽函⑧，右陇蜀⑨，沃野千里，南有巴蜀之饶，北有胡苑之利⑩，阻三面而守，独以一面东制诸侯。诸侯安定，河渭漕輓天下⑪，西给京师；诸侯有变，顺流而下，足以委输。此所谓金城千里，天府之国也，刘敬说是也。”于是高帝即日驾，西都关中。

留侯从入关。留侯性多病，即道引不食谷⑫，杜门不出岁余。

【注释】

①刘敬：本姓娄，汉初齐人。高祖五年（公元前202年）以戍卒求见刘邦，建议入都关中有功，赐姓刘，拜郎中，号奉春君。后代表刘邦出使匈奴缔

结和约。又建议刘邦徙山东诸侯后代及豪强充实关中，以削弱关东旧贵族豪强势力。②关中：古地区名，一般指函谷关以西、散关以东。③山东：战国时泛指秦以外的六国领土。因当时六国都在崤山或华山以东，故称山东。④成皋：汉县名。治所在今河南省荥阳市汜水镇。⑤殽：即崤山。在今河南省西部。黾：即渑池水，发源于河南省熊耳山，向东流入洛水。⑥倍：同“背”。⑦伊：指伊水。雒：洛水，指今河南省境内的洛河。⑧函：指函谷关。在今河南省灵宝东北。⑨陇：指陇山。在今陕西省陇县西北。蜀：当指今四川省和甘肃省境内的岷山。⑩胡苑之利：当时上郡、北地郡和匈奴相连接，可以牧养牲畜，得到马匹，所以称之为“胡苑之利”。⑪渭：指渭水。漕：漕运，指从水上运输物资。⑫道引：即导引，道家养生之术。不食谷：不吃谷物熟食。

【译文】

刘敬劝说高帝道：“定都关中吧。”皇上犹豫不决。左右大臣都是山东地区的人，都劝皇上建都洛阳：“洛阳东面有成皋，西面有崤山、渑池，背后是黄河，前面是伊水和洛水，它的坚固足以倚靠。”留侯说：“洛阳虽然坚固，但是它的中心地区太小，才不过几百里，土地贫瘠，四面受敌，此处并非用武之地。关中左有崤函，右有陇蜀，肥沃的土地有千里，南边有巴蜀的富饶，北边有草原的便利，有三面的险要可以固守，只留下一面向东控制诸侯。诸侯安定，黄河、渭水可以漕运粮食，向西补给京师；遇有诸侯叛变，可以顺流而下，足以转运军队和物资。这就是所谓的金城千里，天府之国啊！刘敬的意见是很对的。”于是高帝立即动身，向西定都关中。

留侯跟随去了关中。留侯天生多病，便采取道家的导引吐纳之术，不吃谷物，足不出户一年多。

列传

老子韩非列传

【导读】

这是一篇关于先秦道家和法家代表人物的传记。司马迁将老、庄、申、韩合为一传，代表了汉人对道家与法术家关系的看法。汉人认为老子的学术是“君人南面之术”，主张“无为而有为、多言有无之辩”。而庄子主张“天道无为而自然”，其与老子的思想是一脉相传的。韩非所写的《解老》篇和《喻老》篇是从法家的角度讲解“道德”。至于申不害的“术”，思想要旨在于君主驾驭臣子。韩非所说的“法”以申不害的“术”为基础，又掺杂商鞅的“法”、慎到的“势”，形成了“法、术、势”三者合一的统治之道。太史公作四人合传，在当时来说，确实是胸罗道德，纵横概括，是一篇很有气魄的雄文。

◎老　子◎

【原文】

老子者，楚苦县厉乡曲仁里人也[①]，姓李氏，名耳，字聃，周守藏室之史也[②]。

孔子适周[③]，将问礼于老子。老子曰：“子所言者，其人与骨皆已朽矣，独其言在耳。且君子得其时则驾[④]，不得其时则蓬累而行[⑤]。吾闻之，良贾深藏若虚[⑥]，君子盛德[⑦]，容貌若愚。去子之骄气与多欲，态色与淫志[⑧]，是皆无益于子之身[⑨]。吾所以告子，若是而已。”孔子去[⑩]，谓弟子曰：“鸟，吾知其能飞；鱼，吾知其能游；兽，吾知其能走[⑪]。走者可以为罔[⑫]，游者可以为纶[⑬]，飞者可以为矰[⑭]。至于龙吾不能知，其乘风云而上天。吾今日见老子，其犹龙邪！”

【注释】

①楚：国名。苦县：县名。厉乡曲仁里：地名。在今河南省鹿邑县境内。②守藏室之史：藏书室的史官。③适：到。④驾：驾车，引申为做官。⑤蓬：草名，风吹则根断而随风飘转。累：转行之貌。⑥贾：商人。深藏若虚：深藏货物，不让人知道、看见。⑦盛：大。⑧态色：神态表情。淫：过于，过高。⑨是：这些。⑩去：离开。⑪走：跑。⑫罔：网。⑬纶（lún）：钓丝。⑭矰（zēng）：系着丝绳的射鸟用的短箭。

【译文】

老子，楚国苦县厉乡曲仁里人，姓李，名耳，字聃，是周朝管理藏书室的史官。

孔子到达周都，打算向老子问礼。老子对他说："您所说的礼，制定它的人和那人的骸骨都已经腐朽了，唯有他的言论还在。况且君子生逢其时就该驾车出仕，生不逢时就该如蓬蒿一般飘荡而行。我听说，善于经商者经常深藏自己的货物而表面看上去好像一无所有，君子具有高尚的品德却在容貌上表现得愚钝。摒除您的骄气和多欲，抛弃您的姿态容色及过分高远的志向，这些东西对您来说毫无益处。我所能告诉您的，就只有这些而已。”孔子离去之后，对弟子说："鸟，我知道它能（在空中）飞翔；鱼，我知道它能（在水里）游耍；兽，我知道它能（在陆上）奔跑。会奔跑的野兽可以用网来捕捉，会游耍的鱼儿可以用线钩来垂钓，会飞翔的鸟类可以用弓箭来射杀。至于龙，我就不知道了，它是乘着风云而上青天的。我今天见到老子，他就像龙一样啊！”

【原文】

老子修道德，其学以自隐无名为务[1]。居周久之，见周之衰，乃遂去。

至关[2]，关令尹喜曰："子将隐矣，强为我著书[3]。"于是老子乃著书上下篇，言道德之意五千余言而去，莫知其所终。

【注释】

①务：追求。②关：指大散关。在今陕西省宝鸡市西南。一说指函谷关，在今河南省灵宝市东北。③强：勉力。

【译文】

老子讲修道德，他的学问以自身隐逸不求功名为宗旨。老子久居周都，他看到周朝渐趋衰弱，就离开了。等他到达大散关的时候，守关的官吏尹喜说："您即将隐居了，就请您勉为其难为我写一部书吧。"于是老子著述了上下两篇，讲解"道"和"德"的意义，有五千多字，写完后就离开了，之后再没有人知道他的下落。

【原文】

或曰[1]：老莱子亦楚人也[2]，著书十五篇，言道家之用，与孔子同时云。

盖老子百有六十余岁，或言二百余岁，以其修道而养寿也。

自孔子死之后百二十九年，而史记周太史儋见秦献公曰[3]："始秦与周合，合五百岁而离，离七十岁而霸王者出焉[4]。"或曰儋即老子，或曰非也，世莫知其然否。老子，隐君子也。

【注释】

①或：有的人。②老莱子：春秋时楚国隐士。③史记：一说指史籍或史官记载；一说是秦以前史书的通称。太史：官名，掌管史籍和历法。儋：人名。秦献公：秦国国君，名师隰。④霸王者：指秦始皇。

【译文】

有的人说：老莱子也是楚国人，著书十五篇，讲的是道家的运用，与孔子处于同一时代。

老子大约活到一百六十多岁，也有说活到二百多岁的，这是他通过修习道德来延年益寿的缘故。

自孔子死后一百二十九年，史书上记载周太史儋拜见秦献公说："起初秦与周是合在一起的，相合五百年而分离，分离七十年后有霸王出现。"有的人说儋就是老子，也有的人说不是，世人也不知孰对孰错。老子，是归隐的君子。

【原文】

老子之子名宗，宗为魏将①，封于段干②。宗子注，注子宫，宫玄孙假，假仕于汉孝文帝③。而假之子解为胶西王卬太傅④，因家于齐焉⑤。

【注释】

①魏：国名，战国七雄之一，建都安邑。②段干：魏邑名。③汉孝文帝：刘恒。④胶西王卬：胶西为郡、国名；卬，指汉高祖庶子悼惠王的儿子。太傅：官名，古三公之一，职责是辅佐君主。⑤家：居住。齐：国名。

【译文】

老子的儿子名叫宗，做过魏将，受封于段干之地。宗的儿子名叫注，注的儿子名叫宫，宫的玄孙名叫假，假曾在汉孝文帝时出仕做官。假的儿子解乃是胶西王卬的太傅，所以在齐地安了家。

【原文】

世之学老子者则绌儒学①，儒学亦绌老子。"道不同不相为谋"②，岂谓是邪？李耳无为自化，清静自正。

【注释】

①绌：通“黜”，排斥。②道不同不相为谋：主张不同不相互商量。语出《论语·卫灵公》。

【译文】

世上学习老子学说的人一般排斥儒家学说，学习儒学的人一般也排斥老子的学说。有句话叫“道不同不相为谋”，不就是指的这样吗？李耳主张无为而求自然感化，强调清静而求自我归正。

◎庄 子◎

【原文】

庄子者，蒙人也①，名周。周尝为蒙漆园吏②，与梁惠王、齐宣王同时③。其学无所不窥④，然其要本归于老子之言⑤。故其著书十余万言，大抵率寓言也⑥。作《渔父》《盗跖》《胠箧》，以诋訿孔子之徒⑦，以明老子之术。《畏累虚》《亢桑子》之属，皆空语无事实。然善属书离辞⑧，指事类情，用剽剥儒、墨⑨，虽当世宿学不能自解免也⑩。其言洸洋自恣以适己⑪，故自王公大人不能器之⑫。

【注释】

①蒙：邑名。战国时属宋，在今河南省商丘市东北。②漆园：地名。③梁惠王：战国时魏君，名罃，约公元前370年至公元前319年在位。齐宣王：战国时齐君，名辟疆，约公元前320年至公元前302年在位。④窥：探视、偷看，这里是钻研的意思。⑤要：要旨。本：本源。⑥率：类似。寓言：有

所寄托或比喻的话。⑦詆訿：毁谤。⑧离：陈列，这里是铺叙的意思。⑨剽剥：攻击。墨：以墨翟为代表的学派。⑩宿学：学识渊博之人。解免：避免。⑪洸洋：水势浩大的样子，这里比喻议论恣肆。恣：放纵。适己：随自己的心意。⑫器：以之为器，使用，利用。

【译文】

庄子，蒙地人，名叫周。庄子曾做过蒙地漆园的官吏，与梁惠王、齐宣王处在同一时代。庄子学识渊博，他的学说涉猎广泛，无所不包，然而他的理论还是要归宗于老子的学说。所以他虽然著述了十多万字，却多数类似寓言。庄子写了《渔父》《盗跖》《胠箧》三篇，用来抨击孔子一派的人，并阐明老子的学术。《畏累虚》《亢桑子》诸篇，都是空话且毫无事实依据。但是庄子擅长行文措辞和指事类比，以此来批驳儒家、墨家的学说，即便是当世知识渊博的学者，也免不了要受到他的批驳。他的语言洸洋恣肆，随心所欲，所以王公大臣都不愿重用他。

【原文】

楚威王闻庄周贤①，使使厚币迎之②，许以为相。庄周笑谓楚使者曰："千金，重利；卿相，尊位也。子独不见郊祭之牺牛乎③？养食之数岁，衣以文绣④，以入大庙⑤。当是之时，虽欲为孤豚⑥，岂可得乎？子亟去⑦，无污我。我宁游戏污渎之中自快⑧，无为有国者所羁⑨，终身不仕，以快吾志焉⑩。"

【注释】

①楚威王：楚国国君，名商，公元前339年至公元前329年在位。②使使：派使者。币：丝织品或其他物品，用作礼物。③郊祭：古代帝王每年冬至在都城南郊祭天。牺牛：祭祀用的牛。④衣：给穿衣。文绣：有花纹的刺绣。⑤大庙：即太庙，天子的祖庙。⑥豚：小猪。⑦亟：快。⑧渎：水

沟。⑨有国者：执掌政权的人。⑩志：心情。

【译文】

楚威王听说庄周有贤能，就派使者以重金相聘，并许诺让他做楚相。庄周笑着对楚使说："千金，这是重利；卿相，这是尊位。然而您难道没见过郊祀祭祖用的牺牲（贡品）牛吗？这些牛被喂养多年，然后人们为它披上彩绣锦缎，送入太庙。这个时候，这只牛即便想做一头孤独的小猪，难道还能实现吗？您还是快离开吧，千万不要玷污我！我宁愿在污水里快快乐乐地游戏，也不愿为当权者所羁绊，我决定终身不仕，以使我的心情保持愉快。"

◎申不害与韩非◎

【原文】

申不害者，京人也①，故郑之贱臣②。学术以干韩昭侯③，昭侯用为相。内修政教，外应诸侯，十五年。终申子之身，国治兵强④，无侵韩者。

申子之学本于黄老而主刑名⑤。著书二篇，号曰《申子》。

【注释】

①京：郑邑名。在今河南省荥阳市东南。②郑：国名。贱臣：地位卑微的官吏。③干：求官于。韩昭侯：公元前362年至公元前333年在位。④治：安定。⑤黄老：黄老之学，道家的一个流派，黄指黄帝，老指老子。刑名：刑，通"形"，指形体或事实；名，名称，指言论或主张。

【译文】

申不害，京邑人，曾经是郑国的低级官吏。后来研习学术，并向韩昭侯求官。韩昭侯任用他做宰相。申不害（做宰相后）对内修明政教，对外应对诸侯，前后总共十五年。申不害做韩相的时候，韩国国富兵强，诸侯都不敢前来侵犯。

申子的学说归宗于黄老，但还是以刑名之学为主。他写过两篇书，合起来称作《申子》。

【原文】

韩非者，韩之诸公子也[①]。喜刑名法术之学[②]，而其归本于黄老[③]。非为人口吃，不能道说，而善著书。与李斯俱事荀卿[④]，斯自以为不如非。

非见韩之削弱，数以书谏韩王[⑤]，韩王不能用。于是韩非疾治国不务修明其法制[⑥]，执势以御其臣下[⑦]，富国强兵而以求人任贤，反举浮淫之蠹而加之于功实之上[⑧]。以为儒者用文乱法[⑨]，而侠者以武犯禁[⑩]。宽则宠名誉之人[⑪]，急则用介胄之士[⑫]。今者所养非所用，所用非所养。悲廉直不容于邪枉之臣，观往者得失之变，故作《孤愤》《五蠹》《内外储》《说林》《说难》十余万言。

【注释】

①韩：国名，战国七雄之一。②法术：法度权术。③归：这里指宗旨。④李斯：楚国上蔡人，战国末年入秦，先后任廷尉、丞相等职，后为赵高所忌，被杀。荀卿：荀况，战国赵人，其学以孔子为宗。⑤书：文章、奏章。韩王：指韩王安，公元前238年至公元前230年在位。⑥疾：痛恨。⑦势：权势。御：控制，驾驭。⑧浮淫之蠹：指文学游说之士。蠹，蛀虫。功实：指农耕者和士兵。⑨文：儒家典籍。⑩武：勇猛。⑪宽：指国家太平。名誉之人：有声誉的人。⑫介胄之士：披甲戴盔的战士。

【译文】

韩非，韩国的诸公子。韩非喜好刑名法术的学问，而主旨本源于黄老之学。韩非说话口吃，不善言谈，不过长于著书。他与李斯都是荀卿的学生，李斯认为自己不如韩非。

韩非眼见韩国国力日渐衰弱，多次上书劝谏韩王，但韩王不采纳他的建议。于是韩非痛恨韩王治理国家时不能致力于修明法制，不能凭借君王的权势统御臣子，不能富国强兵、任人唯贤，反而提拔重用轻浮淫侈之徒而压制有功之臣。韩非认为儒家用文献经典扰乱国家法度，游侠之士以武力违犯国家法令。国家安定时君王就宠爱虚名之士，遇上急难时就想着那些披甲戴盔的武士。如今国家供养的这些人并不是真正需要的，而真正需要的又不是现在所供养的这些人。他哀叹廉直之士不容于奸邪之徒，考察往昔得失的变化，写下了《孤愤》《五蠹》《内外储》《说林》《说难》等十余万字的著作。

【原文】

然韩非知说之难①，为《说难》书甚具②，终死于秦③，不能自脱④。

《说难》曰：

凡说之难，非吾知之有以说之难也⑤；又非吾辩之难能明吾意之难也；又非吾敢横失能尽之难也⑥。凡说之难，在知所说之心⑦，可以吾说当之⑧。

所说出于为名高者也，而说之以厚利，则见下节而遇卑贱⑨，必弃远矣⑩。所说出于厚利者也，而说之以名高，则见无心而远事情⑪，必不收矣⑫。所说实为厚利而显为名高者也⑬，而说之以名高，则阳收其身而实疏之⑭；若说之以厚利，则阴用其言而显弃其身。此之不可不知也。

夫事以密成⑮，语以泄败。未必其身泄之也⑯，而语及其所匿之事⑰，如是者身危。贵人有过端⑱，而说者明言善议以推其恶者⑲，则身危。周泽未渥也而语极知⑳，说行而有功则德亡㉑，说不行而有败则见疑，如是者身危。夫贵人得计而欲自以为功㉒，说者与知焉㉓，则身危。彼显有所出事㉔，乃自以为也故㉕，说者与知焉，则身危。强之以其所必不为，止之以其所不能已者，身危。故曰：与之论大人，则以为间己㉖；与之论细人㉗，则以为粥权[28]。论其所爱，则以为借资[29]；论其所憎，则以为尝己[30]。径省其辞[31]，则不知而屈之[32]；泛滥博文[33]，则多而久之。顺事陈意，则曰怯懦而不尽；虑事广肆[34]，则曰草野而倨侮[35]。此说之难，不可不知也。

凡说之务[36]，在知饰所说之所敬[37]，而灭其所丑[38]。彼自知其计[39]，则毋以其失穷之[40]；自勇其断，则毋以其敌怒之[41]；自多其力[42]，则毋以其难概之[43]。规异事与同计[44]，誉异人与同行者[45]，则以饰之无伤也[46]。有与同失者，则明饰其无失也。大忠无所拂悟[47]，辞言无所击排[48]，乃后申其辩知焉。此所以亲近不疑，知尽之难也[49]。得旷日弥久[50]，而周泽既渥，深计而不疑，交争而不罪，乃明计利害以致其功[51]，直指是非以饰其身[52]，以此相持[53]，此说之成也。

伊尹为庖[54]，百里傒为虏[55]，皆所由干其上也。故此二子者，皆圣人也，犹不能无役身而涉世如此其污也[56]，则非能仕之所设也[57]。

宋有富人[58]，天雨墙坏。其子曰“不筑且有盗[59]”，其邻人之父亦云，暮而果大亡其财[60]，其家甚知其子而疑邻人之父[61]。昔者郑武公欲伐胡[62]，乃以其子妻之。因问群臣曰：“吾欲用兵，谁可伐者？”关其思曰：“胡可伐。”乃戮关其思[63]，曰：“胡，兄弟之国也，子言伐之，何也？”胡君闻之，以郑为亲己而不备郑。郑人袭胡，取之[64]。此二说者[65]，其知皆当矣[66]，然而甚者为戮，薄者见疑。非知之难也，处知则难矣。

昔者弥子瑕见爱于卫君[67]。卫国之法，窃驾君车者罪至刖[68]。既而弥子之母病[69]，人闻，往夜告之，弥子矫驾君车而出[70]。君闻之而贤之曰[71]：“孝哉，为母之故而犯刖罪！”与君游果园，弥子食桃而甘，不尽而奉君[72]。君曰：“爱我哉，忘其口而念我！”及弥子色衰而爱弛[73]，得罪于君。君曰：“是尝矫驾吾车[74]，又尝食我以其余桃[75]。”故弥子之行未变于初也，前见贤而后获罪者，爱憎之至变也[76]。故有爱于主，则知当而加亲[77]；见憎于主，则罪当而加疏。故谏说之士不可不察爱憎之主而后说之矣[78]。

夫龙之为虫也[79]，可扰狎而骑也[80]。然其喉下有逆鳞径尺[81]，人有婴之[82]，则必杀人[83]。人主亦有逆鳞，说之者能无婴人主之逆鳞，则几矣[84]。

【注释】

①说：游说。②具：完备。③终：结果。秦：国名。④脱：避免。这里指避免灾祸。⑤知之：知道的事理。说之：说服君主。⑥横失：横佚，横逸，指辩说得纵横驰骋，无所顾忌。⑦所说：指所要游说的君主。⑧当：适应。⑨见：被（看作）。下节：节操卑下。遇：待遇。⑩弃远：疏远、抛弃。⑪无心：没头脑。远事情：脱离实际。⑫收：接受、使用。⑬显：公开。⑭阳：表面上。⑮以：由于。密：保密。⑯身：本人，指游说者。⑰匿：隐藏。⑱过端：错误的开端。⑲善议：巧妙的议论。推：推论、推断。⑳周：亲密。泽：恩惠。渥：深厚。极：尽。㉑德：功德。㉒得计：独到的计策。㉓与：参与。㉔出事：做事。㉕也故："也"，疑为"他"。他故：别的事情。㉖间：离间。㉗细人：这里指君主身边的亲近小臣。㉘粥权：卖权，盗用权力。"粥"，通"鬻"，卖。㉙借资：凭借。㉚尝己：指试探自己。㉛径：直接。㉜知：通"智"，认为聪明。屈：使受轻侮。㉝泛滥博文：言谈夸饰、辞藻华丽。㉞广肆：周到、不拘束。㉟草野：粗野。倨侮：轻傲。㊱务：要点。㊲饰：美化。㊳灭：掩盖。㊴自知：自以为高明。㊵穷：使难堪。㊶敌：对立面。㊷多：赞赏。㊸概：这里指限制。㊹规：筹划。异事：其他的事。同计：与君主的筹划相同。㊺同行：与君主的行为相同。㊻无伤：没有害处。㊼拂悟：拂逆、违背。㊽击排：打击排斥。㊾知尽：把知道的全说出来。㊿得：等到。51明：权衡、分明。致：达到。52饰：修整、端正。53持：扶助。54伊尹：名挚，商汤的大臣。庖：厨师。55百里傒：原为虞国大夫，晋灭虞，百里傒被俘，后作为陪嫁小臣入秦国，帮助秦缪公成就了霸业。虏：奴隶。56役身：使身体受劳役。污：卑污。57能仕之所设：《韩非子·说难》作"能士之所耻"。能仕：有智慧有能力的人。58宋：国名。59且：将要。60亡：丢失。61知：以为聪明。62郑武公：姬掘突，公元前770

年至公元前744年在位。胡：国名。㊸戮：杀。关其思：郑国大臣。㊹取：攻取。㊺二说者：指邻人之父和关其思。㊻当：恰当、合适。㊼弥子瑕：春秋时卫灵公的宠臣。卫君：卫灵公。㊽刖：古代砍掉脚的酷刑。㊾既而：不久。㊿矫：假称（君命）。(71)贤：以为贤。(72)不尽：没吃完。(73)弛：松，减弱。(74)是：这个人。(75)食：给吃。(76)至：极。(77)当：适当。加亲：更加亲密。(78)爱憎之主：君主的爱憎。(79)虫：古代把龙看作是虫类。(80)扰：驯服。狎：玩弄、亲近。(81)逆鳞：倒逆而长的鳞甲。径尺：一尺左右。(82)婴：触动。(83)杀：伤害。(84)几：差不多。

【译文】

然而韩非知道游说之道的难处，故而所著的《说难》一篇说得十分周详，但是他最终死在秦国，自身还是没能摆脱游说的灾祸。

《说难》上说：

大凡游说的难处，不在于我不能把自己所认识的事理向对方陈说清楚；也不在于因为我口才不好而不能清晰地表达出我的思想；也不在于我不敢纵横驰骋、无所顾忌地把意见表达出来。大凡游说的难处，在于不能把握游说对象的内心活动，然后以我的言语去适应他。

（如果）游说的对象意在获得好的名声，然而游说者却以丰厚的利益去劝说他，那么他就会被认为是志节卑下而遭受卑贱的待遇，游说的人也必定会被抛弃和疏远。（如果）游说的对象意在追求丰厚的利益，然而游说者却用好的名声去劝说他，那么他就会被看作是没有心机且远离现实，游说的人一定不会被对方接纳。（如果）游说的对象本来是想获得丰厚的利益，但表面上却假装谋取好的名声，游说的人若是以好的名声相劝，那么游说的对象表面上会接纳他但实际上会疏远他；如果游说的人以丰厚的利益去劝说对方，那么游说的对象就会暗地里采纳他的建议表面上却弃用游说的人。以上这些都是游说的人不可不知的。

事情都是由于保密而成功，也都是由于言语泄露而失败。这并不一定是游说的人自身泄露了秘密，而是他在游说时无意间说到了隐匿的事，如果这样的话，游说者就危险了。身份显贵的人有过错，如果游说的人直言不讳地陈述、通过巧妙的议论推断他的过错，那么游说的人就危险了。（如果）游说对象对游说者的恩泽还不够深厚，而游说者却以知心之语相告，若是他的建议得以实行且取得功效，那么对方就很容易忘掉他的功劳；若是游说者的建议不能实行或是遭遇失败，那么他就很容易被对方怀疑，如此一来游说者就有危险了。显贵的人已经有了计谋而且打算把它作为自己的功劳，若是游说者预先知道了，那么游说者就危险了。那显贵之人表面上做一件事，暗地里却做另一件事，若是游说者预先知道了，那么游说者就危险了。勉强显贵的人去做他不愿做的事，阻止他做自己不肯罢休的事，那么游说者就危险了。所以说：与显贵的人谈论他的臣子，他会认为你在挑拨他们的君臣关系；与显贵的人谈论身份卑微的人物，他会认为你在卖弄权势；与显贵的人谈论他喜欢的人，他会觉得你想攀附他的权势；与显贵人谈论他讨厌的人，他会觉得你在试探他。如果你的话语直截了当，他会觉得你没有智慧而将你斥退；如果你话语空泛、辞藻华丽，他会觉得你说得太多而将你长期搁置起来；如果你顺着事实陈述意见，他会觉得你胆怯不敢尽言；如果你智谋远大言语无忌，他会认为你粗野傲慢。以上这些都是游说的难处，是不可不知的。

大凡游说的关键，在于知道如何美化对方所推崇的事物，而掩盖他觉得丑恶的事物。对方认为自己得计，你就不要以他的失算让他难堪；如果对方认为自己勇敢决断，你就不要用他的对立面激怒他；对方认为自己力量强大，你就不要用困难限制他。当你筹划的一件事和对方的考虑相同，称赞另一个人的品行和对方的品行相同时，就要用言语粉饰那件事、那个人，使它们没有害处。如果一个人犯有与对方同样的过失，就要用鲜明的语言粉饰，说他没有过失。等到对方觉得你十分忠诚且对你毫无反感，而你所表达的言辞对他来说也没有抵触了，这时你就可以施展智慧和口才了。这就是游说者能够得到对方的亲近和不疑、得以展现智慧的难处。等到以后时间长久了，对方的恩泽足够深厚了，游说者的深谋远虑也不会被怀疑了，争锋辩论不会被治罪了，游说者便能向对方晓以利害并建功立业了，也可以直指对方的是非来纠正对方的过失了。这样一来，游说的双方真诚相待，游说也就成功了。

伊尹当过厨师，百里傒做过奴隶，他们都是以此获得君王的重用。所以，这两位都是圣贤之人，但是他们尚且不得不役使自身，以卑微的地位来涉世进身，求得君主的信任，那么贤明之士就不以此为耻辱了。

宋国有个富人，遇上下大雨把墙淋坏了。他的儿子说“不修缮就会有盗贼进来”，邻居的父亲也这样说，晚上果然丢失了很多财物，富人全家都认为儿子很聪明却怀疑这件事是邻居的父亲干的。当初郑武公想讨伐胡国，却把自己的女儿嫁给胡国君主为妻。他向群臣询问说：“我想对外用兵，可以讨伐哪个国家呢？”大夫关其思说：“可以讨伐胡国。”郑武公把关其思杀死，说：“胡国，是兄弟之国，而你说要讨伐它，这是为何？”胡君听说了这件事，认为郑国亲近自己就没有对其进行防备。郑国乘机袭击它，攻取了胡国。上面说的这两件事中的邻居之父及关其思，他们的见识都是正确的，但是他们重的被杀戮，轻的遭受怀疑。可见，知晓事理并不困难，如何处理知晓的事理才是困难的。

当初弥子瑕受到卫君的宠爱。卫国的法律规定，偷驾君主车子的人要处以断足之刑。不久弥子瑕的母亲病了，有人听说这个消息，连夜告诉了弥子瑕，弥子瑕便假传君令驾着卫君的车子回家探视母亲。卫君听说此事后认为他很守孝道，说：“孝敬啊，为了母亲而甘愿犯受断足之刑！”弥子瑕和卫君在果园游玩，弥子瑕吃到一个桃子而觉得甜，没吃完就把它献给卫君。卫君说：“真是爱我啊，宁愿自己不吃却还记挂着我！”等到后来弥子瑕因姿色衰老而受宠程度减退时，卫君治了他的罪。卫君说：“此人曾假传命令驾我的车，还把自己吃剩的桃子给我吃。”弥子瑕的行为和最初相比并无改变，之所以当初被认为是贤孝而后来被治罪，其原因就在于君主的爱憎完全改变了。所以，当受到君主宠爱时，君主就会认为他见识正确而更加亲近他；当他被君主厌恶时，君主就觉得他罪有应得而更加疏远他。因此游说之士不可不考察君主的爱憎态度，然后再对其进行劝说。

龙作为一种虫类动物，可以驯养、戏弄和骑坐。然而它的咽喉下面有一尺多长的逆鳞，人若是触动了它，龙就一定会伤害人。君主也有逆鳞，游说者能够不触动君主逆鳞的，那差不多就算善于游说的了。

【原文】

人或传其书至秦。秦王见《孤愤》《五蠹》之书①，曰："嗟乎，寡人得见此人与之游②，死不恨矣③！"李斯曰："此韩非之所著书也。"秦因急攻韩。韩王始不用非④，及急，乃遣非使秦。秦王悦之，未信用。李斯、姚贾害之⑤，毁之曰："韩非，韩之诸公子也。今王欲并诸侯，非终为韩不为秦，此人之情也。今王不用，久留而归之，此自遗患也，不如以过法诛之⑥。"秦王以为然，下吏治非⑦。李斯使人遗非药⑧，使自杀。韩非欲自陈，不得见。秦王后悔之，使人赦之，非已死矣。

申子、韩子皆著书，传于后世，学者多有。余独悲韩子为《说难》而不能自脱耳。

【注释】

①秦王：指秦王嬴政，统一六国后称始皇帝。②寡人：寡德之人，古代帝王的谦称。③恨：遗憾。④韩王：指韩安。⑤姚贾：秦国上卿。⑥过：过错。法：依照法律。诛：杀。⑦下吏：下交给狱吏。⑧遗：送给。

【译文】

有人把韩非的书传到秦国。秦王见到《孤愤》《五蠹》，说道："唉！我要是能见到书的作者并能与他交往，那真是死而无憾了！"李斯说："这些书都是韩非著的。"秦国于是马上攻打韩国。韩王最初没有任用韩非，等到情况危急之时，才派韩非出使秦国。秦王十分高兴，但并没有完全信任他。李斯、姚贾（趁机）陷害韩非，在秦王面前诋毁韩非道：“韩非，他是韩国的诸公子。现在大王您将要吞并诸侯，韩非终究会帮助韩国而不会帮助秦国，这是人之常情。现在大王不起用他，长久地留住他然后再让他回去，这是自己给自己留下祸患啊，不如给他加个罪名把他杀掉。”秦王觉得有理，下令治了韩非的罪。李斯派人送给韩非毒药，让他自杀。韩非想在秦王面前陈述自己的意见，但无法见到秦王。秦王后来感到后悔，派人去赦免他，但韩非已经死了。

申不害、韩非都有著作，也都流传于后世，学者多数都有他们写的书。我唯独悲叹韩非写了《说难》而他自己却未能摆脱游说的灾祸。

【原文】

太史公曰：老子所贵道，虚无，因应变化于无为①，故著书辞称微妙难识。庄子散道德②，放论③，要亦归之自然④。申子卑卑⑤，施之于名实⑥。韩子引绳墨⑦，切事情⑧，明是非，其极惨礉少恩⑨。皆原于道德之意，而老子深远矣。

【注释】

①因应：随着变化。②散：推演。③放论：不拘束的言论。④要：要旨。自然：自然无为。⑤卑卑：自我勉励之意。⑥施：用。⑦引：依据。绳墨：木工用来打直线的工具，比喻规矩、法度。⑧切：决断。⑨惨礉少恩：残酷苛刻，缺少恩惠。

【译文】

太史公说：老子所推崇的是道，虚无缥缈，顺应自然之变化以归于无为，所以他所著的书言辞名称微妙难懂。庄子推演道德，放言高论，其学说之根本也是归于自然。申不害自强不息，实施刑名之学。韩非以法令为准绳，决断事情，明辨是非，他的主张发展到极端便是严酷苛刻、寡恩少德。这些人的思想都来源于道德之意，不过老子的学说更加深远一些。

司马穰苴列传

【导读】

此文围绕司马穰苴“文能附众，武能威敌”这条主线，通过描写诛杀齐王宠臣庄贾、整饬军队，以及与士卒同甘共苦，迫使晋、燕两军不战而屈，成功收复失地的故事，刻画出一位治军严谨、足智多谋的名将形象。

◎斩庄贾，退燕、晋◎

【原文】

司马穰苴者，田完之苗裔也①。齐景公时，晋伐阿、甄，而燕侵河上，齐师败绩②。景公患之③。晏婴乃荐田穰苴曰：“穰苴虽田氏庶孽④，然其人文能附众⑤，武能威敌⑥，愿君试之。”景公召穰苴，与语兵事，大说之⑦，以为将军，将兵扞燕晋之师⑧。穰苴曰：“臣素卑贱，君擢之闾伍之中⑨，加之大夫之上，士卒未附，百姓不信，人微权轻。愿得君之宠臣，国之所尊，以监军，乃可。”于是景公许之，使庄贾往。

【注释】

①苗裔：后代。②败绩：大败。③患：忧虑。④庶孽：妾生的孩子。因其身份低微，就像树的孽生一样，故云。⑤附众：使大家归附、顺从。⑥威敌：使敌人畏惧。威，威服。⑦说：通“悦”，愉快。⑧扞（hàn）：抵御，保卫。⑨擢（zhuó）：选拔，提拔。闾伍：闾与伍都是户籍的基层组织，意思是乡里、民间。按此段与以下两段，中华书局点校本原为一段，今据文意分为三段。

【译文】

司马穰苴，是田完的子孙。齐景公时，晋国攻伐齐国的东阿和甄城，燕国入侵齐国黄河南岸的土地。齐军大败。景公深感忧虑。这时晏婴向景公推荐田穰苴说：“穰苴虽然是田家庶出的子孙，但是这人的文才足以让人归附，武才足以威慑敌人。希望大王您能用他试一试。”景公召见了穰苴，跟他一起商议军事，景公听后很高兴，任命他为将军，率领齐军抵御燕国和晋国的军队。穰苴说：“我向来身份卑微，君主把我从百姓之中提拔上来，地位置于大夫之上，士兵们不会服从，百姓也不会信服，人的资望轻微，权威就无法树立。希望大王能派一位得您宠信且为全国尊敬的大臣做监军，这样才可以。”景公答应了，派庄贾担任监军。

【原文】

穰苴既辞，与庄贾约曰：“旦日日中会于军门[①]。”穰苴先驰至军，立表下漏[②]，待贾。贾素骄贵，以为将己之军而己为监，不甚急；亲戚、左右送之[③]，留饮。日中而贾不至。穰苴则扑表决漏[④]，入，行军勒兵[⑤]，申明约束。约束既定，夕时，庄贾乃至。穰苴曰：“何后期为[⑥]？”贾谢曰：“不佞大夫亲戚送之[⑦]，故留。”穰苴曰：“将受命之日则忘其家，监军约束则忘其亲，援枹鼓之急则忘其身[⑧]。今敌国深侵，邦内骚动，士卒暴露于境，君寝不安席，食不甘味，百姓之命皆悬于君，何谓相送乎！”召军正问曰：“军法期而后至者云何？”对曰：“当斩。”庄贾惧，使人驰报景公，请救。既往，未及反[⑨]，于是遂斩庄贾以徇三军[⑩]。三军之士皆振栗[⑪]。久之，景公遣使者持节赦贾[⑫]，驰入军中。穰苴曰：“将在军，君令有所不受[⑬]。”问军政曰：“驰三军法何？”正曰：“当斩。”使者大惧。穰苴曰：“君之使不可杀之。”乃斩其仆、车之左驸，马之左骖[⑭]，以徇三军。遣使者还报，然后行。士卒次舍、井灶饮食、问疾医药[⑮]，身自拊循之[⑯]。悉取将军之资粮享士卒[⑰]，身与士卒平分粮食，最比其羸弱者[⑱]。三日而后勒兵。病者皆求行，争奋出为之赴战。晋师闻之，为罢去⑲。燕师闻之，度水而解⑳。于是追击之，遂取所亡封内故境而引兵归㉑。

【注释】

①旦日：明日。日中：正午，中午。军门：军营大门。②立表：在阳光下竖起木杆，根据阳光照射下影子的移动来计算时间。表，指木杆。下漏：把铜壶下穿一小孔，壶中立箭，箭杆上刻有度数，然后铜壶中蓄水，使之徐徐下漏，以箭杆显露出来的刻度计算时间。③左右：指亲近的人。④扑表：把计时的木杆打倒。决漏：把壶里的水放出。⑤行军勒兵：巡行军营，指挥军队。⑥期：约定的时间。⑦不佞：不才，无才。自谦词。⑧援：操起，拿起。枹：鼓槌。鼓：击鼓。⑨反：同“返”。返回。⑩徇：示众。三军：泛指全军。大国军队分为上、中、下三军。⑪振栗：害怕得发抖。⑫节：符节，传达国君命令的信物。⑬这二句的意思是说，将领在外边率领部队，国君的命令有的可以不接受，以免牵制军队，贻误战机。⑭驸：通“辅”，夹车木。骖：古代用三匹或四匹马拉车时，两边的马叫“骖”。⑮次舍：宿营。次，停留，也指行军一处停留三次以上。《左传·庄公三年》：“凡师一宿为舍，再宿为信，过信为次。”舍，宿营地。⑯拊循：慰问，安抚。⑰享：通“飨”，供食款待。⑱最比：特别照顾到。最，特别，尤其。比，及、到。羸：瘦，弱。⑲罢：撤退。⑳解（xiè）：同“懈”。松弛，懈怠。㉑所亡：所失掉的。封内故境：指封国之内曾经沦陷的土地。

【译文】

穰苴辞行后，与庄贾商定说：“明天正午在营门会合。”第二天，穰苴先驱车赶到军门，立起了计时用的木表和漏壶，等待庄贾。庄贾向来骄纵，认为自己率领着军队，而且又是监军，所以并不着急；亲人和左右挽留他一起喝酒饯行。正午时分庄贾依然没有赶来。穰苴就放倒木表，将漏壶里的水放出，进入军营，巡视营地，训练军队，申明军中的规章。一切部署完毕，这时太阳已经落下，庄贾这才赶来。穰苴问：“为何超过了约定好的时刻？”庄贾道歉说：“亲朋为我送行，因此耽搁了。”穰苴说：“身为将领，从接受命令的那一刻起，就应该忘掉家庭；来到军队号令宣布之后，就应该忘掉父母；擂鼓进军战况紧急的时刻，就该忘掉自己的生命。现在敌军深入我国的腹地，国内骚动不安，将士们在边境暴露，不能隐蔽，国君睡不安稳，食不甘味，百姓的生命安危全都维系在你的身上，还谈什么送行呢！”说罢召来法令官问道：“军法上对迟到的人是怎么处置的？”回答说：“应当斩首。”庄贾很害怕，派人驰马飞奔去禀告景公，请他搭救。报信之人离去后，还没来得及返回，司马穰苴就把庄贾斩首向三军示众了，全军将士都因此而震惊害怕。过了一段时间，齐景公派使者拿着节符来赦免庄贾，使者驰马进入军营。穰苴说：“将在外，君令有所不受。”又问军法官道：“驾车在军营里飞奔，军法上是怎么处理的？”军法官说：“应当斩首。”使者十分恐惧。穰苴说：“国君的使者不可以斩首。”于是斩杀了使者的仆从，砍断左边的夹车木、斩杀左边驾车的马，向三军示众。又让使者回去禀告齐景公，接着就率兵出发了。士兵们的宿营、掘井、立灶、饮食、疾病、医药，等等，田穰苴都亲自过问，而且还亲自抚慰他们。又把自己作为将军享用的资粮全部拿出与士兵们平分，尤其照顾身体羸弱的将士。三天之后统领军队前进。病弱的士兵也要求一起到战场，争先奋勇地为他作战。晋国听到这一情况，马上把兵撤了回来。燕军也得知这一情形，便北渡黄河，撤兵解围而去。于是齐军趁势追击他们，光复了境内的全部国土，然后引兵而回。

◎树威于国内，扬名于诸侯◎

【原文】

未至国[1]，释兵旅[2]，解约束，誓盟而后入邑。景公与诸大夫郊迎，劳师成礼[3]，然后反归寝。既见穰苴，尊为大司马[4]。田氏日益尊于齐。

【注释】

①国：指国都。②释兵旅：解除军队的战备。③成礼：按照一定的程式行礼完毕。④尊：尊敬地任命。

【译文】

尚未返回国都，便解除了武装，取消了战时的法令，立誓严守纪律后才进入都城。齐景公率领诸大夫到郊外迎接，依照礼仪慰劳众位将士，这才回到寝宫。接见了田穰苴，尊敬地任命他为大司马。自此田氏在齐国的地位渐渐地尊贵起来。

【原文】

已而大夫鲍氏、高、国之属害之[1]，谮于景公[2]。景公退穰苴，苴发疾而死。田乞、田豹之徒由此怨高、国等。其后及田常杀简公，尽灭高子、国子之族。至常曾孙和，因自立，为齐威王，用兵行威，大放穰苴之法[3]，而诸侯朝齐[4]。

【注释】

①大夫鲍氏、高、国之属：指当时齐国掌握实权的卿大夫鲍牧、高昭氏、国惠子一班人。害：忌妒。②谮：中伤，诬陷。③放：通“仿”，仿效，效法。④朝：朝拜。

【译文】

其后大夫鲍氏、高氏、国氏等人忌妒他，在齐景公面前进谗言中伤司马穰苴。景公免除了他的官职，穰苴发病而死。田乞、田豹等人因此而怨恨高氏、国氏等人。后来等到田常杀掉齐简公，便诛灭了高氏和国氏的全族。等到田常的曾孙田和自立为王，称为齐威王。他率兵行使威权，这都是效法司马穰苴的做法，各国的诸侯都来朝拜齐王。

【原文】

齐威王使大夫追论古者《司马兵法》，而附穰苴于其中，因号曰《司马穰苴兵法》①。

【注释】

①《司马穰苴兵法》：古代兵书名。《汉书·艺文志》谓有百五十篇，今仅存五篇。

【译文】

齐威王派大夫整理古代的《司马兵法》，便把大司马田穰苴的兵法也附在其中，因此定名为《司马穰苴兵法》。

【原文】

太史公曰：余读《司马兵法》，闳廓深远①，虽三代征伐②，未能竟其义③，如其文也，亦少褒矣。若夫穰苴，区区为小国行师，何暇及《司马兵法》之揖让乎④？世既多《司马兵法》⑤，以故不论，著穰苴之列传焉。

【注释】

①闳廓：宏大广博。②三代：指夏、商、周三个朝代。③竟：穷，尽。④揖让：宾主相见的礼仪，以示谦让。这里引申为相提并论。⑤多：推崇，赞扬。

【译文】

太史公说：我读《司马兵法》，感到立论宏大深远，即使是夏、商、周三代的战争，都没有完全发挥出这部书的内涵，而如今把《司马穰苴兵法》的文字附在里边，这不免称颂得有点过分。而司马穰苴，仅仅是为小诸侯国领兵打仗，怎么能及得上《司马兵法》呢？世间既然推崇《司马兵法》，所以这里也不做评论，只写下这篇《司马穰苴列传》。

苏秦列传

【导读】

战国时期出现了一群能言善辩的士人，他们与儒、墨、法、道诸家不同，没有明确的政治理想，以追逐利益为至上，他们是新兴的策士。战国中后期，随着秦国渐强、东方六国渐弱，策士们为从中获得好处，就形成了两派，一派是离间六国的，称为“连横派”；一派是合六国之力抗秦的，叫作“合纵派”。很多策士并不固定属于哪一派，而是在哪派得到的好处多，就倾向哪一派。苏秦就是这群策士中较典型的一个，他先是主张连横，但不为秦王欣赏，于是改而支持合纵，终于获得成功，名声也显赫于诸侯。本文节录了两个故事：一个是苏秦游说秦王失败后，以合纵联合诸侯的故事；一个是苏秦为燕国而离间齐国的故事。

◎连横不成转而合纵◎

【原文】

苏秦者，东周雒阳人也①。东事师于齐②，而习之于鬼谷先生③。

出游数岁，大困而归④。兄弟嫂妹妻妾窃皆笑之，曰：“周人之俗，治产业，力工商，逐什二以为务⑤。今子释本而事口舌⑥，困，不亦宜乎！”苏秦闻之而惭，自伤，乃闭室不出，出其书遍观之。曰：“夫士业已屈首受书⑦，而不能以取尊荣，虽多亦奚以为！”于是得《周书阴符》⑧，伏而读之。期年⑨，以出揣摩⑩，曰：“此可以说当世之君矣。”求说周显王⑪。显王左右素习知苏秦⑫，皆少之⑬。弗信。

【注释】

①东周：这里指战国时的一个小封国。周考王曾分封西周诸侯国，后西周分为西周、东周两个小国。雒阳：洛阳。②事：侍奉。齐：诸侯国，姜姓。③鬼谷先生：居于鬼谷，号鬼谷子。战国时纵横家。④困：窘迫，不如意。⑤逐什二：从事工商获十分之二的利润。⑥本：此指手工业、商业。口舌：指游说。⑦屈首：低头，埋头。受书：从师受教。⑧《周书阴符》：古兵书名，已佚。⑨期年：一整年。⑩揣摩：此指悉心求其真意，以相比合。⑪周显王：姬扁，公元前368年至公元前321年在位。⑫素：平时，向来。习：熟。⑬少：轻视。

【译文】

苏秦，东周洛阳人。他曾往东到齐国去拜师，跟着鬼谷先生学习。

在外游历几年，苏秦遇到很大的困难而回到家中。哥哥、弟弟、嫂子、妹妹以及妻妾都私下里嘲笑他，说道："周人的生活习俗，大都安安稳稳地治理产业，努力从事工商，以追逐十分之二的利润为本业。现在你丢弃本业而专事卖弄口舌的事情，落得个穷困的境地，这不是理所当然的么！"苏秦听了之后十分惭愧，暗地里自己伤心，关闭房门不踏出房门一步，搬出自己的书籍全部看过一遍，说道："一个读书人既然已经决心接受书本上的学问，却不能凭借书本的学问取得尊贵荣耀的地位，这样书即使读得再多又有什么用呢！"于是他找出一本《周书阴符》，埋头苦读起来。读了一年，他逐渐找出了揣摩君主心意的窍门，说道："用这套理论足以游说当世的君主了。"于是请求游说周显王。显王的左右大臣向来熟知苏秦的名声，都十分轻视他，周显王也不信任他。

【原文】

乃西至秦。秦孝公卒①。说惠王曰："秦四塞之国②，被山带渭③，东有关河[4]，西有汉中[5]，南有巴蜀[6]，北有代马[7]，此天府也[8]。以秦士民之众，兵法之教，可以吞天下，称帝而治。”秦王曰：“毛羽未成，不可以高蜚[9]；文理未明[10]，不可以并兼。”方诛商鞅，疾辩士[11]，弗用。

乃东之赵[12]。赵肃侯令其弟成为相[13]，号奉阳君。奉阳君弗说之[14]。

【注释】

①秦孝公：嬴渠梁，公元前361年至公元前338年在位。②四塞之国：秦国四面有山关之固，形势险要，可为屏障，所以叫四塞之国。③被山带渭：谓秦国为群山所环抱，中有渭水流过。被，通“披”。带，带子。以动用法。④关：函谷关。河：黄河。⑤汉中：郡名。在今陕西省秦岭以南地区。⑥巴蜀：巴郡和蜀郡。在今四川省境内。⑦代马：代，郡名。马，县名。在今河北省西北部、山西省东北部。⑧天府：地势险要，土地肥沃，物产丰富，自然条件优越的地方。府，府库。⑨蜚：同“飞”。⑩文理：文，礼乐制度。理，道理法则。⑪疾：憎恶、忌恨。⑫之：到。赵：赵国。战国七雄之一。⑬赵肃侯：赵语，公元前349年至公元前326年在位。⑭说：通“悦”。

【译文】

苏秦向西去了秦国。秦孝公去世。他游说秦惠王说：“秦国是一个四周都有天险要塞的国家，有群山的遮掩，有渭河的环绕，东面有关河，西面有汉中，南面有巴郡和蜀郡，北面有代郡、马邑，这是天然的府库啊。凭借秦国众多的军士与民众，以及军事上的严格训练，足以吞并天下，称帝而建立王业。”秦惠王说：“秦国的羽毛还没有长好，不能高高地飞起；秦国的政事还没有确定下来，不能兼并天下。”这时秦国刚刚处死了商鞅，憎恨游说之人，所以不肯任用苏秦。

又向东去了赵国。赵肃侯任命自己的兄弟赵成为赵相，并赐给他“奉阳君”的封号。奉阳君不喜欢苏秦。

【原文】

去游燕，岁余而后得见。说燕文侯曰[①]：“燕东有朝鲜[②]、辽东[③]，北有林胡、楼烦[④]，西有云中、九原[⑤]，南有嘑沱、易水[⑥]，地方二千余里[⑦]，带甲数十万[⑧]，车六百乘[⑨]，骑六千匹，粟支数年。南有碣石、雁门之饶[⑩]，北有枣栗之利，民虽不佃作而足于枣栗矣[⑪]。此所谓天府者也。

“夫安乐无事，不见覆军杀将[⑫]，无过燕者。大王知其所以然乎？夫燕之所以不犯寇被甲兵者[⑬]，以赵之为蔽其南也。秦、赵五战，秦再胜而赵三胜。秦赵相毙[⑭]，而王以全燕制其后，此燕之所以不犯寇也。且夫秦之攻燕也，逾云中[⑮]、九原，过代、上谷[⑯]，弥地数千里[⑰]，虽得燕城，秦计固不能守也。秦之不能害燕亦明矣，今赵之攻燕也，发号出令，不至十日，而数十万之军军于东垣矣[⑱]。渡嘑沱、涉易水，不至四五日而距国都矣[⑲]。故曰秦之攻燕也，战于千里之外；赵之攻燕也，战于百里之内。夫不忧百里之患，而重千里之外，计无过于此者。是故愿大王与赵从亲[⑳]，天下为一，则燕国必无患矣。”

文侯曰：“子言则可，然吾国小，西迫强赵[㉑]，南近齐。齐、赵，强国也。子必欲合从以安燕，寡人请以国从[㉒]。”于是资苏秦车马金帛以至赵。

【注释】

①燕文侯：燕文公，公元前361年至公元前333年在位。②朝鲜：今朝鲜半岛。③辽东：今辽东半岛。④林胡、楼烦：北方部族名。⑤云中、九原：都是郡名。在今内蒙古自治区境内。⑥嘑沱、易水：水名。在今河北省西部。⑦方：见方。⑧带甲：指披甲的战士。⑨乘：古代一车四马为一乘。⑩碣石：山名。在今河北省境内。雁门：郡名。在今山西省北部和内蒙古自治区南部。⑪佃作：从事耕作。⑫覆军杀将：军队覆灭、将领被杀。⑬寇：入侵的外敌。犯寇：被外敌侵犯。披甲兵：这里指战争。⑭相毙：相互残杀，彼此灭亡。⑮云中：郡名。在今内蒙古自治区

东南部。⑯上谷：郡名。在今河北省北部。⑰弥：满，遍布。⑱军：第二个“军”，是驻扎的意思。东垣：赵国邑名。在今河北省石家庄市东。⑲距：到达。⑳从亲：合纵相亲。㉑迫：逼近。㉒国从：倾国相从。从，相从，听从安排。

【译文】

苏秦又游历到了燕国，在这里待了一年之后受到燕国君主的召见。他游说燕文侯道："燕国的东面有朝鲜、辽东，北面有林胡、楼烦，西面有云中、九原，南面有嘑沱、易水，国土有两千多里，士兵有几十万，兵车有六百辆，战马有六千匹，粮食足以支撑全国好几年。南面有富饶的碣石、雁门之地，北面有枣子和栗子的收益，民众即使不耕作凭借枣子和栗子也可以过上丰衣足食的生活。这是天然的府库啊！"

"安乐无事，看不到军队覆灭、将领被杀，没有哪个能比得上燕国了。大王知道这是什么原因吗？燕国之所以不受外敌的侵犯，不受战争的摧残，是因为有赵国在它的南面做屏障。秦国与赵国交战五次，秦国胜了两次而赵国胜了三次。秦国和赵国彼此都受到伤害，而大王却能以一个完整的燕国在后面制约它们，这就是燕国不被侵犯的缘故。况且假设秦国攻打燕国，还要逾越云中、九原；走过代、上谷，距离有几千里，即使能够攻下燕国的城池，秦国也不能永久地固守住。秦国无法祸害燕国已经是很明了的事情了，倘若现在赵国进攻燕国，赵王只要一发布命令，不到十天，赵国的数十万大军就能到达东垣了。接着便会渡过嘑沱河，涉过易水，不到四五天就能抵达燕国的国都。所以说秦国进攻燕国，那是在千里之外作战；赵国进攻燕国，那是在百里之内作战。不忧虑百里之内的祸患，而担心千里之外的秦国，策略上的错误没有比这更严重的了。所以我希望大王能与赵国亲善，使天下结为一体，这样燕国就没有祸患了。"

燕文侯说："您的话很有道理，但是我的国家很小，西边逼近强大的赵国，南边靠近齐国。齐国和赵国，均是强国。现在您打算用合纵之计使燕国安定，我愿意把燕国托付给您。”于是资助苏秦车马和金帛去赵国游说。

⊙文史知识

使我有洛阳两顷田，安能佩六国相印？

苏秦成功说服赵、韩、燕、齐、楚、魏六国君王，采取“合纵”策略，一致对抗秦国。他也因此被推为“纵约长”，身兼六国宰相之职。苏秦身佩六国相印衣锦还乡，六国君主纷纷派车马相送。其浩浩仪仗连绵十多公里，显赫堪比王侯。连周天子都专门派人打扫街道迎接他，洛阳百姓更是箪食壶浆，望尘而拜。当初苏秦落魄的时候，他的嫂子对他不理不睬、冷眼相待，而此刻却战战兢兢地跪拜在道旁不敢抬头。面对如此显赫的威仪，回想自己当初的寒酸窘迫之状，苏秦感慨万端，于是便有了这句流传千古的话：“使我有洛阳两顷田，安能佩六国相印？”

◎对齐国施反间计◎

【原文】

秦惠王以其女为燕太子妇[①]。是岁，文侯卒，太子立，是为燕易王。易王初立，齐宣王因燕丧伐燕，取十城。易王谓苏秦曰：“往日先生至燕，而先王资先生见赵[②]，遂约六国从[③]。今齐先伐赵，次至燕，以先生之故为天下笑，先生能为燕得侵地乎？”苏秦大惭，曰：“请为王取之。”

苏秦见齐王，再拜，俯而庆，仰而吊[④]。齐王曰：“是何庆吊相随之速也？”苏秦曰：“臣闻饥人所以饥而不食乌喙者[⑤]，为其愈充腹而与饿死同患也。今燕虽弱小，即秦王之少婿也。大王利其十城而长与强秦为仇。今使弱燕为雁行而强秦敝其后[⑥]，以招天下之精兵，是食乌喙之类也。”齐王愀然变色曰[⑦]：“然则奈何？”苏秦曰：“臣闻古之善制事者，转祸为福，因败为功。大王诚能听臣计，即归燕之十城。燕无故而得十城，必喜；秦王知以己之故而归燕之十城，亦必喜；此所谓弃仇雠而得石交者也[8]。夫燕、秦俱事齐，则大王号令天下，莫敢不听。是王以虚辞附秦，以十城取天下。此霸王之业也。”王曰：“善。”于是乃归燕之十城。

【注释】

①秦惠王：嬴驷，公元前337年至公元前311年在位。②资：资助。③从：合纵。④吊：对受灾祸的人表示哀悼、慰问。⑤乌喙：一种有毒植物，即乌头。⑥雁行：大雁飞行有序，或成“一”字形，或成“人”字形，这里指在前面的行列。敝：通“蔽”，遮挡，掩蔽。⑦愀然：神情变得凄怆而严肃。⑧石交：比喻感情深厚牢不可破的友谊或友人。

【译文】

秦惠王将自己的女儿嫁给燕国太子为妻。这一年，燕文侯去世，太子即位，就是燕易王。易王刚刚登上王位，齐宣王便趁着燕国有丧事之机进攻燕国，获得了十座城池。易王对苏秦说：“以前先生到燕国，先王资助先生去见赵王，约定六国合纵的大计。现在齐国先进攻赵国，继而进攻燕国，由于先生的缘故使燕国被天下耻笑，先生能为燕国收复失去的国土吗？”苏秦感到十分惭愧，说道：“请让我替大王收回失地。”

苏秦求见齐王，拜了两拜，俯身向他庆贺，又仰起头向他慰问。齐王说：“为什么庆贺和慰问交替这么快啊？”苏秦说：“我听说饥饿的人之所以忍受饥饿而不吃乌头，是因为吃这种植物带来的害处跟受饥饿而死相同。如今燕国虽然弱小，但是燕王终究是秦王的小女婿。大王您由于贪图燕国的十座城池而长久地与强秦为敌。倘若今天以弱小的燕国为先锋，而以强大的秦国为殿后，从而招致天下的精兵（进攻齐国），这是跟吃乌头一样的道理。”齐王听了这些话脸色变得严肃起来，说道：“这样我该怎么办呢？”苏秦说：“我听说古代那些善于处理事情的人，可以把祸患转换为福祉，利用失败而取得成功。大王若能听从我的计策，就应当立刻归还燕国的十座城池。燕国若是平白无故地得到十座城池，一定会高兴；秦王若是知道因为自己的缘故而使齐国归还燕国的十座城池，也必定高兴；这就是所说的抛弃仇怨而永结磐石般的友谊啊。燕国、秦国都依附齐国，那么大王您号令天下，就没有不敢不听从的了。也就是大王您用虚浮的言辞依附秦国，依靠十座城池而取得天下。这可是霸王之业啊。”齐王说：“说得好。”便归还了燕国的十座城池。

【原文】

人有毁苏秦者曰：“左右卖国反覆之臣也，将作乱。”苏秦恐得罪，归，而燕王不复官也。苏秦见燕王曰：“臣，东周之鄙人也①，无有分寸之功，而王亲拜之于庙而礼之于廷②。今臣为王却齐之兵而得十城③，宜以益亲。今来而王不官臣者④，人必有以不信伤臣于王者。臣之不信，王之福也。臣闻忠信者，所以自为也；进取者，所以为人也。且臣之说齐王，曾非欺之也⑤。臣弃老母于东周，固去自为而行进取也。今有孝如曾参⑥，廉如伯夷⑦，信如尾生⑧。得此三人者以事大王，何若？”王曰：“足矣。”苏秦曰：“孝如曾参，义不离其亲一宿于外，王又安能使之步行千里而事弱燕之危王哉？廉如伯夷，义不为孤竹君之嗣⑨，不肯为武王臣，不受封侯而饿死首阳山下。有廉如此，王又安能使之步行千里而行进取于齐哉？信如尾生，与女子期于梁下，女子不来，水至不去，抱柱而死。有信如此，王又安能使之步行千里却齐之强兵哉？臣所谓以忠信得罪于上者也。”燕王曰：“若不忠信耳，岂有以忠信而得罪者乎？”苏秦曰：“不然。臣闻客有远为吏而其妻私于人者⑩，其夫将来，其私者忧之，妻曰‘勿忧，吾已作药酒待之矣’。居三日，其夫果至，妻使妾举药酒进之。妾欲言酒之有药，则恐其逐主母也；欲勿言乎，则恐其杀主父也。于是乎详僵而弃酒⑪。主父大怒，笞之五十⑫，故妾一僵而覆酒，上存主父，下存主母，然而不免于笞，恶在乎忠信之无罪也⑬？夫臣之过，不幸而类是乎！”燕王曰："先生复就故官。"益厚遇之。

易王母，文侯夫人也，与苏秦私通。燕王知之，而事之加厚。苏秦恐诛，乃说燕王曰："臣居燕不能使燕重⑭，而在齐则燕必重。"燕王曰："唯先生之所为⑮。"于是苏秦详为得罪于燕而亡走齐⑯，齐宣王以为客卿⑰。

【注释】

①鄙人：鄙陋的人。自我谦辞。②庙：宗庙。古代帝王供祀祖宗的所在。③却：退却。④官：授官。⑤曾非：未尝。⑥曾参：孔子的学生。春秋末鲁国人。以孝著称。⑦伯夷：商末孤竹君长子，孤竹君死后，伯夷不受位，后不食周黍而死。⑧尾生：传说古代坚守信约的人。⑨嗣：继承人，接续人。⑩私：私通，指不正当的男女关系。⑪详僵：假装仆倒。详，通"佯"，假装。僵，仆倒。⑫笞：用竹板或荆条打人脊背或臂、腿的刑罚。⑬恶：哪里，怎么。⑭重：地位提高。⑮唯：听从的样子，任凭的意思。⑯亡：逃。⑰客卿：请别国人在本国做官，其位为卿而以客礼待之。

【译文】

有人诋毁苏秦道："（苏秦是个）左右摇摆、出卖国家、反复无常的人，将来必定会犯上作乱。"苏秦生怕获罪，就回到燕国，然而燕王不让他做官了。苏秦拜见燕王说道："我原本是东周的一个鄙薄之人，没有一分一寸的功劳，但是大王您亲自在宗庙授予我官职，还在朝堂之上对我礼遇有加。现在我为大王说退了齐国的大军，而且还得到了十座城池，按理说大王您应该对我更加亲近。但是现在我回来了大王却不让我做官，必定是有人以不诚信的罪名在大王面前中伤我。其实我的不诚信，正是大王您的福气啊。我听说凡是忠义诚信之人，都是为自己的名声谋划事情的；积极进取的人，做什么事都要为别人打算。况且我去游说齐王，并不是欺骗他。我把老母亲舍弃在东周的老家，本来就是打算抛弃替自己打算的念头而图谋进取的。倘若现在有人孝顺如曾参一般，廉洁如伯夷一般，诚信如尾生一般，那么找到这三个人来为大王做事，您觉得会怎么样呢？”燕王说：“足够了。”苏秦说：“如曾参一般孝顺的人，恪守孝道而不肯离开父母在外边住宿一晚，大王您又怎么能让他步行千里来侍奉处于危困中的燕王呢？如伯夷一般廉洁的人，恪守义气不肯做孤竹君的继位者，不肯做周武王的臣子，不接受封侯而饿死在首阳山下。如此廉洁，大王又怎能使他步行千里到齐国做一番进取的事业呢？如尾生一般守信的人，与女子相约于桥下，女子没有前来，赶上洪水却不离开，抱着桥柱而被淹死。如此守信，大王又怎能让他步行千里退却齐国的强兵呢？我就是因为忠信而得罪了大王的。”燕王说：“只是因为你不忠信而已，怎么会有因为忠信而获罪的人呢？”苏秦说：“并非如此。我听说有一个人在远方为官，他的妻子和外人私通，她的丈夫马上要回来了，和她私通的那人很担心，妻子说：‘不必担心，我已经准备好毒酒等待他了。’三天以后，她的丈夫果然回来，妻子让小妾捧着毒酒进给丈夫喝。小妾想说酒里面有毒药，但她害怕丈夫把主母驱逐出家门；倘若不说的话，她又害怕主母害死丈夫。就假装跌倒而把毒酒洒在了地上。丈夫十分生气，把她鞭笞了五十下。小妾一跌倒就倒翻了酒，对上保全了丈夫，对下保全了主母，但是还免不了被鞭打的命运，怎么能说坚守忠信就没有罪呢？我的过错，很不幸地就跟这件事类似啊！”燕王说：“先生再担任原先的官职吧！”更加优待苏秦。

燕易王的母亲，乃是文侯的夫人，她和苏秦私通。燕易王知道这件事以后，更加优待苏秦。苏秦担心自己被杀，就劝说燕王道：“我在燕国不能使燕国受到重视，我若是去了齐国，燕国的地位必定会得到提升。”易王说：“就按先生您说的做吧。”于是苏秦假装得罪燕王而逃往齐国，齐宣王让他做了客卿。

【原文】

齐宣王卒，湣王即位[①]，说湣王厚葬以明孝，高宫室大苑囿以明得意[②]，欲破敝齐而为燕[3]。燕易王卒，燕哙立为王。其后齐大夫多与苏秦争宠者，而使人刺苏秦，不死，殊而走[4]。齐王使人求贼[5]，不得。苏秦且死，乃谓齐王曰："臣即死，车裂臣以徇于市[6]，曰'苏秦为燕作乱于齐'，如此则臣之贼必得矣。"于是如其言，而杀苏秦者果自出，齐王因而诛之。燕闻之曰："甚矣，齐之为苏生报仇也！"

【注释】

①湣王：田地，公元前301年至公元前284年在位。②得意：得志。③破敝：使衰败。④殊：死。此指虽未即死，已是致命伤。⑤贼：此处指刺杀苏秦的人。⑥车裂：以车撕裂人体。俗称"五马分尸"。徇：示众。

【译文】

齐宣王去世，湣王即位，苏秦劝说湣王厚葬宣王以表明自己的孝道，还劝说湣王高筑宫室，扩大园圃，以显示自己的得意，他这样做其实是想使齐国民生凋敝而利于燕国。燕易王去世后，燕哙王即位。后来，齐国有很多大夫与苏秦争宠，还有的派人刺杀苏秦，苏秦受了重伤，刺客在他还没断气的时候就逃走了。齐湣王派人捉凶，但没能抓到。苏秦快要死了，对齐湣王说："我将要死了。请大王您在集市上车裂我的尸首，宣称'苏秦为了燕国而在齐国作乱'，这样杀害我的凶手就一定能被捉到。"齐王依照他所说的话行事，杀害苏秦的凶手果然自己露面了，齐王诛杀了凶手。燕王听说了这一消息，说道："太好了，齐国为苏先生报仇了！"

⊙文史知识

战国的纵横家们

西汉刘向曾说："战国之时，君德浅薄，为之谋策者，不得不因势而为资，据时而为画。故其谋扶急持倾，为一切之权，虽不可以临教化，兵革救急之势也。”战国时代是春秋之后更激烈的大兼并时代，过去还勉强作为虚饰的仁义礼信之说，在这时已完全被打破。国与国之间讲求的是实力与权谋的对抗。纵横家的出现主要是因为各国需要在国力富强的基础上利用联合、排斥、危逼、利诱等手段不战而胜，以最少的成本获得最大的收益。纵横家的智谋、手段、策略基本上是当时处理国与国之间问题的最好办法。

纵横家驰骋于战国至秦汉之际，多为策辩之士，可称为中国五千年中最早也最特殊的外交政治家。杰出代表人物有苏代、姚贾、苏秦、张仪、公孙衍等。战国时南与北合为纵，苏秦力主燕、赵、韩、魏、齐、楚合纵以拒秦，张仪则力破合纵，连横六国分别事秦，纵横家由此而得名。他们的活动对于战国时政治、军事格局的变化都有重要的影响。

张仪列传

【导读】

张仪是战国时期的策士，与苏秦是同窗。张仪主张连横，他雄心勃勃，常常为了追求功业而把生死置之度外。张仪在连横诸侯的过程中，除了极力暴露合纵的缺点，以此附会连横的主张外，还凭借秦国的强大力量，对诸侯威逼利诱，不但使自己声名大振，而且助长了秦国扩张的野心。

◎受辱赴秦◎

【原文】

张仪者，魏人也①。始尝与苏秦俱事鬼谷先生②，学术③，苏秦自以不及张仪。

张仪已学而游说诸侯。尝从楚相饮④，已而楚相亡璧⑤，门下意张仪，曰："仪贫无行⑥，必此盗相君之璧。"共执张仪⑦，掠笞数百⑧，不服，醳之⑨。其妻曰："嘻！子毋读书游说，安得此辱乎？"张仪谓其妻曰："视吾舌尚在不？"其妻笑曰："舌在也。"仪曰："足矣。"

【注释】

①魏：国名。战国七雄之一。②事：师事，侍奉。③术：此指游说之术。④楚相：楚国令尹昭阳。⑤亡：丢失。⑥无行：品行不端。⑦执：拘捕，捉拿。⑧掠：拷打。笞：用竹板或荆条拷打。⑨醳（shī）：通"释"，释放。

【译文】

张仪，魏国人。最初曾与苏秦一起跟随鬼谷先生学习游说之术。苏秦自认为才能不及张仪。

张仪学成之后便去游说诸侯。他曾跟随楚相一起饮酒，酒宴结束后楚相丢失了一块玉璧，门客怀疑是张仪偷的，说："张仪既贫穷又没有德行，一定是他偷了您的玉璧。"众人一起抓住张仪，鞭笞了数百下，张仪不肯屈服，对方只好将他释放了。张仪的妻子说："唉！你要是不去读书游说，怎么会受这样的侮辱呢？"张仪对妻子说："看我的舌头还有没有？"妻子笑着回答："舌头尚在。"张仪说："这样就足够了。"

【原文】

苏秦已说赵王而得相约从亲①，然恐秦之攻诸侯，败约后负，念莫可使用于秦者，乃使人微感张仪曰②："子始与苏秦善，今秦已当路③，子何不往游，以求通子之愿？"张仪于是之赵，上谒求见苏秦④。苏秦乃诫门下人不为通⑤，又使不得去者数日。已而见之，坐之堂下，赐仆妾之食。因而数让之曰⑥："以子之材能，乃自令困辱至此。吾宁不能言而富贵子⑦，子不足收也。"谢去之。张仪之来也，自以为故人，求益，反见辱，怒，念诸侯莫可事，独秦能苦赵⑧，乃遂入秦。

苏秦已而告其舍人曰⑨："张仪，天下贤士，吾殆弗如也⑩。今吾幸先用，而能用秦柄者⑪，独张仪可耳。然贫，无因以进⑫。吾恐其乐小利而不遂⑬，故召辱之，以激其意。子为我阴奉之⑭。"乃言赵王，发金币车马，使人微随张仪，与同宿舍，稍稍近就之，奉以车马金钱，所欲用，为取给，而弗告。张仪遂得以见秦惠王⑮。惠王以为客卿⑯，与谋伐诸侯。

苏秦之舍人乃辞去。张仪曰："赖子得显⑰，方且报德，何故去也？"舍人曰："臣非知君，知君乃苏君。苏君忧秦伐赵败从约，以为非君莫能得秦柄，故感怒君，使臣阴奉给君资，尽苏君之计谋。今君已用，请归报。”张仪曰：“嗟乎，此在吾术中而不悟[18]，吾不及苏君明矣！吾又新用，安能谋赵乎？为吾谢苏君，苏君之时，仪何敢言。且苏君在，仪宁渠能乎[19]！”张仪既相秦，为文檄告楚相曰：“始吾从若饮，我不盗而璧，若笞我。若善守汝国，我顾且盗而城[20]！”

【注释】

①赵王：赵肃侯，赵语，公元前349年至公元前326年在位。从亲：合纵相亲。②微感：暗中引导，劝说。微，隐匿，暗中。感，感染，感受。③当路：指当权。④谒：名帖。一般要写上姓名、籍贯、官爵和拜见事项。⑤诫：告诫。⑥让：责备，责怪。⑦宁：岂，难道。⑧苦：困苦。引申为困扰，侵，扰。⑨舍人：家臣。⑩殆：大概。⑪柄：权力。⑫进：引荐。⑬遂：成功、成就。⑭阴：暗中。⑮秦惠王：嬴驷，公元前333年至公元前311年在位。⑯客卿：在本国做官的外国人。⑰显：有地位有成就。⑱术：谋术。⑲宁渠：哪里，如何。⑳顾：但。

【译文】

苏秦此时已经说服赵王加入合纵同盟，但是他担心秦国攻打各国诸侯，从而导致合纵失败，考虑到没有能派到秦国为自己做事的人，就派人暗地里劝说张仪：“您开始的时候和苏秦相好，如今苏秦业已执掌大权，您为何不去他那儿，以实现您的志愿呢？”张仪就去了赵国，递上名帖请求拜见苏秦。苏秦嘱咐手下不要替他通传，又设法让他好几天不能离开。不久苏秦召见张仪，让他坐在堂下，让他吃与仆人和丫鬟一样的饭菜，还一再数落他说：“依靠你的才能，竟然让自己穷困到这般田地。我难道不能说句话让你实现荣华富贵吗，实在是你不值得收留。”说完就走了。张仪投奔苏秦，本以为两人是旧交，自己能得到好处，谁知反而受辱，他十分生气，考虑到诸侯中没有能够侍奉的，只有秦国才能对付赵国，就去了秦国。

苏秦过后对他的家臣说："张仪，天下的贤士，我是比不过他的。现在幸亏是我先得到重用，然而能执掌秦国大权的人，只有张仪了。但是他太穷，没有获得受用的机会。我担心他乐于小利而不知进取，所以把他叫来当面侮辱他，以此来激励他的意志。你帮我暗地里侍奉他。"苏秦把这事告知赵王，让赵王拿出车马和金钱，还派人偷偷地跟随张仪，与他一起吃住，慢慢与他接近，献给他车马和金钱。凡是张仪想要的，都取出来给他，但不告诉他实情。张仪最终得以会见秦惠王。秦惠王任用他为客卿，跟他图谋攻伐诸侯之事。

苏秦的门客这才向张仪辞行。张仪说："我仰仗您才能得到荣耀的地位，正准备报答您的恩德，为什么要离去呢？"门客说："我并不了解先生，了解先生的其实是苏君。苏君害怕秦国征伐赵国导致合纵失败，认为除了先生可以执掌秦国大权之外别无他人，故而激怒先生，让我暗中资助您，这些都是苏君的计谋。现在先生已经受到重用了，请让我回去复命禀报。"张仪说："唉，这些做法本来都是我所研习的，但我却没有领悟出来。我比不上苏君已经是很明显的了！我现在刚受重用，怎么可能打赵国的主意呢？请代我向苏君答谢，苏君在的时候，张仪又敢说什么呢。况且苏君当权，我张仪哪里有这个能力啊！"张仪做了秦相之后，写文书警告楚相说："当初我跟随你一起饮酒，我并没有偷窃你的玉璧，你却鞭笞我。你好好地守住你的国家，我回过头来就要盗取你的城池！"

◎游说楚国◎

【原文】

秦欲伐齐，齐、楚从亲，于是张仪往相楚。楚怀王闻张仪来①，虚上舍而自馆之②。曰："此僻陋之国，子何以教之？"仪说楚王曰："大王诚能听臣，闭关绝约于齐③，臣请献商於之地六百里④，使秦女得为大王箕帚之妾[5]，秦、楚娶妇嫁女，长为兄弟之国。此北弱齐而西益秦也，计无便於此者。”楚王大说而许之。群臣皆贺，陈轸独吊之[6]。楚王怒曰：“寡人不兴师发兵得六百里地，群臣皆贺，子独吊，何也？”陈轸对曰：“不然，以臣观之，商於之地不可得而齐秦合，齐秦合则患必至矣。”楚王曰：“有说乎？”陈轸对曰：“夫秦之所以重楚者，以其有齐也。今闭关绝约于齐，则楚孤。秦奚贪夫孤国[7]，而与之商於之地六百里？张仪至秦，必负王，是北绝齐交，西生患于秦也，而两国之兵必俱至。善为王计者，不若阴合而阳绝于齐[8]，使人随张仪。苟与吾地，绝齐未晚也；不与吾地，阴合谋计也。”楚王曰：“愿陈子闭口毋复言，以待寡人得地。”乃以相印授张仪，厚赂之[9]。于是遂闭关绝约于齐，使一将军随张仪。

【注释】

①楚怀王：熊槐，公元前328年至公元前299年在位。②虚上舍：空出上等宾馆。③闭关：闭塞关门。引申为断绝往来。④商於之地：地名。在今河南省境内。⑤箕帚之妾：嫁女谦辞。箕帚，簸箕扫帚。指做洒扫清除之类的事。⑥吊：伤悼。⑦奚：何，为什么。⑧阴合而阳绝：暗中合作而表面上假装断绝关系。⑨赂：馈赠财物。

【译文】

秦国打算讨伐齐国，齐国、楚国当时合纵联盟，张仪就前往楚国担任楚相。楚怀王听说张仪前来，空出上等宾馆亲自送他到那里住下。说道：“我们这里是偏僻寡闻的国家，您有什么指教呢？”张仪对楚怀王说：“大王倘若真能听我的建议，关闭城关与齐国断交，我就请求秦王献给您商於方圆六百里的土地，使秦王的女儿成为大王的妻子，秦、楚两国娶妻嫁女，永久结为兄弟之国。这样的话就可以在北面削弱齐国而在西面有益于秦国，找不到比这更好的计策了。”楚王听了之后很高兴，就答应了张仪。大臣们都来向楚王祝贺，唯独陈轸向楚王表示慰问。楚王生气地说：

“我不必出动军队就可以获得六百里土地，大臣们都向我祝贺，唯独你向我慰问，这是为什么呢？”陈轸回答说：“事情没那么简单。依我看，不仅商於周围的土地没法得到，而且齐国和秦国还会联合起来，一旦齐、秦联合，那么祸患就来到了。”楚王说：“有什么根据吗？”陈轸说：“秦国之所以这么看重楚国，是因为楚国后面还有个齐国。如果关闭城关与齐国废约断交，那样楚国就会被孤立。秦国怎么会重视一个孤立的国家，而献给它商於方圆六百里的土地呢？张仪回到秦国，一定会背叛大王，这是在北面与齐国绝交，在西面招致祸患啊，两国的军队一定会一起攻打楚国的。妥善地为大王考虑，不如暗中与齐国修好，而表面上与齐国断交，派人跟随张仪（前往秦国）。倘若秦国真给我们土地，到时候再跟齐国断交也不晚；倘若秦国不给我们土地，那就暗合了我们的计谋。”楚王说：“但愿陈先生闭住嘴不要再发言了，你就等待我得到土地吧。”于是把楚相的大印授予张仪还赏赐给他丰厚的财物。接着关闭城关与齐国断交，派一个将军跟随张仪去了秦国。

【原文】

张仪至秦，详失绥堕车[①]，不朝三月。楚王闻之，曰：“仪以寡人绝齐未甚邪？”乃使勇士至宋[②]，借宋之符[③]，北骂齐王。齐王大怒，折节而下秦[④]。秦、齐之交合，张仪乃朝，谓楚使者曰：“臣有奉邑六里，愿以献大王左右。”楚使者曰：“臣受令于王。以商於之地六百里，不闻六里。”还报楚王，楚王大怒，发兵而攻秦。陈轸曰：“轸可发口言乎？攻之不如割地反以赂秦，与之并兵而攻齐，是我出地于秦，取偿于齐也，王国尚可存。”楚王不听，卒发兵而使将军屈匄击秦。秦、齐共攻楚，斩首八万，杀屈匄，遂取丹阳、汉中之地[⑤]。楚又复益发兵而袭秦，至蓝田[⑥]，大战，楚大败，于是楚割两城以与秦平[⑦]。

【注释】

①详：通“佯”，假装。绥：登车时做拉手用的绳子。②宋：国名。建都商丘。③符：符节。古代使者所持凭证。④折节：折断符节。节，符节。这里指使者用来做凭证的东西。下：委屈自己，向别人表示退让。⑤丹阳：地名。在今丹江以北。汉中：郡名。在今陕西省南部和湖北省西北角。⑥蓝田：地名。在今陕西省蓝田县西。⑦平：媾和，讲和。

【译文】

张仪回到秦国，假装上车时没能拉住绳索而从车上摔了下来，一连三个月没有上朝。楚王听说了这事儿，说：“张仪难道认为我与齐国断交的决心不够坚决吗？”立即派勇士到了宋国，借宋国的符节，往北进入齐国的国境大骂齐王。齐王很愤怒，折断符节而委屈自己亲近秦国。秦、齐两国交好后，张仪这才上朝，对楚使说：“我有封地六里，愿意献给你们大王。”楚使回答说：“我奉楚王之命，前来接受商於方圆六百里的土地，不曾听说有六里地。”楚使回国后报告楚王，楚王十分生气，出兵攻打秦国。陈轸说：“我现在可以说话了吧？攻打秦国不如割让土地以贿赂秦国，然后联合秦国一起攻打齐国，这样我们送给秦国的土地，可以从齐国那里得到补偿，楚国还可以保存下去。”楚王不听，派将军屈匄出兵进攻秦国。秦、齐联合攻打楚国，斩杀楚兵八万，并把屈匄杀死，获得了丹阳、汉中等地。楚国又增加兵力袭击秦国，在蓝田与秦军交战，结果楚军大败，楚国割让两个城邑与秦国议和。

【原文】

秦要楚欲得黔中地①，欲以武关外易之②。楚王曰：“不愿易地，愿得张仪而献黔中地。”秦王欲遣之，口弗忍言。张仪乃请行。惠王曰：“彼楚王怒子之负以商於之地，是且甘心于子。”张仪曰：“秦强楚弱，臣善靳尚，尚得事楚夫人郑袖，袖所言皆从。且臣奉王之节使楚，楚何敢加诛。假令诛臣而为秦得黔中之地，臣之上愿③。”遂使楚。楚怀王至则囚张仪，将杀之。靳尚谓郑袖曰：“子亦知子之贱于王乎④？”郑袖曰：“何也？”靳尚曰：“秦王甚爱张仪而不欲出之⑤，今将以上庸之地六县赂楚⑥，以美人聘楚⑦，以宫中善歌讴者为媵⑧。楚王重地尊秦，秦女必贵而夫人斥矣⑨。不若为言而出之。”于是郑袖日夜言怀王曰：“人臣各为其主用。今地未入秦，秦使张仪来，至重王。王未有礼而杀张仪，秦必大怒攻楚。妾请子母俱迁江南，毋为秦所鱼肉也⑩。”怀王后悔，赦张仪，厚礼之如故。

【注释】

①要：要挟、威胁。黔中：郡名。在今湖北省西南部。②武关：关隘名。武关外：指商於之地。③上愿：最高愿望。④贱：轻视，鄙弃。⑤不：《索引》谓：“‘不’字当作‘必’。时张仪为楚所囚，故必欲出之也。”⑥上庸之地六县：大概相当于今湖北省房县、竹山县等地。⑦聘：古代用礼物订婚。⑧媵：随嫁侍女。⑨斥：被排斥，被废除。⑩鱼肉：比喻任人宰割，被人欺凌、屠戮。

【译文】

秦国要挟楚国想用武关以外的土地与楚国交换黔中之地。楚王说：“我不愿意交换土地，只想得到张仪后，献出黔中之地。”秦王想派张仪去楚国，但忍住没有开口。张仪自己请求愿意前去。惠王说：“楚王他怨恨你违背了献给他商於之地的诺言，对你是不会甘心的。”张仪说：“秦国强大而楚国弱小，我与靳尚交好，靳尚侍奉楚王的夫人郑袖，郑袖所说的话楚王都会听从。而且我手拿大王的符节出使楚国，楚王怎敢杀我呢。假若他杀了我而令秦国得到黔中之地，这也是我最大的愿望。”于是出使楚国。楚怀王等张仪到达后就将其囚禁起来，打算杀了他。靳尚对郑袖说：“您知道您也会被大王轻视吗？”郑袖说：“这是为什么呢？”靳尚说：

“秦王十分宠爱张仪一定会把他救出来，他打算用上庸地区的六个县献给楚国，把美女献给楚王，以秦王宫中能歌善舞的女子作为陪嫁。大王看重土地，尊重秦国，秦国献来的女子一定会得到宠幸，而夫人您将遭到冷落。夫人您不如替张仪求情把他救出来。”郑袖就不分昼夜地对怀王说：“做臣子的各自为自己的君主效劳。现在土地还没有献给秦国，秦国就派张仪过来，足见秦国对大王的尊敬。大王不以礼相待，还打算杀了张仪，秦王一定会很生气而攻打楚国。我请求让我们母子都迁居到江南去，以免被秦人残害。”怀王听了这些话后悔了，赦免了张仪，还像以前那样优厚地对待他。

【原文】

张仪既出，未去，闻苏秦死，乃说楚王曰：“秦地半天下，兵敌四国，被险带河[①]，四塞以为固。虎贲之士百余万[②]，车千乘[③]，骑万匹，积粟如丘山。法令既明，士卒安难乐死[④]，主明以严，将智以武，虽无出甲，席卷常山之险[⑤]，必折天下之脊[⑥]，天下有后服者先亡。且夫为从者，无以异于驱群羊而攻猛虎，虎之与羊不格明矣[⑦]。今王不与猛虎而与群羊，臣窃以为大王之计过也。

“凡天下强国，非秦而楚，非楚而秦，两国交争，其势不两立。大王不与秦，秦下甲据宜阳，韩之上地不通[⑧]。下河东[⑨]，取成皋[⑩]，韩必入臣[⑪]，梁则从风而动。秦攻楚之西，韩、梁攻其北，社稷安得毋危？

“且夫从者聚群弱而攻至强，不料敌而轻战，国贫而数举兵，危亡之术也。臣闻之，兵不如者勿与挑战，粟不如者勿与持久。夫从人饰辩虚辞[⑫]，高主之节[⑬]，言其利不言其害，卒有秦祸，无及为已，是故愿大王之孰计之[⑭]。

“秦西有巴、蜀，大船积粟，起于汶山[⑮]，浮江已下[⑯]，至楚三千余里。舫船载卒[⑰]，一舫载五十人与三月之食，下水而浮，一日行三百余里，里数虽多，然而不费牛马之力，不至十日而距扞关[⑱]。扞关惊，则从境以东尽城守矣[19]，黔中、巫郡非王之有。秦举甲出武关，南面而伐，则北地绝[20]。秦兵之攻楚也，危难在三月之内，而楚待诸侯之救，在半岁之外，此其势不相及也。夫恃弱国之救，忘强秦之祸，此臣之所以为大王患也。

"大王尝与吴人战[21]，五战而三胜，阵卒尽矣；偏守新城[22]，存民苦矣。臣闻功大者易危，而民敝者怨上。夫守易危之功而逆强秦之心，臣窃为大王危之。

"且夫秦之所以不出兵函谷十五年以攻齐、赵者[23]，阴谋有合天下之心[24]。楚尝与秦构难[25]，战于汉中，楚人不胜，列侯执珪死者七十余人[26]，遂亡汉中。楚王大怒，兴兵袭秦，战于蓝田。此所谓两虎相搏者也。夫秦、楚相敝而韩魏以全制其后，计无危于此者矣。愿大王孰计之。

"秦下甲攻卫、阳晋，必大关天下之匈[27]，大王悉起兵以攻宋，不至数月而宋可举，举宋而东指[28]，则泗上十二诸侯尽王之有也[29]。

"凡天下而以信约从亲相坚者苏秦，封武安君，相燕，即阴与燕王谋伐破齐而分其地；乃详有罪出走入齐，齐王因受而相之；居二年而觉，齐王大怒，车裂苏秦于市[30]。夫以一诈伪之苏秦，而欲经营天下，混一诸侯[31]，其不可成亦明矣。

"今秦与楚接境壤界[32]，固形亲之国也。大王诚能听臣，臣请使秦太子入质于楚，楚太子入质于秦，请以秦女为大王箕帚之妾，效万室之都以为汤沐之邑[33]，长为昆弟之国，终身无相攻伐。臣以为计无便于此者。"

于是楚王已得张仪而重出黔中地与秦，欲许之。屈原曰："前大王见欺于张仪，张仪至，臣以为大王烹之[34]；今纵弗忍杀之[35]，又听其邪说，不可。"怀王曰："许仪而得黔中，美利也。后而倍之，不可。"故卒许张仪，与秦亲。

【注释】

①被险带河：谓秦国四周地势险要，中有黄河流经。②虎贲：勇武之士。贲，奔跑。③乘：古代一车四马为一乘。④安难乐死：不避艰苦危难，乐

于牺牲。⑤席卷：犹如卷席，全部占有。⑥折天下之脊：常山在天下之北，就像人的脊背。折，折断。⑦格：抵挡，抵御。⑧上地：上党郡。⑨河东：地区名。在今山西省西南部黄河东岸。⑩成皋：邑名。在今河南省荥阳市境内。⑪入臣：到本国称臣，指投降。⑫饰辩虚辞：粉饰巧辩，言辞铺张而空洞。⑬高：高傲。使动用法。⑭孰：通“熟”，仔细。⑮汶山：即岷山。⑯已：通“以”，而。⑰舫船：两船相并。⑱距：到。扜关：关名，即江关。在今重庆市奉节县东。⑲城守：据城守御。⑳北地：指楚国北部。㉑吴：国名。建都于吴（今江苏省苏州市）。㉒新城：新攻占的地方。㉓函谷：关名。在今河南省灵宝市东北。㉔合：并，吞并。㉕构难：造成祸患。㉖执珪：爵位名，楚国最高爵位。㉗匈：通“胸”。这里把卫、阳晋比喻为天下的胸脯。㉘指：朝目标前进。㉙泗上十二诸侯：指泗上宋、鲁等国。十二为虚指。泗，泗水。㉚车裂：古代一种酷刑，即五马分尸。把人的头和四肢绑在五辆车上，五辆车同时奔驰，撕裂身体。㉛混一：统一。㉜壤界：连界。㉝汤沐：即沐浴。㉞烹：古代煮杀人的一种酷刑。㉟纵：即使。

【译文】

张仪被释放出来，并没有离去，他听说苏秦死了，劝说楚王道：“秦国占尽天下土地的一半，军队可以抵挡四周的敌人，背靠险要之地，又有黄河围绕，周围还有要塞可以固守。还有精兵百万，军车千辆，战马万匹，存储的粮食堆积如山。另外秦国法令严明，士兵临战不怕死，君主英明而且威严，将军智勇双全。纵使不出动军队，也足以席卷常山的险要之势，折断天下的脊梁，天下最后归降的国家必定最先灭亡。再说那些合纵之国，无异于驱赶羊群攻击老虎，虎和羊之间不能抵敌这是很明了的道理。如今大王您不亲近猛虎而和群羊在一起，我私下里认为大王的想法错了。

“大凡天下的强国，不是秦国就是楚国，不是楚国就是秦国，两国之间争夺，形势是不允许二国并立的。大王不亲近秦国，秦国就会出兵攻占宜阳，韩国的上郡就无法通行。秦国占领河东，攻取成皋，韩国一定会向秦国臣服，魏国也会伺机而动。秦国进攻楚国的西边，韩、魏进攻楚国的北边，国家怎能不危险呢？

“合纵之国聚集一群弱小国家攻打最强的国家，不考虑敌方的力量而轻率地交战，国家贫穷却要频繁地发动战事，这是导致国家灭亡的策略啊。我听说，军队没有对方强大就不要挑起战事，粮食没有对方充足就不要持久作战。提倡合纵的人粉饰巧言，说一些不合实际的言辞，使国君的志节高傲，只说合纵的好处，不说合纵的危害，一旦招致秦国带来的祸患，那就来不及了。所以我希望大王您能仔细考虑一下。

“秦国的西面有巴、蜀之地，用大船装载粮食，自岷山出发，沿着长江顺流而下，到楚国有三千多里的距离。两条船并列运载士兵，每两条船可以装载下五十名士兵和三个月的粮食，沿江而下，一天可以走三百多里的路程，距离虽然有些远，但是却不用费牛马的牵引之力，不用十天的工夫就可以抵达扞关。扞关受到惊扰，那么边境以东的城邑就要全部设防了，黔中、巫郡也将不再归大王所有了。秦国兴兵进攻武关，从南面攻伐，这样一来楚国的北面也危险了。秦军进攻楚国，危难就在三个月之内，而楚国若是等待各国诸侯援军的帮助，则需要半年以上的时间，这样势必是等不及的。依靠弱国解救，忘记强秦的祸患，这就是我为大王担心的事情。

“大王曾与吴国交战，打了五场胜了三场，阵中的将士已经死得差不多了；为了守住新占领的城池，活下来的百姓实在是够辛苦的。我听说功业大的人容易遭受危难，老百姓疲苦必然会埋怨君主。守着容易遭受危难的功业而违背强秦的心意，我私下里替大王感到担忧啊。

“秦国之所以在这十五年里不派兵出函谷关去攻打齐、赵两国，是因为秦国暗中计划想一举吞并天下。楚国曾与秦国产生摩擦，双方战于汉中，楚国不能取得胜利，列侯、执珪战死了七十多人，丢掉了汉中之地。楚王十分生气，出兵袭击秦国，双方交战于蓝田。这就是所说的两虎相搏啊。

秦、楚相互消耗力量，韩、魏则以完整无损的力量从后面钳制楚国，情势没有比这更危险的了。但愿大王您能仔细谋划一下。

“秦国派兵攻打卫都和阳晋，这样势必会锁住天下的胸膛。大王调集所有军队攻打宋国，用不了几个月秦国就可以得到宋国，得到宋国后再向东方进发，那么泗水之畔的十二国诸侯就可以尽数归大王所有了。

“呼吁天下诸侯以合纵相互信守盟约的人是苏秦，他获封武安君的称号，做了燕相之后，就暗地里和燕王图谋讨伐齐国以瓜分它的土地。苏秦假装得罪燕王而逃到齐国，齐王收留他，还让他做齐相。两年之后苏秦的图谋被识破，齐王十分生气，以车裂之刑将苏秦处死在市集。倚仗一个狡诈虚伪的苏秦，想要经营天下，统一各国诸侯，这不可能成功已经是很明了的道理了。

“如今秦国与楚国边界相接，原本就是地缘亲近的国家。大王若是真能听取我的建议，我就请求秦国派秦国太子到楚国做人质，楚国太子也要去秦国做人质，还请求秦王把女儿献给大王做妻子，奉献出拥有万户居民的大城邑作为汤沐邑，两国永久地结为兄弟之国，永远不要相互攻伐。我认为没有比这个更好的计策了。”

这时楚王已经得到了张仪，但是又对献出黔中之地给秦国这件事犯难，所以便想答应张仪的建议。屈原说：“以前大王被张仪欺骗，这次张仪来到楚国，我本以为大王会把他煮了吃；现在不仅不杀他，还听信他的邪说，您不能再被他欺骗了。”怀王说：“我答应张仪的建议而保留住黔中之地，这是大大的好事。（先答应他）现在又要背弃他，这是不可以的。”于是答应张仪的劝告，与秦国亲善。

【原文】

犀首者，魏之阴晋人也，名衍，姓公孙氏。与张仪不善。

张仪为秦之魏，魏王相张仪。犀首弗利，故令人谓韩公叔曰：“张仪已合秦、魏矣，其言曰：‘魏攻南阳，秦攻三川。’魏王所以贵张子者①，欲得韩地也。且韩之南阳已举矣，子何不少委焉以为衍功，则秦、魏之交可错矣[②]。然则魏必图秦而弃仪[③]，收韩而相衍。”公叔以为便，因委之犀首以为功。果相魏，张仪去。

义渠君朝于魏。犀首闻张仪复相秦，害之。犀首乃谓义渠君曰：“道远不得复过[④]，请谒事情[⑤]。”曰：“中国无事[⑥]，秦得烧掇焚杅君之国[⑦]；有事，秦将轻使重币事君之国。”其后五国伐秦。会陈轸谓秦王曰[⑧]：“义渠君者，蛮夷之贤君也，不如赂之以抚其志。”秦王曰：“善。”乃以文绣千纯[⑨]，妇女百人遗义渠君[⑩]。义渠君致群臣而谋曰：“此公孙衍所谓邪？”乃起兵袭秦，大败秦人李伯之下。

张仪已卒之后，犀首入相秦。尝佩五国之相印，为约长。

【注释】

①贵：器重，重视。②错：中断，停止。③图：图谋，谋取。④过：访问，探望。⑤谒：陈述，告诉。⑥中国：中原各诸侯国（关东六国）。无事：指各国不攻打秦国。下文“有事”即攻打秦国。⑦烧掇：焚烧而侵掠。焚杅：焚烧蹂躏，从而牵制。⑧会：适逢，正赶上。⑨文绣：饰以彩色花纹的丝织物。纯（tún）：匹。⑩遗：赠予。

【译文】

犀首，是魏国阴晋人。名叫衍，姓公孙。和张仪关系不好。

张仪为了秦国到魏国去，魏王任用张仪做宰相。犀首认为对自己不利，所以他使人对韩国公叔说：“张仪已经让秦、魏联合了，他扬言说：‘魏国进攻南阳，秦国进攻三川。’魏王器重张仪的原因，是想获得韩国的土地。况且韩国的南阳已经被占领，先生为什么不稍微把一些政事委托给公孙衍，让他到魏王面前请功，那么秦、魏两国的交往就会停止了。既然如此，那么魏国一定谋取秦国而抛弃张仪，结交韩国而让公孙衍出任宰相。”公叔认为有利，因此就把政事委托给犀首，让他献功。犀首果然作了魏国宰相，张仪离开魏国。

义渠君前来朝拜魏王。犀首听说张仪又出任秦国宰相，迫害义渠君。犀首就对义渠君说："贵国道路遥远，今日分别，不容易再来访问，请允许我告诉你一件事情。"他继续说："中原各国不联合起来讨伐秦国，秦国才会焚烧掠夺您的国家，中原各国一致讨伐秦国，秦国就会派遣轻装的使臣带着贵重的礼物侍奉您的国家。"此后，楚、魏、齐、韩、赵五国共同讨伐秦国，正赶上陈轸对秦王说："义渠君是蛮夷各国中的贤明君主，不如赠送财物用来安抚他的心志。"秦王说："好。"就把一千匹锦绣和一百名美女赠送给义渠君，义渠君把群臣招来商量说："这就是公孙衍告诉我的情形吗？"于是就起兵袭击秦国，在李伯城下大败秦军。

张仪死了以后，犀首到秦国出任宰相。张仪曾经佩戴过五个国家的相印，做了联盟的领袖。

【原文】

太史公曰：三晋多权变之士①，夫言从衡彊秦者大抵皆三晋之人也。夫张仪之行事甚于苏秦，然世恶苏秦者，以其先死，而仪振暴其短以扶其说②，成其衡道。要之，此两人真倾危之士哉！

【注释】

①三晋：由原晋国分化而立的韩、赵、魏三国。权变：权宜机变。②振暴：张扬暴露。扶：支持，附和。

【译文】

太史公说：三晋出了很多权宜机变的人物，那些主张合纵、连横使秦国强大的，大多是三晋人。张仪的作为比苏秦有过之，可是社会上厌恶苏秦的原因，是因为他先死了而张仪张扬暴露了他合纵政策的短处，用来附会自己的主张，促成连横政策。总而言之，这两个人是真正险诈的人。

白起王翦列传

【导读】

本篇是战国末期秦国将领白起和王翦的合传。白起和王翦在秦灭六国过程中起着很大作用：白起夺取韩、赵、魏、楚大片领土，攻克楚都郢，后来在长平之战中大败赵军，坑杀俘虏四十余万。王翦是秦始皇的一员宿将，他和儿子王贲先后灭掉六国。在这篇合传中，司马迁既肯定他们的赫赫战功，又指出他们各有所短：白起“不能救患于应侯”，死于非命；王翦则“不能辅秦建德”，殃及后代。

◎“不能救患于应侯”的白起◎

【原文】

白起者，郿人也。善用兵，事秦昭王。昭王十三年[①]，而白起为左庶长，将而击韩之新城[②]。是岁，穰侯相秦[③]，举任鄙以为汉中守。其明年，白起为左更，攻韩、魏于伊阙，斩首二十四万，又虏其将公孙喜，拔五城。起迁为国尉。涉河取韩安邑以东，到乾河。明年，白起为大良造。攻魏，拔之，取城大小六十一。明年，起与客卿错攻垣城，拔之。后五年，白起攻赵，拔光狼城。后七年，白起攻楚，拔鄢、邓五城。其明年，攻楚，拔郢，烧夷陵[④]，遂东至竟陵。楚王亡去郢[⑤]，东走徙陈。秦以郢为南郡。白起迁为武安君。武安君因取楚，定巫、黔中郡。昭王三十四年[⑥]，白起攻魏，拔华阳，走芒卯[⑦]，而虏三晋将[⑧]，斩首十三万。与赵将贾偃战，沈其卒二万人于河中[⑨]。昭王四十三年[⑩]，白起攻韩陉城，拔五城，斩首五万。四十四年，白起攻南阳太行道，绝之[⑪]。

【注释】

①昭王十三年：即公元前294年。梁玉绳《史记志疑》谓“十三年”当为“十五年”。②将：带兵。③穰侯：秦相魏冉的称号。④夷陵：楚国先王的墓地。⑤亡：逃亡。去：离开。⑥昭王三十四年：即公元前273年。⑦走芒卯：使芒卯战败而逃。走，使败逃。⑧三晋将：这里指赵、魏两国的将领。三晋，春秋末晋国被韩、赵、魏三家瓜分并各立为国，故称“三晋”，有时也称其中的国家为“三晋”。⑨沈：同“沉”。⑩昭王四十三年：即前公元前264年。⑪绝：断绝，截断。

【译文】

白起，是郿地人。擅长用兵，侍奉秦昭王。昭王十三年，白起担任左庶长，率领秦兵攻打韩国的新城。这年，穰侯成了秦国的丞相，任命任鄙为汉中郡守。第二年，白起被任命为左更，在伊阙与韩、魏两国军队交战，斩杀敌人二十四万人，又俘虏了他们的将军公孙喜，夺取了五座城池。白起升为国尉。白起率兵渡过黄河，攻取了韩国安邑以东的地区，一直到达乾河。又过了一年，白起升任大良造。攻打魏国，把魏军杀得大败，夺取大大小小的城池六十一座。又过一年，白起与一个名叫错的客卿进攻垣城，很快攻了下来。其后五年，白起攻打赵国，夺取光狼城。七年之后，白起攻伐楚国，夺得鄢、邓等五座城邑。第二年，再次攻打楚国，拿下了楚国都城郢，焚烧楚国祖先的坟墓——夷陵，一直向东打到竟陵。楚王逃离郢都，向东逃亡把都城迁到陈。秦国以郢为南郡。白起升为武安君，武安君趁势攻占了楚国，平定巫、黔中两郡。昭王三十四年，白起攻打魏国，夺得华阳，使芒卯败逃而去，俘获了三晋将领，斩杀士兵十三万人。白起与赵将贾偃激战，将赵军两万士兵沉到黄河之中。昭王四十三年，白起攻打韩国的陉城，占领五座城池，斩杀敌军五万之众。四十四年，白起进攻韩国的南阳太行道，断绝了这条通道。

【原文】

四十五年①，伐韩之野王。野王降秦，上党道绝。其守冯亭与民谋曰："郑道已绝，韩必不可得为民②。秦兵日进，韩不能应，不如以上党归赵。赵若受我，秦怒，必攻赵。赵被兵③，必亲韩。韩、赵为一，则可以当秦④。"因使人报赵。赵孝成王与平阳君、平原君计之⑤。平阳君曰："不如勿受。受之，祸大于所得。"平原君曰："无故得一郡，受之便⑥。"赵受之，因封冯亭为华阳君。

四十六年，秦攻韩缑氏、蔺，拔之。

四十七年，秦使左庶长王龁攻韩，取上党。上党民走赵。赵军长平⑦，以按据上党民⑧。四月，龁因攻赵。赵使廉颇将。赵军士卒犯秦斥兵⑨，秦斥兵斩赵裨将茄⑩。六月，陷赵军，取二鄣四尉⑪。七月，赵军筑垒壁而守之。秦又攻其垒，取二尉，败其阵，夺西垒壁。廉颇坚壁以待秦，秦数挑战⑫，赵兵不出。赵王数以为让⑬。而秦相应侯又使人行千金于赵为反间⑭，曰："秦之所恶⑮，独畏马服子赵括将耳⑯，廉颇易与⑰，且降矣⑱。"赵王既怒廉颇军多失亡，军数败，又反坚壁不敢战，而又闻秦反间之言，因使赵括代廉颇将以击秦。秦闻马服子将，乃阴使武安君白起为上将军⑲；而王龁为尉裨将，令军中有敢泄武安君将者斩。赵括至，则出兵击秦军。秦军详败而走⑳，张二奇兵以劫之㉑。赵军逐胜㉒，追造秦壁㉓。壁坚拒不得入，而秦奇兵二万五千人绝赵军后，又一军五千骑绝赵壁间，赵军分而为二，粮道绝。而秦出轻兵击之。赵战不利，因筑壁坚守，以待救至。秦王闻赵食道绝，王自之河内㉔，赐民爵各一级，发年十五以上悉诣长平㉕，遮绝赵救及粮食。

【注释】

①四十五年：即秦昭王四十五年（公元前262年）。②"韩必不可"句：

韩国必定不可能管我们臣民了。③被：遭受。④当：挡住。⑤平阳君：赵豹的封号。平原君：赵胜的封号。⑥便：有利。⑦军：屯兵。⑧按据：按兵据援。⑨斥兵：侦察兵。⑩裨将：副将。⑪鄣：城堡。⑫数：多次，屡次。⑬让：责备。⑭应侯：即范雎。反间：指在敌人内部制造矛盾、纠纷。⑮恶：忧患。⑯马服：指马服君赵奢。将：任为将军。⑰与：对付。⑱且：将要，就要。⑲阴：暗地里。⑳详：通“佯”，假装。㉑张：布置。㉒逐胜：乘胜追击。㉓造：到。㉔之：往，到。㉕发：征召。诣：到。

【译文】

昭王四十五年，攻打韩国的野王城。野王城投降秦军，韩国通往上党郡的道路被截断了。上党郡守冯亭与百姓商议说：“通往都城郑的道路已经断绝，韩国肯定不能把我们看作臣民了。秦国军队一天天逼近，韩国不能救援，不如将上党归附赵国。赵国如果接受我们，秦国恼怒，必定攻打赵国。赵国遭受兵事，必定亲近韩国。韩、赵两国联合起来，就可以抵挡秦国。”于是便派人报告赵国。赵孝成王跟平阳君、平原君一起商讨这件事，平阳君说：“不如不接受。接受它，带来的灾祸要远远大于得到的好处。”平原君说：“平白无故得到一郡，接受它有利。”结果赵王接受了上党，就封冯亭为华阳君。

昭王四十六年，秦国攻打韩国的缑氏和蔺邑，占领了它们。

昭王四十七年，秦国派左庶长王龁攻打韩国，夺取了上党。上党的百姓纷纷逃往赵国。赵国驻兵长平，以接应上党的百姓。四月，王龁以此为借口进攻赵国。赵国派廉颇率军迎战。赵军士兵侵犯了秦军侦察兵，秦军侦察兵又杀害了赵军副将茄。六月，秦军攻陷赵军阵地，夺取了两个要塞，俘虏了四个尉官。七月，赵军高筑围墙进行防守。秦军又攻赵军营垒，俘虏了两个尉官，攻破赵军阵地，夺取了西边的营垒。廉颇固守营垒以待秦军，秦军多次挑战，赵兵坚守不出。赵王多次指责廉颇。秦国丞相应侯又派人花费千金到赵国施行反间计，大肆宣扬说：“秦国所忧虑的，只是畏惧马服君赵奢的儿子赵括担任将领而已，廉颇容易对付，他就要投降了。”赵王早已恼怒廉颇军队伤亡太多，军队多次战败，却反而坚守营垒不敢出战，再加上听到秦国的反间之言，于是就派赵括代替廉颇率兵攻击秦军，秦国得知马服君的儿子担任将领，就暗地里派武安君白起任上将军，让王龁担任尉官副将，并命令军队中有敢泄露白起为军队最高将领的一律斩首。赵括一到，就发兵进攻秦军。秦军假装战败而逃，同时安排两支突袭部队攻击赵军。赵军乘胜追击，直追到秦军营垒。秦军营垒防守坚固，不能攻入，而秦军的一支突袭部队两万五千人已经切断了赵军的后路，另一支五千骑兵的部队切入赵军的营垒之间，把赵军分割为二，运粮通道也被堵住。这时秦军派出轻装精兵攻击赵军，赵军战事失利，于是构筑壁垒坚守，以等待援兵的到来。秦王闻知赵国运粮通道已绝断，便亲自到河内，赐给百姓爵位各一级，征调年纪十五岁以上的青壮年到长平战场，阻绝赵国的援兵和粮食。

【原文】

至九月，赵卒不得食四十六日，皆内阴相杀食①。来攻秦垒，欲出②。为四队，四五复之③，不能出。其将军赵括出锐卒自搏战，秦军射杀赵括。括军败，卒四十万人降武安君。武安君计曰：“前秦已拔上党，上党民不乐为秦而归赵。赵卒反覆④，非尽杀之，恐为乱。”乃挟诈而尽坑杀之⑤，遗其小者二百四十人归赵。前后斩首虏四十五万人⑥。赵人大震。

四十八年十月，秦复定上党郡。秦分军为二：王龁攻皮牢，拔之；司马梗定太原。韩、赵恐，使苏代厚币说秦相应侯曰⑦：“武安君禽马服子乎⑧？”曰：“然。”又曰：“即围邯郸乎？”曰：“然。”“赵亡则秦王王矣⑨，武安君为三公⑩。武安君所为秦战胜攻取者七十余城，南定鄢、郢、汉中，北禽赵括之军，虽周、召、吕望之功不益于此矣⑪。今赵亡⑫，秦王王，则武安君必为三公，君能为之下乎？虽无欲为之下，固不得已矣。秦尝攻韩，围邢丘，困上党，上党之民皆反为赵，天下不乐为秦民之日久矣。今亡赵，北地入燕，东地入齐，南地入韩、魏，则君之所得民亡几何人[13]。故不如因而割之[14]，无以为武安君功也[15]。”于是应侯言于秦王曰：“秦兵劳，请许韩、赵之割地以和，且休士卒。”王听之，割韩垣雍、赵六城以和。正月，皆罢兵。武安君闻之，由是与应侯有隙[16]。

【注释】

①内：指内部。②出：指冲出敌围。③四五复之：连续四五次反复冲击。④反覆：变化无常。⑤挟诈：暗用欺骗诡计。坑杀：使人陷入坑中，将其杀掉，即活埋。⑥首：首级。虏：俘虏。⑦说（shuì）：劝说，说服。⑧禽：同“擒”。捕捉。⑨秦王王：后一“王”字义为称王，统治天下。⑩三公：指辅佐国君掌握军政大权的最高长官。周代三公，说法不一，或谓太师、太傅、太保，或谓“天子之相”。⑪周：指周公旦。召：指召公奭。⑫今：如果。⑬亡：通“无”。⑭因而割之：趁机让它们割让土地。⑮“无以为”句：不要拿（攻占韩、赵土地）给武安君去建立功勋。⑯隙：嫌隙，怨恨。

【译文】

到了九月，赵国士兵断粮已经四十六天了，军内士兵们暗中相互残杀以人肉充饥。赵军攻击秦军营垒，打算突围而逃。他们分编四队，轮番进攻了四五次，依旧不能冲出去。他们的将领赵括派出精锐士兵亲自上阵与秦军搏杀，秦军射死了赵括。赵括的军队大败，士兵四十万人向武安君投降。武安君思量道：“先前秦军攻下上党，上党的百姓不愿意臣服于秦而归附赵国。赵国士兵变化无常，不全部杀掉他们，恐怕要出乱子。”于是使用欺骗手段将赵兵全部活埋了。留下年纪还小的二百四十人放回赵国。此战前后杀掉赵兵四十五万人。赵人大为震惊。

昭王四十八年十月，秦军再次平定上党郡。之后，秦军兵分两路：王龁攻打皮牢，拿下了它；司马梗平定太原。韩、赵两国十分惊恐，就派苏代以丰厚的财物游说丞相应侯，苏代说：“武安君擒杀马服君的儿子了吗？”应侯回答说：“是的。”苏代又问：“就要围攻邯郸了吗？”应侯回答说：“是的。”“赵国灭亡，秦王就要称王于天下了，武安君当封为三公。武安君为秦国攻占夺取的城邑有七十多座，南边平定了鄢、郢及汉中地区，北边将赵括军队尽数俘获，即使历史上赫赫有名的周公、召公和吕望的功劳也不会超过这些了。如果赵国灭亡，秦王称王于天下，那么武安君必定位居三公，您能屈居于他的下位吗？即使不想屈居于武安君的下位，也不能不如此了。秦军曾攻打韩国，围攻邢丘，困住上党，上党的百姓都转而归附赵国，天下百姓不愿意做秦国臣民已经很久了。如果今天灭掉赵国，它的北边土地将归入燕国，东边土地将归入齐国，南边土地将归入韩国、魏国，那么您所得到的百姓就没有多少了。因此不如趁此机会割得韩、赵的土地，不要再让武安君建立更大的功勋了。”于是应侯向秦王进言道：“秦兵已经很疲乏了，请您应允韩国、赵国割地讲和的请求，暂且让士兵们休整一下。”秦王听从了应侯的意见，割取了韩国的垣雍和赵国的六座城邑便讲和了。正月，双方停止交战。武安君得知停战消息，从此与应侯有了嫌隙。

【原文】

其九月，秦复发兵，使五大夫王陵攻赵邯郸。是时武安君病，不任行[①]。四十九年正月，陵攻邯郸，少利，秦益发兵佐陵。陵兵亡五校[②]。武安君病愈，秦王欲使武安君代陵将。武安君言曰：“邯郸实未易攻也。且诸侯救日至[③]，彼诸侯怨秦之日久矣。今秦虽破长平军，而秦卒死者过半，国内空。远绝河山而争人国都[④]，赵应其内，诸侯攻其外，破秦军必矣。不可。”秦王自命，不行；乃使应侯请之，武安君终辞不肯行，遂称病。

秦王使王龁代陵将，八、九月围邯郸，不能拔。楚使春申君及魏公子将兵数十万攻秦军[⑤]，秦军多失亡。武安君言曰：“秦不听臣计，今如何矣！”秦王闻之，怒，强起武安君[⑥]，武安君遂称病笃[⑦]。应侯请之，不起。于是免武安君为士伍[⑧]，迁之阴密。武安君病，未能行。居三月，诸侯攻秦军急，秦军数却，使者日至。秦王乃使人遣白起，不得留咸阳中。武安君既行，出咸阳西门十里，至杜邮。秦昭王与应侯群臣议曰："白起之迁，其意尚怏怏不服⑨，有余言⑩。"秦王乃使使者赐之剑，自裁⑪。武安君引剑将自刭，曰："我何罪于天而至此哉？"良久，曰："我固当死。长平之战，赵卒降者数十万人，我诈而尽坑之，是足以死。"遂自杀。武安君之死也，以秦昭王五十年十一月。死而非其罪，秦人怜之，乡邑皆祭祀焉。

【注释】

①任：堪，能够。②亡：损失。校：军营。③日：每天，天天地。④绝：渡过，越过。⑤春申君：即黄歇。魏公子：即信陵君魏无忌。⑥强起：强迫任职。⑦笃：重。⑧免武安君为士伍：免掉武安君的官爵，令其与士卒为伍。⑨怏怏：不满意，不服气。⑩余言：多余的话，指怨言。⑪自裁：自杀。

【译文】

同年九月，秦国再次出兵，命五大夫王陵攻打赵国邯郸。当时武安君有病，未能出征。昭王四十九年正月，王陵进攻邯郸，收获很少，秦国加派军队帮助王陵。结果王陵损失了五个军营。武安君病好了，秦王想派武安君代替王陵统率秦军。武安君进言道："邯郸确实不容易攻下。而且诸侯国的救兵每天都有到达的，各诸侯国怨恨秦国已经很久了。现在秦国虽然攻破了长平的赵军，可是秦国士兵死亡的人数也超过了一半，国内兵力空虚。不远千里越过河山去争夺他人国都，赵军在城内应战，诸侯军在城外攻击，战败秦军是必定的。这个仗不能打。"秦王亲自任命，武安君不去赴任；于是就派应侯去请他，但武安君还是推辞不肯出发，并称病不起。

秦王只好改派王龁代替王陵统率军队，八、九月围攻邯郸，没能攻下。楚国派春申君同魏公子信陵君带兵数十万攻击秦军，秦军损失、伤亡很多。武安君说："秦国不听我的计策，现在怎么样！"秦王听到这话，大怒，强令武安君就职，武安君就称病情严重。应侯请他，仍卧床不起。于是就免去武安君的官爵降为士兵，将他迁到阴密。武安君有病，未能动身。过了三个月，诸侯联军攻击秦军非常紧迫，秦军多次后退，使者每天都回来。秦王就派人驱逐白起，不准让他留在咸阳城里。武安君已经上路，走出咸阳西门十里路，到了杜邮。秦昭王与应侯以及群僚议论说："白起遭到迁谪，他看上去还郁郁不乐，似有怨言。"秦王于是派遣使者赐给他一把剑，令他自杀。武安君拿着剑就要自刎时叹道："我对上天有什么罪过竟落得这个结果？"过了好一会儿，说："我本来就该死。长平之战，赵国士兵投降的有几十万人，我用欺诈之术把他们全都活埋了，这足够叫我死了。"随即自杀。武安君死于秦昭王五十年十一月。武安君无罪而死，秦国人都同情他，城乡的百姓都祭祀他。

◎"不能辅秦建德"的王翦◎

【原文】

王翦者，频阳东乡人也。少而好兵，事秦始皇。始皇十一年①，翦将攻赵阏与，破之，拔九城。十八年，翦将攻赵。岁余，遂拔赵，赵王降，尽定赵地为郡。明年，燕使荆轲为贼于秦②，秦王使王翦攻燕。燕王喜走辽东，翦遂定燕蓟而还。秦使翦子王贲击荆③，荆兵败。还击魏④，魏王降，遂定魏地。

【注释】

①始皇十一年：即公元前236年。②贼：谋杀，杀害。③荆：楚国的别称。秦始皇父庄襄王名子楚，为避讳"楚"字，所以称楚国为"荆"。④还：返回。

【译文】

王翦，是频阳东乡人。年少时就喜好军事，后来侍奉秦始皇。始皇十一年，王翦带兵攻打赵国的阏与，大破赵军，攻下九座城邑。始皇十八年，王翦率兵攻打赵国。一年多就攻下了赵国，赵王投降，全部平定了赵国的土地，并设赵为郡。第二年，燕国派荆轲到秦国谋杀秦王，秦王派王翦攻打燕国。燕王喜逃到辽东，王翦便平定了燕国都城蓟都胜利返回。秦王派王翦之子王贲攻打楚国，楚兵战败。转过头来又攻击魏国，魏王投降，于是平定了魏国。

【原文】

秦始皇既灭三晋，走燕王，而数破荆师。秦将李信者，年少壮勇，尝以兵数千逐燕太子丹至于衍水中，卒破得丹，始皇以为贤勇。于是始皇问李信："吾欲攻取荆，于将军度用几何人而足[①]？"李信曰："不过用二十万人。"始皇问王翦，王翦曰："非六十万人不可。"始皇曰："王将军老矣，何怯也！李将军果势壮勇[②]，其言是也。"遂使李信及蒙恬将二十万南伐荆。王翦言不用，因谢病[③]，归老于频阳。李信攻平与，蒙恬攻寝，大破荆军。信又攻鄢郢，破之，于是引兵而西，与蒙恬会城父。荆人因随之，三日三夜不顿舍[④]，大破李信军，入两壁[⑤]，杀七都尉，秦军走。

始皇闻之，大怒，自驰如频阳[⑥]，见谢王翦曰[⑦]："寡人以不用将军计，李信果辱秦军。今闻荆兵日进而西，将军虽病，独忍弃寡人乎！"王翦谢曰[⑧]："老臣罢病悖乱[⑨]，唯大王更择贤将[⑩]。"始皇谢曰："已矣，将军勿复言！"王翦曰："大王必不得已用臣，非六十万人不可。"始皇曰："为听将军计耳。"于是王翦将兵六十万人，始皇自送至灞上。王翦行，请美田宅园池甚众[⑪]。始皇曰："将军行矣，何忧贫乎？"王翦曰："为大王将，有功终不得封侯，故及大王之向臣[⑫]，臣亦及时以请园池为子孙业耳[⑬]。"始皇大笑。王翦既至关，使使还请善田者五辈[⑭]。或曰："将军之乞贷[15]，亦已甚矣。”王翦曰：“不然。夫秦王怚而不信人[16]。今空秦国甲士而专委于我[17]，我不多请田宅为子孙业以自坚[18]，顾令秦王坐而疑我邪[19]？”

【注释】

①“于将军……而足”句：将军估计需要调用多少士兵才够用呢？度，估计，推测。②果势：果断。③谢病：推脱有病。④顿舍：停留，止息。⑤壁：军营。⑥如：往，到。⑦谢：道歉。⑧谢：推辞。⑨罢（pí）：通“疲”，疲乏，软弱。悖乱：糊涂，昏乱。⑩唯：这里是表示希望的意思。⑪请：请求（赐予）。甚众：很多。⑫及：趁着。向：偏爱，器重。⑬业：置家业。⑭使使：前一“使”字义为派遣，后一“使”字义为使者。辈：次。⑮乞贷：请求借贷。这里指请求赐予家产。⑯怚：粗暴。⑰专：专门，特地。⑱自坚：自己表示坚定不移。⑲顾：反而，却。坐：凭空，徒然。

【译文】

秦始皇灭掉了韩、赵、魏三国，赶跑了燕王喜，同时多次打败楚军。秦国将领李信，年轻力壮，曾带着士兵几千人追逐燕太子丹到衍水，最后打败燕军捉到太子丹，秦始皇认为李信贤能勇敢。一天，秦始皇问李信：“我打算攻打楚国，将军估算调用多少士兵才够用呢？”李信说：“不过用二十万人。”秦始皇又问王翦，王翦回答说：“非得六十万人不可。”秦始皇说：“王将军老啦，多么胆怯呀！李将军真是果敢壮勇，他的话是对的。”于是就派李信及蒙恬率领二十万军队向南讨伐楚国。王翦的话不被采纳，就推托有病，回到频阳家乡养老。李信攻打平与，蒙恬攻打寝邑，大败楚军。李信接着进攻鄢郢，又攻了下来，于是带领部队向西前进，要与蒙恬在城父会师。楚军趁此跟踪他们，三天三夜不停息，结果大败李信的军队，攻下两个军营，杀死七个都尉，秦军溃逃。

秦始皇听到这个消息，大怒，亲自乘车奔往频阳，见到王翦道歉说：“我由于没采纳您的计策，李信果然使秦军蒙受了耻辱。现在听说楚军一天天向西逼近，将军虽然有病，难道忍心抛弃我吗？”王翦推辞说：“老臣病弱疲乏，昏聩无能，希望大王另选良将。”秦始皇又谢过说道：“好啦，将军不要再说什么了！”王翦说：“大王一定不得已而起用我，非得六十万人不可。”秦始皇答应道：“就采纳将军的计策了。”于是王翦率领六十万大军出发了，秦始皇亲自送到灞上。王翦临出发时，请求赐予许多良田、美宅、园林、池苑等。秦始皇说：“将军尽管上路好了，何必担忧家里日子不好过呢？”王翦说：“作为大王的将领，即使有功劳也终究难以封侯，所以趁着大王亲近我的时候，就及时请求大王赐予园林池苑来给子孙后代置办产业。”秦始皇听了大笑。王翦到了函谷关，又连着五次派遣使者回去请求赐予良田。有人说：“将军请求赐予田宅，也太过分了吧。”王翦说：“这么说不对。那秦王性情粗暴而多疑。现在调集全国的武士专门委托给我，我不多多请求赏赐田宅给子孙置办家产，以表示效忠秦王的决心，难道反而让秦王平白无故地怀疑我吗？”

【原文】

王翦果代李信击荆。荆闻王翦益军而来①，乃悉国中兵以拒秦②。王翦至，坚壁而守之，不肯战。荆兵数出挑战，终不出。王翦日休士洗沐③，而善饮食抚循之④，亲与士卒同食。久之，王翦使人问：“军中戏乎？”对曰：“方投石超距⑤。”于是王翦曰：“士卒可用矣。”荆数挑战而秦不出，乃引而东。翦因举兵追之，令壮士击，大破荆军。至蕲南，杀其将军项燕，荆兵遂败走。秦因乘胜略定荆地城邑⑥。岁余，虏荆王负刍，竟平荆地为郡县⑦。因南征百越之君。而王翦子王贲，与李信破定燕、齐地。

秦始皇二十六年⑧，尽并天下，王氏、蒙氏功为多，名施于后世⑨。

【注释】

①益军：增兵。②悉：竭尽。③休士洗沐：让士兵休整洗浴。洗，指洗脚；沐，指洗头。④抚循：安抚，安顿抚慰。⑤投石超距：指军事游戏。⑥略定：占领、平定。⑦竟：终于。⑧秦始皇二十六年：即公元前221年。⑨施（yì）：延续。

【译文】

王翦果然代替李信攻击楚国。楚国听说王翦增加了兵士来作战，就发动全国军队抗拒秦兵。王翦一到达，秦军便构筑坚固的营垒采取守势，不肯出兵交战。楚军多次主动挑战，王翦始终不出来迎战。王翦让士兵们天天休息洗浴，供给丰盛的饭菜抚慰他们，亲自与士兵一同饮酒用餐。过了一段时间，王翦派人问："军中在玩游戏吗？"回报说："正在玩投石子和跳跃的游戏。"于是王翦说："士兵们可以用了。"楚军多次挑战，而秦军不肯应战，因此就率兵朝东去了。王翦趁机发兵追击他们，派健壮的士兵向前突击，大败楚军。追到蕲南，杀了他们的将军项燕，楚军最终战败而逃。秦军乘胜追击，占领并平定了楚国城邑。一年多以后，俘虏了楚王负刍，最后平定了楚国并在那里设置郡县。又乘势向南征伐百越。与此同时，王翦的儿子王贲，与李信平定了燕国和齐国。

秦始皇二十六年，完全兼并天下，王氏和蒙氏的功劳最多，名声流传于后世。

【原文】

秦二世之时，王翦及其子贲皆已死，而又灭蒙氏。陈胜之反秦，秦使王翦之孙王离击赵[①]，围赵王及张耳巨鹿城[②]。或曰："王离，秦之名将也。今将强秦之兵，攻新造之赵[③]，举之必矣。"客曰："不然。夫为将三世者必败。必败者何也？必其所杀伐多矣，其后受其不祥。今王离已三世将矣。”居无何，项羽救赵，击秦军，果虏王离，王离军遂降诸侯。

【注释】

①赵：秦汉之际的诸侯国。②赵王：指赵歇。③造：建立。

【译文】

秦二世的时候，王翦和他的儿子王贲都已死去，且二世又诛灭了蒙氏。陈胜反抗秦朝时，二世派王翦的孙子王离攻打赵国，将赵王和张耳围困在巨鹿城。当时有个人说：“王离是秦朝的名将。现在他率领强大的秦军攻打刚刚建立的赵国，攻克巨鹿是必然的。有个门客说：“不是这样的。做将军做到第三代必定要失败。为什么必败呢？一定是他家杀戮的人太多了，他家的后代就要承受他们的恶报。如今王离已是第三代将领了。”不久，项羽驰援赵国，攻打秦军，果然俘虏了王离，王离的军队就投降了诸侯军。

【原文】

太史公曰：鄙语云：“尺有所短，寸有所长①。”白起料敌合变②，出奇无穷，声震天下，然不能救患于应侯③。王翦为秦将，夷六国④，当是时，翦为宿将⑤，始皇师之，然不能辅秦建德，固其根本，偷合取容⑥，以至圽身⑦。及孙王离为项羽所虏，不亦宜乎！彼各有所短也。

【注释】

①鄙语：俗话。尺有所短，寸有所长：语出屈原《卜居》：“夫尺有所短，寸有所长。”意思是尺虽比寸长但度量长物也有短的时候，寸虽比尺短但度量短物也有长的时候。这里喻指白起、王翦各有其长处，也各有其短处。②料敌：算计敌人。合变：符合变化，随机应变。③然不能救患于应侯：然而不能防止应侯制造的祸患。救，止。④夷：平定。⑤宿将：老

将。⑥偷合：苟全迎合。取容：取悦于人主。⑦坳（mò）：同“殁”。死亡。

【译文】

太史公说：俗话说“尺有短的时候，寸有长的时候。”白起预料敌人能根据实际情况制定出作战方案，所以奇计不断，名震天下，然而却不能应对应侯给他留下的祸患。王翦作为秦国的将领，平定六国，在当时他是经验丰富的老将，秦始皇尊其为师，可是他不能辅佐秦始皇建立德政，巩固国家根基，却苟且迎合以取得容身之地，以至于终老。后来他的孙子王离被项羽俘虏，不也是理所当然的吗？他们各有自己的短处啊。

屈原贾生列传

【导读】

屈原是楚国名臣，他正直敢谏，主张合纵抗秦。但因遭谗臣陷害，为楚王所疏远，且屡遭排挤，多次被流放到荒僻之地。最终，屈原投汨罗江自杀。

屈原同时也是一位浪漫主义诗人，他创立了“楚辞”这种文体，也开创了“香草美人”的传统。《离骚》《九章》《九歌》《天问》是屈原最主要的代表作，其中《离骚》是我国最长的抒情诗。后世所见屈原作品，皆出自西汉刘向辑集的《楚辞》。

◎才德出众受谗害◎

【原文】

屈原者①，名平，楚之同姓也②。为楚怀王左徒③。博闻强志，明于治乱④，娴于辞令。入则与王图议国事，以出号令；出则接遇宾客，应对诸侯。王甚任之。

上官大夫与之同列⑤，争宠而心害其能。怀王使屈原造为宪令，屈平属草稿未定⑥。上官大夫见而欲夺之，屈平不与，因谗之曰：“王使屈平为令，众莫不知，每一令出，平伐其功⑦，以为‘非我莫能为’也。”王怒而疏屈平。

【注释】

①屈原（约公元前340～公元前278年）：又名正则，字灵均。任左徒时，

主张联齐抗秦。遭靳尚等人诬陷，被放逐。顷襄王时再遭贬谪，见楚国政治腐败，无力挽救，于五月五日投汨罗江而死。所写《离骚》《九歌》《天问》《九章》《远游》《卜居》《渔父》（后三篇后人多疑非屈原所作）等诗篇，对后世文学发展有巨大影响。②楚：古国名。芈（mǐ）姓。始祖鬻（yù）熊。西周时立国于荆山一带，建都丹阳（今湖北省秭归县东南）。周人称为荆蛮。熊渠为国君时，疆土扩大到长江中游。后迁都于郢（今湖北省江陵县）。春秋时期兼并周围小国，国势日强，楚庄王曾为五霸之一。战国时疆域又有扩大，就国土而言，为战国七雄之首。从楚怀王起，多次被秦国打败，公元前223年为秦所灭。③楚怀王：熊槐，公元前328年至公元前299年在位。左徒：楚官名。参与政事，起草诏令，职位相当重要。④治乱：指政治安定清明和动荡混乱，即国家的兴亡盛衰。⑤上官大夫：即靳（jìn）尚。一说上官是复姓，和靳尚不是一人。同列：同位，官阶相等。⑥属（zhǔ）：写作。⑦伐：自我夸耀。

【译文】

屈原，名平，是楚王的同族人。他担任楚怀王的左徒。见闻广博，记忆力强，通晓国家盛衰兴亡的道理，擅长应酬交际和谈判、奏对的辞令。在朝就和国王讨论国家大事，制定政令；对外就接待宾客，应对各国诸侯的事务。楚怀王对他十分信任。

上官大夫和屈原地位相等，为了在国王面前争宠，而妒忌屈原的才能。有一次，怀王让屈原制定法令，屈原写好了草稿，还没有最后定稿呈上。上官大夫想夺为己有，屈原不肯给他。他就向楚怀王进谗言说：“大王让屈平制定法令，无人不知，每颁布一项法令，屈平就夸耀自己的功劳，说是除了我谁也写不出来呢。”怀王听了很生气，就和屈平疏远了。

【原文】

屈平疾王听之不聪也，谗谄之蔽明也[①]，邪曲之害公也[②]，方正之不容也，故忧愁幽思而作《离骚》[3]。离骚者[4]，犹离忧也。夫天者，人之始也[5]；父母者，人之本也[6]。人穷则反本[7]，故劳苦倦极[8]，未尝不呼天也；疾痛惨怛[9]，未尝不呼父母也。屈平正道直行，竭忠尽智以事其君，谗人间之，可谓穷矣。信而见疑，忠而被谤，能无怨乎？屈平之作《离骚》，盖自怨生也[10]。《国风》好色而不淫[11]，《小雅》怨诽而不乱[12]。若《离骚》者，可谓兼之矣。上称帝喾[13]，下道齐桓[14]，中述汤武[15]，以刺世事。明道德之广崇，治乱之条贯，靡不毕见。其文约[16]，其辞微[17]，其志洁，其行廉[18]，其称文小而其指极大[19]，举类迩而见义远。其志洁，故其称物芳[20]。其行廉，故死而不容自疏[21]。濯淖污泥之中[22]，蝉蜕于浊秽，以浮游尘埃之外，不获世之滋垢[23]，皭然泥而不滓者也[24]。推此志也，虽与日月争光可也。

【注释】

①谗谄：谗是说人坏话，谄是巴结奉承。②邪曲：邪和曲同义。这里指邪恶、不正直的人。③幽思：内心苦闷深思。④离：通“罹（lí）”，遭受。骚，忧。⑤天者，人之始：古人认为天地是造物主，人类是天帝创造的，所以说天是人类的原始。⑥父母者，人之本：人由父母所生，所以说父母是人的根本。⑦穷：无路可走，遭遇艰苦。反本：追念根本。反，通“返”。⑧极：疲困。⑨惨怛（dá）：内心悲伤。⑩盖：推原之词。⑪《国风》：《诗经》组成部分之一。采自各地民间歌谣，有十五国的民歌，一百六十篇。好色而不淫：《国风》里的篇章，多写男女爱情，但并不过分。淫，邪，过分。⑫《小雅》：《诗经》组成部分之一。大部分是西周后期及东周前期贵族宴会的乐歌，小部分是批评当时朝政过失抒发忧愤的诗篇。这里是指后者而言。诽（fěi）：诽谤。乱：越轨。⑬上：和下面提到的“中”“下”，分指远古、中古、近古年代。称：和下面的“道”“述”，都是谈到的意思。帝喾（kù）：传说中的古代部落首领。相传是皇帝的曾孙，号高辛氏。⑭齐桓：齐桓公，名姜小白。春秋初期齐

国的君主，任用管仲为相，进行改革，使齐国富强起来，成为“五霸”之首。⑮汤：又称成汤。原为商族领袖，起兵伐桀，灭夏，建立商朝。建都亳（在今河南省商丘市南）。武：周武王，名姬发。起兵伐纣，灭殷，建立周王朝，分封诸侯。建都镐（今陕西省西安市西）。⑯约：简要。⑰微：幽深，精妙。⑱廉：品行方正。⑲称文小：指《离骚》里的文辞多称述花鸟草木的细小事物。指：通“旨”，意义。⑳称物芳：指《离骚》多用香草做比喻。㉑死而不容自疏：虽死去也不肯疏远楚国。㉒濯（zhuó）：洗涤。淖（nào）、污、泥，三字同义，污秽。㉓滋：黑，浊。㉔皭（jiào）然：洁白的样子。泥而不滓（zǐ）：身处秽浊不受污染。滓，污秽。

【译文】

屈平痛心怀王听闻这样闭塞，谗谄人的蒙蔽使他见事不明，邪恶小人这样陷害好人，正直的人这样不能容身，所以忧愁沉思写成了《离骚》。离骚就是遭受忧患的意思。上天是人的起始；父母是人的根本。人们受苦受难达到尽头时就回返到根本，所以劳苦疲倦达到极点时，没有不呼喊上天的，极度伤痛时，没有不呼喊爹娘的。屈平坚持正确的原则，正直地处理问题，竭尽忠诚和智能侍奉君主，却遭到谗人的离间，可说是困窘到尽头了。诚信反受猜疑，忠直反遭毁谤，怎能没有怨恨呢？屈平所写的《离骚》，就是在这种怨恨的心情下产生的。《国风》里的诗歌虽有对美色的爱慕，但并不过分；《小雅》里的篇章虽流露怨恨讥讽，但不主张越轨乱政。像《离骚》这首长诗，可说是兼而有之了。这诗对上古提到了帝喾，对近谈到了齐桓公，对中古说及了商汤、周武王，用历史事迹来批评时政。阐明道德内容的崇高博大，政治治乱的法则规律，无不详尽体现。它的文字精约，它的语词含蓄，它的志向高尚，它的品行廉正，它的文句写的虽是花鸟草木等细小事物，而它的意旨极其恢宏博大；列举的比喻多是眼前近事，而体现的思想意义却很深远。他意志纯洁，所以提到的都是芳香的事物；他品行廉正，所以至死也不愿离开楚国。身处污泥浊水之中而能自加洗濯，像蝉脱壳于浊秽泥土中，而浮游于尘埃之外，不被世俗的污浊所玷辱，清白高洁出淤泥而不染。若是把他的这种志趣加以推广，即使与日月争比光明，也是可以的。

【原文】

屈平既绌[①]，其后秦欲伐齐[②]，齐与楚从亲[③]，惠王患之[④]，乃令张仪详去秦[⑤]，厚币委质事楚[⑥]，曰："秦甚憎齐，齐与楚从亲，楚诚能绝齐，秦愿献商、于之地六百里[⑦]。"楚怀王贪而信张仪，遂绝齐，使使如秦受地[⑧]。张仪诈之曰："仪与王约六里，不闻六百里。"楚使怒去，归告怀王。怀王怒，大兴师伐秦。秦发兵击之，大败楚师于丹、淅[⑨]，斩首八万，虏楚将屈匄[⑩]，遂取楚之汉中地[⑪]。怀王乃悉发国中兵以深入击秦，战于蓝田[⑫]。魏闻之[⑬]，袭楚至邓[⑭]。楚兵惧，自秦归。而齐竟怒不救楚，楚大困。

明年，秦割汉中地与楚以和。楚王曰："不愿得地，愿得张仪而甘心焉[⑮]。"张仪闻，乃曰："以一仪而当汉中地，臣请往如楚。"如楚，又因厚币用事者臣靳尚[⑯]，而设诡辩于怀王之宠姬郑袖[⑰]。怀王竟听郑袖，复释去张仪。是时屈平既疏，不复在位，使于齐，顾反，谏怀王曰："何不杀张仪？"怀王悔，追张仪不及。

其后诸侯共击楚[⑱]，大破之，杀其将唐昧[⑲]。

时秦昭王与楚婚[⑳]，欲与怀王会。怀王欲行，屈平曰："秦虎狼之国，不可信，不如毋行。"怀王稚子子兰劝王行："奈何绝秦欢！"怀王卒行。入武关[㉑]，秦伏兵绝其后，因留怀王，以求割地。怀王怒，不听。亡走赵，赵不内[㉒]。复之秦，竟死于秦而归葬。

长子顷襄王立[㉓]，以其弟子兰为令尹[㉔]。楚人既咎子兰以劝怀王入秦而不反也。

【注释】

①绌（chù）：通“黜”，降职，贬退。②秦：古代国名。嬴（yíng）姓。齐：公元前11世纪周分封的诸侯国。姜姓。开国君主吕尚。后被大夫田氏取代。③从（zòng）亲：合从相亲。从：通“纵”。战国时，山东（崤山以东）诸侯国联合抗秦，称为“合纵”。④惠王：秦惠王。嬴驷，公元前337年至公元前311年在位。患之：以……为忧。以动用法。⑤张仪：魏国人。倡“连横”之说，游说六国事奉秦国，得到秦王的信任。后死在魏国。⑥厚币：丰厚的财货。古时帛、皮、珠、璧玉、钱币等统称币。委质：古时臣子向君王献礼，表示献身。质，通“贽”，进见的礼物。⑦商、于（wū）：地名。今陕西省商县至河南省内乡一带地区。⑧使使：前使字，读shǐ，派遣。后使字，读shì，使臣。⑨丹、淅（xī）：二水名。丹水源出陕西省商县西北，淅水是它的支流。楚怀王十七年，秦、楚在丹水之北、淅水之南交战。⑩屈匄（gài）：楚将。屈为楚王族三大姓（屈、景、昭）之一。匄，通“丐”。⑪汉中：地区名。在今湖北省西北部、陕西省东南部地带。⑫蓝田：县名。在今陕西省蓝田县西。⑬魏：国名。开国君主魏斯，原是晋国的大夫，和韩虔、赵籍三家分晋。公元前403年被周威烈王承认为诸侯。⑭邓：邑名。在今河南省郾城区东南。⑮甘心：快意。⑯用事者：当权的人。⑰郑袖：亦名南后。楚怀王的爱妃。诡辩：诡计阴谋。⑱诸侯共击楚：事在楚怀王二十八年（公元前301年）。⑲唐眛（mò）：人名。⑳秦昭王：嬴稷，公元前306年至公元前251年在位。㉑武关：在今陕西省商南县西北，战国时秦国的南关。㉒内（nà）：通“纳”。㉓顷襄王：熊横，公元前298年至公元前263年在位。㉔令尹：楚国的最高官职，地位如他国的宰相。

【译文】

屈平遭贬黜后，秦国准备攻打齐国，当时齐国和楚国是订立了合纵联盟的关系，秦惠王很忧虑，就派张仪假装脱离秦国，备了大量礼物来投靠楚国，说道："秦国很憎恨齐国，齐国与楚国纵亲，楚国如果能和齐国绝交，秦国愿意献出商、于一带六百里的土地给楚国。"楚怀王很贪心而听信了张仪的话，就宣布和齐国断交，并派使者到秦国去接受土地。张仪欺骗楚使者道："我和楚王约的是六里，没听说过什么六百里。"楚国使者生气地离开秦国，回来禀报怀王。怀王大怒，就大规模起兵攻打秦国。秦国派兵迎击，在丹水、淅水地带大败楚军，斩杀八万人，俘虏了楚将军屈匄，乘胜夺取了楚国的汉中一带地区。楚怀王于是动员了全国兵力，深入秦国境内，在蓝田大战秦军。魏国知道了，发兵偷袭楚国，一直打到邓地。楚军恐惧，就从秦国撤退。这时齐国恼恨怀王，特地不来援救楚国，楚国陷入困境。

第二年，秦国要割让出汉中地与楚媾和。楚怀王说："不想得到土地，只要得到张仪就甘心了。"张仪听到这话，就说："以我一个张仪而抵得上汉中之地，请让我去楚国。"他一到楚国，就用丰厚的礼物送给楚国当权大臣靳尚，继而施逞诡辩欺骗怀王的爱妾郑袖。怀王竟然听信了郑袖的话，放走了张仪。这时屈平已被疏远，不再担任官职，到齐国去做使者，等到回来的时候，他向怀王进谏说："怎么不杀掉张仪？"怀王后悔，派人追赶张仪，没有赶上。

此后各诸侯国联合攻打楚国，大败楚军，杀死了楚国的将军唐。

这时秦昭王和楚怀王结为姻亲，要求和怀王会晤。怀王想要去，屈平说："秦国是虎狼一样凶暴的国家，是不能信任的，不如不去。"怀王的小儿子子兰劝怀王前去："为什么要断绝秦王的欢心！"怀王终于去了。入武关，秦国的伏兵截断其归路，因而扣留怀王，要求割让土地。怀王发怒，不肯答应。逃跑到赵国，赵国不肯收留。又回到秦国，终于死在秦国而遗体归葬楚国。

怀王长子顷襄王继位，令他的弟弟子兰担任令尹。楚人都责备子兰因劝怀王误入秦国而不得生还。

【原文】

屈平既嫉之，虽放流，眷顾楚国，系心怀王，不忘欲反，冀幸君之一悟、俗之一改也①。其存君兴国而欲反覆之，一篇之中三致志焉②。然终无可奈何，故不可以反，卒以此见怀王之终不悟也。人君无愚智贤不肖，莫不欲求忠以自为，举贤以自佐，然亡国破家相随属，而圣君治国累世而不见者，其所谓忠者不忠、而所谓贤者不贤也。怀王以不知忠臣之分③，故内惑于郑袖，外欺于张仪，疏屈平而信上官大夫、令尹子兰。兵挫地削，亡其六郡④，身客死于秦，为天下笑。此不知人之祸也。《易》曰⑤："井泄不食⑥，为我心恻⑦，可以汲。王明，并受其福。"王之不明，岂足福哉！

令尹子兰闻之大怒，卒使上官大夫短屈原于顷襄王⑧，顷襄王怒而迁之。

【注释】

①冀幸：希望。②三：再三。致：表达。③分（fèn）：本分，职分。④六郡：指汉中一带地区。⑤《易》：即《周易》，也叫《易经》。我国古代具有哲学思想的占卜书。下面几句，引自《易经·井卦》的爻辞。⑥泄（xiè）：通"渫"，淘去污泥。⑦为：使。恻：内心伤痛。⑧短：说人坏话。

【译文】

屈平既已痛恨这件事，虽然身遭放逐，但还是眷恋楚国，系念着楚怀王，总惦记着想回到他身边，希望怀王能悔悟过来，社会习俗也能得到改正。他渴望保全君主，振兴国家，想扭转楚国衰弱的局势，他的作品中再三流露出这种心情。然而终究无可奈何，所以不可能重回朝中。由此看出怀王是始终不能觉悟的。做国君的不管他是愚蠢的、明智的、贤能的还是不中用的，没有谁不想寻求忠臣来保卫自己，选拔贤才来辅佐自己，然而弄得国亡家破的相继出现，而那圣明的君主，大治的国家却好多世代都见不到，原因就在于他们所认为的忠臣并不是忠臣，所认为的贤才并不是贤才啊。怀王因为不识忠臣的本质，所以在内被郑袖迷惑，在外受到张仪的欺骗，疏远屈平，信任上官大夫、令尹子兰，结果军队吃败仗，国土被削割，丧失了六郡土地，自己也客死在秦国，为天下人所耻笑。这就是不识人的好坏所造成的祸害啊。《易经》上说："井已经淘洗干净了，却不来喝，使我很难过，这是可以汲用的啊。君主如果贤明，大家都得到幸福。"怀王这样昏暗，哪能算得上有福呢？

令尹子兰听到这个情况后大怒，于是让上官大夫向顷襄王说屈原的坏话，顷襄王发怒，把屈原放逐到更远的江南。

◎屈原投江◎

【原文】

屈原至于江滨，被发行吟泽畔[①]。颜色憔悴，形容枯槁。渔父见而问之曰[②]："子非三闾大夫欤[③]？何故而至此？"屈原曰："举世混浊而我独清，众人皆醉而我独醒，是以见放。"渔父曰："夫圣人者不凝滞于物而能与世推移[④]。举世混浊，何不随其流而扬其波？众人皆醉，何不铺其糟而啜其醨[⑤]？何故怀瑾握瑜而自令见放为[⑥]？"屈原曰："吾闻之，新沐者必弹冠，新浴者必振衣，人又谁能以身之察察[⑦]，受物之汶汶者乎[⑧]！宁赴常流而葬乎江鱼腹中耳[⑨]，又安能以皓皓之白而蒙世俗之温蠖乎[⑩]！"

乃作《怀沙》之赋[⑪]。

于是怀石遂自沉汨罗以死[⑫]。

【注释】

①被：通“披”。②父（fǔ）：对老年人的尊称。③三闾（lú）大夫：楚国官职名。掌管楚王族昭、屈、景三姓事务的官。④凝滞：固执。推移：顺随世俗环境而变化。⑤餔（bǔ）：吃。糟：酒渣。啜（chuò）：喝。醨（lí）：薄酒。随流扬波，则清浊难分；糟啜醨，则醉醒莫辨。两句互文见义，意指随波逐流于世俗。⑥怀瑾握瑜：比喻坚持操守，具有纯洁的美德。瑾、瑜均为美玉。为：表疑问的语尾助词。⑦察察：洁白的样子。⑧汶汶（mén）：昏暗的样子。⑨常流：同“长流”。指流水。⑩皓皓（hào）：通“皓皓”，洁白，光明。温蠖（huò）：尘秽重积的样子。一释为情愦，昏暗之貌。⑪《怀沙》：屈原写的《九章》里的一篇。怀沙，有二说：旧说是屈原写的绝命词，指怀抱沙石自沉。近人有人认为，“沙”指长沙。长沙是楚国祖先熊绎的封地。屈原自杀前曾到长沙。《怀沙》是他将到长沙时所作。⑫汨（mì）罗：即汨罗江。流经湖南省东北部入湘江。

【译文】

屈原来到江边，披头散发缓步吟诗于泽边。面容憔悴，形状枯槁。一位渔翁看见了，问道：“您不就是三闾大夫吗？怎么落得这般地步？”屈原道：“世人都是混浊的而唯独我是干净的；大家都是昏醉的而唯独我是清醒的，因此遭到放逐。”渔翁说：“圣明的人不固执地对待事物而能与世推移。既然世人都是污浊的，何不也随其流而推其波？既然大家都昏醉了，何不也跟着吃糟喝酒呢？为什么怀抱着手握着美玉般的德操，而自己讨个被放逐呢？”屈原说：“我听说过，刚洗了头的人一定要弹弹帽子，才洗了澡的人一定要抖抖衣服，人们又有谁肯让自己的清白之身，去受外物的污垢呢！我宁可投身常流的江水中，而葬身江鱼腹中，又怎么能让洁白的身躯去接受世俗的昏暗呢？”

于是写了一篇《怀沙》赋。

最终怀抱石头就自沉于汨罗江而死。

刺客列传

【导读】

《刺客列传》共写了曹沫、专诸、豫让、聂政、荆轲五位刺客的事迹，歌颂了他们重恩义、轻生死、扶弱拯危、不畏强暴的刚烈精神。太史公在本传的赞语中说："此其义或成或不成，然其立意较然，不欺其志，名垂后世，岂妄也哉！"这正是对本传传旨的集中概括。全篇次第井然，始于曹沫，终于荆轲，中间依次为专诸、豫让和聂政，俨然一部刺客故事集。

◎曹沫之盟◎

【原文】

曹沫者，鲁人也，以勇力事鲁庄公。庄公好力[①]。曹沫为鲁将，与齐战，三败北[②]。鲁庄公惧，乃献遂邑之地以和。犹复以为将。

【注释】

①好力：爱好勇武、力气。②败北：战败逃跑。北，打了败仗往回逃。

【译文】

曹沫，是鲁国人，凭勇敢和力气侍奉鲁庄公。庄公喜爱有力气的人。曹沫任鲁国的将军，和齐国作战，多次战败逃跑。鲁庄公害怕了，就献出遂邑地区求和。还继续让曹沫任将军。

【原文】

齐桓公许与鲁会于柯而盟。桓公与庄公既盟于坛上，曹沫执匕首劫齐桓公，桓公左右莫敢动，而问曰："子将何欲？"曹沫曰："齐强鲁弱，而大国侵鲁亦甚矣。今鲁城坏即压齐境①，君其图之。"桓公乃许尽归鲁之侵地。既已言，曹沫投其匕首，下坛，北面就群臣之位，颜色不变②，辞令如故③。桓公怒，欲倍其约④。管仲曰："不可。夫贪小利以自快，弃信于诸侯，失天下之援，不如与之。"于是桓公乃遂割鲁侵地，曹沫三战所亡地尽复予鲁⑤。

其后百六十有七年而吴有专诸之事⑥。

【注释】

①鲁城坏即压齐境：意思是说，你们侵略鲁国，已经深入到都城边缘，假如鲁国的都城倒塌，就会压到齐国的边境了。②颜色：脸色。③辞令如故：像平常一样谈吐从容。④倍：通"背"，背弃、违背。⑤所亡地：丢失的国土。亡，丢失，失去。⑥有：又。

【译文】

齐桓公答应和鲁庄公在柯地会见，订立盟约。桓公和庄公在盟坛上订立盟约以后，曹沫手拿匕首胁迫齐桓公，桓公的侍卫人员没有谁敢轻举妄动，桓公问："您打算干什么？"曹沫回答说："齐国强大，鲁国弱小，而大国侵略鲁国也太过分了。如今鲁国都城一倒塌就会压到齐国的边境了，您要考虑考虑这个问题。"于是齐桓公答应全部归还鲁国被侵占的土地。说完以后，曹沫扔下匕首，走下盟坛，回到面向北的臣子的位置上，面不改色，谈吐从容如常。桓公很生气，打算背弃盟约。管仲说："不可以。贪图小的利益用来求得一时的快意，就会在诸侯面前丧失信用，失去天下人对您的支持，不如归还他们的失地。"于是，齐桓公就归还占领的鲁国的土地，曹沫多次打仗所丢失的土地全部回归鲁国。

此后一百六十七年，吴国有专诸的事迹。

◎专诸刺王僚◎

【原文】

专诸者，吴堂邑人也。伍子胥之亡楚而如吴也①，知专诸之能。伍子胥既见吴王僚，说以伐楚之利②。吴公子光曰："彼伍员父兄皆死于楚而员言伐楚，欲自为报私仇也，非能为吴。"吴王乃止。伍子胥知公子光之欲杀吴王僚，乃曰："彼光将有内志③，未可说以外事。"乃进专诸于公子光④。

【注释】

①伍子胥亡楚去吴的故事详见《伍子胥列传》。②说（shuì）：劝说、说服。③内志：在国内夺取王位的意图。志，志向，意图。④进：推荐。

【译文】

专诸，是吴国堂邑人。伍子胥逃离楚国前往吴国时，知道专诸有本领。伍子胥进见吴王僚后，用攻打楚国的好处劝说他。吴公子光说："那个伍员，父亲、哥哥都是被楚国杀死的，伍员才讲攻打楚国，他这是为了报自己的私仇，并不是替吴国打算。"吴王就不再议伐楚的事。伍子胥知道公子光打算杀掉吴王僚，就说："那个公子光有在国内夺取王位的企图，现在还不能劝说他向国外出兵。"于是就把专诸推荐给公子光。

【原文】

光之父曰吴王诸樊。诸樊弟三人：次曰余祭，次曰夷昧，次曰季子札。

诸樊知季子札贤而不立太子，以次传三弟[①]，欲卒致国于季子札[②]。诸樊既死，传余祭。余祭死，传夷眛。夷眛死，当传季子札；季子札逃不肯立，吴人乃立夷眛之子僚为王。公子光曰："使以兄弟次邪，季子当立；必以子乎，则光真适嗣[③]，当立。"故尝阴养谋臣以求立[④]。

【注释】

①以次传之弟：依照兄弟次序把王位传递下去。②"欲卒致国"句：想最终把国君的位子传给季子札。③适（dí）嗣：正妻所生的长子。适，同"嫡"。旧时正妻为"嫡"。④尝：通"常"。阴养：秘密地供养。

【译文】

公子光的父亲是吴王诸樊。诸樊有三个弟弟：按兄弟次序排，大弟弟叫余祭，二弟弟叫夷眛，最小的弟弟叫季子札。诸樊知道季子札贤明，就不立太子，想依照兄弟的次序把王位传递下去，最后好把国君的位子传给季子札。诸樊死去以后王位传给了余祭。余祭死后，传给夷眛。夷眛死后本当传给季子札，季子札却逃避不肯立为国君，吴国人就拥立夷眛的儿子僚为国君。公子光说："如果按兄弟的次序，季子当立；如果一定要传给儿子的话，那么我才是真正的嫡子，应当立我为君。"所以他常秘密地供养一些有智谋的人，以便靠他们的帮助取得王位。

【原文】

光既得专诸，善客待之。九年而楚平王死[①]。春，吴王僚欲因楚丧，使其二弟公子盖余、属庸将兵围楚之灊；使延陵季子于晋，以观诸侯之变[②]。楚发兵绝吴将盖余、属庸路，吴兵不得还。于是公子光谓专诸曰："此时不可失，不求何获[③]！且光真王嗣，当立，季子虽来，不吾废也。"专诸曰："王僚可杀也。母老子弱，而两弟将兵伐楚，楚绝其后。方今吴外困于楚，而内空无骨鲠之臣[④]，是无如我何。"公子光顿首曰[⑤]："光之身，子之身也。”

【注释】

①“九年”句：楚平王卒于其十三年，是年为吴王僚十一年，此谓“九年”，误。下文所记吴王僚因楚丧而伐之的事迹，《左传》在昭公二十七年有记载，即吴王僚十二年。②变：动态。③不求何获：意谓不争取（时机）就不会有收获。④骨鲠之臣：正直敢言的忠臣。鲠，通“骾”。⑤顿首：以头叩地。

【译文】

公子光得到专诸以后，像对待宾客一样地好好待他。吴王僚九年，楚平王死了。这年春天，吴王僚想趁着楚国办丧事的时候，派他的两个弟弟公子盖余、属庸率领军队包围楚国的灊城，派延陵季子到晋国，用以观察各诸侯国的动静。楚国出动军队，断绝了吴将盖余、属庸的后路，吴国军队不能归还。这时公子光对专诸说：“这个机会不能失掉，不去争取，哪会获得！况且我是真正的继承人，应当立为国君，季子即使回来，也不会废掉我呀。”专诸说：“吴王僚是可以杀掉的。母老子弱，两个弟弟带着军队攻打楚国，楚国军队断绝了他们的后路。当前吴军在外被楚国围困，而国内没有正直敢言的忠臣。这样吴王僚还能把我们怎么样呢。”公子光以头叩地说：“我公子光的身体，也就是您的身体，您身后的事都由我负责了。”

【原文】

四月丙子，光伏甲士于窟室中[①]，而具酒请王僚[②]。王僚使兵陈自宫至光之家，门户阶陛左右[③]，皆王僚之亲戚也[④]。夹立侍，皆持长铍[⑤]。酒既酣，公子光详为足疾[⑥]，入窟室中，使专诸置匕首鱼炙之腹中而进之[⑦]。既至王前，专诸擘鱼[⑧]，因以匕首刺王僚，王僚立死。左右亦杀专诸，王人扰乱。

公子光出其伏甲以攻王僚之徒，尽灭之，遂自立为王，是为阖闾。阖闾乃封专诸之子以为上卿。

其后七十余年而晋有豫让之事。

【注释】

①甲士：身穿铠甲的武士。窟室：地下室。②具：备办。③阶陛：台阶。④亲戚：此指亲信。⑤铍（pī）：长矛。一说两刃刀。⑥详为足疾：假装脚有毛病。详，通“佯”，假装。⑦鱼炙：烤熟的整条鱼。进：献上。⑧擘：拆，掰开。

【译文】

这年四月丙子日，公子光在地下室埋伏身穿铠甲的武士，备办酒席宴请吴王僚，吴王僚派出卫队，从王宫一直排列到公子光的家里，门户、台阶两旁，都是吴王僚的亲信。夹道站立的侍卫，都举着长矛。喝酒喝到畅快的时候，公子光假装脚有毛病，进入地下室，让专诸把匕首放到烤鱼的肚子里，然后把鱼进献上去。到吴王僚跟前，专诸掰开鱼，趁势用匕首刺杀吴王僚，吴王僚当时就死了。侍卫人员也杀死了专诸，吴王僚手下的人一时混乱不堪。公子光放出埋伏的武士攻击吴王僚的部下，全部消灭了他们，于是自立为国君，这就是吴王阖闾。阖闾于是封专诸的儿子为上卿。

此后七十多年，晋国有豫让的事迹。

◎豫让为主报仇◎

【原文】

豫让者，晋人也，故尝事范氏及中行氏，而无所知名。去而事智伯，智伯甚尊宠之。及智伯伐赵襄子，赵襄子与韩、魏合谋灭智伯，灭智伯之后而三分其地。赵襄子最怨智伯①，漆其头以为饮器②。豫让遁逃山中，曰："嗟乎！士为知己者死，女为说己者容③。今智伯知我，我必为报仇而死，以报智伯，则吾魂魄不愧矣！"乃变名姓为刑人④，入宫涂厕⑤，中挟匕首，欲以刺襄子。襄子如厕，心动，执问涂厕之刑人，则豫让，内持刀兵，曰："欲为智伯报仇！"左右欲诛之。襄子曰："彼义人也，吾谨避之耳。且智伯亡无后，而其臣欲为报仇，此天下之贤人也。"卒释去之⑥。

【注释】

①怨：恨，仇恨。②漆其头以为饮器：把他的头盖骨涂以漆作为饮具。③以上二句为古成语。说（yuè），同"悦"。喜欢、爱慕。容，梳妆打扮。④刑人：受刑的人。这里犹"刑余之人"，即宦者。⑤涂厕：修整厕所。涂，以泥抹墙。⑥卒释去之：最终还是把豫让放走了。释，放。去，离开。

【译文】

豫让，是晋国人，以前曾经侍奉范氏和中行氏两家大臣，没什么名声。他离开那里去侍奉智伯，智伯特别地尊重宠幸他。等到智伯攻打赵襄子时，赵襄子和韩、魏合谋灭了智伯；消灭智伯以后，三家分割了他的国土。赵襄子最恨智伯，就把他的头盖骨漆成饮具。豫让潜逃到山中，说："唉呀！好男儿可以为了解自己的人去死，好女子应该为爱慕自己的人梳妆打扮。现在智伯是我的知己，我一定替他报仇而献出生命，用以报答智伯，那么，我就是死了，魂魄也没有什么可惭愧的了。"于是更名改姓，伪装成被判刑而罚充苦役的人，进入赵襄子宫中修整厕所，身上藏着匕首，想要用它刺杀赵襄子。赵襄子到厕所去，心一悸动，拘问修整厕所的刑人，才知道是豫让，衣服里面还藏着利刃，豫让说："我要替智伯报仇！"侍卫要杀掉他。襄子说："他是义士，我谨慎小心地回避他就是了。况且智伯死后没有继承人，而他的家臣想替他报仇，这是天下的贤人啊。”最后还是把他放走了。

【原文】

居顷之，豫让又漆身为厉①，吞炭为哑②，使形状不可知，行乞于市。其妻不识也。行见其友，其友识之，曰：“汝非豫让邪？”曰：“我是也。”其友为泣曰：“以子之才，委质而臣事襄子③，襄子必近幸子④。近幸子，乃为所欲，顾不易邪⑤？何乃残身苦形⑥，欲以求报襄子，不亦难乎！”豫让曰：“既已委质臣事人，而求杀之，是怀二心以事其君也。且吾所为者极难耳！然所以为此者，将以愧天下后世之为人臣怀二心以事其君者也。”

【注释】

①漆身为厉（lài）：以漆涂身，使肌肤肿烂，像患癞病。厉，同“癞”。癞疮。②吞炭为哑：吞炭为了使声音变得嘶哑。③委质：初次拜见尊长时致送礼物。这里有托身的意思。④近幸：亲近宠爱。⑤顾不易邪：难道还不容易吗？⑥残身苦形：摧残身体，丑化形貌。

【译文】

过了不久，豫让又把漆涂在身上，使肌肤肿烂，像得了癞疮，吞炭使声音变得嘶哑，使自己的形体相貌不可辨认，沿街讨饭。就连他的妻子也不认识他了。路上遇见他的朋友，辨认出来，说：“你不是豫让吗？”回答说：“是我。”朋友为他流着眼泪说：“凭着您的才能，委身侍奉赵襄子，襄子一定会亲近宠爱您。亲近宠爱您，您再干您所想干的事，难道不是很容易的吗？何苦自己摧残身体，丑化形貌，想要用这样的办法达到向赵襄子报仇的目的，不是更困难吗？”豫让说：“托身侍奉人家以后，又要杀掉他，这是怀着异心侍奉他的君主啊。我知道选择这样的做法是非常困难的，可是我之所以选择这样的做法，就是要使天下后世的那些怀着异心侍奉国君的臣子感到惭愧！”

【原文】

既去，顷之，襄子当出，豫让伏于所当过之桥下。襄子至桥，马惊，襄子曰：“此必是豫让也。”使人问之，果豫让也。于是襄子乃数豫让曰①：“子不尝事范、中行氏乎？智伯尽灭之，而子不为报仇，而反委质臣于智伯。智伯亦已死矣，而子独何以为之报仇之深也？”豫让曰：“臣事范、中行氏，范、中行氏皆众人遇我②，我故众人报之③。至于智伯，国士遇我④，我故国士报之。”襄子喟然叹息而泣曰：“嗟乎豫子！子之为智伯，名既成矣，而寡人赦子，亦已足矣。子其自为计，寡人不复释子！”使兵围之。豫让曰：“臣闻明主不掩人之美，而忠臣有死名之义。前君已宽赦臣，天下莫不称君之贤，今日之事，臣固伏诛⑤，然愿请君之衣而击之，焉以致报仇之意，则虽死不恨。非所敢望也，敢布腹心⑥！”于是襄子大义之，乃使使持衣与豫让。豫让拔剑三跃而击之，曰：“吾可以下报智伯矣！”遂伏剑自杀。死之日，赵国志士闻之，皆为涕泣。

其后四十余年而轵有聂政之事。

【注释】

①数：列举罪过而责之。②众人遇我：把我当成一般人对待。③众人报之：像一般人那样报答。④国士：国内杰出人物。⑤伏诛：受到应得的死罪。诛，杀死。⑥敢布腹心：敢于披露心里话。

【译文】

豫让说完就走了，不久，襄子正赶上外出，豫让潜藏在他必定经过的桥下。襄子来到桥上，马受惊，襄子说：“这一定是豫让。”派人去查问，果然是豫让。于是襄子就列举罪过指责他说：“您不是曾经侍奉过犯氏、中行氏吗？智伯把他们都消灭了，而您不替他们报仇，反而托身为智伯的家臣。智伯已经死了，您为什么单单如此急切地为他报仇呢？”豫让说：“我侍奉范氏、中行氏，他们都把我当作一般人看待，所以我像一般人那样报答他们。至于智伯，他把我当作国士看待，所以我就像国士那样报答他。”襄子喟然长叹，流着泪说：“哎呀，豫让先生！您为智伯报仇，已算成名了；而我宽恕你，也足够了。您该自己做个打算，我不能再放过您了！”命令士兵团团围住他。豫让说：“我听说贤明的君主不埋没别人的美名，而忠臣有为美名去死的道理。以前您宽恕了我，普天下没有谁不称道您的贤明。今天的事，我本当受死罪，但我希望能得到您的衣服刺它几下，这样也就达到我报仇的意愿了，那么，即使死了也没有遗恨了。我不敢指望您答应我的要求，但是我还是冒昧地说出我的心意！”于是襄子非常赞赏他的侠义，就派人拿着自己的衣裳给豫让。豫让拔出宝剑多次跳起来击刺它，说：“我可用以报答智伯于九泉之下了！”于是以剑自杀。自杀那天，赵国有志之士听到这个消息，都为他哭泣。

此后四十多年，轵邑有聂政的事迹。

◎聂政刺韩相◎

【原文】

聂政者，轵深井里人也。杀人避仇，与母、姊如齐，以屠为事。

久之，濮阳严仲子事韩哀侯，与韩相侠累有郤[①]。严仲子恐诛，亡去，游求人可以报侠累者。至齐，齐人或言聂政勇敢士也，避仇隐于屠者之间。严仲子至门请，数反[②]，然后具酒自畅聂政母前[③]。酒酣，严仲子奉黄金百溢，前为聂政母寿[④]。聂政惊怪其厚，固谢严仲子。严仲子固进，而聂政谢曰：“臣幸有老母，家贫，客游以为狗屠，可以旦夕得甘毳以养亲[⑤]。亲供养备，不敢当仲子之赐。”严仲子辟人，因为聂政言曰：“臣有仇，而行游诸侯众矣；然至齐，窃闻足下义甚高，故进百金者，将用为大人粗粝之费⑥，得以交足下之欢，岂敢以有求望邪！”聂政曰：“臣所以降志辱身居市井屠者⑦，徒幸以养老母；老母在，政身未敢以许人也。”严仲子固让，聂政竟不肯受也。然严仲子卒备宾主之礼而去。

【注释】

①有郤：有仇怨。郤，空隙，裂缝。比喻感情上产生裂痕。②数反：多次往返拜访。反，同“返”。返回。③畅：敬酒。《战国策》作“觞”。④寿：敬酒或用礼物赠人，表示祝人长寿。⑤甘毳（cuì）：甜脆食物。毳，通“脆”。⑥大人：对别人父母的敬称。粗粝：粗糙的粮食。这里是谦辞。⑦降志辱身：使心志卑下，屈辱身份。市井：市场。下文“市井之人”指做买卖的人。

【译文】

聂政是轵邑深井里人。他为杀人躲避仇家，和母亲、姐姐逃往齐国，以屠宰牲畜为职业。

过了很久，濮阳严仲子侍奉韩哀侯，和韩国国相侠累结下仇怨。严仲子怕遭杀害，逃走了。他四处游历，寻访能替他向侠累报仇的人。到了齐国，齐国有人说聂政是个勇敢之士，因为回避仇人躲藏在屠夫中间。严仲子登门拜访，多次往返，然后备办了宴席，亲自捧杯给聂政的母亲敬酒。喝到畅快兴浓时，严仲子献上黄金一百镒，到聂政老母跟前祝寿。聂政面对厚礼感到奇怪，坚决谢绝严仲子。严仲子却执意要送，聂政辞谢说：“我幸有老母健在，家里虽贫穷，客居在此，以屠狗为业，早晚之间买些甘甜松脆的食物奉养老母，老母的供养还算齐备，可不敢接受仲子的赏赐。”严仲子避开别人，趁机对聂政说：“我有仇人，我周游好多诸侯国，都没找到为我报仇的人；但来到齐国，私下听说您很重义气，所以献上百金，将作为你母亲大人一点粗粮的费用，也能够跟您交个朋友，哪里敢有别的索求和指望！”聂政说：“我之所以使心志卑下，屈辱身份，在这市场上做个屠夫，只是希望借此奉养老母；老母在世，我不敢对别人以身相许。”严仲子执意赠送，聂政却始终不肯接受。但是严仲子仍尽到了宾主相见的礼节，告辞离去。

【原文】

久之，聂政母死。既已葬，除服①，聂政曰：“嗟乎！政乃市井之人，鼓刀以屠；而严仲子乃诸侯之卿相也，不远千里，枉车骑而交臣②。臣之所以待之，至浅鲜矣③，未有大功可以称者④，而严仲子奉百金为亲寿，我虽不受，然是者徒深知政也。夫贤者以感忿睚眦之意而亲信穷僻之人⑤，而政独安得嘿然而已乎⑥！且前日要政⑦，政徒以老母！老母今以天年终，政将为知己者用。”乃遂西至濮阳，见严仲子曰：“前日所以不许仲子者，徒以亲在；今不幸而母以天年终。仲子所欲报仇者为谁？请得从事焉！”严仲子具告曰：“臣之仇韩相侠累，侠累又韩君之季父也，宗族盛多，居处兵卫甚设，臣欲使人刺之，终莫能就。今足下幸而不弃，请益其车骑壮士可为足下辅翼者⑧。”聂政曰：“韩之与卫，相去中间不甚远，今杀人之相，相又国君之亲，此其势不可以多人，多人不能无生得失，生得失则语泄，语泄是韩举国而与仲子为仇，岂不殆哉⑨！”遂谢车骑人徒，聂政乃辞独行。

【注释】

①除服：丧服期满。②枉：屈，委屈。③鲜：少，稀少。④称：相比，相抵。⑤睚（yá）眦（zì）：发怒时瞪眼睛。借指小的仇恨。⑥嘿：通“默”，沉默。⑦要：邀请。⑧辅翼：助手，辅助。⑨殆：危险。

【译文】

过了很久，聂政的母亲去世，安葬后，直到丧服期满，聂政说：“哎呀！我不过是平民百姓，拿着刀杀猪宰狗，而严仲子是诸侯的卿相，却不远千里，委屈身份和我结交。我待人家的情谊是太浅薄太微不足道了，没有什么大的功劳可以和他对我的恩情相抵，而严仲子献上百金为老母祝寿，我虽然没有接受，可是这件事说明他是特别了解我啊。贤德的人因感愤于一点小的仇恨，把我这个处于偏僻的穷困屠夫视为亲信，我怎么能一味地默不作声，就此完事了呢！况且以前来邀请我，我只是因为老母在世，才没有答应。而今老母享尽天年，我该要为了解我的人出力了。”于是就向西到濮阳，见到严仲子说：“以前之所以没答应仲子的邀请，仅仅是因为老母在世；如今不幸老母已享尽天年。仲子要报复的仇人是谁？请让我办这件事吧！”严仲子原原本本地告诉他说：“我的仇人是韩国宰相侠累，侠累又是韩国国君的叔父，宗族旺盛，人丁众多，居住的地方士兵防卫严密，我派人刺杀他，始终也没有得手。如今承蒙您不嫌弃我，应允下来，请增加车骑壮士作为您的助手。”聂政说：“韩国与卫国，中间距离不太远，如今刺杀人家的宰相，宰相又是国君的亲属，在这种情势下不能去很多人，人多了难免发生意外，发生意外就会走漏消息，走漏消息，那就等于整个韩国的人与您为仇，这难道不是太危险了吗！”于是谢绝车骑人众，辞别严仲子只身去了。

【原文】

杖剑至韩①，韩相侠累方坐府上，持兵戟而卫侍者甚众。聂政直入，上阶刺杀侠累，左右大乱。聂政大呼，所击杀者数十人，因自皮面决眼②，自屠出肠，遂以死。

【注释】

①杖：持，携带。②皮面决眼：割破面皮，挖出眼珠。

【译文】

他带着宝剑到韩国都城，韩国宰相侠累正好坐在堂上，持刀荷戟的护卫很多。聂政径直而入，走上台阶刺杀侠累，侍从人员大乱。聂政高声大叫，被他击杀的有几十个人，又趁势毁坏自己的面容，挖出眼睛，剖开肚皮，流出肠子，就这样死了。

【原文】

政姊荣闻人有刺杀韩相者，贼不得[①]，国不知其名姓，暴其尸而悬之千金，乃於邑曰[②]："其是吾弟与？嗟乎，严仲子知吾弟！"立起，如韩，之市，而死者果政也，伏尸哭极哀，曰："是轵深井里所谓聂政者也。"市行者诸众人皆曰："此人暴虐吾国相，王悬购其名姓千金，夫人不闻与？何敢来识之也？"荣应之曰："闻之。然政所以蒙污辱自弃于市贩之间者[③]，为老母幸无恙[④]，妾未嫁也。亲既以天年下世，妾已嫁夫，严仲子乃察举吾弟困污之中而交之，泽厚矣，可奈何！士固为知己者死，今乃以妾尚在之故，重自刑以绝从[⑤]，妾其奈何畏殁身之诛[⑥]，终灭贤弟之名！"大惊韩市人。乃大呼天者三，卒于邑悲哀而死政之旁。

【注释】

①贼不得：指不知道凶手的姓名。②於（wū）邑（yè）：同"呜咽"。哭泣。③蒙污辱自弃于市贩：承受羞辱，不惜混在屠猪贩肉的人之间。④无恙：平安无事。恙，忧，病。⑤重自刑以绝从：狠狠地毁坏自己的面容肢体，使人不能辨认，以免牵连别人。从，连带治罪。一说通"踪"，踪迹线索。⑥殁：死。

【译文】

聂政的姐姐聂荣听说有人刺杀了韩国的宰相，却不知道凶手到底是谁，全韩国的人也不知他的姓名，陈列着他的尸体，悬赏千金，叫人们辨认，就抽泣着说："大概是我弟弟吧？哎呀，严仲子了解我弟弟！"于是马上动身，前往韩国的都城，来到街市，死者果然是聂政，就趴在尸体上痛哭，极为哀伤，说："这就是轵深井里人们所说的聂政啊。"街上的行人们都说："这个人残酷地杀害我国宰相，君王悬赏千金询查他的姓名，夫人没听说吗？怎么敢来认尸啊？"聂荣回答他们说："我听说了。可是聂政之所以承受羞辱不惜混在屠猪贩肉的人中间，是因为老母健在，我还没有出嫁。老母享尽天年去世后，我已嫁人，严仲子从穷困低贱的处境中把我弟弟挑选出来结交他，恩情深厚，我弟弟还能怎么办呢！勇士本来应该为知己的人牺牲性命，如今因为我还活在世上的缘故，又自行毁坏面容躯体，使人不能辨认，以免牵连别人，我怎么能害怕杀身之祸，永远埋没弟弟的名声呢！"这整个街市上的人都大为震惊。聂荣于是高喊三声"天哪"，最终因为过度哀伤而死在聂政身旁。

【原文】

晋、楚、齐、卫闻之，皆曰："非独政能也，乃其姊亦烈女也。乡使政诚知其姊无濡忍之志①，不重暴骸之难②，必绝险千里以列其名③，姊弟俱僇于韩市者④，亦未必敢以身许严仲子也。严仲子亦可谓知人能得士矣！"

【注释】

①乡使：从前假使。乡，通"向"，从前，过去。濡忍：含忍，忍耐。②不重：不顾惜。暴骸：露尸于外。③绝险：度越艰难险阻。列：显露，布陈。④僇：通"戮"，杀戮。

【译文】

晋、楚、齐、卫等国的人听到这个消息，都说："不单是聂政有能力，就连他姐姐也是烈性女子。假使以前聂政果真知道他姐姐没有含忍的性格，不顾惜露尸于外的苦难，一定要越过千里的艰难险阻来公开他的姓名，以致姐弟二人一同死在韩国的街市，那他也未必敢对严仲子以身相许。严仲子也可以说是识人，才能够赢得贤士啊！"

◎荆柯刺秦王◎

【原文】

荆轲者，卫人也，其先乃齐人，徙于卫，卫人谓之庆卿。而之燕，燕人谓之荆卿。

荆轲好读书击剑，以术说卫元君[①]，卫元君不用。其后秦伐魏，置东郡，徙卫元君之支属于野王[②]。

荆轲尝游过榆次，与盖聂论剑[③]，盖聂怒而目之[④]。荆轲出，人或言复召荆卿。盖聂曰："曩者吾与论剑有不称者[⑤]，吾目之；试往，是宜去，不敢留。"使使往之主人，荆卿则已驾而去榆次矣。使者还报，盖聂曰："固去也，吾曩者目摄之[⑥]。"

荆轲游于邯郸，鲁句践与荆轲博[⑦]，争道[⑧]，鲁句践怒而叱之，荆轲嘿而逃去，遂不复会。

荆轲既至燕，爱燕之狗屠及善击筑者高渐离[⑨]。荆轲嗜酒，日与狗屠及高渐离饮于燕市，酒酣以往，高渐离击筑，荆轲和而歌于市中，相乐也，已而相泣，旁若无人者。

【注释】

①说：劝说，说服。②徙卫元君之支属：这次所徙者不只是支属，卫元君也包括在内。支属，旁支亲属。③论剑：谈论剑术，有较量的意思。④目：瞪眼逼视。⑤曩者：过去，这里指刚才。不称：不相宜，不合适。⑥摄：通"慑"，威慑，震慑。一说降服。⑦博：古代一种博戏。⑧争道：争执博局的着数。⑨筑：古代弦乐器，像琴，属于打击乐。

【译文】

荆轲，卫国人。他的祖先是齐国人，后来迁移到卫国，卫人称他为庆卿。之后又到燕国，燕人称他为荆卿。

荆卿喜欢读书耍剑，以剑术游说卫元君，卫元君不重用他。后来秦国讨伐魏国，设置东郡，迁徙卫元君和他的旁系亲属到野王。

荆轲曾游历经过赵国的榆次，和盖聂一起谈论剑术，盖聂对他怒目而视。荆轲离开了，有人劝盖聂把荆卿再请回来。盖聂说："过去我与他谈论剑术，意见不一致，我眼睛瞪了他；去看看吧，在这种情形下，他应该走了，不敢再留下了。"派人到荆轲所寄住的主人那里去寻找，荆卿已经驾车而去，离开榆次了。使者回来报告，盖聂说："他当然是要走的，我过去瞪眼震慑了他。"

荆轲到邯郸游历，鲁句践和荆轲博弈，在棋局上发生争执，鲁句践发怒呵斥他，荆轲默默地逃走，再也没有见面。

荆轲到了燕国，与一个杀狗的屠户和善于击筑的高渐离交往。荆轲喜好喝酒，整日与杀狗的屠户及高渐离在燕国的街市上喝酒，酒喝得微醺以后，高渐离击筑，荆轲在街市上和着拍子唱歌，他们一起娱乐，随即又相互哭泣，好像旁边没有别人一样。

【原文】

居顷之，会燕太子丹质秦亡归燕。燕太子丹者，故尝质于赵，而秦王政生于赵，其少时与丹欢。及政立为秦王，而丹质于秦。秦王之遇燕太子丹不善，故丹怨而亡归。归而求为报秦王者，国小，力不能。其后秦日出兵山东以伐齐、楚、三晋[①]，稍蚕食诸侯[②]，且至于燕，燕君臣皆恐祸之至。太子丹患之，问其傅鞠武。武对曰："秦地遍天下，威胁韩、魏、赵氏，北有甘泉、谷口之固，南有泾、渭之沃，擅巴、汉之饶[③]，右陇、蜀之山，左关、殽之险，民众而士厉[④]，兵革有余。意有所出，则长城之南，易水以北，未有所定也。奈何以见陵之怨[⑤]，欲批其逆鳞哉[⑥]！"丹曰："然则何由？"对曰："请入图之。"

【注释】

①三晋：指韩、赵、魏三国。其国君原来都是晋国的执政大夫，后各自立国，将晋一分为三，故称“三晋”。②蚕食：像蚕吃桑叶一样地逐渐侵吞。③擅：拥有，据有。④士厉：士兵训练有素。厉，锐气。⑤见陵：被欺凌。陵，侵犯，欺侮。⑥批：触动，触犯。逆鳞：传说中龙颈部生的倒鳞。触及倒鳞，龙即发怒。用以比喻暴君凶残。

【译文】

过了一段时间，适逢燕太子丹在秦国做人质逃回燕国。燕太子丹，以前曾经在赵国做人质，而秦王政生于赵国，年少时与太子丹交好。到了嬴政成为秦王后，太子丹到秦国做人质。秦王对太子丹不友好，所以太子丹怨恨而逃回燕国。回来后寻求报复秦国的方法，但是燕国是小国，国力有限。之后秦国渐渐向山东地区出兵，讨伐齐国、楚国和三晋，慢慢地蚕食诸侯各国，将要轮到燕国了，燕国的君臣都害怕祸患来到。太子丹很担忧，询问他的师傅鞠武。鞠武说：“秦国的领土遍布天下，威胁韩国、魏国、赵国，北面有甘泉、谷口的险要地势，南面有泾、渭流域的肥沃土地，占据巴郡和汉中郡那样富饶的地区，右边有陇山和蜀山的崇山峻岭，左边有函谷关和崤山的天险，百姓众多，士兵奋勇，武器装备充足。倘若有意对外扩张，那么长城以南、易水以北的地区，都无法保全了。怎么能因为受了欺侮的怨恨，而想去触击秦王颈下的逆鳞呢！”太子丹说：“那该怎么办呢？”鞠武回答说：“希望从长计议。”

【原文】

居有间，秦将樊于期得罪于秦王，亡之燕，太子丹受而舍之[①]。鞠武谏曰：“不可。夫以秦王之暴而积怒于燕，足为寒心[②]，又况闻樊将军之所在乎？是谓‘委肉当饿虎之蹊’也[③]，祸必不振矣[④]！虽有管、晏，不能为之谋也。愿太子疾遣樊将军入匈奴以灭口[⑤]。请西约三晋，南连齐、楚，北购于单于[⑥]，其后乃可图也。”太子曰：“太傅之计，旷日弥久[⑦]，心惛然[⑧]，恐不能须臾。且非独于此也，夫樊将军穷困于天下，归身于丹，丹终不以迫于强秦而弃所哀怜之交，置之匈奴，是固丹命卒之时也。愿太傅更虑之。”鞠武曰：“夫行危欲求安，造祸而求福，计浅而怨深，连结一人之后交[⑨]，不顾国家之大害，此所谓‘资怨而助祸’矣[⑩]。夫以鸿毛燎于炉炭之上，必无事矣。且以雕鸷之秦[⑪]，行怨暴之怒，岂足道哉！燕有田光先生，其为人智深而勇沉[⑫]，可与谋。”太子曰：“愿因太傅而得交于田先生，可乎？”鞠武曰：“敬诺。”出见田先生，道“太子愿图国事于先生也”。田光曰：“敬奉教。”乃造焉。

【注释】

①舍：使……住下来。②寒心：提心吊胆。③委肉当饿虎之蹊：古成语，意思是把肉放置在饿虎经过的小路上。委，抛给，抛弃。蹊，小路。④不振：不可拯救。振，救，挽救。⑤灭口：消除……借口。⑥购：通“媾”，媾和，讲和。⑦旷日弥久：时间长久。⑧惛然：忧闷，烦乱。惛，糊涂。⑨后交：新交，晚交。⑩资怨而助祸：助长怨恨而促使祸患的发展。⑪雕鸷：雕与鸷均为凶猛的禽鸟。比喻秦国的凶猛。⑫勇沉：勇敢沉着，勇气潜于内心。

【译文】

过了不久，秦国的将军樊于期得罪了秦王，逃到燕国，太子丹收留他并让他在燕国住下来。鞠武劝谏说：“不能收留他。秦王本来就很暴虐，对燕国又有积怨，这足以让人害怕了，更何况听到樊将军在这个地方呢？这就是所谓的‘把肉扔在饿虎经过的小路上’啊，一定逃脱不了灾祸了！纵然有管仲和晏婴，也不能替我们想出解救的方法了。希望太子能快速地派遣樊将军到匈奴去，以消除秦国侵略燕国的借口。请向西联系三晋，向南联合齐国和楚国，北面与匈奴和好，以后才可以想办法对付秦国。”太子说：“太傅的计谋，旷日持久，那样我心里烦乱，恐怕连片刻的工夫都等不及了。况且不仅如此，樊将军穷途末路为天下所不容，这才来投奔我，我终究不会受强秦的胁迫而丢弃我所哀怜的朋友，把他撵到匈奴，这是我生命结束的时刻，希望太傅能想个办法。”鞠武说：“做了危险的事想求得安宁，惹下祸患而想求得福祉，计谋浅薄却结怨很深，为了结交一个新朋友而不顾国家的安危，这就是所说的‘加深怨恨，扩大祸患’啊。把鸿毛放到炉炭之上，是一定会毁灭的。况且如雕鸷一般凶猛的秦国，一旦要对燕国发出怨恨暴虐的愤怒来，那后果还用得着说嘛！燕国有田光先生，他为人智谋远虑，勇敢沉着，您可以与他一起商量。”太子丹说：“希望能通过太傅结交田先生，怎么样？”鞠武：“好的。”于是鞠武去见田先生，说：“太子希望与先生商量国家大事。”田光说：“遵命。”于是就去拜见太子。

【原文】

太子逢迎，却行为导[①]，跪而蔽席[②]。田光坐定，左右无人，太子避席而请曰[③]：“燕秦不两立，愿先生留意也。”田光曰：“臣闻骐骥盛壮之时[④]，一日而驰千里；至其衰老，驽马先之。今太子闻光盛壮之时，不知臣精已消亡矣。虽然，光不敢以图国事，所善荆卿可使也。”太子曰：“愿因先生得结交于荆卿，可乎？”田光曰：“敬诺。”即起，趋出[⑤]。太子送至门，戒曰：“丹所报，先生所言者，国之大事也，愿先生勿泄也！”田光俯而笑曰：“诺。”偻行见荆卿，曰：“光与子相善，燕国莫不知。今太子闻光壮盛之时，不知吾形已不逮也，幸而教之曰：‘燕秦不两立，愿先生留意也’。光窃不自外，言足下于太子也，愿足下过太子于宫。”荆轲曰：“谨奉教。”田光曰：“吾闻之，长者为行，不使人疑之。今太子告光曰‘所言者，国之大事也，愿先生勿泄’，是太子疑光也。夫为行而使人疑人，非节侠也[⑥]。”欲自杀以激荆卿，曰：“愿足下急过太子，言光已死，明不言也。”因遂自刎而死。

【注释】

①却行为导：倒退着走，为（田光）引路。②蔽席：拂拭座位让坐。蔽，拂拭。③避席而请：离开自己的座席向田光请教。避席，以示敬意。④骐骥：良马、骏马。⑤趋：小步快走，以示礼敬。⑥节侠：有节操、讲义气的人。

【译文】

太子向前迎接，慢慢地退着走为他引路，又跪下来拂去座席上的灰尘。田光坐下来，左右没有人，太子离开座席向田光请教说：“燕国和秦国势不两立，希望先生多多注意。”田光说：“我听说良马强壮的时候，一天能奔驰千里；等到它衰老了，劣马都能跑在它的前头。现在太子听说我强壮时的作为，不知道我的精力已经衰竭了。虽然这么说，我不敢与您图谋国家大事，幸好我的好友荆卿可以供您差遣。”太子说：“希望通过先生结交荆卿，怎么样？”田光说：“可以。”立刻起身，快速地走出去。太子送他到门口，告诫他说：“我所陈述的，先生所说的，都是国家大事，希望先生千万不要泄露出去！”田光俯下身子笑道：“好的。”田光弯着腰去见荆卿，说：“我与你交好，燕国没有人不知道。现在太子听说我壮年时候的事，不知道我的身体已经不行了，承蒙他看得起我，对我说：‘燕国和秦国势不两立，希望先生留意留意。’我私下里认为你不是外人，就把你推荐给太子，希望你到宫中去拜见太子。”荆轲说：“遵命。”田光又说：“我听说，年长之人所做的事情，是不该被人怀疑的。现在太子嘱咐我说‘我们所说的话，都是国家大事，希望先生不要泄露’，这是太子怀疑我田光啊。做了事却遭到别人怀疑，这不是有节操、讲义气的啊。”想以自杀的方式激励荆轲，说：“希望你立刻去拜见太子，说田光已经死了，以表明不会泄露秘密了。”于是自刎而死。

【原文】

荆轲遂见太子，言田光已死，致光之言。太子再拜而跪，膝行流涕[①]，有顷而后言曰："丹所以诫田先生毋言者，欲以成大事之谋也。今田先生以死明不言，岂丹之心哉！"荆轲坐定，太子避席顿首曰："田先生不知丹之不肖，使得至前，敢有所道，此天之所以哀燕而不弃其孤也[②]。今秦有贪利之心，而欲不可足也。非尽天下之地，臣海内之王者，其意不厌。今秦已虏韩王，尽纳其地。又举兵南伐楚，北临赵；王翦将数十万之众距漳、邺，而李信出太原、云中。赵不能支秦，必入臣[③]，入臣则祸至燕。燕小弱，数困于兵，今计举国不足以当秦。诸侯服秦，莫敢合从[④]。丹之私计愚，以为诚得天下之勇士使于秦，窥以重利[⑤]；秦王贪，其势必得所愿矣。诚得劫秦王，使悉反诸侯侵地，若曹沫之与齐桓公，则大善矣；则不可，因而刺杀之。彼秦大将擅兵于外而内有乱[⑥]，则君臣相疑，以其间诸侯得合纵，其破秦必矣。此丹之上愿，而不知所委命，唯荆卿留意焉。"久之，荆轲曰："此国之大事也，臣驽下，恐不足任使。"太子前顿首，固请毋让，然后许诺。于是尊荆卿为上卿，舍上舍。太子日造门下，供太牢具[⑦]，异物间进，车骑美女恣荆轲所欲[⑧]，以顺适其意。

久之，荆轲未有行意。秦将王翦破赵，虏赵王，尽收入其地，进兵北略地至燕南界。太子丹恐惧，乃请荆轲曰："秦兵旦暮渡易水，则虽欲长侍足下，岂可得哉！"荆轲曰："微太子言[⑨]，臣愿谒之。今行而毋信，则秦未可亲也。夫樊将军，秦王购之金千斤，邑万家。诚得樊将军首与燕督亢之地图，奉献秦王，秦王必说见臣，臣乃得有以报。"太子曰："樊将军穷困来归丹，丹不忍以己之私而伤长者之意，愿足下更虑之！"

【注释】

①膝行：跪行，双膝着地向前。②孤：按当时燕王尚在，不该称孤。③入臣：前往秦国称臣。④合从：即"合纵"。东方六国南北联合，结成一体共

同对抗秦国的政策。⑤窥：示，引诱。⑥擅：独揽，掌握。⑦太牢：牛、羊、猪三种牲畜各一头，是古代祭祀的重礼。借指贵重美食。⑧恣：听任，随其所欲。⑨微：无，没有。

【译文】

荆轲拜见太子，说田光已经死了，并转达了田光的话。太子跪下拜了又拜，屈膝前行，痛哭流涕，过了一会儿才说："我之所以告诫田先生不要泄露所说的话，是想确保完成国家大事的谋划。现在田先生以死来表明不会泄露秘密，这怎么会是我的初衷啊！"荆轲坐下来，太子离开座席叩头说："田先生不知道我没有才能，使我能够到您的面前，敢有所商谈，这是上天垂怜燕国而不肯遗弃它的孤儿啊！现在秦国有贪图利益的心思，而欲望是无法满足的。不占尽全天下的土地，不使海内的诸侯臣服，秦国的心意是不会满足的。现在秦国已经俘虏了韩王，尽数收取了他的土地。又派兵向南讨伐楚国，向北逼近赵国；王翦率领数十万大军抵达漳县和邺县，而秦将李信又从太原和云中之地出兵。赵国不能招架秦国，一定向秦国称臣，称臣就会祸及燕国。燕国弱小，多次陷入战争的困境，现在估计就是倾全国之力也不能抵挡秦国。诸侯侍奉秦国，没有敢加入合纵抗击秦国的了。我的计谋很愚笨，认为如果能得到天下的勇士使之出使秦国，用厚重的利益去诱惑秦国；秦王贪婪，势必能达到我们的目的。挟持秦王，让他尽数将侵夺来的土地归还诸侯，像曹沫胁迫齐桓公一样，那就太好了；要是挟持不了，就趁机杀了他。那个时候的秦国，在外有众将们掌握重兵，在内朝廷陷入混乱，君臣之间相互猜疑，趁这个时机诸侯联合起来，一定能灭掉秦国。这是我最大的愿望，但不知道把这个任务委托给谁才能实施，希望荆卿能多多留意。"过了一会儿，荆轲说："这是国家大事，我才智低下，恐怕不能担当重任。"太子上前叩头，坚持让他不要推让，荆轲最终答应了。于是，燕太子任命荆卿为上卿，让他住在上等的公馆。太子每天都去拜访他，供给牛、羊、猪三牲齐备的酒席，不断地进献珍贵礼物和车马美女，尽量满足荆轲的欲望，以顺他的意。

过了一段时间，荆轲没有出发的意思。秦将王翦灭掉赵国，俘虏赵王，尽数兼并了赵国的领土，又向北进兵开拓土地，一直到达燕国南部的边界。太子丹十分恐惧，便对荆轲说："秦兵一早一晚的工夫就能渡过易水，那么就算我想长时间地侍奉您，又怎么能实现呢？"荆轲说："就算没有太子这番话，我也要向您请示了，现在出发到秦国，却没有能够使秦王相信的东西，那么秦王还是无法亲近的。那位樊将军，秦王用一千斤金、封邑万户求购他的性命。如果能得到樊将军的首级和燕国最肥美之地的地图，奉献给秦王，秦王必定高兴召见我，这样我才能有所斩获为您效命。"太子说："樊将军因为穷途末路才来投奔我，我不忍心因为一己之私而伤了这位长者的心，希望您考虑一下别的方法吧。"

【原文】

荆轲知太子不忍，乃遂私见樊于期曰："秦之遇将军可谓深矣[①]，父母宗族皆被戮没[②]。今闻购将军首金千斤，邑万家，将奈何？"于期仰天太息流涕曰："于期每念之，常痛于骨髓，顾计不知所出耳！"荆轲曰："今有一言可以燕国之患，报将军之仇者，何如？"于期乃前曰："为之奈何？"荆轲曰："愿得将军之首以献秦王，秦王必喜而见臣，臣左手把其袖，右手揕其匈[③]，然则将军之仇报而燕见陵之愧除矣。将军岂有意乎？"樊于期偏袒搤捥而进曰[④]："此臣之日夜切齿腐心也[⑤]，乃今得闻教！"遂自刭。太子闻之，驰往，伏尸而哭，极哀。既已不可奈何，乃遂盛樊于期首函封之[⑥]。

于是太子豫求天下之利匕首，得赵人徐夫人匕首，取之百金，使工以药焠之[⑦]，以试人，血濡缕[⑧]，人无不立死者。乃装为遣荆卿。燕国有勇士秦舞阳，年十三，杀人，人不敢忤视[⑨]。乃令秦舞阳为副。荆轲有所待，欲与俱：其人居远未来，而为治行[⑩]。顷之，未发，太子迟之，疑其改悔，乃复请曰："日已尽矣！荆卿岂有意哉？丹请得先遣秦舞阳。"荆轲怒，叱太子曰："何太子之遣？往而不返者，竖子也⑪！且提一匕首入不测之强秦，仆所以留者，待吾客与俱。今太子迟之，请辞决矣！"遂发。

太子及宾客知其事者，皆白衣冠以送之。至易水之上，既祖⑫，取道，高渐离击筑，荆轲和而歌，为变徵之声⑬，士皆垂泪涕泣。又前而为歌曰："风萧萧兮易水寒，壮士一去兮不复还！"复为羽声忼慨⑭，士皆瞋目⑮，发尽上指冠⑯。于是荆轲就车而去，终已不顾。

【注释】

①深：残酷，刻毒。②没：没入官府为奴。③揕（zhèn）：直刺。匈：同"胸"。胸膛。④偏袒搤（è）捥：脱掉一边衣袖，露出一边臂膀，一只手紧握另一支手腕，以示激愤。搤，同"扼"。掐住，捉住。捥，同"腕"。⑤切齿腐心：上下牙齿咬紧挫动，愤恨得连心都碎了。⑥函封：装入匣子，封起来。⑦以药焠之：把烧红的匕首放到带有毒性液体里醮。⑧血濡缕：只要渗出一点血丝。⑨忤视：用反抗的眼光看人。忤，逆，抵触。⑩治行：准备行装。⑪竖子：小子，对人的蔑称。⑫既祖：饯行之后。祖，古人出远门时祭祀路神的活动。这里指饯行的一种隆重仪式，即祭神后，在路上设宴为人送行。⑬为变徵（zhǐ）之声：发出变徵的音调。古代乐律，分宫、商、角、变徵、徵、羽、变宫七调。此调苍凉、凄婉，宜放悲声。⑭羽声：音调高亢，声音慷慨激昂。⑮瞋目：瞪大眼睛。⑯发尽上指冠：因怒而头发竖起，把帽子顶起来。此为夸张说法。

【译文】

荆轲知道太子不忍心，就私下里拜见樊于期说："秦国对待将军可谓十分恶毒，父母宗族都被杀戮或被收为奴婢。现在听说秦国用一千斤黄金和万户的封邑购买将军的首级，该怎么办呢？"樊于期仰天叹息痛哭流涕说："我每次想到这个，常常痛入骨髓啊，只是想不出报仇的办法。"荆轲说："现在我有一句话可以解除燕国的祸患，也能报将军的大仇，怎么样？”樊于期上前说：“那该怎么办呢？”荆轲说：“希望能拿将军的首级献给秦王，秦王见到后一定高兴，还会召见我，我左手拉住他的袖子，右手拿匕首刺进他的胸膛，那么将军的大仇可以得报，燕国被欺凌的耻辱也得以清除。将军意下如何？”樊于期脱下一边衣服，露出肩膀向荆轲说：“这是我日日夜夜恨得咬牙切齿、痛心疾首的事情，没想到今天才听到这个方法。”于是自刎而死。太子听说后，奔驰而来。伏在尸体上大哭，十分伤心。既然已经无可奈何了，便把樊于期的首级包裹起来，放在匣子里封藏。

当时太子已经预先寻求天下最锋利的匕首，得到了赵国徐夫人的匕首，花费了一百金，让工匠把烧红的匕首放到带有毒性的液体里淬，拿人试验一下，只要渗出一点血，受伤的人立刻就会死去。于是置办行装派荆卿前往秦国。燕国有个勇士名叫秦舞阳，十三岁的时候就敢杀人，人们不敢用敌视的眼光看他一眼。于是太子就让秦舞阳做荆轲的副手。荆轲等候另外一个朋友，想和他一起去；那人住得远，还没有来，荆轲就替那人准备好了行装。过了一段时间，荆轲还没出发，太子认为他拖得太久，疑心他反悔，再次督促他说：“日子不多了，荆卿还有其他想法吗？我请求先派遣秦舞阳去秦国。”荆轲大怒，呵斥太子说：“为什么太子要这样差遣？只想着冒失地前去，却不顾完成任务，那是傻子干的事！况且只拿一把匕首前往祸福难测的秦国，我之所以逗留不走，是想等我的朋友前来，和他一起去。现在太子嫌我逗留得太久，那我就辞别动身了！”说完就出发了。

太子和知道这件事的宾客，都穿着白衣戴着白帽子为荆轲送行。到了易水之畔，拜祭了路神，然后就上路了，高渐离击筑，荆轲和着筑声唱歌，唱的是变徵凄凉的调子，在场的人都落泪哭泣。荆轲又上前唱道：“风声萧萧易水凄寒，壮士一走不再归来！”又发出悲壮慷慨的羽声，在场的人都睁大眼睛，头发直立，把帽子都撑起来了。荆轲乘车而去，终究没再回头。

【原文】

遂至秦，持千金之资币物[①]，厚遗秦王宠臣中庶子蒙嘉[②]。嘉为先言于秦王曰：“燕王诚振怖大王之威[③]，不敢举兵以逆军吏，愿举国为内臣，比诸侯之列[④]，给贡职如郡县，而得奉守先王之宗庙[⑤]。恐惧不敢自陈，谨斩樊于期之头，及献燕督亢之地图，函封，燕王拜送于庭，使使以闻大王，唯大王命之。”秦王闻之，大喜，乃朝服，设九宾[⑥]，见燕使者咸阳宫。荆轲奉樊于期头函，而秦舞阳奉地图柙，以次进。至陛，秦舞阳色变振恐[⑦]，群臣怪之。荆轲顾笑舞阳[⑧]，前谢曰：“北蕃蛮夷之鄙人，未尝见天子，故振慴。愿大王少假借之[⑨]，使得毕使于前。”秦王谓轲曰：“取舞阳所持地图。”轲既取图奏之。秦王发图[⑩]，图穷而匕首见[⑪]。因左手把秦王之袖，而右手持匕首揕之。未至身，秦王惊，自引而起，袖绝。拔剑，剑长。操其室[⑫]。时惶急，剑坚，故不可立拔。荆轲逐秦王，秦王环柱而走。群臣皆愕，卒起不意[⑬]，尽失其度[⑭]。而秦法，群臣侍殿上者不得持尺寸之兵；诸郎中执兵皆陈殿下，非有诏召不得上。方急时，不及召下兵，以故荆轲乃逐秦王。而卒惶急，无以击轲，而以手共搏之。是时侍医夏无且以其所奉药囊提荆轲也[⑮]，秦王方环柱走，卒惶急，不知所为，左右乃曰：“王负剑！”，负剑，遂拔以击荆轲，断其左股[⑯]。荆轲废，乃引其匕首以擿秦王[⑰]，不中，中桐柱。秦王复击轲，轲被八创。轲自知事不就，倚柱而笑，箕踞以骂曰[⑱]：“事所以不成者，以欲生劫之，必得约契以报太子也。”于是左右既前杀轲[⑲]，秦王不怡者良久。已而论功，赏群臣及当坐者各有差[⑳]，而赐夏无且黄金二百溢，曰：“无且爱我，乃以药囊提荆轲也。”

【注释】

①资：价值，资财。币：古代用作礼物的丝织品，泛指用作礼物的玉帛等物。②遗：赠送。③振怖：内心惊悸，害怕。怖，惊慌、害怕。④比：排

列、比照。⑤宗庙：帝王或诸侯祭祀祖宗的地方。⑥九宾：外交上极其隆重的礼仪。说法不一，一说九个接待宾客的礼宾人员；一说九种规格不同的礼节；一说九种地位不同的礼宾人员。⑦色变：变了脸色。⑧顾笑：回头笑。⑨假借：宽容。⑩发图：展开地图。⑪穷：尽。见：同“现”。出现。⑫室：指剑鞘。⑬卒：通“猝”，突然。⑭度：常态。⑮提：打，投掷。⑯股：大腿。⑰擿：同“掷”。投掷。⑱箕踞：两脚张开，蹲坐于地，如同簸箕。以示轻蔑对方。⑲“于是左右”句：此句末“轲”下似应有“舞阳”或及“秦舞阳”等字，不然，秦舞阳失交代。⑳坐：治罪、办罪。

【译文】

到了秦国，荆轲拿着价值千金的礼物赠给秦王的宠臣中庶子蒙嘉。蒙嘉提前为他向秦王禀告说：“燕王果真畏惧大王的声威，不敢派兵抵挡秦国的军队，希望能使燕国上下成为秦国的臣子，排到朝见秦王的诸侯国的行列之中，像秦国的郡县一样供应赋税，以便能使燕国奉守先王的宗庙。燕王畏惧您，不敢亲自来陈说，故而特意斩下樊于期的头颅，并献上燕国督亢地区的地图，装进匣子里封起来，燕王亲自在宫廷上跪拜送行，派使臣前来禀告大王，请大王做出指示。”秦王听了之后，十分高兴，穿上朝服，设置九宾之礼，在咸阳宫召见燕国的使者。荆轲捧着装有樊于期首级的匣子，而秦舞阳捧着装有地图的匣子，两人按照一前一后的顺序走上大殿。到了阶前，秦舞阳吓得脸色大变，群臣都感到很奇怪。荆轲回过头来嘲笑秦舞阳，上前谢罪说：“北蕃蛮夷的乡野之人，没有见过天子，所以感到恐惧。希望大王稍微宽容他一些，让他能在大王面前完成使节的任务。”秦王对荆轲说：“把秦舞阳手里的地图拿过来。”荆轲取过地图呈给秦王看，秦王打开地图，地图打开到最后，匕首显现出来。接着，荆轲左手拽住秦王的衣袖，右手拿着匕首刺向秦王。还没刺到秦王的身子，秦王大惊，抽身奋力站了起来，袖子也被扯断了。秦王想拔剑，剑身太长，便先抓住剑鞘。这时他感到惶恐紧张，剑身又套得很牢固，所以不能立刻拔出来。荆轲追逐秦王，秦王围着柱子跑。群臣都很惊愕，失了常态，不知道该怎么办才好。而秦朝的法令规定，群臣到大殿的时候不能携带任何兵器，众多侍卫拿着兵器站在宫殿之下，没有命令不得进入大殿。当时情势危急，没来得及召唤侍卫，所以荆轲才能追逐秦王。而群臣在仓促之际，都十分惶恐，没有可以用来击打荆轲的兵器，只好赤手空拳来迎击他。这个时候侍从医官夏无且用他所捧着的药囊扔向荆轲。秦王正围着柱子逃跑，仓促间惊慌失措，不知该怎么办才好，左右两旁的人喊道："大王把剑背起来！"秦王把剑放到背后，拔出剑来击打荆轲，斩下了他的左腿。荆轲身体残废，只能将匕首掷向秦王，没有击中，扔到铜柱之上。秦王再次刺向荆轲，荆轲身上有八处受伤。荆轲知道大事不能成功，倚靠到柱子上大笑，伸直两脚而坐，大骂道："大事之所以不能成功，只因为想挟持胁迫秦王，务必要得到你的承诺以回报太子。"说完侍卫上前杀死荆轲，秦王心里不舒服了很久。后来评论功过，赏赐群臣以及应该判罪的各有区别，赏赐夏无且黄金二百镒，说："夏无且爱护我，所以才拿药囊投向荆轲啊！"

【原文】

于是秦王大怒，益发兵诣赵①，诏王翦军以伐燕。十月而拔蓟城②。燕王喜、太子丹等尽率其精兵东保于辽东。秦将李信追击燕王急，代王嘉乃遗燕王喜书曰："秦所以尤追燕急者，以太子丹故也。今王诚杀丹献之秦王，秦王必解③，而社稷幸得血食④。"其后李信追丹，丹匿衍水中，燕王乃使使斩太子丹，欲献之秦。秦复进兵攻之。后五年，秦卒灭燕，虏燕王喜。

【注释】

①益：增加。诣：往，到……去。②拔：攻克，占领。③解：缓解、宽释。④社稷幸得血食：国家或许得到保存。社稷，土神和谷神，国家政权的象

征。血食，享受祭祀。因为祭祀时要杀牛、羊、猪三牲，所以叫血食。

【译文】

秦王大怒，加派军队前往赵国，命令王翦率军讨伐燕国。十月攻下蓟城。燕王喜、太子丹等人率领精锐部队向东退守到辽东。秦将李信急迫地追击燕王，代王嘉就送信给燕王喜说："秦王之所以紧追燕王，都是太子丹的缘故。现在大王要是能杀死太子丹，把他的尸首献给秦王，秦王一定会原谅你，而燕国也会永享祭祀。"之后李信追击太子丹，太子丹藏匿到衍水之中，燕王派人斩杀太子丹，打算献给秦王。秦军又进兵攻击燕国。其后五年，秦国终于灭掉燕国，俘虏了燕王喜。

【原文】

其明年，秦并天下，立号为皇帝。于是秦逐太子丹、荆轲之客，皆亡。高渐离变名姓为人庸保①，匿作于宋子。久之，作苦，闻其家堂上客击筑，彷徨不能去。每出言曰："彼有善有不善。"从者以告其主，曰："彼庸乃知音，窃言是非。"家丈人召使前击筑②，一坐称善，赐酒。而高渐离念久隐畏约无穷时，乃退，出其装匣中筑与其善衣，更容貌而前。举坐客皆惊，下与抗礼③，以为上客。使击筑而歌，客无不流涕而去者。宋子传客之，闻于秦始皇。秦始皇召见，人有识者，乃曰："高渐离也。"秦皇帝惜其善击筑，重赦之，乃矐其目④。使击筑，未尝不称善。稍益近之，高渐离乃以铅置筑中，复进得近，举筑朴秦皇帝⑤，不中。于是遂诛高渐离，终身不复近诸侯之人⑥。

【注释】

①庸保：帮工，伙计。庸，同"佣"。被雇用的人。②家丈人：东家，主人。③抗礼：用平等的礼节接待。④矐其目：熏瞎他的眼睛。矐，熏瞎。⑤朴：撞击。⑥诸侯之人：此前东方六国的人。

【译文】

第二年，秦王兼并天下，立号为皇帝。秦王下令捉拿太子丹和荆轲的门客，（这些人）全部都四处逃亡。高渐离隐姓埋名做了伙计，隐藏在宋子县。时间一长，觉得工作辛苦，听见主人家的堂上有客人击筑，彷徨不肯离开。每次脱口说：“他这里击得好，那里击得不好。”侍从将他所说的话告诉他的主人说：“那个伙计倒是懂得音乐，私底下评论击筑的好坏。”酒家的主人派人把他叫来击筑，在座的人都说好，赏赐美酒给他喝。而高渐离想，长时间担惊受怕地隐居在这里，不知道什么时候是尽头，于是辞退下去，拿出行装中匣子里的筑，以及他的好衣服，恢复他原来的容貌走到堂前。在座的人都很惊讶，走下堂来以平等的礼节对待他，把他奉为上宾。还让他击筑唱歌，在座的客人听了没有不流泪离开的。宋子县的人轮流款待他，这件事传到秦始皇的耳朵里。秦始皇召见他，有人认识他，禀告说：“这人是高渐离。”秦始皇爱惜他精于击筑，特别饶恕了他的死罪，弄瞎了他的眼睛，让他击筑，没有一次不称赞他好的。秦始皇逐渐亲近他，于是高渐离把铅块放置到筑里面，等到再次进见，始皇靠近他的时候，举起筑向秦始皇扑打过来，没有击中。秦始皇就诛杀了高渐离，一辈子再也没有亲近六国的人。

【原文】

鲁句践已闻荆轲之刺秦王，私曰：“嗟乎，惜哉，其不讲于刺剑之术也①！甚矣吾不知人也！曩者吾叱之，彼乃以我为非人也②！”

【注释】

①讲：讲究，精通。②非人：不是同类人。

【译文】

鲁句践听到荆轲行刺秦王的事，私下说：“唉！太可惜啦，他不讲究刺剑的技术啊，我太不了解这个人了！过去我呵斥他，他就以为我不是同类人了。”

【原文】

太史公曰：世言荆轲，其称太子丹之命①，“天雨粟，马生角”也②，太过。又言荆轲伤秦王，皆非也。始公孙季功，董生与夏无且游，具知其事，为余道之如是。自曹沫至荆轲五人，此其义或成或不成③，然其立意较然④，不欺其志⑤，名垂后世，岂妄也哉⑥！

【注释】

①命：运气，命运。②天雨粟，马生角：据《燕丹子》记载，“丹求归，秦王曰：‘乌头白，马生角，乃许耳。’丹乃仰天长叹，乌头即白，马亦生角。”王充《论衡·感虚》等亦有此说。这里比喻不可能之事。雨，下雨。③义：义举，指行刺活动。④较：清楚，明白。⑤欺：违背。⑥妄：虚妄，荒诞。

【译文】

太史公说：世人说到荆轲，都会说太子丹的命运，好像“天上降下粟米，马的脑袋上长出角来”那样，这有点过分了。又说荆轲刺杀秦王，这都是事实。最初公孙季功、董生和夏无且有交往，都知道这件事，他们对我说的与我上面描述的一样。从曹沫一直到荆轲这五个人，他们的义行有的成功，有的不成功，但是他们的宗旨都很明白，都没有辱没自己的志向，名声流传到后世，这难道是荒诞虚无的吗！

李斯列传

【导读】

李斯是秦始皇和秦二世时的丞相，是秦朝至关重要的政治人物。整个秦王朝的兴衰，都与李斯有着很大关系。他曾向始皇上了一篇《谏逐客书》，请求秦国尊重各国人才；他创造大篆，统一六国文字；他追随始皇巡游南北，刻石颂功……这些都是他的贡献。但是，李斯也参与了赵高、胡亥篡夺权位的阴谋，伪造诏书，害死公子扶苏和大将蒙恬。秦二世登基后，赵高为争夺相位，于是陷害李斯，并最终将其处死。

◎妥协求荣，假造遗诏◎

【原文】

始皇三十七年十月，行出游会稽，并海上，北抵琅邪。丞相斯、中车府令赵高兼行符玺令事①，皆从。始皇有二十余子，长子扶苏以数直谏上，上使监兵上郡，蒙恬为将。少子胡亥爱，请从，上许之。余子莫从。

其年七月②，始皇帝至沙丘，病甚，令赵高为书赐公子扶苏曰："以兵属蒙恬，与丧会咸阳而葬。"书已封，未授使者，始皇崩。书及玺皆在赵高所，独子胡亥、丞相李斯、赵高及幸宦者五六人知始皇崩，余群臣皆莫知也。李斯以为上在外崩，无真太子③，故秘之。置始皇居辒辌车中④，百官奏事上食如故，宦者辄从辒辌可诸奏事。

【注释】

①行：暂时代理。②其年七月：由于当时以十月为岁首，所以十月在前，

七月在后。③真太子：正式确立的太子。④辒辌车：古代一种既能保温又能通风的卧车。

【译文】

秦始皇三十七年十月，始皇巡游至会稽山，沿着海岸北上，抵达琅邪山。丞相李斯和兼代符玺令的中车府令赵高一起跟随。始皇有二十多个儿子，长子扶苏因为多次直言敢谏，所以始皇贬他到上郡任监军，蒙恬为将军。小儿子胡亥受到宠爱，请求跟随出游，始皇答应了。其余的儿子都没有跟随。

这年七月，始皇帝到达沙丘，病得很厉害，命令赵高写诏书给公子扶苏说："把军队交托给蒙恬，赶快参与丧事，与灵柩到咸阳会合，然后安葬。"诏书封好以后，没有交给传信的人，始皇就驾崩了。诏书和御印都搁在赵高的住所，只有胡亥、丞相李斯、赵高以及受宠的五六个人知道始皇驾崩的消息，其他的大臣都不知道。李斯认为皇上在外面驾崩，没有正式确定的太子，所以才封锁消息，把始皇的尸体放到一辆既保暖又通风凉爽的卧车里，百官照常向车子里的始皇奏事并进献食物，宦官就在车中假托皇帝的命令批复百官报告的事情。

【原文】

赵高因留所赐扶苏玺书[①]，而谓公子胡亥曰："上崩，无诏封王诸子而独赐长子书。长子至，即立为皇帝，而子无尺寸之地，为之奈何？"胡亥曰："固也。吾闻之，明君知臣，明父知子。父捐命[②]，不封诸子，何可言者！"赵高曰："不然。方今天下之权，存亡在子与高及丞相耳，愿子图之。且夫臣人与见臣于人[③]，制人与见制于人，岂可同日道哉！"胡亥曰："废兄而立弟，是不义也；不奉父诏而畏死，是不孝也；能薄而材谫[④]，强因人之功，是不能也；三者逆德，天下不服，身殆倾危[⑤]，社稷不血食[⑥]。"高曰："臣闻汤、武杀其主，天下称义焉，不为不忠。卫君杀其父，而卫国载其德，孔子著之，不为不孝。夫大行不小谨，盛德不辞让，乡曲各有宜而百官不同功[7]。故顾小而忘大，后必有害；狐疑犹豫，后必有悔。断而敢行，鬼神避之，后有成功。愿子遂之！”胡亥喟然叹曰：“今大行未发[8]，丧礼未终，岂宜以此事干丞相哉[9]！”赵高曰：“时乎时乎，间不及谋[10]！赢粮跃马[11]，唯恐后时！”

【注释】

①玺书：盖过皇帝印玺的文书。②捐命：舍弃生命，临终。③臣人：驾驭群臣。④谫：浅陋。⑤殆：差不多。倾危：倒覆，即被杀。⑥社稷：土神和谷神，国家政权的象征。血食：享受祭祀。因为祭祀时要杀牛、羊、猪三牲，所以叫血食。⑦乡曲：乡下，后引申为乡里。⑧大行：一去不返。臣下因讳言皇帝死亡，所以用大行来做比喻。⑨干：求，麻烦。⑩间：空隙，形容时间之紧迫。⑪赢：携带，背负。

【译文】

赵高于是扣留了始皇写给扶苏的诏书，对公子胡亥说：“皇上驾崩，没有下诏封诸子为王，而只是写给长子扶苏一封诏书。扶苏来了，就会被立为皇帝，而您连一尺一寸的土地都没有，这该怎么办呢？”胡亥说：“本来就是这样。我听说，贤明的君主了解臣子，贤明的父亲了解儿子。做父亲的临终之时不封赏诸子，有什么话可说呢！”赵高说：“不是这样的。现在全天下的权力，天下人的生死存亡都在您和我还有丞相的手里，希望您好好考虑一下。况且使别人向自己称臣和向别人称臣，控制别人和被别人控制，难道可以同日而语、相提并论吗？”胡亥说：“废掉兄长而拥立弟弟，这是不义；不遵从父亲的诏书而害怕被杀，这是不孝；才能浅薄，勉强依靠别人的功劳而登上皇位，这是无能。这三种做法都是违背道德的，天下人不会心服的，而自身也将招致祸殃，社稷也不能永享祭祀了。”赵高说：“我听说商汤、周武王杀了他们的君主，天下人称这是义行，不认为它是不忠的行为。卫君杀了自己的父亲，而卫国人却称颂他的功德，孔子还记录过这件事，这不是不守孝道。做大事的人可以不拘泥小节，道德高尚的人不必计较琐碎的礼让，穷乡僻壤有自己的风俗习惯，百官的职责也各有不同。所以顾念小节而忘记大体，一定会留下祸患；迟疑犹豫，一定会抱憾终生。果断而勇敢，连鬼神也会畏惧躲避，一定会取得成功。希望您就这样做！”胡亥感叹一声说：“现在皇帝刚死，还没有发丧，丧事还没有结束，怎么能拿这件事去要求丞相呢！”赵高说：“时间很紧迫啊，稍有迟疑就不允许谋算了。好像带着干粮骑马赶路一样，就怕耽误时机啊！”

【原文】

胡亥既然高之言①，高曰：“不与丞相谋，恐事不能成，臣请为子与丞相谋之。”高乃谓丞相斯曰：“上崩，赐长子书，与丧会咸阳而立为嗣②。书未行，今上崩，未有知者也。所赐长子书及符玺皆在胡亥所，定太子在君侯与高之口耳③。事将何如？”斯曰：“安得亡国之言！此非人臣所当议论也！”高曰：“君侯自料能孰与蒙恬④？功高孰与蒙恬？谋远不失孰与蒙恬？无怨于天下孰与蒙恬？长子旧而信之孰与蒙恬？”斯曰：“此五者皆不及蒙恬，而君责之何深也？”高曰：“高固内官之厮役也⑤，幸得以刀笔之文进入秦宫⑥，管事二十余年，未尝见秦免罢丞相功臣有封及二世者也，卒皆以诛亡。皇帝二十余子，皆君之所知。长子刚毅而武勇，信人而奋士⑦，即位必用蒙恬为丞相，君侯终不怀通侯之印归于乡里，明矣。高受诏教习胡亥，使学以法事数年矣⑧，未尝见过失。仁慈笃厚⑨，轻财重士，辩于心而诎于口⑩，尽礼敬士，秦之诸子未有及此者，可以为嗣。君计而定之。”斯曰：“君其反位⑪！斯奉主之诏，听天之命，何虑之可定也？”高曰：“安可危也，危可安也。安危不定，何以贵圣？”斯曰：“斯，上蔡闾巷布衣也，上幸擢为丞相，封为通侯，子孙皆至尊位重禄者，故将以存亡安危属臣也。岂可负哉！夫忠臣不避死而庶几⑫，孝子不勤劳而见危，人臣各守其职而已矣。君其勿复言，将令斯得罪。”高曰：“盖闻圣人迁徙无常⑬，就变而从时⑭，见末而知本，观指而睹归，物固有之，安得常法哉！方今天下之权命悬于胡亥，高能得志焉⑮。且夫从外制中谓之惑，从下制上谓之贼。故秋霜降者草花落，水摇动者万物作⑯，此必然之效也。君何相见之晚？”斯曰：“吾闻晋易太子⑰，三世不安；齐桓兄弟争位⑱，身死为戮；纣杀亲戚⑲，不听谏者，国为丘墟，遂危社稷：三者逆天，宗庙不血食。斯其犹人哉，安足为谋！”高曰：“上下合同，可以长久；中外若一，事无表里。君听臣之计，即长有封侯，世世称孤，必有乔、松之寿⑳，孔、墨之智㉑。今释此而不从，祸及子孙，足以为寒心。善者因祸为福，君何处焉？”斯乃仰天而叹，垂泪太息曰㉒：“嗟乎！独遭乱世，既以不能死㉓，安托命哉㉔！”于是斯乃听高。高乃报胡亥曰：“臣请奉太子之明命以报丞相，丞相斯敢不奉令！”

【注释】

①然：同意，赞成。②嗣：继承人。③君侯：古时对列侯的称呼。④孰与：与……比怎么样。⑤内官：宦官。厮役：奴仆。⑥刀笔之文：刑法文书。⑦信人：待人真诚。奋士：激励部下，使之为自己效忠。⑧法事：有关法律之事。⑨笃厚：老实厚道。⑩辩：通“辨”，明辨是非。诎：言语迟钝。⑪反位：回到原来的职位上。反，通“返”。⑫庶几：差不多。这里指苟且从事。⑬迁徙：迁移。引申为善变。⑭就变：服从变化。从时：顺应潮流。⑮得志：揣测心思。⑯水摇动：春天冰雪消融。万物作：万物生长。⑰晋易太子：春秋时晋献公宠爱妃子骊姬，迫使太子申生自杀，改立骊姬子奚齐为太子。⑱齐桓兄弟争位：春秋时齐桓公和公子纠争位，桓公掌权后，迫使鲁国杀死公子纠。⑲纣杀亲戚：指商纣杀死其叔父比干。⑳乔、松：指王子乔、赤松子。二人都是古代传说中的仙人。㉑孔、墨：指孔丘、墨翟。㉒太息：叹息。㉓以：通“已”。㉔托命：委身，托付。

【译文】

胡亥同意赵高的意见之后，赵高说："不和丞相一起谋划，恐怕大事就不能取得成功，请让我为您和丞相一起谋划一下吧。"赵高于是与丞相李斯商量说："皇上驾崩，留给长子扶苏一份诏书，让他到咸阳与我们会合，办理丧事，而且还立他为继承人。诏书还没有送出去，现在皇上驾崩，没有知道这件事的了。写给长子扶苏的诏书和御玺都在胡亥那里，决定太子的归属就在于君侯和我赵高的一句话了。这件事该怎么办呢？"李斯说："你怎么能说出这种亡国的话呢！这不是臣子应该议论的事情！"赵高说："君侯自己想想：您的才能和蒙恬比起来如何？您和蒙恬谁的功劳大？在深谋远虑和不失算方面您和蒙恬谁更厉害？不与天下人结怨这一方面您比得上蒙恬吗？与长子有旧交情和深得信任这方面能比得上蒙恬吗？"李斯说："这五个方面我都比不上蒙恬，但是你怎么能够这么苛求责备呢？"赵高说："我赵高本来就是宦官之中的一个小仆役，幸亏能够凭着熟悉刑法文书而进入秦宫，在里面掌管事务二十多年，从来没有看到过秦王罢黜的丞相和功臣有连续两代封爵的，这些人最后都被诛杀。皇帝有二十多个儿子，这些您都知道。长子扶苏刚毅而勇武，肯信任人，又善于鼓励士人，他即位之后一定会任用蒙恬为丞相，君侯您终究不会带着通侯的印信回归乡里，这是很明白的事情。我赵高受命教胡亥学习，让他学习法令已经好几年了，从没见他犯过什么过失。胡亥仁慈宽厚，轻视财物而看重士子，内心很聪明但是不善于从口中表达出来，又礼贤下士，秦朝的诸位王子中没有能比得上他的，可以让他继承王位。希望您考虑一下，做出决定。"李斯说："你最好回到你的本位考虑自己的事情吧，我遵从主上的诏令，听从上天的安排，还有什么可以考虑决定的呢？"赵高说："您认为现在自己的处境很安全，但说不定还很危险呢！倘若您参与我的计划，或许您认为处境是危险的，但说不定是很安全的。如果一个人无法掌握自己命运的安危，怎么能称得上是聪明之人呢？"李斯说："我李斯，原本是上蔡闾巷里的一个老百姓，承蒙皇上宠幸而提拔为丞相，封为通侯，子孙都得到尊贵的地位和优厚的俸禄，所以把国家的生死安危托付给我，我怎能辜负呢？忠臣不因为怕死而存侥幸心理，孝子不因为过分勤劳而使自己身体受损，人臣各自守住自己的职责就可以了。您不要再对我说了，不然的话就会让我李斯获罪了。”赵高说：“我听说圣人处事灵活多变，善于抓住时机变化以顺应潮流，看到事情发展的苗头就能知道它根本的方向，看到事物发展的动向就能知道它的结果，事物的发展规律本来就是这样，怎么会有永恒不变的准则呢？现在天下的权威和命运掌握在胡亥手中，我赵高能够揣摩出他的意向。况且由外部控制内部，这就是谋逆造反；由下面控制上面，这就是犯上作乱。所以秋天降下寒霜，花草树木就会凋落；春天冰水融化，万物就开始生长，这是必然的结果。您怎么不知道这个道理呢？”李斯说：“我听说晋国更换太子，连续三代都不安宁；齐桓公兄弟两人争夺王位，公子纠最终被杀戮；殷纣王杀死自己的亲人，不听劝谏，国家变为废墟，社稷危亡。这三个故事都是违逆天理的，宗庙不能延续祭祀。他们逆天而行遭受灾祸，我怎能谋逆造反呢？”赵高说：“上下如果齐心协力，富贵就能保持得长久；内外相呼应和，事情就能自然顺手，不会参差不一致。您要是听我的计谋，就可以长久享受封爵，世世代代称王称侯，必定会像王子乔、赤松子那样长寿，也一定会像孔子、墨翟那样聪慧。现在舍弃这些不听从我的建议，那你的子孙也不能免除灾祸，足以让我替你担惊受怕的了。聪明的人能够把祸患转化为福祉，您打算如何安置自己呢？”李斯于是仰天长叹，落泪叹息说：“唉！我偏偏不幸生在这个乱世里，既然不能以死报答皇帝，怎么能够寄托自己的命运呢！”李斯听从了赵高的安排。赵高禀告胡亥说：“我请求奉了太子（指胡亥）的公开命令去通知丞相，丞相敢不从命吗！”

【原文】

于是乃相与谋，诈为受始皇诏丞相，立子胡亥为太子。更为书赐长子扶苏曰："朕巡天下①，祷祠名山诸神以延寿命②。今扶苏与将军蒙恬将师数十万以屯边③，十有余年矣，不能进而前，士卒多耗，无尺寸之功，乃反数上书直言诽谤我所为，以不得罢归为太子，日夜怨望④。扶苏为人子不孝，其赐剑以自裁！将军恬与扶苏居外，不匡正，宜知其谋。为人臣不忠，其赐死，以兵属裨将王离⑤。"封其书以皇帝玺，遣胡亥客奉书赐扶苏于上郡。

使者至，发书，扶苏泣，入内舍，欲自杀。蒙恬止扶苏曰："陛下居外，未立太子，使臣将三十万众守边，公子为监，此天下重任也。今一使者来，即自杀，安知其非诈？请复请，复请而后死，未暮也⑥。"使者数趣之⑦。扶苏为人仁，谓蒙恬曰："父而赐子死，尚安复请！"即自杀。

【注释】

①朕：古人的自称，从秦始皇起，专门用作皇帝自称。②祷祠：祈祷祭祠。③将师：率领军队。将，用作动词，率领。屯边：驻守在边关之上。④怨望：怨恨不满。⑤裨将：副将，偏将。⑥暮：晚。⑦趣：催促，督促。

【译文】

李斯和赵高一起谋划，伪造了始皇给丞相的诏书，立小儿子胡亥为太子。更改写给长子扶苏的诏书，上面说："我巡游天下，祈祷祭祀名山的神明，希望能够延长寿命。现在扶苏和将军蒙恬率领数十万军队驻守边关，已经有十多年了，没有能够扩展疆土，士兵损失惨重，功劳一点儿都没有，竟然反过来多次上书指责诽谤我的所作所为，只因为不能解除监军的职位回朝做太子，日夜不停地怨恨我。扶苏身为人子不守孝道，现在赐你一把剑自杀吧！将军蒙恬和扶苏在外面，不匡扶正义，应该知道扶苏的阴谋。身为人臣却不知效忠，现在赐你一死，把兵权交给副将王离。"在诏书的封口盖上皇帝玉玺大印，派胡亥的门客送到上郡交给扶苏。

使者到了上郡，扶苏打开诏书看，看完后哭泣着进入内宅，打算自杀。蒙恬制止扶苏说："陛下在外面，没有立太子，让我率领三十万军队驻守边关，公子出任监军，这是天下的重任啊。现在来了一个使者，您就自杀，怎么知道这不是诈术呢？请您重新请示一下，请示完了之后再死也不迟啊。"使者在旁多次催促他。扶苏为人仁厚，对蒙恬说："做父亲的让儿子死，怎么敢再请示呢！"于是自杀。

◎下狱灭族◎

【原文】

赵高案治李斯。李斯拘执束缚①，居囹圄中②，仰天而叹曰："嗟乎！悲夫！不道之君，何可为计哉！昔者桀杀关龙逢，纣杀王子比干，吴王夫差杀伍子胥。此三臣者，岂不忠哉！然而不免于死，身死而所忠者非也。今吾智不及三子，而二世之无道过于桀、纣、夫差，吾以忠死，宜矣。且二世之治岂不乱哉！日者夷其兄弟而自立也③，杀忠臣而贵贱人，作为阿房之宫，赋敛天下。吾非不谏也，而不吾听也④。凡古圣王，饮食有节，车器有数，宫室有度，出令造事，加费而无益于民利者禁，故能长治久安。今行逆于昆弟⑤，不顾其咎⑥；侵杀忠臣，不思其殃；大为宫室，厚赋天下，不爱其费。三者已行，天下不听。今反者已有天下之半矣，而心尚未寤也⑦，而以赵高为佐，吾必见寇至咸阳，麋鹿游于朝也。"

【注释】

①拘执束缚：被捕后戴上刑具。②囹圄：监狱。③日者：刚刚，不久以前。④不吾听：即"不听吾"。⑤行逆：倒行逆施。昆弟：兄弟。⑥咎：祸患，灾祸。⑦寤：通"悟"，觉悟，醒悟。

【译文】

赵高审讯李斯。李斯被抓起来，身上套上刑具，关押到监狱里，仰天长叹说："唉！真是悲哀啊！无道的君主，怎么能为他谋虑打算呢！当初夏桀杀死关龙逢，纣王杀死王子比干，吴王夫差杀死伍子胥。这三个臣子，不都很忠诚吗！然而都不免一死，他们虽然尽忠而死，但是所效忠的人不是得道之君啊。现在我的聪明才智比不上这三个人，而二世的暴虐无道又比夏桀、商纣和夫差更加厉害，我因为尽忠而死，那是应当的。况且二世不是胡乱治理天下吗？往日他杀掉自己的兄弟，自立为皇帝，杀戮功臣而重用卑贱的人，营建阿房宫，在天下征收重税。我不是不劝谏，而是他听不进我的话。凡是古代的圣王，饮食都有一定节制，车子和器物的数量也有限制，宫室的规模也有一定的限度，颁布命令和兴办事业，只要是徒增浪费和不利于人民的，一律禁止，所以国家能长治久安。现在胡亥倒行逆施，对自己的兄弟施以暴行，不考虑灾祸；枉杀忠臣，不顾忌祸殃；广修宫殿，向天下横征暴敛，不爱惜钱财。这三种行为做出来以后，天下人都不服从。现在造反的人已经占据了天下的一半，然而二世还没有醒悟过来，还用赵高辅佐，我一定能看到反贼攻入咸阳，只剩下麋鹿在废墟上来来往往。"

【原文】

于是二世乃使高案丞相狱，治罪，责斯与子由谋反状，皆收捕宗族宾客。赵高治斯，榜掠千余[①]，不胜痛，自诬服[②]。斯所以不死者，自负其辩，有功、实无反心，幸得上书自陈，幸二世之寤而赦之。李斯乃从狱中上书曰："臣为丞相治民，三十余多矣。逮秦地之狭隘[③]。先王之时秦地不过千里，兵数十万。臣尽薄材，谨奉法令，阴行谋臣[④]，资之金玉，使游说诸侯，阴修甲兵，饰政教，官斗士[⑤]，尊功臣，盛其爵禄，故终以胁韩弱魏，破燕、赵、夷齐、楚，卒兼六国，虏其王，立秦为天子。罪一矣。地非不广，又北逐胡、貉[⑥]，南定百越，以见秦之强。罪二矣。尊大臣，盛其爵位，以固其亲。罪三矣。立社稷，修宗庙，以明主之贤。罪四矣。更克画[⑦]，平斗斛度量文章[⑧]，布之天下，以树秦之名。罪五矣。治驰道，兴游观，以见主之得意。罪六矣。缓刑罚，薄赋敛，以遂主得众之心，万民载主，死而不忘。罪七矣。若斯之为臣者，罪足以死固久矣。上幸尽其能力，乃得至今，愿陛下察之！”书上，赵高使吏弃去不奏，曰：“囚安得上书！”

【注释】

①榜掠：严刑拷打。②诬服：因受虐待而冤屈地认罪。③逮：及，正赶上。④行：派遣，派出。⑤官：用作动词，授予……官职。⑥貉：通“貊”，古代称东北方的民族。⑦克画：在尺度和衡器上刻下的标志。克，通“刻”。⑧平：统一。斛（hú）：量器，一斛为十斗。文章：即文字。

【译文】

二世派赵高审理李斯的案件，定了他的罪，责问李斯和儿子李由谋反的情形，逮捕了李斯所有的亲戚和宾客。赵高审讯李斯，笞挞了他一千多下，李斯忍受不了疼痛，最终冤屈地招认了罪行。李斯之所以不自杀，是因为他自负口才好，有功劳，确实没有谋反之心，希望能够上书为自己辩解，又希望二世能够醒悟过来赦免自己。李斯在监狱中上书说：“我身为丞相治理百姓，已经有三十多年了。我来到秦国的时候，秦国的土地还很狭小。先王在位之时，秦国的土地不过千里，士兵也只有几十万。我竭尽自己微薄的才能，谨慎地奉守法律，暗中派遣谋臣，带着金银珠宝去游说诸侯，暗中修缮武器装备，修明政令，重用勇敢善斗的战士，尊重有功之臣，提升他们的爵位，增加他们的俸禄，终于能够逼迫韩国，削弱魏国，打败燕国、赵国，灭掉齐国、赵国，最终兼并六国，俘虏他们的君王，立秦王为天子。这是我的第一桩罪行。这个时候，土地并非不广阔，又向北驱逐匈奴，向南平定百越，以炫耀秦国的强大。这是我的第二桩罪行。尊重大臣，提高他们的爵位，以巩固君臣之间的关系。这是我的第三桩罪行。建立社稷，修缮宗庙，以彰显君主的贤明。这是我的第四桩罪行。更改书写符号，统一度量衡和文字，并颁布天下，以树立秦王的威名。这是我的第五桩罪行。治理驰道，建议周游天下，以显示君王的志得意满。这是我的第六桩罪行。减轻刑罚，减少赋税，使君主得到民心，让百姓拥戴君主，至死不忘君主的美德。这是我的第七桩罪行。像我李斯这样做臣子的，罪行足以致死本来就很久了。幸而皇上准许我竭尽所能，这才活到今天，希望陛下明察！”书信呈递上去，赵高让狱吏丢弃掉，说道：“囚犯怎么能上书呢！”

【原文】

赵高使其客十余辈诈为御史、谒者、侍中，更往复讯斯[①]。斯更以其实对，辄使人复榜之。后二世使人验斯，斯以为如前，终不敢更言，辞服[②]。奏当上，二世喜曰：“微赵君[③]，几为丞相所卖[④]。”及二世所使案三川之守至，则项梁已击杀之。使者来，会丞相下吏，赵高皆妄为反辞。

二世二年七月，具斯五刑[⑤]，论腰斩咸阳市。斯出狱，与其中子俱执，顾谓其中子曰[⑥]：“吾欲与若复牵黄犬俱出上蔡东门逐狡兔，岂可得乎！”遂父子相哭，而夷三族[⑦]。

【注释】

①更：更替，轮流。②辞服：认罪。③微：没有。④几：近，几乎。⑤五刑：古代的五种轻重不等的刑罚，即墨刑（在脸上刺字涂墨）、劓刑（割鼻）、刖刑（剁脚）、宫刑（男子割除生殖器，女子幽闭）、大辟（砍头）。⑥中子：次子。⑦三族：指父族、母族及妻族。

【译文】

赵高派他的门客十余人伪装成御史、谒者和侍中，轮番审讯李斯。李斯更改口供，把实情告诉这些人，赵高就让这几个人再拷问他。后来二世派人去验证李斯的口供，李斯以为跟平时的审讯一样，终究没敢更改口供，招供认罪。供词呈上去，二世大喜道："没有赵君，我几乎就被丞相欺骗了。"等到二世所派遣的调查三川郡守的人到达三川时，项梁已经把他杀了。使者回来，正好赶上丞相被狱吏看管着，赵高就篡改了使者调查的真相，诬陷李由造反。

二世二年七月，李斯被判处五刑，在咸阳的市集上腰斩。李斯走出监狱，和他的次子一同押解，他回过头来对次子说："我想和你再次牵着黄狗一起出去到蔡东门追逐狡兔，现在还能做得到吗！"父子两人相对哭泣，胡亥诛灭了他的三族。

淮阴侯列传

【导读】

韩信（公元前231~公元前196年），淮阴人，历任大将军、左丞相、相国等职，封齐王、楚王、淮阴侯。西汉开国功臣，初属项羽，后归刘邦。韩信素有谋略，被后世奉为“兵仙”“战神”。但他也因其军事才能引起汉高祖刘邦的猜忌。刘邦战胜主要对手项羽后，韩信的势力被一再削弱。最后，韩信由于被控谋反，被吕后及萧何诱入宫内，处死于长乐宫钟室。本传记载了韩信一生的事迹，突出了他的军事才能和累累战功。韩信功高于世，却落个夷灭宗族的下场，此篇倾注了司马迁对他无限的同情和感慨。

◎胯下之辱◎

【原文】

淮阴侯韩信者①，淮阴人也。始为布衣时，贫，无行②，不得推择为吏③，又不能治生商贾④，常从人寄食饮⑤，人多厌之者，常数从其下乡南昌亭长寄食⑥，数月，亭长妻患之⑦，乃晨炊蓐食⑧。食时信往，不为具食⑨。信亦知其意，怒，竟绝去。

【注释】

①淮阴：县名。在今江苏省淮阴区西南。淮阴侯：韩信最后的封爵。②无行：没有好的表现。③推择：推选。④治生：谋生。商贾（gǔ）：运货贩卖的叫“商”，囤积营利的叫“贾”。“商贾”本是商人的统称，这里用

作动词，即做买卖。“治生商贾”，即“以商贾治生”。⑤从人：到人家那里去。寄：依附。⑥常：通“尝”，曾经。下乡：淮阴县的一个乡。南昌亭长：乡官。南昌，下乡的亭名，在淮阴东南，今淮安县西南。⑦患：嫌恶，讨厌。⑧蓐（rù）食：端到床上吃掉。蓐，草席。⑨具食：准备饭食。

【译文】

淮阴侯韩信，是淮阴人。当初还是平民的时候，贫穷，没有好的表现，不能被推选去做官；又不会做买卖谋生，经常投靠人家吃闲饭，人们大都讨厌他。他曾经多次投靠下乡南昌亭亭长，一连几个月寄食在他家，亭长的妻子厌烦他。一天大清早，她把饭做好，就在床上吃掉。到了开饭的时候，韩信去了，没有给他准备饭食。韩信也懂得他们的用意，非常恼火，就跟他们断绝关系，离开了。

【原文】

信钓于城下，诸母漂①，有一母见信饥，饭信②，竟漂数十日。信喜，谓漂母曰：“吾必有以重报母③。”母怒曰：“大丈夫不能自食④，吾哀王孙而进食⑤，岂望报乎！”

【注释】

①母：古代对年老妇女的尊称，也称“大娘”。漂：在水里洗丝绵。②饭：用作动词，给……饭吃。③有以：“有所以”的省略。以，用。④大丈夫：泛指有大志、有作为、有气节的男子。自食（sì）：自己养活自己。食，使动用法。⑤王孙：类似“公子”，是古代时贵族子弟的通称，也是对青年人的敬称。

【译文】

韩信在城下钓鱼，有几位老大娘在漂洗丝绵。有位老大娘看见韩信饿了，把饭分给他吃，一连几十天都是这样，直到漂洗完毕。韩信高兴，对那老大娘说："我一定重重地报答您老人家。"老大娘生气地说："男子汉不能养活自己，我是可怜你这位公子才给你饭吃，难道是希望报答吗！"

【原文】

淮阴屠中少年有侮信者[①]，曰："若虽长大，好带刀剑，中情怯耳[②]。"众辱之曰[③]："信能死[④]，刺我；不能死，出我袴下[⑤]。"于是信孰视之[⑥]，俯出袴下，蒲伏[⑦]。一市人皆笑信，以为怯。

【注释】

①屠：屠夫，指宰杀牲畜的人。②中情：内心。怯（qiè）：怯懦，胆小。③众辱之：当众侮辱他（指韩信）。④信：有两解：一指韩信，为人名；一指诚然、果真，为副词。⑤袴：有两解：一是通"胯（kuà）"，指两腿间，后文"召辱己之少年令出胯下者"正用"胯"；一是同"裤"。⑥孰：通"熟"，仔细。⑦蒲伏：同"匍匐"。在地上用手脚爬行。

【译文】

淮阴屠户中有个侮辱韩信的年轻人，说："你虽然个子高大，喜欢佩带刀剑，内心却是胆怯的。"当众侮辱他说："你当真不怕死，就刺我；如果怕死，就从我胯下爬过去。"于是韩信仔细地打量那年轻人，就弯着身子，趴在地上，从他胯下爬过去。满街的人都嘲笑韩信，认为他胆小怕事。

⊙文史知识

漂母祠

"人间岂少真男子，千古无如此妇人"，漂母被誉为"中国古代三母"之首。正是因为她可贵的品质，人们对这位光照千古的伟大女性甚为推崇，并建祠堂纪念。

河下古镇的漂母祠建于明成化年间，初建于淮城东门外。万历初年，移建于萧湖韩信钓台左侧，并与韩侯钓台共同组成韩信纪念建筑群雏形。漂母祠建成以后，文人才士只要来到这里，都会留下吟咏的诗篇。祝允明、靳应升、张鸿烈、翁照、邱象随、赵翼、程嗣立等人都留下了凭吊诗篇。同治九年（1870年）再次修缮，增添了乾隆御碑一块，上面刻有乾隆壬午（1762年）所作的《漂母祠》诗："寄食淮阴未遇时，无端一饭获崇施。至今漂母犹歆报，钟室凄凉欲恨谁？"

【原文】

及项梁渡淮①，信杖剑从之②，居戏下③，无所知名。项梁败，又属项羽④，羽以为郎中⑤。数以策干项羽⑥，羽不用。汉王之入蜀⑦，信亡楚归汉⑧，未得知名，为连敖⑨。坐法当斩⑩，其辈十三人皆已斩⑪，次至信⑫，信乃仰视，适见滕公⑬，曰："上不欲就天下乎⑭？何为斩壮士！"滕公奇其言⑮，壮其貌，释而不斩。与语，大说之。言于上，上拜以为治粟都尉⑯，上未之奇也⑰。

【注释】

①项梁：秦末起义将领之一。下相人，楚将项燕的儿子。秦二世元年（公元前209年），陈胜、吴广起义后，他和侄儿项羽杀了会稽郡守殷通，在吴（会稽郡治，今江苏省苏州市）起兵反秦，有精兵八千人。后任张楚上柱国，率兵渡江西进。陈胜失败后，他拥立楚怀王的孙子熊心为王，仍称楚怀王，自号武信君。后在定陶（今山东省定陶区西北）战死。②杖：用作动词，持，执。③戏（huī）下：即"麾下"。戏，通"麾"。④项羽（公元前232～公元前202年）：名籍，自立为西楚霸王。后被刘邦打败，从垓下（今安徽省灵璧县东南）突围到乌江自杀。⑤郎中：官名，负责警卫的武官。⑥干：求。⑦汉王：即汉高祖刘邦。汉元年（公元前206

年）二月，项羽大封诸侯，封刘邦为汉王，领有巴、蜀、汉中三郡。蜀：郡名，辖境包括今四川省西部。⑧亡楚：即“亡于楚”，从楚军逃出。⑨连敖：即典客，指接待宾客的官员。⑩坐法：因犯法而获罪。坐，特指办罪的因由。⑪其辈：指韩信的同案犯人。⑫次：按次序。⑬滕公：即夏侯婴，刘邦的同乡好友。因他做过滕县（今山东省滕州市西南）县令，楚人称令为公，所以又称滕公。⑭上：秦、汉以来对皇帝的通称，这里指汉王。就：成就，得到。⑮奇：以动用法，以……为奇。⑯治粟都尉：管理粮饷的军官。⑰未之奇：即“未奇之”，意谓没有重视他。

【译文】

等到项梁渡淮北上，韩信带着宝剑投奔他，留在麾下，默默无闻。项梁失败后，韩信又归属项羽，项羽让他做了郎中。他多次向项羽献计献策，想求得重用，项羽没有理会。汉王入蜀时，韩信从楚军逃出来归顺了汉王，依然默默无闻，做了个接待宾客的小官。后来犯法判处斩刑，同案的十三个人都已被斩，轮到韩信，韩信就抬头仰视，恰好看见滕公，说：“汉王不想成就天下的大业吗？为什么要斩好汉！”滕公认为他的话语不同凡响，又见他相貌堂堂，就放了他不斩。和韩信交谈，滕公十分高兴，便把韩信的情况报告汉王。汉王让他行治粟都尉，但还是没有重用他。

◎韩信拜将◎

【原文】

信数与萧何语[①]，何奇之。至南郑[②]，诸将行道亡者数十人[③]，信度何等已数言上，上不我用[④]，即亡。何闻信亡，不及以闻[⑤]，自追之。人有言上曰：“丞相何亡。”上大怒，如失左右手。居一二日[⑥]，何来谒上，上且怒且喜，骂何曰：“若亡，何也？”何曰：“臣不敢亡也，臣追亡者。”上曰：“若所追者谁？”何曰：“韩信也。”上复骂曰：“诸将亡者以十数，公无所追；追信，诈也。”何曰：“诸将易得耳。至如信者，国士无双⑦。王必欲长王汉中⑧，无所事信⑨；必欲争天下，非信无所与计事者。顾王策安所决耳⑩。”王曰：“吾亦欲东耳，安能郁郁久居此乎？”何曰：“王计必欲东，能用信，信即留；不能用，信终亡耳。”王曰：“吾为公以为将⑪。”何曰：“虽为将，信必不留。”王曰：“以为大将。”何曰：“幸甚！”于是王欲召信拜之。何曰：“王素慢无礼，今拜大将如呼小儿耳，此乃信所以去也。王必欲拜之，择良日，斋戒⑫；设坛场⑬，具礼⑭，乃可耳。”王许之。诸将皆喜，人人各自以为得大将。至拜大将，乃韩信也，一军皆惊。

【注释】

①萧何（约公元前257～公元前193年）：刘邦的重要谋臣，西汉王朝第一任丞相，封酂（cuó）侯。②南郑：县名。当时为汉的都城，位于今陕西省汉中市。③行（háng）：等，辈。道亡者：半路逃跑的。刘邦被项羽封为汉王，建都南郑，诸将及士兵多思东归，所以中途逃跑的很多。④不我用：即“不用我”。⑤闻：让人闻知。使动用法。⑥居：停留，过。⑦国士：一国之中的杰出人物。⑧汉中：郡名。辖境在陕西省秦岭以南一带及湖北省西北部。⑨事：用。⑩顾：但。策：指“长王汉中”和“争天下”两种计划。⑪为公：看在您的分儿上。⑫斋戒：古代在祭祀或举行典礼前，沐浴更衣、独宿、不饮酒、不吃荤，清心洁身，表示诚敬。⑬坛场：指拜将的场所。坛，土台。场，广场。⑭具礼：准备仪式。

【译文】

韩信多次和萧何谈话，萧何听后十分赏识他。到达南郑，将领们半路逃跑的有好几十人，韩信估计萧何等人已多次向汉王推荐过自己，但是汉王不重用自己，因此他也逃走了。萧何听说韩信逃走了，来不及将情况报告汉王，就亲自去追赶他。有人向汉王报告说："丞相萧何逃跑了。"汉王大怒，如同失去了左右手。过了一两天，萧何来进见汉王，汉王又是生气又是高兴，骂萧何道："你逃跑，这是怎么回事？"萧何说："我不敢逃跑啊！我是去追逃跑的人。"汉王说："你追赶的人是谁？"萧何说："韩信呐！"汉王又骂道："将领们逃跑的多得要用十数来计算，你都没有去追；追韩信，那是说谎。"萧何说："那些将领容易得到，至于像韩信这样的杰出人物，普天下找不出第二个。大王如果只想长期在汉中称王，那自然没有地方用得着韩信；如果一定要争夺天下，除了韩信，就再没有和您商量大事的人了。就看大王怎样决策罢了。"汉王说："我也想要向东方发展呢，怎么能够闷闷不乐地停留在这里呢？"萧何说："如果大王决计向东方发展，能够任用韩信，韩信就会留下来；如果不能任用，韩信终究要跑掉的。"汉王说："我看在您的分儿上，让他做将吧。"萧何说："即使做将，韩信也肯定不会留下来的。"汉王说："让他做大将。"萧何说："太好了！"于是汉王就想把韩信召来任命他。萧何说："大王向来傲慢不讲礼节，如今任命大将就像呼唤小孩子一样，这就是韩信要离开的原因啊。如果大王决心要任命他，就选个吉祥日子，亲自斋戒，设置拜将坛，举行任命大将的完备仪式，那才行啊。"汉王答应了萧何的请求。将领们听到要拜大将都高兴，人人都以为自己会被拜为大将了。等到任命大将时，竟是韩信，全军都十分惊讶。

【原文】

信拜礼毕，上坐[①]。王曰："丞相数言将军，将军何以教寡人计策？"信谢，因问王曰："今东乡争权天下[②]，岂非项王邪？"汉王曰："然。"曰："大王自料勇悍仁强孰与项王[③]？"汉王默然良久，曰："不如也。"信再拜贺曰[④]："惟信亦为大王不如也。然臣尝事之，请言项王之为人也。项王喑噁叱咤[⑤]，千人皆废[⑥]，然不能任属贤将[⑦]，此特匹夫之勇耳[⑧]。项王见人恭敬慈爱，言语呕呕[⑨]，人有疾病，涕泣分食饮，至使人有功当封爵者[10]，印刓敝[11]，忍不能予[12]，此所谓妇人之仁也[13]。项王虽霸天下而臣诸侯[14]，不居关中而都彭城[15]。有背义帝之约[16]，而以亲爱王，诸侯不平。诸侯之见项王迁逐义帝置江南[17]，亦皆归逐其主而自王善地。项王所过无不残灭者，天下多怨，百姓不亲附，特劫于威强耳。名虽为霸，实失天下心。故曰其强易弱。今大王诚能反其道：任天下武勇，何所不诛！以天下城邑封功臣，何所不服！以义兵从思东归之士[18]，何所不散！且三秦王为秦将[19]，将秦子弟数岁矣，所杀亡不可胜计[20]，又欺其众降诸侯[21]，至新安[22]，项王诈阬秦降卒二十余万[23]，唯独邯、欣、翳得脱，秦父兄怨此三人，痛入骨髓。今楚强以威王此三人，秦民莫爱也。大王之入武关[24]，秋豪无所害[25]，除秦苛法，与秦民约，法三章耳[26]，秦民无不欲得大王王秦者。于诸侯之约[27]，大王当王关中，关中民咸知之。大王失职入汉中[28]，秦民无不恨者。今大王举而东，三秦可传檄而定也[29]。”于是汉王大喜，自以为得信晚。遂听信计，部署诸将所击。

八月，汉王举兵东出陈仓[30]，定三秦[31]。汉二年[32]，出关[33]，收魏、河南[34]，韩、殷王皆降[35]。合齐、赵共击楚[36]。四月，至彭城，汉兵败散而还。信复收兵与汉王会荥阳[37]，复击破楚京、索之间[38]。以故，楚兵卒不能西。

【注释】

①上：指汉王。②东乡（xiàng）：向东方。乡，通“向”。③仁强：威望高且实力强大。孰：谁。④贺：赞许。⑤喑（yìn）噁（wù）叱（chì）咤（zhà）：厉声怒喝。喑噁，怀怒气；叱咤，发怒声。⑥废：俯伏，不敢动弹，形容受惊吓的样子。⑦任属：委任。⑧匹夫之勇：指不用智谋，单凭个人的血气之勇。匹夫，本指一个男子，引申为极平常的人。⑨呕（xū）呕：温和的样子。⑩使人：所任用的人。爵：爵位，贵族、功臣的封位。⑪刓（wán）敝：亦作“刓弊”，在手里磨损的意思。刓，通“玩”。⑫忍：有舍不得的意思。⑬妇人之仁：意思是说，不能明大局、识大体，只懂得婆婆妈妈的小恩小惠。⑭臣：使之臣服。⑮关中：

古地区名。一般指函谷关以西、散关以东为关中。都：建都。彭城：县名。即今江苏省徐州市。⑯有（yòu）：通“又”。义帝：战国时楚怀王的孙子，名熊心。秦时，流落民间为人牧羊。陈胜战死后，项梁拥立他为楚怀王，项梁战死后，他乘机到彭城，夺取项羽、吕臣兵权，改用宋义为上将军。后来项羽杀死宋义，夺回兵权。公元前206年，项羽自立为西楚霸王，表面上尊他为义帝，却暗中命黥布等在途中追杀他。诸将入关前，楚怀王曾与他们约定：“先入关中者王之。”后来刘邦先破关入咸阳，项羽却把关中一带分封给秦降将章邯等，所以说“有背义帝之约”。⑰江南：秦、汉时一般指今湖北省南部和湖南省、江西省一带。⑱思东归之士：指刘邦的将士。因刘邦的将士大多是东方人，都希望向东方发展。⑲三秦王：指章邯、司马欣、董翳。他们原来都是秦将，后投降项羽。项羽封刘邦为汉王时，害怕他夺取关中，因此将秦关中分为三部分，分别封章邯等三降将为王，所以称“三秦王”。⑳胜（shēng）：尽。㉑降诸侯：指向项羽投降。㉒新安：县名。在今河南省渑池东。㉓“项王”句：章邯等投降项羽时，手下有秦兵二十万。投降后，项羽等诸侯军虐待秦兵，秦兵有怨言。项羽担心他们不服，就把他们全部活埋在新安城南。阬，通“坑”，活埋。㉔武关：古代通往关中的重要关口。在今陕西省商南县东南的丹江上。㉕秋豪：通“秋毫”。鸟兽在秋天新长出来的细毛，比喻极细微的东西。㉖法三章：刘邦进驻咸阳后，废除秦朝的苛法，与关中父老约法三章，即“杀人者死，伤人及盗抵罪”。㉗于诸侯之约：指“先入关中者王之”的约言。㉘失职：失去应得的封地和爵位。按照楚怀王原先的约定，刘邦先入咸阳，应封为关中王，项羽却封他为汉王。㉙传檄（xí）而定：指不必用兵，只要下一道文书就可以平定。传，从驿站递送。檄，古代官府晓喻或声讨的文书。㉚陈仓：县名。在今陕西省宝鸡市东。㉛定三秦：公元前206年，刘邦采用韩信的计策，暗度陈仓，击败雍王章邯，进入咸阳，塞王司马欣、翟王董翳投降。㉜汉二年：公元前205年。公元前206年，刘邦被封为汉王，所以作为汉朝太史令的司马迁，从这年起就用汉的年代纪年。㉝关：指函谷关。在今河南省灵宝市东北。㉞魏：指魏王魏豹。河南：指河南王申阳。㉟韩、殷王：指韩王郑昌和殷王司马卬。㊱齐、赵：齐，指齐王田荣；赵，指赵王歇及赵相陈馀。这时都已叛楚从汉。㊲荥（xíng）阳：县名。在今河南省荥阳县东北。㊳京：县名。在今河南省荥阳县东南。索（sē）：索亭，古城名，又名大索城。即今河南省荥阳县城。

【译文】

韩信接受拜将的仪式结束之后，汉王坐了下来。汉王说："丞相多次谈起将军，将军拿什么谋略教我呢？"韩信谦让一番，接着问汉王道："如今向东去争夺天下，难道对手不就是项王吗？"汉王说："是的。"韩信说："大王自己认为，在勇敢、威望影响和兵力之强各方面，跟项王比如何？"汉王沉默了好久，说："不如项王。"韩信拜了两拜，赞同地说："我韩信也认为大王不如他。不过，我曾经侍奉过他，请让我谈谈项王的为人吧。项王厉声怒喝时，成百上千人都不敢动弹，但不能任用有才能的将领，这只不过是一般人的血气之勇罢了。项王待人仁慈有礼，言语温和，有人生了病，会同情流泪，把自己的饮食分给他，但到了所任用的人立了功，应当加封爵位时，却把刻好了的印信拿在手里，玩弄得磨损了还舍不得给人家，这就是所谓的妇人的仁慈啊。项王虽然称霸天下，使诸侯臣服，不占据关中却定都彭城。又违背义帝的约言，把自己亲信、喜爱的人分封在关中为王，诸侯愤愤不平。诸侯看见项王驱逐义帝，并把义帝放逐到江南，也都回去驱逐自己的国君，占据好地方自立为王了。项王所到之处，没有不遭受摧残毁灭的，天下的人都怨恨，老百姓也不愿归附，现在不过是逼于威势、勉强服从罢了。名义上虽然是霸主，实际上却失去了天下人的心。所以说他的强势很容易转化为劣势。如今大王果真能够反其道而行之：任用天下英武勇敢的人才，有什么敌人不能被诛灭！把天下的城邑封给有功的大臣，有什么人会不心服呢！凭借正义之师，顺从将士东归的心愿，有什么敌人打不跑呢！况且分封在秦地的三个王都是秦朝的将领，率领秦地的子弟作战好几年了，被杀死和逃跑的多得无法计算，又欺骗他们的部下向诸侯投降。到新安，项王用诈活埋了秦军已投降的士兵二十多万，唯独章邯、司马欣和董翳得以脱险。秦地的父老兄弟怨恨这三个人，恨之入骨。如今项羽强凭着威势，封这三个人为王，秦地的百姓并不拥护。大王进入武关，没有丝毫侵犯，废除秦朝的苛刻法令，与秦地的百姓立约，颁布了三条法令，秦地的百姓没有不想要大王在秦地做王的。按照诸侯的约定，大王理当在关中做王，关中百姓都知道这件事。大王失掉应得的爵位进入汉中，秦地的百姓没有不怨恨的。如今大王起兵东进，三秦之地只要下一道文书就可以平定。”于是汉王大喜，认为与韩信相见恨晚。便听从韩信的计策，布置众将所攻击的目标。

八月，汉王起兵经过陈仓向东进军，平定了三秦。汉王二年，出函谷关，收服了魏王和河南王，韩王、殷王也都投降。于是联合齐国、赵国共同进攻楚军。四月，到彭城，汉军战败，溃散而回。韩信又收集溃散的士兵与汉王会合于荥阳，在京县、索亭之间打败楚军。因此，楚军始终不能西进。

李将军列传

【导读】

李广，陇西成纪人，西汉名将，做过骑郎将、骁骑都尉、未央卫尉、郡太守，镇守边境，匈奴畏服，称之为“飞将军”，数年不敢来犯。元狩四年（公元前119年）漠北之战中，李广任前将军，因迷失道路，未能参战，愤愧自杀。

李广一生功名显赫，却时运不济，未得封侯，所以有“李广难封”的典故。他为人平易，忠信待人，虽然不善言谈，但很受军士拥戴，所以司马迁以“桃李不言，下自成蹊”来赞扬他。

◎飞将军李广◎

【原文】

李将军广者，陇西成纪人也[①]。其先曰李信[②]，秦时为将，逐得燕太子丹者也[③]。故槐里[④]，徙成纪。广家世世受射[⑤]。孝文帝十四年，匈奴大入萧关[⑥]，而广以良家子从军击胡[⑦]，用善骑射[⑧]，杀首虏多[⑨]，为汉中郎[⑩]。广从弟李蔡亦为郎[⑪]，皆为武骑常侍[⑫]，秩八百石[⑬]。尝从行[⑭]，有所冲陷折关及格猛兽，而文帝曰：“惜乎，子不遇时！如令子当高帝时[⑮]，万户侯岂足道哉！”

及孝景初立[⑯]，广为陇西都尉[⑰]，徙为骑郎将[⑱]。吴楚军时[⑲]，广为骁骑都尉[⑳]，从太尉亚夫击吴楚军[㉑]，取旗[㉒]，显功名昌邑下[㉓]。以梁王授广将军印[㉔]，还，赏不行。徙为上谷太守[㉕]，匈奴日以合战。典属国公孙昆邪为上泣曰[㉖]：“李广才气，天下无双，自负其能[㉗]，数与虏敌战，恐亡之。”于是乃徙为上郡太守㉘。后广转为边郡太守，徙上郡。尝为陇西、北地、雁门、代郡、云中太守㉙，皆以力战为名。

【注释】

①陇西：郡名，今甘肃省东部地区。成纪：县名，在今甘肃省秦安县北。②李信：战国末秦将，曾与王翦一同灭燕。③燕：古国名，战国七雄之一。太子丹：燕王喜的儿子。④槐里：原为县名，在今陕西省兴平市东南。⑤受：接受，这里有学习的意思。⑥萧关：当时长安通往塞外的关口，在今宁夏回族自治区原州区东南。⑦良家子：指出身正当、家世清白人家的子弟。胡：古代称北方和西方的民族如匈奴等为胡。⑧用：因为，由于。⑨杀首虏：斩杀敌人首级和俘虏敌人。⑩中郎：官名。秦代始设，是皇帝的近侍武官，汉代沿设。⑪从弟：堂弟。⑫武骑（jì）常侍：郎官的加衔。⑬秩：俸禄的等级。汉代的中郎为六百石，任武骑常侍加秩二百石。⑭尝：通“常”。⑮高帝：汉高祖刘邦，西汉王朝的建立者。⑯孝景：即汉景帝刘启，文帝刘恒的儿子。⑰都尉：官名。原名郡尉，辅佐郡守并掌管全郡军事，位次于太守。景帝时改名都尉。⑱骑郎将：官名，统率骑郎（骑马护从皇帝车驾的郎官）的将领。⑲吴楚军：指西汉景帝时吴楚等七国的叛乱军队。⑳骁骑：轻捷矫健的骑兵，似今之轻骑兵。㉑太尉：官名，最高军事长官，掌管全国军事，与丞相、御史大夫并称三公。亚夫：周亚夫（公元前199～公元前143年），沛县（今属江苏省）人，汉初大臣周勃的儿子，西汉时期名将。初封条侯，做过车骑将军。文帝时，匈奴部族骚扰边郡，他以河内守为将军，驻军细柳（在今陕西省咸阳市西南），军令严整。吴楚七国叛乱时，以中尉代行太尉职务，是平定七国之乱的统帅。后任丞相，晚年被谗，下狱，绝食死。㉒旗：指敌军的帅旗。㉓昌邑：县名，当时梁国的要邑，在今山东省金乡县西北。㉔梁王：梁孝王刘武，文帝次子，景帝的同母弟。㉕上谷：郡名，辖境约相当于今河北省西北部及中部一部分地区。㉖典属国：官名，掌管附属国及外族事务的官。公孙昆（hún）邪（yé）：姓公孙，名昆邪。

为：对。上：皇上。这里指汉景帝。㉗负：倚仗。㉘上郡：郡名，辖境约相当于今天陕西省北部及内蒙古自治区西部地区。㉙北地：郡名，今在今甘肃省东北部及宁夏回族自治区部分地区。雁门：郡名，今在今山西省北部和内蒙古自治区南部地区。代郡：郡名，今在今山西省东北部和河北省西北地区。云中：郡名，今在今内蒙古自治区东南部。

【译文】

李将军名广，是陇西郡成纪县人。他的祖先叫李信，秦朝时担任过将军，曾追获过燕国太子丹。李家原来住在槐里县，后来迁徙到成纪县。李广家世世代代学习射箭。孝文帝十四年，匈奴大举侵入萧关，李广以良家子弟的身份从军抗击匈奴，因为擅长骑马射箭，杀死、俘虏了很多敌人，当上了皇帝的近侍——中郎。李广的堂弟李蔡也当中郎，都担任武骑常侍，俸禄八百石。李广经常跟随文帝出行，有冲锋陷阵、突破险阻和格杀猛兽的表现，文帝说："可惜啊，你生不逢时！假使你生在高帝的时代，封个万户侯那算什么呢！"

等到孝景帝刚即位，李广担任陇西都尉，调任骑郎将。吴、楚七国起兵叛乱时，李广担任骁骑都尉，跟随太尉周亚夫攻打吴、楚军，夺得了帅旗，在昌邑城下立功显名。由于他私下接受过梁王授给他的将军印，回朝后，没有得到封赏。调任上谷太守，匈奴每天都来交战。典属国公孙昆邪流着眼泪对皇上说："李广才气，天下无双。他自恃有本领，屡次和敌人迎面作战，我担心他会阵亡。"于是汉景帝就调任他为上郡太守。后来李广历任边境各郡太守，然后调任上郡太守。其间他曾做过陇西、北地、雁门、代郡、云中各郡太守，都因奋勇作战而出名。

【原文】

匈奴大入上郡，天子使中贵人从广勒习兵击匈奴[①]。中贵人将骑数十纵，见匈奴三人，与战。三人还射，伤中贵人，杀其骑且尽。中贵人走广[②]。广曰："是必射雕者也[③]。"广乃遂从百骑往驰三人。三人亡马步行[④]，行数十里。广令其骑张左右翼，而广身自射彼三人者，杀其二人，生得一人，果匈奴射雕者也。已缚之上马，望匈奴有数千骑，见广，以为诱骑[⑤]，皆惊，上山陈[⑥]。广之百骑皆大恐，欲驰还走。广曰："吾去大军数十里，今如此以百骑走，匈奴追射我立尽。今我留，匈奴必以我为大军之诱，必不敢击我。"广令诸骑曰："前！"前未到匈奴陈二里所[⑦]，止，令曰："皆下马解鞍！"其骑曰："虏多且近，即有急，奈何？"广曰："彼虏以我为走，今皆解鞍以示不走，用坚其意。"于是胡骑遂不敢击。有白马将出护其兵，李广上马与十余骑奔，射杀胡白马将，而复还至其骑中，解鞍，令士皆纵马卧[⑧]。是时会暮，胡兵终怪之，不敢击。夜半时，胡兵亦以为汉有伏军于旁，欲夜取之，胡皆引兵而去。平旦[⑨]，李广乃归其大军。大军不知广所之[⑩]，故弗从。

【注释】

①中贵人：宫中皇帝亲信的宦官。勒：部勒，节制。习兵：练习军事。②走：奔跑。③射雕者：射雕的能手。④亡（wú）：通“无”。⑤诱骑：诱敌的骑兵。⑥陈（zhèn）：同“阵”。摆列阵势。⑦所：通“许”，约计之词。⑧纵：放开。⑨平旦：天明。⑩所之：所去的方向。之，往，动词。

【译文】

匈奴大举侵入上郡，皇帝派中贵人随李广统率亲兵抗击匈奴。中贵人带着几十名骑兵放马驰骋，遇见了三个匈奴人，就和他们打起来。三个匈奴人转身射箭，射伤了中贵人，把他带去的骑兵快要杀光了。中贵人逃到李广跟前。李广说："这一定是射雕手。"李广于是就带领一百名骑兵追了上去。那三个人没有骑马而是徒步而行，走了几十里。李广命令他的骑兵左右散开，李广亲自射那三个人，射死二人，活捉一人，果然是匈奴的射雕手。刚捆绑那个人上马，望见匈奴有几千名骑兵，他们看见了李广，以为是引诱他们的骑兵，都吃惊了，上山摆好阵势。李广的一百名骑兵都大为惊恐，想快马往回跑。李广说：“我们离开大军几十里，现在这样凭一百名骑兵逃跑，匈奴兵追赶射击我们，我们就会立即全完蛋。现在我们停下来，匈奴一定以为我们是大军派出的诱敌者，一定不敢来攻击我们。”李广命令骑兵说：“前进！”进到离匈奴阵地约二里的地方，停了下来，命令说：“都下马解下马鞍！”他的骑兵说：“敌人很多并且离得近，倘若有紧急情况，怎么办？”李广说：“那些敌人以为我们会逃跑，现在都解下马鞍，表示不走，用这办法让敌人更加相信我们是诱敌深入。”果然匈奴的骑兵不敢来攻击。有一个骑白马的将领出阵来监护他的士兵，李广上马，与十多个骑兵奔驰过去，射死了匈奴那个骑白马的将领，然后又回到他的骑兵当中，解下马鞍，命令士兵都把马放开，躺下。这时恰好天近黄昏，匈奴兵始终捉摸不定，不敢前来攻击。夜半时，匈奴兵也以为汉军在附近有埋伏的部队，要乘夜袭击他们，匈奴全部撤退了。第二天清晨，李广才带着骑兵回到大部队。大部队不知道李广去的地方，所以没有去接应。

【原文】

居久之，孝景崩，武帝立①，左右以为广名将也，于是广以上郡太守为未央卫尉②，而程不识亦为长乐卫尉③。程不识故与李广俱以边太守将军屯。及出击胡，而广行无部伍行陈④，就善水草屯，舍止，人人自便，不击刀斗以自卫⑤，莫府省约文书籍事⑥，然亦远斥候⑦，未尝遇害。程不识正部曲行伍营陈⑧，击刀斗，士吏治军簿至明，军不得休息，然亦未尝遇害。不识曰：“李广军极简易，然虏卒犯之⑨，无以禁也；而其士卒亦佚乐⑩，咸乐为之死。我军虽烦扰，然虏亦不得犯我。”是时汉边郡李广、程不识皆为名将，然匈奴畏李广之略，士卒亦多乐从李广而苦程不识。程不识孝景时以数直谏为太中大夫⑪。为人廉，谨于文法。

【注释】

①武帝：即汉武帝刘彻，汉景帝之子。②未央：汉宫名，皇帝所居。卫尉：武官名。掌管宫门警卫，统率南军（宫廷警卫部队）。③长乐：汉宫名，太后所居。④部伍：即部曲，部队的编制单位。行（háng）陈：行列阵势。⑤刀（diāo）斗：刀，通“刁”，铜锅，能盛粮一斗。白天用来煮饭，夜间敲着巡逻。⑥莫府：将帅出征时驻扎的大帐幕，后来作为将帅官署的代称。⑦斥候：指侦察兵。⑧部曲：部队的编制位。汉制：将军领军皆有部曲，大将军营五部，部有校尉一人；部下有曲，曲有军候一人；曲下有屯，屯有屯长一人。⑨卒（cù）：通“猝”，急遽，突然。⑩佚（yì）乐：安逸快乐。佚，通“逸”。⑪太中大夫：官名。秦代始设，汉代沿设，掌管议论政事。

【译文】

过了好久，孝景帝逝世，武帝登位。近臣认为李广是名将，于是李广由上郡太守调任未央宫的卫尉，而程不识也担任长乐宫的卫尉。程不识从前和李广都以边郡太守的身份统率军队，兼管防务。等到出兵攻打匈奴时，李广行军没有严格的编制、队列和阵势，靠近良好的水源草地驻扎下来，住宿停留，人人自便，晚上不敲刁斗巡逻来自卫，军部的文书簿籍一概从简，但是也在远处布置了侦察岗哨，没有遭遇过危险。程不识严格要求编制、队列和阵势，晚上敲刁斗巡逻，军官军士处理军事文件到天亮，军队得不到休息，可是也没有遭遇过危险。程不识说：“李广的部队十分随便，然而敌人突然来袭击的时候，却无法招架；李广的士兵也安逸快乐，都乐于为他出死力。我的部队虽然紧张忙碌，但是敌人也不敢来侵犯我们。”当时，担任汉朝边郡太守的李广、程不识都是名将，但是匈奴畏惧李广的谋略，士兵们也多喜欢跟随李广而苦于跟随程不识。程不识在孝景帝时因为屡次直言劝谏做上了太中大夫。他为人廉洁，谨守法令。

【原文】

后汉以马邑城诱单于[1]，使大军伏马邑旁谷，而广为骁骑将军[2]，领属护军将军[3]。是时单于觉之[4]，去，汉军皆无功。其后四岁[5]，广以卫尉为将军，出雁门击匈奴[6]。匈奴兵多，破败广军，生得广。单于素闻广贤，令曰："得李广必生致之[7]。"胡骑得广，广时伤病，置广两马间，络而盛卧广[8]。行十余里，广详死[9]，睨其旁有一胡儿骑善马[10]，广暂腾而上胡儿马[11]，因推堕儿，取其弓，鞭马南驰数十里，复得其余军[12]，因引而入塞[13]。匈奴捕者骑数百追之，广行取胡儿弓[14]，射杀追骑，以故得脱。于是至汉[15]，汉下广吏[16]。吏当广所失亡多[17]，为虏所生得，当斩，赎为庶人[18]。

【注释】

①马邑：县名。在今山西省朔县。单（chán）于：匈奴的最高首领。②骁骑：当时将军的冠号。③领属：受节制、从属。此次战役护军韩安国为统帅，李广为骁骑将军受韩安国的节制。④之：代词，指诱敌之计。⑤其后四岁：指武帝元光六年（公元前129年）。⑥雁门：在山西省代县西北。⑦生：指活捉。⑧络：网络。盛（chéng）：放。⑨详（yáng）：通"佯"，假装。⑩睨（nì）：斜视。⑪暂：霎时，突然。腾：跳起。⑫复得：又遇到。⑬塞（sài）：边关要塞。⑭行取：且行且拿起。⑮至汉：指回到汉朝京城长安。⑯下广吏：把李广交给执法官吏审判。⑰当（dàng）：判决，判罪。⑱赎：汉时法律，被判死刑者可以纳金赎免（或减或免）罪刑。庶人：平民。

【译文】

后来，汉朝用马邑城引诱单于，派大军埋伏在马邑附近的山谷中，李广担任骁骑将军，受护军将军节制。当时单于发觉了这一情况，退去了，汉军都没有战功。过了四年，李广由卫尉升任将军，领兵从雁门郡出击匈奴。匈奴兵多，打败了李广的军队，活捉了李广。单于向来听说李广有才能，于是下命令说："捉得李广一定要把他活着解送来。"匈奴骑兵俘获了李广，李广当时受伤得病，他们把李广安置在两马之间，用绳索结成网兜让李广躺着。走了十多里，李广一路装死，偷眼见旁边有个匈奴少年骑着一匹好马，李广突然纵身一跃，跨上匈奴少年的马，趁势推他下马，夺了他的弓箭，赶着马向南奔驰了几十里，又会合了他的残余部队，带领他们进入边塞雁门。匈奴有几百名骑兵追赶他，李广一边跑一边拿起胡人的弓箭，射死了追来的骑兵，因此得以脱险。李广回到京师，朝廷把李广交给掌管刑狱的官吏审问。法官判决李广损失伤亡的人马众多，自己又被敌人生俘，应当斩首，用钱赎罪成了平民。

【原文】

顷之[①]，家居数岁。广家与故颍阴侯孙屏野居蓝田南山中射猎[②]。尝夜从一骑出[③]，从人田间饮。还至霸陵亭[④]，霸陵尉醉，呵止广。广骑曰："故李将军。"尉曰："今将军尚不得夜行，何乃故也！"止广宿亭下。居无何[⑤]，匈奴入杀辽西太守[⑥]，败韩将军[⑦]，后韩将军徙右北平[⑧]。于是天子乃召拜广为右北平太守。广即请霸陵尉与俱，至军而斩之。

【注释】

①顷之：不久，转眼之间。②颍阴侯孙：颍阴侯灌婴的孙子灌强。颍阴。今河南省许昌市。屏野：退居田野，退隐回乡。蓝田：县名。在今陕西省蓝田县西。南山：即蓝田县东南的蓝田山，是当时朝贵退休游乐之地。③从：带领。出：出外。④霸陵：汉文帝陵墓。在今陕西省长安区东。亭：驿亭。亭长由霸陵县尉兼任，专司守陵之职。⑤居无何：过了不久。⑥辽西：郡名。大概位于今河北省东北部和辽宁省西部一带。⑦韩将军：即韩安国。当时驻守渔阳，地在今北京市密云区西南。⑧右北平：郡名，郡治平刚（今辽宁省凌源市西南）。

【译文】

转眼间，在家住了几年。李广经常和退隐在蓝田县的前颍阴侯孙子灌强一起到南山打猎。（李广）曾经在一天夜里，带着一个骑兵外出，跟别人在乡间饮酒。回来到达霸陵亭，霸陵亭尉喝醉了，呵斥阻止李广。李广的从骑说："这是前任李将军。"亭尉说："现任将军尚且不能夜间通过，何况是前任的呢！"扣留李广住宿在霸陵亭下。过了不久，匈奴入侵杀了辽西太守，打败了韩将军，后来韩将军被调到右北平。于是天子就征调任命李广做右北平太守。李广便请求派霸陵亭尉跟他一起去，到达军中就杀了他。

【原文】

广居右北平，匈奴闻之，号曰"汉之飞将军"，避之数岁，不敢入右北平。

广出猎，见草中石，以为虎而射之，中石没镞①，视之石也。因复更射之，终不能复入石矣。广所居郡闻有虎，尝自射之。及居右北平射虎，虎腾伤广，广亦竟射杀之。

【注释】

①镞：箭头。

【译文】

李广守右北平，匈奴听到了，称他为"汉朝的飞将军"，躲避他几年，不敢侵入右北平。

有一次，李广出外打猎，看到草丛中的石头，以为是一只老虎而发箭射去，射中石头，箭头射进了石头里，走近一看，才知道是块石头。接着又连射几箭，却始终不能再射进去了。李广所在的郡，一听说有老虎，常常亲自去射它。到他驻守右北平时，一次射老虎，老虎跳跃起来，扑伤了李广，李广最终射死了老虎。

【原文】

广廉，得赏赐辄分其麾下，饮食与士共之。终广之身，为二千石四十余年①，家无余财，终不言家产事。广为人长，猿臂②，其善射亦天性也，虽其子孙他人学者，莫能及广。广讷口少言，与人居则画地为军陈，射阔狭以饮③。专以射为戏，竟死④。广之将兵，乏绝之处⑤，见水，士卒不尽饮，广不近水；士卒不尽食，广不尝食。宽缓不苛⑥，士以此爱乐为用⑦。其射，见敌急，非在数十步之内，度不中不发，发即应弦而倒。用此⑧，其将兵数困辱，其射猛兽亦为所伤云。

【注释】

①二千石：汉代官员俸禄的等级从二千石递减到百石，汉代郡守俸禄每月二千石。②猿臂：比喻两臂像猿臂长而灵活。③射阔狭：比赛射箭远近。④竟死：到死。是说李广以射为乐，到死都是这样。⑤乏绝：指缺水断粮。⑥宽缓：指待人宽厚和缓。⑦爱乐为用：指爱戴李广，乐于为他效力。⑧用此：因此。

【译文】

李广为人廉洁，得到赏赐总是分给他的部下，吃喝跟士兵在一起。终李广一生，做了四十多年俸禄二千石的官，家里没有多余的财物，始终不谈购置家产的事。李广身材高大，两只胳膊像猿臂一样长而灵活，他擅长射箭也是有天赋的，虽然他的子孙还有外人都向他学习射箭，但是没有人能赶得上他。李广口才迟钝，不多说话，和别人在一起就在地上画军阵，射箭比远近，输了的罚喝酒。（李广）专以射箭作为游戏，一直到死。李广带兵行军，遇到缺水断粮的时候，一旦找到水源，士兵们没有全部喝到水，他就不靠近水边；士兵们没有全部吃饭，他就不尝饭食。他对待士兵宽厚和缓而不苛刻，士兵因此甘愿听他调用。他的射法，看见敌人逼近，不到几十步之内，估计射不中就不发箭，一发箭弓弦一响敌人就应声而倒。因此，他带兵作战，屡次遭围困受辱，他射猛兽也被猛兽扑伤过。

【原文】

居顷之，石建卒①，于是上召广代建为郎中令②。元朔六年③，广复为后将军④，从大将军军出定襄⑤，击匈奴。诸将多中首虏率⑥，以功为侯者，而广军无功。后二岁⑦，广以郎中令将四千骑出右北平，博望侯张骞将万骑与广俱⑧，异道⑨。行可数百里，匈奴左贤王将四万骑围广⑩，广军士皆恐，广乃使其子敢往驰之⑪。敢独与数十骑驰，直贯胡骑，出其左右而还，告广曰："胡虏易与耳⑫。"军士乃安。广为圜陈外向⑬，胡急击之，矢下如雨。汉兵死者过半，汉矢且尽。广乃令士持满毋发⑭，而广身自以大黄射其裨将⑮，杀数人，胡虏益解⑯。会日暮，吏士皆无人色⑰，而广意气自如⑱，益治军。军中自是服其勇也。明日，复力战，而博望侯军亦至，匈奴军乃解去。汉军罢⑲，弗能追。是时广军几没，罢归。汉法，博望侯留迟后期⑳，当死，赎为庶人。广军功自如㉑，无赏。

【注释】

①石建：石奋的长子，以孝谨著称，汉武帝时任郎中令。②郎中令：官名，为皇帝左右亲近的官职，掌管守卫宫殿门户。汉武帝时改称光禄勋（九卿之一）。③元朔：汉武帝刘彻的年号。④后将军：官名，位次于上卿。当时有前、左、右将军称号。⑤大将军：指卫青。他是武帝皇后卫子夫的同母弟，曾多次伐匈奴，封爵长平侯。大将军是当时最高的军衔，位比三公。定襄：郡名。在今山西省右玉县北。⑥中（zhòng）：符合。首虏率（lǜ）：达到规定的杀死和俘虏敌人的标准。⑦后二岁：即元狩二年（公元前121年）。⑧张骞（qiān）：（公元前164～公元前114年），汉中

成固（今陕西省城固县）人。武帝时奉命出使西域诸国，沟通和加强了西域各国的关系，因功封博望侯。⑨异道：不同的路，即分路进兵。⑩左贤王：匈奴官名，单于手下的统帅。当时单于自领中部外，设有左、右贤王，分领东西两部，匈奴尚左，左贤王居领东方，右贤王居领西方。当时李广出右北平，恰在左贤王管辖境内。⑪敢：李广之子李敢。⑫易与：容易对付。⑬圜陈：圆形的阵势。圜：通“圆”。外向：即队伍面朝外对敌。⑭毋（wú）：勿。⑮大黄：弩弓名，又名黄肩弩。因体大色黄，故名，是当时最能射远的弓弩。裨（pí）将：副将。⑯解：通“懈”。⑰无人色：指脸色不像活人。⑱意气自如：神气同平时一样自然。⑲罢（pí）：通“疲”。⑳留迟后期：指行军迟缓，在预定的会合日期没有到达。㉑军功自如：功过相抵。如：相当，均等。

【译文】

过了不久，郎中令石建去世了，于是皇上征召李广接替石建做郎中令。元朔六年，李广又调任后将军，跟随大将军的军队从定襄郡出击匈奴。各将领多有杀敌俘虏达到标准因功封侯的，而李广部队没有功劳。过后二年，李广以郎中令的身份率领四千骑兵从右北平出发，博望侯张骞率领一万骑兵和李广同行，分两路走。走了大约几百里，匈奴左贤王带领四万骑兵包围李广，李广的士兵都感到恐惧，李广就派他的儿子李敢快马冲击敌人。李敢独自带了几十名骑兵飞奔而去，直穿匈奴骑兵的包围圈，抄出敌军的左右两翼而回，报告李广说：“匈奴容易对付呢。”士兵才安定下来。李广布成圆形阵势，向着四外，匈奴猛攻他们，箭下如雨。汉兵死亡的人数超过一半，汉军的箭也快用完了。李广便命令士兵把弓拉开，不要放箭，李广亲自用大黄弩弓射敌人的副将，射死了几个，匈奴士卒渐渐松懈。恰巧天色黑了下来，军官士兵都面无人色，可是李广的神气同平常一样，更加精神振奋地指挥军队。军中很是佩服他的勇气。第二天，继续奋力战斗，博望侯的军队也到了，匈奴军队才解围而去。汉军疲乏了，不能去追击。这时李广几乎全军覆没，只得收兵回去。按汉朝的法律，博望侯耽误了预定的日期，当处死刑，出钱赎罪，降为平民。李广的军功和罪责相当，没有封赏。

◎受辱自刎◎

【原文】

后二岁，大将军、骠骑将军大出击匈奴[①]，广数自请行。天子以为老，弗许，良久乃许之，以为前将军。是岁，元狩四年也。

广既从大将军青击匈奴，既出塞，青捕虏知单于所居，乃自以精兵走之[②]，而令广并于右将军军[③]，出东道。东道少回远[④]，而大军行水草少，其势不屯行。广自请曰："臣部为前将军，今大将军乃徙令臣出东道，且臣结发而与匈奴战[⑤]，今乃一得当单于[⑥]，臣愿居前，先死单于。"大将军青亦阴受上诫[⑦]，以为李广老，数奇[⑧]，毋令当单于，恐不得所欲。而是时公孙敖新失侯[⑨]，为中将军从大将军[⑩]，大将军亦欲使敖与俱当单于，故徙前将军广。广时知之，固自辞于大将军[⑪]。大将军不听，令长史封书与广之幕府[⑫]，曰："急诣部[⑬]，如书。"广不谢大将军而起行[⑭]，意甚愠怒而就部[⑮]，引兵与右将军食其合军出东道。军亡导[⑯]，或失道[⑰]，后大将军。大将军与单于接战，单于遁走，弗能得而还。南绝幕[⑱]，遇前将军、右将军。广已见大将军，还入军。大将军使长史持糒醪遗广[⑲]，因问广、食其失道状，青欲上书报天子军曲折[⑳]。广未对。大将军使长史急责广之幕府对簿[㉑]。广曰："诸校尉无罪，乃我自失道。吾今自上簿。"

至幕府，广谓其麾下曰："广结发与匈奴大小七十余战，今幸从大将军出接单于兵，而大将军又徙广部行回远，而又迷失道，岂非天哉！且广年六十余矣，终不能复对刀笔之吏[㉒]。"遂引刀自刭。广军士大夫一军皆哭[㉓]。百姓闻之，知与不知[㉔]，无老壮皆为垂涕。而右将军独下吏，当死，赎为庶人。

【注释】

①骠骑将军：官号，地位仅次于大将军，这里指霍去病。霍去病（公元前140年～公元前117年），西汉名将，河东平阳（在今山西省临汾市西南）人，是卫青姐姐的儿子。武帝时多次征伐匈奴，保卫了与匈奴邻接诸郡的安定，解除了匈奴对汉王朝的威胁，有功，封冠军侯。②走（zǒu）：趋，追逐。③右将军：指赵食（yì）其（jī）。④少：通“稍”。回远：迂回、绕远。⑤结发：古代男子二十岁束发，始可戴冠，以表成年。⑥当：遇。⑦阴受上诫：暗中得到武帝的告诫。上：指武帝。⑧数奇（jī）：命运不好。数，命运的定数。奇，本指单数，与偶数相对称，古代占卜，偶为吉。⑨公孙敖：姓公孙，名敖，义渠人，与卫青友好，曾搭救过卫青的性命，随卫青出击匈奴，封合骑侯。元狩二年，击匈奴，因行军失约，临阵怯战，当斩，赎为平民。⑩中将军：位与前后左右将军相当。⑪固：坚决。辞：辞免，指拒绝徙并右将军军。⑫长史：官名，即大将军秘书，协助大将军处理所属部门的事务。⑬诣（yì）：往。⑭谢：辞别。⑮愠（yùn）怒：愤怒。⑯亡导：没有向导。亡，通“无”。⑰或：通“惑”，迷惑。⑱绝：横渡。幕：通“漠”，沙漠。⑲糒（bèi）：干粮。醪（láo）：酒浆，浊酒。遗（wèi）：赠，给。⑳曲折：详细的经过。㉑责：责成，查问。对簿：对质，受审，即受审问时凭着文书对质。簿，文书，记载。㉒刀笔之吏：管理文书的官员。古代在竹简上记事，笔是记事的工具，刀是削误的工具，文书官员经常使用这种东西，故称。以后引申为贬词，有舞文弄法之意。㉓士大夫：一般文武官吏的统称，这里指将士。一军：指军中的一切人。㉔知：犹“识”，认识。

【译文】

过后二年，大将军和骠骑将军大举出兵攻打匈奴，李广几次自动请求前去。天子认为他老了，没有允许；过了好久，才允许他的请求，派他担任前将军。这年是元狩四年。

李广决定跟随大将军卫青出击匈奴，出了边塞，卫青捉到俘虏，得知单于住的地方，就亲自率领精锐部队突击单于，而命令李广的部队跟右将军的部队合并，从东路出击。东路稍微迂回绕远，而大部队行经水草稀少的地方，其势不能聚集行进。李广亲自请求说："我是部队前将军，现在大将军却改让我从东路出兵，况且我从年轻时候起就和匈奴作战，今天才有一次机会得与单于敌对，我愿意担任前锋，先同单于决一死战。"大将军卫青曾暗中受到皇上嘱咐，认为李广年老了，多次遭受窘困，不要让他正面同单于对阵，恐怕不能实现他的愿望。这时候，公孙敖新近失掉侯爵，担任中将军跟随大将军出征，大将军也想要让公孙敖与自己一同与单于对阵，所以调开前将军李广。李广当时知道这种情况，坚决向大将军拒绝调动。大将军不听从，命令长史下一道文书给李广的幕府，说道："赶快到所在军部去，照文书所说的办。"李广没有向大将军告辞就动身出发了，心里很恼怒，到达军部，带领士兵和右将军赵食其合兵一处，从东路出发。部队没有向导，迷失了道路，落在大将军的后面。大将军与单于交战，单于逃跑了，没能取得战果而回。大军向南度过沙漠，才遇到前将军和右将军。李广会见大将军之后，回到自己军中。大将军派长史拿着酒食送给李广，顺便问了李广、赵食其迷失道路的情况，卫青要上书报告天子军中的曲折情形。李广没有回答，大将军派长史迫令李广的幕府人员前去听候审问。李广说："各校尉无罪，是我自己迷失了道路，现在我亲自上供状，听候审问。"

回到自己的幕府，李广对他的部下说："我从年轻的时候起，与匈奴大大小小经历了七十多次战斗，这一次有幸跟随大将军迎战单于的直属部队，可是大将军又调我的部队走迂回遥远的路，偏又迷失了路，这难道不是天意吗！况且我年纪六十多了，毕竟不能再受办案人员的侮辱了。"便拔出刀来自刎了。李广所部的军士都哭了。老百姓听到这件事，不论是认识的还是不认识的，不论是年老的还是年轻的，都为他流泪。而右将军赵食其单独被送交执法官吏，判处死刑，出钱赎罪，降为平民。

【原文】

太史公曰：《传》曰“其身正，不令而行；其身不正，虽令不从”[①]。其李将军之谓也？余睹李将军悛悛如鄙人[②]，口不能道辞。及死之日，天下知与不知，皆为尽哀。彼其忠实心诚信于士大夫也[③]？谚曰“桃李不言，下自成蹊”。此言虽小，可以喻大也。

【注释】

①传：指《论语》。引语出于《论语·子路》篇。②悛（xún）悛：通“恂恂”，谦恭谨慎。鄙人：居住在郊野未见过世面的人。③其：那。

【译文】

太史公说：《论语》上说：“在上位的人本身行为端正，即便不下命令，人们也会遵守奉行；在上位的人本身行为不端正，即便下了命令，人们也不会遵守奉行。”这是说的李将军吧？我看到李将军诚恳质朴像个乡下人，口不善于讲话。等到他死的时候，天下认识他的和不认识他的，都为他极尽哀痛。他那种忠实的品质确实得到士大夫们的信任啊！俗话说“桃树李树不会说话，可是树下自然地被人们踩出了一条小路”。这话虽然浅近，但是可以用来说明大道理啊。